HISTOIRE
DES
COMTES DE FLANDRE.
—
TOME II.

A LILLE,

CHEZ M. VANACKERE, IMPRIMEUR-LIBRAIRE.

IMPRIMÉ PAR BÉTHUNE ET PLON, A PARIS.

HISTOIRE
DES
COMTES DE FLANDRE

JUSQU'A L'AVÉNEMENT

DE LA MAISON DE BOURGOGNE;

PAR

EDWARD LE GLAY,

ANCIEN ÉLÈVE DE L'ÉCOLE ROYALE DES CHARTES, CONSERVATEUR-ADJOINT
DES ARCHIVES DE FLANDRE A LILLE.

TOME SECOND.

PARIS,
AU COMPTOIR DES IMPRIMEURS-UNIS,
15, QUAI MALAQUAIS.

M DCCC XLIII.

HISTOIRE
DES
COMTES DE FLANDRE.

(TOME SECOND.)

I

JEANNE DE CONSTANTINOPLE ET FERNAND DE PORTUGAL.

1214 — 1233

Nouvelle conspiration du comte de Boulogne. — Colère du roi. — Retour triomphal de Philippe-Auguste en France. — Fernand de Portugal entre à Paris garrotté sur une litière. — Il est enfermé dans la tour du Louvre. — Profonde consternation en Flandre. — Situation désastreuse du pays. — Démarche infructueuse de la comtesse Jeanne auprès du roi. — Douleur de Jeanne. — Courage et fermeté de cette princesse. — Son gouvernement. — Nouvelles tentatives de Jeanne auprès de Philippe-Auguste. — Obstination du roi à ne pas délivrer le comte de Flandre. — Habileté politique de la comtesse. — Elle affaiblit le pouvoir des châtelains et augmente les priviléges du peuple. — La langue française employée en Flandre dans les actes publics. — Histoire merveilleuse du faux Bauduin. — La comtesse de Flandre a recours au pape pour faire cesser la captivité de Fernand — Bulle du pontife à ce sujet. — Traité de Melun. — Les villes de Flandre refusent leur ratification. — La reine Blanche consent à modifier le traité. — Délivrance de Fernand. — Son dévouement à la reine. — Ses expéditions dans le Boulonnais et en Bretagne. — Succession au comté de Namur. — Démêlés à ce sujet. — Jeanne et Fernand augmentent le pouvoir municipal en Flandre. — Les *Trente-neuf* de Gand. — Fernand malade de la pierre meurt à Noyon.

Parmi tous les princes coalisés, le comte de Boulogne seul ne désespéra point de la fortune après la catastrophe qui venait de dissoudre cette ligue puissante dont il avait été l'un des principaux instigateurs. Prisonnier du roi de France, il trouva moyen, dès le lendemain de la bataille, d'envoyer un message secret à l'empereur Othon. Il conseillait au prince fugitif de rallier les débris de son armée, de se rendre à Gand et dans les principales villes du comté de Flandre, d'y réveiller l'esprit de résistance et de recommencer la guerre. Ce message n'eut d'autre résultat que d'aggraver la position de Renaud. En effet, le roi, arrivant à Bapaume, fut informé de la nouvelle conspiration de son vassal et entra dans une grande colère. Sans délai, il monta à la tour où Renaud et Fernand étaient enfermés, et, s'adressant à Renaud, il lui reprocha tous ses méfaits et toutes ses trahisons en termes brefs et sévères. « Voilà ce que tu m'as fait, dit-il en finissant. Je pourrais t'ôter la vie : je ne le veux point, mais tu ne sortiras de prison qu'après avoir expié tous ces crimes (1). » Le roi le fit aussitôt saisir et garrotter par des hommes d'armes, et on l'emmena au château de Péronne, où il fut jeté dans un cachot et retenu avec des entraves et des chaînes de fer si courtes, qu'à peine pouvait-il faire un demi-pas (2). Quant au comte de Flandre, le roi jugea à propos de ne pas l'enfermer si près de son pays, et, pour l'avoir sous les yeux, il le conduisit à Paris avec la plupart des autres captifs de distinction.

(1) » Hæc, inquit, [omnia mihi fecisti ; vitam tamen, me adimente, non perdes ; sed, donec hæc omnia lueris, ergastulum non evades. » — *Vinc. de Beauv.*, ap. *J. de G.*, XIV, 162.

(2) Il le fist mener à Péronne et mettre en trop fort prison et en fort buies de fer qui estoient jointes et enlacées ensemble par moult merveilleuse subtilité ; et la chaieune qui fremoit de l'une à l'autre estoit si courte qu'il ne povoit mie plainement passer demi-pas. — *Les Gr. Chron. de Fr.*, IV, 193.

Rien ne manquait donc au triomphe de Philippe-Auguste. Comme les héros de l'antiquité, il revenait traînant à sa suite ses ennemis vaincus et enchaînés. La joie que causa en France l'heureuse issue de la bataille de Bouvines tint du délire. Sur les routes, clercs et laïques allaient au devant du roi, chantant des hymnes et des cantiques. Toutes les cloches des villes sonnaient à carillon. On dansait dans les rues; on y faisait retentir mille instruments de musique. Pas une église, pas une maison qui ne fût tapissée de courtines, de draps de soie, jonchée de fleurs et de branchages (1). On était alors en plein temps de moisson : les paysans à six lieues à la ronde quittaient leurs travaux; impatients de voir ce fameux Fernand, dont le nom était presque devenu en France un épouvantail, ils se rassemblaient sur le passage du cortége royal, leurs faucilles, leurs houes et leurs râteaux suspendus au cou (2). Le comte de Flandre fit son entrée à Paris lié sur une litière portée par deux chevaux bai-brun, qu'on appelait alors des *auferant*. Le peuple, chez qui le sentiment national étouffe quelquefois la pitié, chantait en le voyant passer :

> Ferrant portent deux auferant
> Qui tous deux sont de poil ferrant.
> Ainsi s'en va lié en fer
> Comte Ferrand en son enfer.
> Les auferant de fer ferré
> Emportent Ferrand enferré [3].

(1) *Ibid.*, 196.

(2) Rusticos et messores, intermissis operibus, falcibus, rastris et tribulis in collo suspensis, catervatim ad vias ruentes, cernere cupientes Fernandum in vinculis quem nuper formidabant in armis.— *Vinc. de Beauv., ap. J. de G.*, XIV, 164.

(3) Guillaume Guiart, *Loyaux lignages*, I, 309.

Les jeux de mots étaient alors fort en vogue. Chaque fois qu'une langue se forme, on est ingénieux à lui faire subir des caprices d'imagination, des tours de force de syntaxe. Il n'en est pas qu'on n'essayât sur l'équivoque que présentait le nom du pauvre Fernand (1). — Bref, durant toute une semaine, on ne se coucha pas dans Paris; il y avait tant de lumières la nuit par les rues, qu'il faisait clair comme en plein jour. Tandis que l'allégresse publique se manifestait de la sorte, le noble captif gémissait enfermé par ordre du roi dans une tour très-haute et très-forte, nouvellement bâtie en dehors des murs de la cité, et qu'on nommait la tour du Louvre (2).

L'éclatante victoire remportée par Philippe-Auguste sur tant d'ennemis conjurés contre sa puissance, paraissait devoir amener, entre autres résultats, l'anéantissement de la nationalité flamande. Il n'en fut rien pourtant; et le roi de France respecta les droits de Jeanne de Constantinople, souveraine naturelle de la Flandre et du Hainaut. D'ailleurs, pour lui, la guerre n'était pas finie; car Jean-sans-Terre la continuait toujours avec des chances diverses dans les provinces qu'il avait jadis envahies au delà de la Loire. Philippe-Auguste, après avoir quelque temps joui de son triomphe, se prépara à marcher contre le roi d'Angleterre avec toutes ses forces; et la Flandre, tant de fois ensanglantée par ce prince depuis deux années, jouit enfin d'un peu de calme et de repos. Mais il y régnait une consternation profonde,

---

(1) Les villains, les vielles et les enfants n'avoient pas honte de le moquier et escharnir; si avoient trouvé occasion de lui gaber par l'équivocation de son nom pour ce que le nom est équivoque à homme et à cheval. — *Les Gr. Chron. de Fr.*, IV, 197.

(2) Ferrant... fu mis en une neuve tour forte et haulte, au dehors des murs de la Cité (si est appellée la Tour du Louvre). — *Ibid.*, 194.

solennelle; son seigneur, la plupart de ses barons étaient dans les fers ; les plus valeureux d'entre ses enfants avaient succombé. Il semblait qu'un si grand malheur fût à jamais irréparable. Au premier moment, ce ne fut qu'un cri d'imprécation contre Othon l'excommunié, à qui l'on attribuait la funeste issue de cette guerre (1). Puis l'on songea que les malédictions ne remédieraient à rien, et l'on s'occupa du règlement des affaires intérieures. Elles offraient un lugubre tableau. La guerre avait si cruellement ravagé la Flandre dans les derniers temps, qu'il y restait à peine quelque chose debout. De tous côtés, à la place d'un village, d'une église, d'une abbaye, on ne voyait plus que des murs dénudés par le pillage, noircis par les flammes, d'affligeantes ruines enfin, comme à Lille après la destruction de cette ville par Philippe-Auguste. Pour surcroît de malheur, de nouveaux fléaux tombèrent sur le pays vers la même époque. Gand, Ypres et Bruges furent entièrement consumées par des incendies, et quantité d'habitants y périrent étouffés. Une maladie contagieuse dévora plusieurs cantons ; et la mer, franchissant ses limites, inonda une partie de la Flandre occidentale (2).

La comtesse Jeanne gémissait profondément de cette situation désastreuse, mais elle ne connaissait pas encore la catastrophe de Bouvines. Ses sujets, qui l'aimaient beaucoup, avaient eu la touchante sollicitude de lui cacher le dénoûment fatal de tant d'infortunes (3). Chose étrange,

(1) Othoni et ejus maledictissimæ genti continuè maledictiones pestiferas imprecantes, sibi totaliter imponendo belli sic atrocis eventum tam horrendum. — *Jacques de Guyse*, *XIV*, 168.

(2) *Ibid.*, passim.

(3) Latuit siquidem res gesta tam Mehaldi, quam Johannæ comitissæ Flandrensi atque Margaritæ per spatium longum. — *Ibid.*, 168.

le dernier pâtre dans les champs, le dernier gueux par les chemins, savait à point nommé la grande affaire du Pont de Bouvines, tandis que la comtesse de Flandre et de Hainaut, retirée à son château du Quesnoi, ne s'en doutait nullement. A la fin, toutefois, il fallut bien que la souveraine du pays n'ignorât plus ce qui s'y passait, que la femme de Fernand apprît ce qu'était devenu son mari. Les bonnes gens de Flandre et de Hainaut avisèrent ensemble comment on devrait s'y prendre pour faire les choses au mieux. On décida que les Flamands prieraient les seigneurs Adam et Gossuin, évêques de Térouane et de Tournai, et les Hainuyers, le seigneur Jean de Béthune, évêque de Cambrai, d'aller trouver la comtesse, de lui révéler la vérité avec tous les ménagements possibles, et de l'exhorter à la résignation et au courage. Les prélats étaient trois hommes d'une haute sagesse ; ils s'acquittèrent fort bien de leur mission. Au premier moment, il est vrai, Jeanne se livra aux sanglots et au désespoir, aussi bien que sa tante Mathilde et la jeune Marguerite ; mais bientôt, reconfortée par les consolantes paroles des trois évêques, la comtesse envisagea sa position d'un œil plus calme. Un grand devoir, une pénible tâche venaient de lui être dévolus par la Providence. A elle désormais à réparer les malheurs de la patrie et à lutter seule contre la fortune.

Et d'abord, il y avait à prendre une courageuse résolution. Jeanne n'hésita pas. A peine la sainte députation était-elle partie, que la comtesse en habits de deuil s'acheminait vers Paris. Le vendredi, 17 octobre 1214, elle alla se jeter aux genoux du roi, le suppliant de lui rendre un époux que lui-même jadis lui avait donné. Un traité fut alors couché par écrit, mais le prudent et fin monarque savait qu'il était inexécutable, ou mieux, que son exécution équivalait, pour la Flandre, à un arrêt de mort. Que risquait-il de le proposer? Philippe-Auguste demandait en otage à la place du comte, Godefroi, second fils du duc de Louvain ; les principales forteresses de la Flandre et du Hainaut devaient être démolies ; puis, le roi verrait à rendre Fernand et les autres prisonniers flamands, moyennant une rançon fixée selon son bon plaisir (1). Le comte de Boulogne et les vassaux de ce dernier étaient exclus du traité.

Jeanne souscrivit à de telles conditions. A quoi n'eût-elle pas souscrit en ce moment-là? Heureusement les conseils des villes ne les ratifièrent pas; et ils firent bien, car c'était consacrer la ruine complète du pays. Jeanne en fut donc pour ses gémissements et sa démarche. Quant au roi de France, il chassa bientôt comme mauvaise et périlleuse toute pensée de traité, et ne se départit plus un seul instant d'une obstination que rien désormais n'aurait su vaincre.

Le moyen âge est l'époque des grandes haines, des interminables querelles. Lisez les romans de chevalerie du douzième et du treizième siècles : la vengeance, et une vengeance qui se lègue de génération en génération comme un patrimoine, forme presque toujours le thème de ces *chansons de geste* qui reflètent si bien la physionomie de leur temps. Il restait dans les mœurs un vieux levain de paganisme qu'une civilisation plus éclairée, ou plutôt que le dogme chrétien, mieux compris et mieux développé, ne

---

(1) Completis autem omnibus istis, sicut dictum est, erit in voluntate domini regis de domino meo Fernando comite Flandriæ et Haynoniæ et de aliis hominibus meis de Flandriâ et Haynoniâ pro beneplacito suo de tali guerrâ redimendis. — *Acte du 24 octobre* 1214, *imprimé dans* Baluze, *Miscell.*, *VII*, 205 *et* aliàs.

devait pas tarder à dissoudre. — Mais quand même Philippe-Auguste n'aurait pas eu de puissants motifs d'aversion contre les instigateurs de la ligue anéantie sur le champ de bataille de Bouvines, la raison politique lui eût fait une loi, ou de les mettre en jugement comme rebelles au suzerain, ou de les conserver comme otages. Il prit ce dernier parti, qui lui offrait, en effet, de meilleures garanties. Tant que les comtes de Flandre et de Boulogne seraient en son pouvoir, pas de nouvelle coalition possible. Philippe le savait bien ; aussi tout l'or du monde ne lui eût-il pas fait lâcher prise. On n'expose pas deux fois un royaume aux chances d'une bataille comme celle de Bouvines.

Cependant, la comtesse Jeanne, désespérant de fléchir le roi, était revenue en ses domaines. Tantôt en Flandre, tantôt en Hainaut, pour que son heureuse influence se fît également sentir dans les deux comtés, « la fille de l'empereur d'Orient vivait simplement et dans le deuil, dit le cordelier Jacques de Guyse. Pratiquant la dévotion et l'humilité, s'appliquant aux œuvres de miséricorde, occupée à fonder et à réparer des hôpitaux et des églises, elle passait honorablement et sans reproche les années de sa jeunesse au milieu des tribulations et des angoisses (1). » Son esprit, fortifié par l'infortune, s'éleva bientôt à la hauteur du rôle politique qu'elle devait désormais remplir seule. Elle en comprit toute l'importance, et se montra la digne descendante de son père et de son aïeul, ces princes législateurs

---

(1) Johanna statum lugubrem atque simplicitatis, devotionis et humilitatis assumens, operibus misericordiæ, et ecclesiarum, hospitaliarum et monasteriorum fundationi et reparationi plurimum innitens, tempus suæ juventutis in tribulationibus et angustiis sine reprehensione honorabiliter valde pertransiit. — *Ann. Hann.*, XIV, 168.

du Hainaut, chez qui la noblesse du sang et la bravoure n'excluaient pas l'intelligence. La jeune comtesse trouva, il faut le dire, un puissant concours dans la sympathie de ses sujets et dans le sentiment national, que les malheurs de la patrie avaient encore ravivés. Et puis, s'il est permis de nous servir d'une distinction d'hier pour formuler une pensée qui se reporte au delà de six siècles, nous dirons que Jeanne régnait, mais ne gouvernait pas ; du moins, elle ne gouvernait pas d'une manière absolue et arbitraire. En Flandre et en Hainaut, plus que partout ailleurs à cette époque, l'heureuse fusion du principe municipal avec le système féodal avait produit une administration, sinon très-régulière, du moins libérale et forte. C'était comme une grande famille, unie par les liens d'une hiérarchie bien tranchée. La comtesse avait son bailli, sorte de ministre responsable, représentant ordinaire du souverain dans toute espèce de juridiction ; puis, un conseil d'hommes sages qu'elle consultait quand il s'agissait d'un acte politique quelconque (1). La cour suprême féodale, formée des hauts barons des deux comtés, statuait sur les affaires d'administration générale, en prenant toutefois l'adhésion du magistrat des bonnes villes dont l'assemblée portait le nom d'échevins de Flandre et de Hainaut. Ces états aidaient la comtesse et la dirigeaient en ses résolutions. Mais Jeanne, on en trouve souvent la preuve, conservait sur eux une très-haute influence qu'elle puisait dans la sagacité naturelle de son esprit, dans sa fer-

(1) Per consilium dilectorum meorum Walteri de Avesnis, Walteri de Somerghem, Sigeri de Moscron, Philippi d'Einam. — Coram fidelibus meis Hellino de Wavrin, senescallo Flandrie, Petro de Bruec, Petro de Gamans, Goberto de Boudues, etc. — De consilio et testimonio virorum nobilium domini Arnulphi de Audenarde, et domini Walteri de Formesiele, etc. — *Chartes des années* 1216, 1218 *et* 1234. — *Archiv. de Flandre,* passim.

meté de caractère, dans l'exemplaire austérité de sa vie publique et privée.

Au milieu des graves préoccupations du pouvoir, la comtesse de Flandre n'oublia jamais un seul instant qu'elle avait, comme épouse, un grand devoir à remplir ; et elle le remplit tant que dura la captivité de Fernand. Chaque année, sans se laisser décourager par les refus si nettement exprimés du roi de France, elle faisait de nouvelles tentatives pour tirer son mari de la tour du Louvre. Elle employa d'abord l'entremise du pape Honorius, puis celle du cardinal-légat, puis enfin celle des évêques de Cambrai, de Tournai et de Térouane ; ce fut toujours en vain. Chaque fois, les négociateurs trouvèrent Philippe inébranlable (1). En 1220, Jeanne n'avait pas perdu toute espérance : elle travaillait encore à la délivrance de Fernand, comme le prouvent des actes reposant aux archives générales de Flandre, à Lille. L'année suivante, les chanoines de Saint-Pierre de Lille, ouvrant leur coffre-fort, lui offraient spontanément et en pur don trois cents livres, monnaie de Flandre, pour lui venir en aide ; et elle empruntait aux Juifs, à des taux énormes, une somme de plus de 29,000 livres, destinée également à la rançon de son mari. L'acte de cet emprunt est trop significatif pour ne pas trouver place ici :

« Moi, Jeanne, comtesse de Flandre et de Hainaut, à tous ceux qui verront les présentes lettres, je fais savoir

---

(1) His ferè temporibus circa annum Domini MCCXVIII, XIX et XX et pluries antea, Johanna comitissa Hannoniæ atque Flandriæ, primò per papam Honorium, deindè per quemdam legatum tituli Sanctæ-Ceciliæ, postmodùm per episcopos Cameracensem, Tornacensem et Morinensem, apud Philippum regem Francorum tractari fecit pro redemptione Fernandi mariti sui ; sed incassùm, quia rex in suis carceribus ipsum detineri gloriabatur.— *Jacques de Guyse, XIV*, 286.

que j'ai reçu pour la mise en liberté de mon très-cher époux Fernand, comte de Flandre et de Hainaut, qui est retenu en prison par mon seigneur le roi de France, en mon nom et en celui de mondit époux, de marchands siennois, romains et autres, savoir, de Cortebragne et de ses associés, onze mille et quarante livres, qui leur vaudront treize mille et quarante livres ; d'Hubert de Château-Neuf, trois mille et quarante-huit livres, qui lui produiront quatre mille livres ; de Jean le Juif, trois mille livres, qui lui vaudront trois mille cinq cent trente-six livres et cinq sous ; de Grégoire Alexis et de ses associés, cinq mille et cent six livres, dont il aura six mille livres ; de Barthélemi, sept mille livres, dont il aura huit mille cinquante livres. Pour ces divers engagements, les créanciers ont aussi des lettres de ma très-chère dame et amie l'illustre Blanche, comtesse de Troyes, et de son fils Thibaut, comte de Champagne. Ladite comtesse et ledit comte de Champagne, aux instances de mon époux et aux miennes, de notre volonté et consentement, ont fait leur promesse auxdits créanciers et leur en ont donné des lettres-patentes. Que si, par hasard, lesdites sommes n'étaient pas entièrement payées aux termes fixés, alors ladite comtesse et le comte de Champagne, à la réquisition de ces mêmes créanciers, interdiraient leurs marchés à tous les marchands et bourgeois de notre territoire, et, tant dans ces marchés qu'au dehors, prendraient et saisiraient les effets et les corps des bourgeois et marchands de notre territoire, partout où ils les trouveraient, soit dans leur territoire, soit ailleurs, et les retiendraient jusqu'à ce que lesdits créanciers fussent pleinement satisfaits de tout ce qui leur sera dû, les frais en sus. *Moi donc, et mon dit mari avons obligé et engagé tant nos personnes que tous nos biens présents et à venir*, à ladite comtesse et audit comte.

» Si, à l'occasion du présent emprunt, ils venaient à éprouver quelque dommage, ou s'ils étaient forcés de faire quelque dépense pour la mise en liberté de notre dit époux, nous leur en ferions pleine restitution, et, sur leur parole, nous les dédommagerions de tout ce qu'ils auraient perdu ou dépensé. En foi de quoi j'ai fait dresser les présentes lettres et les ai munies de mon sceau, l'an de l'Incarnation de Notre-Seigneur 1221 (1). »

Ainsi, Jeanne concluait un marché ruineux, se livrait corps et biens, tout cela sans résultat. Mais elle ne se décourageait pas. Cette activité que Jeanne apportait à l'exécution d'un projet, à la réalisation d'une pensée, cette sorte de ténacité avec laquelle elle marchait droit au but, sans s'effrayer des obstacles, cette courageuse persévérance enfin, qui ne lui faillit jamais dans les grandes circonstances, est l'un des traits les plus significatifs du caractère de la comtesse de Flandre.

Soit qu'il s'agisse d'administration intérieure, soit qu'il s'agisse d'affaires diplomatiques, on ne la trouve jamais au-dessous de sa position. En voici la preuve. On sait que les comtes de Flandre n'étaient pas seulement grands vassaux et pairs du royaume de France, mais qu'ils relevaient aussi, pour certaines portions de pays, de l'empereur d'Allemagne. Il paraît qu'au milieu des préoccupations dont elle avait toujours été entourée, Jeanne négligea de prêter foi et hommage à l'empereur, ainsi que le devaient faire les comtes de Flandre à leur avénement. Frédéric II s'en fâcha, et en 1218, dans une diète solennelle à Francfort, confisqua la Flandre impériale,

---

(1) *Manuscrits de Colbert sur la Champagne*, cités par M. le marquis de Fortin dans son édition de *Jacques de Guyse*, XVI, 196.

ni plus ni moins. C'était une très-grave affaire en ce qu'elle devait, un jour ou l'autre, rallumer la guerre en Flandre. Effectivement, l'empereur avait concédé à Guillaume, comte de Hollande, les parties qui relevaient de l'empire. A chaque instant, ce dernier pouvait chercher à prendre possession des nouveaux domaines qu'on venait de lui octroyer. Il n'y eut certes pas manqué, si sa puissance eût égalé sa bonne volonté ; mais c'est une fortune qu'il n'eut jamais qu'en imagination, grâce à l'adresse que Jeanne déploya dans cette circonstance délicate. Elle négocia avec tant d'habileté qu'en définitive la chose tourna même à son profit. Deux ans ne s'étaient pas écoulés que l'empereur annulait la confiscation, en reconnaissant que les chemins étaient trop périlleux pour que la jeune femme eût pu se rendre en Allemagne pendant la captivité de son mari ; qu'ainsi elle était excusable de n'avoir pas rendu son hommage (1), etc. L'année suivante, en 1221, son fils Henri VII faisait plus encore. En déclarant de nouveau rapportée la sentence de 1218, en confirmant la comtesse dans la possession des fiefs impériaux, il forçait le comte de Hollande à subir et à reconnaitre derechef sa dépendance de la Flandre (2).

Une pensée prédomine dans toute la conduite politique de Jeanne relative au gouvernement de ses domaines : c'était d'accroître le pouvoir municipal, et par là de contre-balancer l'influence des hauts barons qui commençait à se montrer

---

(1) Propter viarum pericula et personæ suæ metum ad præsentiam nostram facilitatem non habuit accedendi, et quia vir nobilis Fernandus maritus ejus comes Flandriæ et Hainoniæ tum in captione regis Franciæ detinebatur. — *Diplôme impérial de 1220. Archiv. de Flandre, cartulaire des empereurs, pièce I.*

(2) *Original en par. hemin, scellé. — Arch. de Fl.*

menaçante. Il y avait surtout une classe de seigneurs fort à craindre; c'étaient les châtelains, dont la puissance devenait très-dangereuse et pour le peuple et pour le souverain. Sans parler des violences et des rapines qu'on leur avait reprochées de tout temps, ils avaient trouvé moyen de s'affranchir tellement de la domination du comte lui-même, qu'à la bataille de Bouvines on en vit combattre audacieusement parmi les chevaliers de l'armée française. Les châtellenies formaient autant de petits états dans l'état (1). C'était là un grand mal, et il y avait urgence d'y remédier. Jeanne le comprit et mit tout en œuvre pour atteindre ce but. Si elle ne parvint pas tout à fait à anéantir l'influence des châtelains, on doit dire, à sa louange, qu'elle l'amoindrit beaucoup. En 1218, elle donnait à la ville de Seclin la même charte d'affranchissement dont jouissait déjà la ville de Lille, charte très-sage et très-libérale qui devait singulièrement atténuer l'importance du châtelain de cette dernière ville (2); et, en même temps, elle négociait avec le connétable de Flandre, Michel de Harnes, l'échange de la châtellenie de Cassel (3). Un peu plus tard, en 1224, elle se fit vendre par Jean de Nesle, pour 23,545 livres parisis, la châtellenie de Bruges, l'une des plus considérables de Flandre (4). La comtesse eut même à ce sujet, avec Jean de Nesle, un procès fameux qui fut vidé à Paris

(1) Consultez à ce sujet le *Spicilegium* d'ACHERY, II, 215. — MIROEUS, III, 15 et IV, 510. — BEAUCOURT, *Iaerboecken van' t Vrye*, III, 76. — MEYER, *Annal.* ad ann. 1148. — DOM BOUQUET, IX, 528, et X, 258. — WARNKOENIG, *Hist. de la Flandre*, II, 136. — RAEPSAET, éd. de 1839, IV, 403.

(2) *Archives de Flandre*, à Lille, 1er Cart. de Flandre, pièce 466. — Imprimé dans le *Recueil des ordonnances du Louvre* sous la date de 1280, IV, 320.

(3) *Arch. de Fl.*, orig. parch. scellé (28 octobre 1218).

(4) *Ibid.*, 8e cart. de Fl., pièce 2.

devant la cour des pairs du royaume, Jeanne ne pouvant être jugée que par cette cour, en vertu des lois de la hiérarchie féodale. Lorsque son procès fut gagné contre le châtelain, elle institua à Bruges la fête du Forestier, destinée à perpétuer le souvenir d'un événement qui consacrait l'affranchissement de cette belle cité. La prospérité de Bruges, comme celle des principales villes flamandes, du reste, ne prit le développement prodigieux que l'on connaît, qu'à partir de la disparition des châtelains, ou du jour que ces despotes perdirent l'omnipotence dont ils avaient trop longtemps abusé.

Ainsi, en même temps qu'elle travaillait à l'affaiblissement de l'aristocratie, la comtesse de Flandre augmentait le bien-être du peuple. Les droits politiques d'un grand nombre de communes dans les deux comtés avaient été consacrés et reconnus par ses prédécesseurs ou par elle. Elle ne s'en tint pas là : elle voulut aussi favoriser de tout son pouvoir le commerce et l'industrie. En mai 1223, Jeanne confirme le privilége que Philippe, comte de Flandre et de Vermandois, son grand-oncle, avait accordé à l'abbaye de Saint-Bertin d'établir un marché à Poperingue et d'y faire construire un canal (1). Dans l'année 1224, on la voit affranchir de toutes charges, tailles et exactions, les cinquante ouvriers qui viendront s'établir à Courtrai pour y travailler la laine (2) : de sorte qu'on peut dire que c'est à Jeanne que les fabriques de cette ville doivent, sinon leur naissance, du moins les premiers éléments de leur incroyable prospérité.

---

(1) *Ibid. Sous un vidimus du* 14 *novembre* 1366.
(2) *Ibid. Orig. parch. scellé* (22 novembre).

Sous aucun point de vue et même dans les choses intellectuelles, Jeanne ne se laissa devancer par nul des princes ses contemporains. La langue française, cet idiome devenu, pour ainsi dire, aujourd'hui l'idiome européen, ne faisait que de naître. On la parlait bien parmi le peuple, parmi les grands : elle servait bien aux poètes pour leurs fabliaux et pour leurs *chansons de gestes;* quelques chroniqueurs s'étaient même aventurés jusqu'à écrire l'histoire dans cette langue qui ne s'appelait encore que la *langue romane.* Mais long-temps incertaine dans son vocabulaire comme dans sa syntaxe, elle inspirait peu de confiance à la gent méticuleuse et formaliste des hommes d'affaires, et personne encore n'avait osé s'en servir pour la rédaction des actes authentiques. La chancellerie française n'écrivait qu'en latin, et durant les quinze premières années du règne de Louis IX, ce roi si français, ni ses ministres ni lui ne s'avisèrent d'employer l'idiome de Ville-Harduin et de Joinville. Jeanne fut plus hardie. On a démontré dernièrement que le plus ancien acte original, connu pour avoir été rédigé en français, est une charte passée entre la comtesse de Flandre et Mahaut, dame de Tenremonde, à Courtrai, en 1221, le lendemain de la Madeleine. Chose bizarre! Courtrai, ville flamande s'il en fut jamais, voyait déjà traiter les affaires publiques en français, lorsqu'à Paris on en était encore au protocole latin. Ainsi c'est en Flandre et par la volonté de Jeanne, conforme en cela sans doute au vœu populaire, que le français est devenu une langue officielle (1).

La paix et la tranquillité régnaient dans le pays. La comtesse Jeanne semblait n'avoir plus à redouter pour long-

---

(1) V. *Recherches sur les premiers actes publics rédigés en français,* par M. Le Glay, *in-8°. Lille,* 1837.

temps les vicissitudes qu'elle avait subies depuis son enfance, quand arriva, vers 1224, un événement merveilleux qui produisit partout une grande sensation et faillit causer une révolution complète en Flandre et en Hainaut. Ce fut la plus rude mais heureusement la dernière épreuve réservée par la Providence à la fille de Baûduin IX. Nous avons fait plus haut allusion à cette aventure. Sa cause et ses effets sont trop singuliers pour n'être pas ici racontés en détail.

En l'année 1215 ou environ, parurent pour la première fois, en Hainaut, dans la ville de Valenciennes, des frères mineurs de l'ordre de Saint-François. On n'y fit pas d'abord grande attention; mais bientôt la vie mystique et pleine d'austérité de ces religieux attira sur eux l'admiration naïve des peuples. On eût dit que ces hommes étaient d'un autre siècle, tant on les voyait s'efforcer à tenir constamment tendus vers les choses du ciel leur esprit et leurs yeux (1). A peine prenaient-ils la nourriture nécessaire à leur existence. Presque jamais ils ne mangeaient d'aliments cuits; et quand ils en faisaient usage, ils y mêlaient de la cendre pour les rendre amers, ou les délayaient dans l'eau afin de leur ôter toute saveur. La terre nue servait de lit à leurs corps fatigués. Une pierre ou du bois leur tenait lieu d'oreiller. Leurs membres amaigris étaient recouverts à peine d'une étoffe rude et grossière (2). Sans cesse en prière, ils ne travaillaient que pour subvenir à leurs besoins, et c'était aux plus humbles comme

---

(1) Videbantur autem intuentibus esse homines alterius sæculi, quippe qui mente ac facie in cœlum semper intenti omnes sursùm trahere nitebantur. — *Jacques de Guyse, XIV,* 300.

(2) *Ibid.*

aux plus utiles travaux qu'alors ils s'adonnaient. Les uns faisaient des nattes, des paniers, des corbeilles; les autres de la toile; quelques-uns écrivaient ou reliaient ces livres que nous admirons aujourd'hui comme les chefs-d'œuvre d'une patience surhumaine (1). Quels étaient donc ces saints personnages ? D'où venaient-ils ? Les populations émues de leur présence, édifiées de leur exemple, auraient bien voulu pénétrer le mystère dont s'entourait leur humble et silencieuse existence. On se livrait à toute espèce de conjectures à ce sujet, quand un incident vint trahir le secret des frères mineurs.

L'an 1222, comme l'on posait les fondements du beffroi, au coin du marché, en la ville de Valenciennes, le sire de Materen, gouverneur de ladite ville pour la comtesse Jeanne, s'en vint assister à cette opération. Il était là, regardant faire les maçons et charpentiers, quand il aperçut devant lui un frère mineur demandant humblement l'aumône parmi la foule. — « Cet homme, dit-il aux gens de sa suite, me paraît d'une élégante et belle stature : son geste est noble et grave, mais quel vêtement déguenillé! Comme tout cela est bizarre, misérable! Qu'on l'appelle et faisons-lui l'aumône (2). » Le frère s'approcha du gouverneur, et l'ayant considéré avec attention, il se couvrit le visage de ses mains et s'éloigna aussitôt en disant : — « Je n'accepterai point d'argent. » On courut après lui, mais il repoussa dédai-

---

(1) Porrò aliqui nattas componebant, aliqui sportas et cophinos complicabant, aliqui pannos consuebant, aliqui libros conscribebant et ligabant. — *Ibid.* 306.

(2) « Vir, inquit, utique videtur fortis et elegantis staturæ, strenuus et in gestibus maturus, sed in habitu truncatus vilis et deformis mihi multùm apparet. » — *Ibid.* 308.

gneusement la bourse qu'on lui tendait, et se hâta de regagner son couvent.

Cette conduite parut étrange au gouverneur ; mille pensées diverses traversèrent son esprit. Il s'enquit du nom de cet homme qui fuyait sa présence si brusquement. On n'en put rien lui dire, sinon qu'on le croyait flamand, que les autres religieux l'appelaient frère Jean le Nattier, à cause de son adresse à tresser les nattes. Du reste, ajouta-t-on, il porte sur le visage deux profondes cicatrices dont l'une descend du front à l'œil droit, en passant sur le sourcil, et l'autre partage le front transversalement (1). A ces mots, le gouverneur baissa la tête et demeura pensif. Rentré au logis, il envoie dire au religieux de venir incontinent le trouver. Mais on répond au messager que le frère a quitté le couvent pour se diriger vers Arras. La nuit se passe, et le lendemain, dès l'aube, le sire de Materen, suivi de quelques valets, chevauchait à la poursuite du religieux. Entre Douai et Arras, il rejoignit le frère qui cheminait en compagnie d'un autre religieux de son ordre, tous les deux pieds nus et couvert de pauvres vêtements.

— « Bonjour, frères, » leur dit-il en les abordant. — « Que la paix du Seigneur soit toujours avec vous, » répondirent ceux-ci, et l'on marcha en s'entretenant de choses indifférentes. Quand le gouverneur fut assuré qu'il ne s'était pas trompé dans ses conjectures, il sauta à bas de son cheval et s'approcha du religieux : — « Seigneur Josse, lui dit-il, vous êtes mon oncle, le frère de mon père. Dame Élisabeth, votre sœur, vit encore, et vos deux fils ont été faits chevaliers. Pourquoi donc les seigneurs, vos compagnons

---

(1) *Ibid.* 310.

d'armes, nous ont-ils annoncé votre mort en nous renvoyant votre armure, la vieille armure de votre aïeul, puisque vous voilà vivant (1)? » Le religieux, confondu pas ces paroles, ne savait plus que dire. Son cœur se remplit d'amertume. Un instant il s'efforça d'échapper à cette position par des subterfuges ; mais se voyant reconnu tout à fait, il prit la main du chevalier dans la sienne et lui dit : — « Jurez-moi de ne jamais révéler ce que vous allez apprendre. » Le chevalier jura. — « Eh bien, oui, je suis votre oncle Josse de Materen, le même qui jadis, comme vous le savez, partit avec Bauduin, comte de Flandre et de Hainaut, pour la croisade ! » Alors il se mit à raconter les principaux événements de cette grande expédition. Partout et toujours il avait suivi son suzerain depuis la Flandre jusqu'à Venise, depuis Venise jusqu'au siége de Constantinople. Dans les combats il était près du comte ; après les combats, il assistait avec lui au partage des dépouilles. Lors de l'élection de Bauduin à l'empire, il était là présent, à sa confirmation encore, à son couronnement encore. Enfin, il avait pris part aussi à cette sanglante bataille que Bauduin avait livrée aux Blactes et aux Comans, devant Andrinople, et dans laquelle le valeureux prince avait trouvé la mort (2).

Le gouverneur de Valenciennes écoutait avidement ces précieux détails, et son étonnement redoubla quand le frère se prit à narrer comment les chevaliers flamands, après avoir long-temps combattu en Palestine, s'en allèrent avec

(1) « Et quâ conscientiâ mandaverant domini socii vestri mortem vestram nobis, et vestram remiserant loricam, quæ fuerat avi vestri? Et ecce adhuc supervivitis! » — *Ibid.*, 312.

(2) « Et omnibus bellis et specialiter in omni strage finali contra Comanos et Blactas ante Andrinopolim, in quâ captus et interemptus fuit dictus Balduinus, dimicavimus. » — *Ibid.*, 314.

Pèdre, roi de Portugal, frère de la reine Mathilde, jadis comtesse de Flandre, envahir le royaume de Maroc; comment beaucoup d'entre les croisés subirent un glorieux martyre sur la plage africaine; comment enfin grand nombre de barons firent vœu d'entrer en religion et y entrèrent en effet. — « L'infant Pèdre, fils aîné du roi de Portugal, dit le frère en terminant, qui commandait l'armée des chrétiens, jura que si Dieu lui conservait la vie sauve et lui permettait de revoir sa patrie, il entrerait dans l'ordre des religieux de Saint-François. Réunis sous l'étendard du prince, nous fîmes vœu de le suivre et d'adopter comme lui l'habit et la règle de ces humbles frères. Ensuite nous partîmes emportant avec nous les reliques des martyrs de la foi. Grâce à elles, la traversée fut heureuse. Nous abordâmes en Portugal, et à notre arrivée l'infant Pèdre raconta à la foule du peuple qui nous entourait l'histoire célèbre du martyre de ces bienheureux; après quoi nous songeâmes à la promesse que nous avions faite à Dieu. Rassemblés au nombre de vingt-huit chevaliers dans un petit couvent fort pauvre de frères mineurs, à Lisbonne, nous quittâmes le monde en présence des rois d'Espagne, de Portugal, de Navarre et d'une foule de seigneurs. Chacun fondait en larmes, lorsqu'on nous entendit renoncer pour toujours à nos armes, à nos femmes, à nos enfants, aux honneurs, aux félicités du siècle. On renvoya nos bonnes armures à nos femmes et à nos amis charnels, car désormais nous étions morts au monde. Alors nous prîmes cet humble et misérable habit, afin d'obtenir la rémission de nos péchés. S'il plaît à Dieu, nous le conserverons jusqu'à la mort (1). »

(1) « Et hunc humilem statum, vilem et dejectum, in remissionem peccato-

A ce récit, le gouverneur, ému de pitié, dit au frère : — « Quels sont donc les infortunés qui ont avec vous embrassé un genre de vie si bizarre, si incroyable, après les longs tourments que vous avez soufferts chez les Sarrasins ? » — « Oh ! ne les appelez pas malheureux, répondit le frère, mais plutôt bienheureux à jamais, puisqu'ils ont méprisé la vie du monde et qu'ils obtiendront les célestes recompenses ; eux qui ont lavé et laveront leurs étoles dans le sang de l'Agneau (1). » —Au moins, continua le sire de Materen, si quelque noble chevalier de notre pays avait partagé avec vous cette triste condition, je souffrirais plus patiemment l'injure que vous faites à notre sang, en prenant cet habit. » — » Voici les noms des chevaliers de ce pays qui se sont liés avec nous pour Jésus-Christ sous le joug de la religion ; et je vous dis ces noms sous la foi du serment que vous m'avez prêté. Ceux de Flandre sont Roger de Gavre, frère de Rasse, Henri de Néelle, Liévin d'Axelle, Winoc d'Hondschoote, Thierri de Dixmude, Pierre d'Odenhove et Jean, curé de Somerghem ; ceux des provinces voisines, Gauthier de Rosoy, frère de Robert, Jean de Trith, frère de Regnier, Macaire de Sainte-Menehould, Barthélemi, frère de Quesne de Béthune, Jean d'Aire et Ferri son frère, Josselin de Balehan, Gautier de Viesly, Bauduin de Neuville, Guillaume de la Porcherie, Siger de Silly, Jean de Hoves et beaucoup d'autres. Et moi, le plus indigne de tous, je me suis joint à ces chevaliers. Peu de jours après notre conversion, l'infant Pèdre fit distribuer nos biens et tout ce que nous avions

---

rum nostrorum, assumpsimus, et in eodem, Deo duce, usque ad mortem perseverabimus. »— *Ibid.*, 320.

(1) « . . . Et pervenient ad præmia regni, quia laverunt atque lavabunt stolas suas in sanguine Agni »— *Ibid.*, 322.

abandonné, à nos femmes et aux pauvres. Ensuite, à notre prière, il fit appareiller un navire qui nous transporta, mes frères et moi, au port de l'Écluse en Flandre. Ainsi nous voilà disséminés et inconnus sur la terre. D'abord, moi cinquième avec le curé de Somerghem, nous vînmes aux environs de Valenciennes, où nous trouvâmes des religieux de notre ordre qui nous tendirent leurs bras charitables. Parmi nos frères, plusieurs ont quitté la vie et gisent ensevelis en l'église de Saint-Géri ; mais les plus nobles ont survécu, et, s'il plaît à Dieu, j'attendrai pieusement dans leur compagnie cette mort que pendant trente ans j'ai cherchée sur les mers, que j'ai cherchée parmi les Turcs, les Grecs et les Sarrasins. Hélas ! la grandeur de mes péchés ne m'avait pas rendu digne d'un si glorieux trépas (1) ! » Le gouverneur écoutait en pleurant. Quand il fallut se séparer de son oncle, il le serra sur son cœur avec effusion, et regagna pensif et silencieux la ville de Valenciennes.

Cependant, peu de temps après, le bruit se répandit de tous côtés que les chevaliers qui avaient accompagné le comte Bauduin à la croisade étaient revenus dans leur patrie pour y vivre pauvres et inconnus, les uns sous l'habit de frères prêcheurs, les autres sous celui d'ermites mendiants. Cela fit une grande sensation. De conjectures en conjectures, le peuple, toujours ami du merveilleux, tomba dans les imaginations. Ainsi que nous l'avons dit, il n'avait jamais eu une confiance bien robuste dans la mort de l'empereur. Souvent, et dès les premières années de la croisade, il avait espéré voir ce prince qu'il aimait tant reparaître un

---

(1) « Ego autem super maria, inter Turcos, Græcos et Sarracenos, ipsam mortem pro Christi nomine jam à triginta annis quæsivi, sed quia tali morte dignus non eram propter infinita scelera mea... » — *Ibid.*, 328.

jour dans le pays. Quand on sut que ses compagnons d'armes se trouvaient en Hainaut, on pensa qu'il pourrait bien être avec eux. Bientôt même ce ne fut presque plus un doute, grâce aux perfides insinuations de quelques-uns de ces grands vassaux dont la comtesse Jeanne comprimait les velléités tyranniques, et qui, pour se venger, cherchaient toutes les occasions de susciter des embarras à leur courageuse souveraine.

A quatre lieues de Valenciennes, et non loin de la petite ville de Mortagne, existe un bois qu'on appelle le bois de Glançon. Là vivait un ermite, ou pour mieux dire un mendiant que sustentait la charité publique. Un jour que cet homme parcourait les rues de Mortagne tendant la main aux passants, un baron l'aborde. Après l'avoir un instant considéré, il recule de surprise. Comme le mendiant lui en demande la raison, le baron se prosterne et lui dit : — « Seigneur, je vous reconnais ; vous êtes bien véritablement l'empereur Bauduin. » L'ermite est stupéfait. Plus il cherche à se défendre d'être l'empereur, et plus le chevalier paraît convaincu du contraire (1). Tout en faisant mille protestations, il emmène l'ermite ébahi en son hôtel et l'y installe en toute révérence. L'ermite alors trouve le jeu bon et se laisse faire. Bientôt de hauts personnages arrivent à la dérobée qui le circonviennent, lui persuadent que, s'il n'est pas l'empereur, il a du moins une telle ressemblance

(1) Dont il advint ung jour que il vint à Mortaigne, et ainsi que d'adventure il demandoit du pain pour Dieu, lui sourvint un chevallier qui estoit jà tout escolé..... Adont il ficha en cest hermite sa fantaisie, si s'en vint à luy et lui dist que de fait estoit noble homme.... Lors cel hermite lui dist que sans faulte il n'estoit que ung povre homme..... et de tant plus s'escusoit l'hermite, de tant et plus aigrement disoit le chevallier l'opposite. — *Chron. de Flandre*, manuscrits de la Bibl. du roi, n° 8380, f° LIX v°, 2e col.

avec Bauduin, qu'on le peut facilement prendre pour ce
prince, lui apprennent plusieurs secrets de famille, enfin le
façonnent au rôle qu'il doit jouer (1). Le mendiant se montre d'autant plus intelligent qu'en son temps il avait été
jongleur, ainsi qu'on le verra par la suite.

Entre temps, on exploite la crédulité du peuple. On lui
persuade sans peine que l'empereur existe réellement, et qu'il
consent enfin à sortir de l'obscurité où il avait voulu finir
ses jours pour se rendre à l'amour de ses sujets fidèles. Mortagne d'abord le reconnaît pour son souverain. Les populations se soulèvent de joie. On court à sa rencontre de tous
côtés, et c'est avec un immense cortége qu'il se présente
dans les villes de Tournai, de Valenciennes et de Lille, où
il est reçu avec acclamations. Un contemporain, le bon évêque
de Tournai, Philippe Mouskes, dit à ce propos que si Dieu
était venu sur terre il n'eût pas été mieux accueilli (2). A

---

(1) En la parfin, lui ainsi encouraigié de toutes manières de gens, il dist
comme mal conseillié que certainement estoit-il Bauduin l'empereur et que
plus ne se vouloit celler, et en ce disant il allégua plusieurs apparences. —
Ibid., LX, v° 2° col.

> Lavés, tondus et roégniés
> Et ascemés l'ont comme conte.
> .... Sans délais
> Cil de Reumont et de Kievreng,
> Baudris et Brongnars de Deneng,
> Ernous de Gavre et B. ucars,
> Sohiers d'Aiengien, et Polars,
> Ernous d'Aisne et maint baceler
> L'ont asséuré sans celer.

Philippe Mouskes, *Chron.* rimée, vers 24645 et suiv.

(2)   Or vient en Flandres li paumiers
> Qui n'en fu mie contusmiers.
> Se Dieux fust en tière venus,
> Ne fust-il pas mious receüs

Gand et à Bruges l'entrée du faux Bauduin fut magnifique. Au milieu de l'enthousiasme général, il traversa ces villes porté sur une litière, revêtu du manteau de pourpre et de tous les ornements impériaux. Un archi-chapelain portait la croix devant lui (1). Chacun pleurait d'attendrissement et de bonheur en voyant ce bon prince sur lequel on avait fait courir tant de sinistres bruits. La grande barbe blanche qui lui était poussée depuis vingt-cinq ans émerveillait tout le monde. Personne ne se doutait du piége, et quantité de seigneurs des deux comtés y tombèrent et suivirent l'imposteur. Tant et si bien que, tout à coup et comme par enchantement, la comtesse Jeanne se trouva presque abandonnée, sans autre appui qu'un petit nombre d'amis fidèles, qui, sachant parfaitement à quoi s'en tenir sur le sort de l'empereur Bauduin, déploraient avec elle l'astucieuse perfidie de quelques barons, et le fatal aveuglement d'un peuple qui se laissait si facilement entraîner (2).

> D'abés, de moines et de clercs,
> Quar li païs iert moult emfers.
> Rices présens li aportoient
> Li fol buisnard qui tot perdoient.
> *Chron. rimée, vers* 24851.

(1)
> Crois fist porter devant sa face
> Pour çou c'on plus d'ounor li face,
> Et bannière d'empereour;
> Et de conte par grant hérour.
> *Ibid., vers* 24823.

(2) Les noms des seigneurs restés fidèles à la comtesse nous ont été transmis par Philippe Mouskes. Ce fut d'abord et en première ligne Arnould d'Audenarde, le *Tuteur de Flandre*; puis, Michel de Harnes, Raoul, châtelain de Tournai, Russe de Gavre, le fils de celui qui avait été tué à Bouvines, les deux frères de Grimberghe, Gautier et Guillaume, Gilles de Barbançon, Watier de Ghistelles, Gilbert de Sotenghien, Philippe de Somerghem, Sohier, châtelain de Gand, Watier de Fontaines, Fastré et Watier de Ligne, Godefroi de Fontaines, évê-

Le pouvoir de la comtesse fut un moment ébranlé par cette bizarre aventure. La division était dans le pays : des luttes sanglantes s'engageaient déjà entre les seigneurs des deux partis. Au milieu de ce trouble et de cette confusion, l'existence même de la princesse courut des dangers. Dans leur exaltation contre Jeanne, qu'ils considéraient comme une fille rebelle, attendu qu'elle ne voulait pas croire ce qu'ils croyaient, les partisans du faux Bauduin dirigèrent leur coup contre elle. Après avoir cherché vainement à vaincre la superstitieuse obstination de tout un peuple et à s'opposer aux envahissements de l'imposteur, Jeanne s'était réfugiée en son château du Quesnoi. Une nuit, ils tentèrent de l'enlever; elle eut à peine le temps de fuir dans la campagne par une issue cachée, de monter à cheval et de gagner la ville de Mons, à travers des chemins affreux et pleins de périls.

En aucune circonstance Jeanne n'eut à déployer plus d'énergie et d'habileté que dans la triste position où la fortune venait encore une fois de la placer. Perdre l'héritage de ses pères, le laisser aux mains d'un misérable aventurier, et surtout passer pour une fille dénaturée, parricide, c'était vraiment là comme une vengeance de Dieu. Jeanne n'avait pas mérité le courroux du ciel.... Elle considéra le nouveau malheur qui lui arrivait comme une épreuve providentielle, et elle la soutint dignement.

Pour nous servir de l'heureuse expression de l'historien d'Outreman, la comtesse « jugea bien que ce fuseau ne se » devoit pas démesler par force, mais par finesse (1). » Elle essaya d'abord de faire venir l'ermite au Quesnoi. Il y avait auprès d'elle en ce moment une ambassade du roi de

que de Cambrai, Watier d'Avesnes, comte de Blois, Philippe II de Courtenai, comte de Namur, et plusieurs autres.

(1) *Hist. de Valenciennes.*

France, Louis VIII, composée de trois hauts personnages, Mathieu de Montmorency, Michel de Harnes et Thomas de Lempernesse. Elle espérait confondre devant eux l'imposteur, mais celui-ci se garda bien de se rendre à l'invitation de Jeanne. Il aimait mieux poursuivre sa marche triomphale (1).

La chose devenait de plus en plus sérieuse et menaçante. Le roi d'Angleterre, Henri III, partageant ou plutôt feignant de partager l'erreur commune, écrivit au faux Bauduin une lettre de félicitation, en lui offrant de renouveler les anciennes alliances qui avaient uni leurs ancêtres. Il lui rappelait que le roi de France les avait dépouillés l'un et l'autre de leur héritage: il lui offrait enfin et lui demandait des conseils et des secours pour recouvrer les domaines que tous deux avaient perdus (2). Henri ne pouvait plus compter sur l'appui de Jeanne, laquelle avait de graves motifs pour ne pas offenser le prince qui tenait son mari dans les fers. En favorisant l'imposteur, il espérait s'en faire une créature dévouée, regagner l'amitié des Flamands, et armer de nouveau ceux-ci contre la France, ce qui eût fort bien servi ses intérêts en ce moment-là.

Jeanne éperdue, après avoir vainement tenté tous les moyens d'ouvrir les yeux à son peuple, attendait avec anxiété que la Providence se chargeât de dévoiler elle-même l'iniquité. Jeanne n'attendit pas long-temps. Le sire de Materen, resté fidèle à sa suzeraine, s'était ressouvenu de la rencontre miraculeuse que naguères il avait faite de son oncle. Il pensa que son appui et celui des frères

---

(1) Ses séducteurs luy disoient que s'il aloit devers elle qu'elle le feroit mourir secretement, et il s'en doubtoit ; comme celuy quy savoit que mal faisoit. — *Chron. de Fl.*, f° 61, 2ᵉ col.

(2) Rymer, *Fœdera*, I, 277.

mineurs, s'ils voulaient le prêter, serait d'un grand secours à la comtesse Jeanne. Il se mit en quête de rechercher cet oncle, et ce ne fut pas sans peine qu'il parvint à le découvrir dans le refuge de Saint-Barthélemy, près Valenciennes, où il était revenu après l'incident raconté plus haut.

— « Seigneur oncle, dit le gouverneur au religieux, jusqu'à présent j'ai fidèlement tenu le serment que je vous ai prêté; mais aujourd'hui vous pouvez voir comment ce maudit ermite s'efforce, contre le bon droit et les lois du pays, d'usurper les comtés de Flandre et de Hainaut. Déjà il a été reçu dans toute la Flandre; bien plus, il est honoré par chacun dans Valenciennes comme seigneur et comte de Hainaut, tandis que la véritable héritière et maîtresse du pays se voit déshériter au mépris de la justice et de Dieu (1). Il m'est impossible de tolérer de telles choses. Il y a ici urgence, et dans une pareille nécessité je ne puis ni dois tenir ce que je vous ai promis. Et comme en cette œuvre étrange du démon, il n'y a personne au monde qui sache mieux la vérité que vous et vos frères (2), je reviens vers vous, poussé par ma conscience; car vous êtes parti de Flandre avec le seigneur Bauduin, vous avez traversé la mer avec lui, vous ne l'avez pas quitté depuis son intronisation à l'empire de Constantinople, jusqu'à la fin de ses jours; vous l'avez accompagné dans toutes ses guerres, vous avez partagé tous ses périls. Qui donc, sous le ciel, pour-

---

(1) « Et jam in totâ Flandriâ receptus est, imò et in villâ Valencenensi, tanquàm Hannoniæ verus comes et dominus honoratur, et vera hæres et vera ac naturalis domina contra Deum et conscientiam ab eâdem exhæreditatur. » — *Jacques de Guyse*, XIV, 332.

(2) ... Et quia de tali novitate, à dæmone sic exortâ, non sunt viri sub cælo qui veriùs sciant quid sit à parte rei quam vos.... *Ibid.*

rait plus sûrement que vous faire cesser les doutes et proclamer la vérité? Répondez; que je retourne près de madame la comtesse et de son conseil, pour leur révéler tout ce que vous m'aurez dit; car, dans les circonstances où nous sommes, de telles choses ne doivent plus être un mystère. »

Le frère, confus et plongé dans la plus grande perplexité sur ce qu'il devait dire au gouverneur, ne fit aucune réponse; mais, se jetant à genoux, il s'écria les mains tendues vers le ciel : « Seigneur, soyez-moi propice (1)! » Alors le sire de Materen prit congé de son oncle et se retira en toute hâte auprès de la comtesse Jeanne. Là, devant le conseil assemblé, il rendit compte en secret de ce qu'il avait fait. Jeanne et ses conseillers furent profondément émus de ce récit. Ils éprouvaient tout à la fois un mélange de joie et de tristesse. Peu de jours après, la comtesse vint à Valenciennes, croyant y trouver les frères; mais ceux-ci, fuyant le souffle de la faveur mondaine, s'étaient dispersés et réfugiés les uns à Liége, les autres à Arras ou à Péronne.

Sans délai, Jeanne informa le roi de France de tout ce qui se passait, lui demandant conseil et protection dans cette périlleuse circonstance (2). Le roi fit partir pour la Flandre et le Hainaut des envoyés qui trouvèrent le pays en révolution. La plupart des communes obéissaient à l'ermite comme à leur seigneur naturel. De leur côté, la noblesse et

---

(1) Perplexione gravi percussus, nihil gubernatori respondit; sed, genibus flexis, manus tetendit ad cœlum, dicendo : « Deus, propitius esto mihi peccatori! » — *Ibid.*, 334.

(2)   Consel ot qu'al roi s'en roit,
        Son signour, son couzin tot droit,
        Merci proiier et querre aïe
        Del paumier et de sa maisnie.
              Ph. Mouskes, v. 24895.

le clergé ne savaient plus trop à quel saint se vouer. Dans leur perplexité, ils firent aux interpellations des commissaires du roi de France la réponse suivante : « Ne nous étant pas concertés, et les deux comtés ni les bonnes villes n'ayant point encore arrêté une détermination, nous ne saurions répondre sans avoir interrogé, consulté les personnes que nous savons pertinemment avoir accompagné le seigneur dont il s'agit jusqu'à sa mort, et qui ont bien connu sa manière d'être, son extérieur et jusqu'aux signes particuliers qui distinguent sa personne. C'est pourquoi nous requérons unanimement un délai pour faire notre réponse (1). »

Au même temps Jeanne faisait rechercher en toute diligence les personnes qui pouvaient avoir connu son père et surtout les frères mineurs dont le gouverneur de Valenciennes avait parlé. On en trouva dix-neuf d'entre eux, dont seize laïques et trois prêtres, qui furent aussitôt mandés devant la comtesse Jeanne et les envoyés du roi, et qui, cette fois, malgré le serment par eux juré de n'avoir aucun rapport avec le monde, n'osèrent pas se soustraire aux ordres de leur souveraine, et au cri plus impérieux peut-être encore de leur propre conscience.

Le fameux Guérin, évêque de Senlis, présidait l'enquête. Ayant demandé aux religieux leurs noms, leur patrie, leur état, ce qu'ils savaient du comte Bauduin, de sa vie, de sa mort ; leur ayant fait jurer sur l'évangile de dire la vérité, l'un de ces frères répondit à l'évêque au nom de tous :

— « Seigneur, nous sommes de pauvres pécheurs, d'inutiles vermisseaux. Toutefois nous sommes chrétiens et nous habitons ce désert. Nous avons tous les seize traversé la mer

---

(1) *Jacques de Guyse* XIV, 334.

avec le très-illustre prince Bauduin, dont l'âme repose en paix ; et depuis lors nous ne l'avons plus quitté un seul instant jusqu'à sa mort. Dans toutes les batailles où il combattait de sa personne, nous étions présents, et dans la dernière qu'il livra aux Comans et aux Blactes nous l'avons vu vivant, puis mort (1). Nous le jurons tous. Nous demandons en outre à parler, en présence du roi, à celui qui se dit être Bauduin. »

Le roi fut aussitôt informé du résultat de cette investigation. Quelques semaines après, sur la prière de Jeanne, il vint lui-même à Péronne. Il appela les frères mineurs devant lui, les interrogea longuement, et quand il eut appris de leur propre bouche tout ce qu'il désirait savoir, il les confina dans un couvent de Péronne. Alors il écrivit des lettres fort gracieuses au prétendu Bauduin, lui mandant qu'à leur réception il se rendît incontinent auprès de lui pour conférer d'affaires importantes. Il lui envoyait en même temps un sauf-conduit (2). Le soi-disant comte de Flandre et de Hainaut ne pouvait se dispenser d'obéir aux ordres de son suze-

---

(1) « Nos sexdecim cum illustrissimo principe Balduino, cujus anima requiescat in pace, mare transivimus, et ab illo tunc usque ad ejus mortem secum moram unà traximus. In omnibus bellis in quibus personaliter intererat semper præsentes fuimus, et in finali bello contra Comanos et Blattas vivum et postmodum mortuum vidimus. » — *Ibid*, 338. — Cette assertion est en outre confirmée par le témoignage de Regnier de Trith, frère de ce Jean de Trith qui se trouvait près de l'empereur à la bataille d'Andrinople : « Et leur dist entre les aultres coses que li empereres Bauduins estoit mors et qu'il le savoit de certain par chiaulz qui l'avoient veu mors, et estoit mors des plaies qu'il avoit eubt à la bataille où il fu pris... — *Chron. de Bauduin d'Avesnes*, Msc. de la bibl. de Bourgogne, n° 10233-36, cité par M. le baron de Reiffenberg, t. x, n° 7 des bulletins de l'Acad. royale de Bruxelles.

(2) Il envoya unes lettres audit hermite moult gracieusement dittées, et lui mandoit que incontinent ces lettres venes, il venist devers lui pour certaines affaires.... Et avec ce lui envoia son saulf conduit. — *Chron. de Flandre*, Msc. du roi, n° 8380, f° 63.

rain; il s'achemina donc vers Péronne, suivi d'un cortége nombreux composé de tous ceux qui, parmi les barons et les bourgeois des deux comtés, croyaient voir en lui leur véritable seigneur. Pleins d'assurance et de joie, ces bonnes gens s'imaginaient que le roi de France allait solennellement reconnaître Bauduin de Constantinople et l'investir des fiefs dont il avait été si long-temps dépouillé. L'étrange missive du roi d'Angleterre avait encore augmenté leur aveuglement; et il fallait désormais beaucoup de prudence et d'adresse pour leur ouvrir les yeux, confondre l'imposteur, réduire enfin à néant cet incroyable échafaudage de ruses, de trahisons et de soupçons odieux dressé contre la malheureuse fille de Bauduin.

On s'y prit fort adroitement. A son arrivée à Péronne, l'ermite fut reçu avec tout honneur et révérence, comme s'il eût été l'empereur en personne. En le saluant, le roi l'appela son oncle; et puis, entrés dans les appartements du château, ils devisèrent quelque temps ensemble jusqu'à l'heure où l'on corna l'eau pour le repas. Alors le roi le pria de demeurer à dîner avec lui; l'ermite s'en excusa et s'en alla dîner au riche hôtel qui lui avait été préparé dans la ville. Après le dîner, Louis VIII lui envoya un de ses officiers pour l'engager, ainsi que les seigneurs de sa suite, à venir au *parlement*, c'est-à-dire à l'assemblée où les princes et barons se réunissaient pour parler entre eux d'affaires ou d'autres. Cette fois l'ermite, qui avait déjà refusé de s'asseoir au festin royal, ne crut plus pouvoir se dispenser de retourner chez le roi. Il avait été cependant bien gêné à la première entrevue; mais il s'était trop avancé et ne pouvait maintenant reculer. Le roi le prit à part et le fit causer de nouveau; il ne tarda pas à voir par toutes ses réponses qu'il n'était qu'un misérable

personnage et un effronté menteur (1). Bientôt l'évêque de Senlis vint l'entreprendre à son tour ; il lui parla du siége de Constantinople, des affaires d'outre-mer et de bien d'autres choses que l'empereur Bauduin aurait dû parfaitement connaître (2). L'ermite, de plus en plus embarrassé, répondit tant bien que mal. A la fin, l'évêque, élevant la voix devant tous les seigneurs présents, français, flamands ou hainuyers : — « Sire, lui dit-il, nous voyons bien à votre contenance que vous devez être un très-noble homme ; mais il y a encore des gens qui en doutent. Pour ôter tout soupçon, le roi m'ordonne de vous adresser publiquement quelques questions. Vous rappelez-vous en quel temps et en quel lieu vous avez fait hommage de votre terre de Flandre à notre seigneur le bon roi Philippe, dont Dieu ait l'âme ? »
— L'ermite, après avoir un moment réfléchi, dit qu'il ne s'en souvenait plus. Le prélat lui demanda ensuite par qui il avait été fait chevalier ; en quelle ville, à quel jour et dans quelle chambre il avait épousé la princesse Marie de Champagne. Le vieux jongleur ne s'était pas préparé à d'aussi simples questions ; il resta muet et confondu (3). Alléguant

---

(1) Le roy lui fist plusieurs demandes, mais de toutes ces responses il mentoit, et bien s'en perchevoit le roy. — *Ibid.*

(2) A luy vint avant l'evesque de Senlis qui le mit à raison de moult de choses, et de la voie d'oultremer, etc. — *Ibid.*

(3) . . . . . Se li demanda
U c'iert que sa femme espousa ;
Et il ne l'en sot dire voir.
Puis li demanda, par savoir,
U li rois Felipes fait l'ot
Cevalier, et dire n'el sot.
Et puis li demanda, sans plait,
U il li ot homage fait ;
De ces III riens ne sot-il une.
Ph. *Mouskes*, v. 24961.

son grand âge, ses longs malheurs, son peu de mémoire, il demanda jusqu'au lendemain pour répondre. Ébahis, les barons de son escorte se regardaient entre eux ; mais il leur répugnait encore de croire qu'ils étaient la dupe d'une mystification aussi audacieuse. Ils espéraient que, remis de son trouble, le vieillard se ressouviendrait facilement de choses qu'il est impossible de jamais oublier, et attendirent le lendemain avec impatience.

Cependant l'ermite, ayant pris congé du roi, se retira en son hôtel. Là on vint le prévenir qu'il se trouvait dans un couvent de Péronne, sous l'habit de frères mineurs, plusieurs chevaliers de Flandre, de Hainaut, d'Angleterre, de Lombardie et de Portugal, lesquels avaient été naguère ses compagnons d'armes outre-mer, et qu'ils s'étaient réunis pour le saluer et lui présenter leur hommage (1). Le faux comte de Flandre feignit une grande joie en apprenant cette nouvelle ; il ajouta aussitôt qu'il était fort mal disposé ce soir-là, qu'il ne recevrait personne et qu'il ne souperait même pas. Alors il entra dans sa chambre pour se coucher, et recommanda bien aux valets de ne faire aucun bruit et de ne pas interrompre son sommeil durant toute la nuit (2). Le matin, à l'heure accoutumée, les valets se levèrent et vinrent à la porte de leur maître. La trouvant fermée, ils pensèrent qu'il dormait encore. Ils se tinrent silencieux et attendirent qu'on les appelât. D'autre part, les gens d'écurie, en portant à déjeuner aux chevaux, furent très-étonnés de voir qu'il en manquait un des plus beaux et des plus vigou-

---

(1) Qui avecq lui avoient esté oultremer, pour lui bien veignier, festoier et pour lui faire cognoissance. — *Chron. de Fl.*, f° 64 v°.

(2) Et requist que l'en le laissast reposer à petit de noise jusques à l'endemain et que nulz ne le venist traveillier. — *Ibid.*

reux : ils ne savaient que penser ; car personne parmi les domestiques n'était encore sorti, et la bête n'avait pu s'en aller seule.

La matinée s'avançait. Le roi était revenu dans ses appartements après avoir ouï la messe. Il attendait l'ermite et s'étonnait de ne pas le voir arriver. Quelques officiers de sa maison, auxquels se joignirent des chevaliers flamands et hainuyers, vinrent à la fin s'enquérir des motifs de ce retard. Les valets répondirent que le seigneur comte de Flandre reposait encore, que la veille au soir il n'avait pas voulu souper et s'était couché bien malade. Les chevaliers dirent qu'il fallait au moins savoir comment il allait, et ils s'approchèrent doucement de la porte ; ils frappèrent d'abord un petit coup, puis plus fort, puis encore plus fort ; on ne répondit pas. Effrayés, ils se dirent que le prince devait être mort puisqu'il n'entendait pas les coups violents donnés dans la porte. Ils l'enfoncèrent alors résolument et se précipitèrent vers le lit... Il n'y avait personne (1).

Grande fut la stupeur des assistants, surtout quand ils s'aperçurent que les écrins, coffrets, joyaux, et tout ce que la chambre contenait de précieux, avait également disparu. On alla tout de suite aux écuries, où les valets consternés osèrent à peine avouer que le meilleur cheval n'était plus là et qu'on ne savait où il était passé. Le mot de l'énigme fut alors découvert. Les chevaliers de Flandre et de Hainaut, remplis de honte et de confusion, quittèrent Péronne à qui mieux mieux, et l'on n'en vit plus reparaître un seul à la cour du roi (2).

(1) Ils boutèrent l'uys oultre par force, si entrèrent dedens voir en grant cremeur, et de la vindrent à son lit, où ilz ne trouvèrent personne.—*Ibid.*, 64.

(2) Lor osteus wident renc à renc

Quant à ce prince, après avoir donné congé aux frères mineurs et leur avoir offert sa royale bienveillance (1), il retourna à Paris, satisfait du résultat de son voyage, et bien résolu d'obtenir pour la comtesse de Flandre une satisfaction plus éclatante encore. A cet effet il écrivit aux principales villes de Flandre et de Hainaut, et leur reprocha de s'être laissé si vilainement abuser par un imposteur, et d'avoir ainsi manqué à la foi et à l'amour qu'elles devaient à leur souveraine (2) ; en même temps il dépêchait par toutes les provinces du royaume des lettres où il promettait une forte récompense à celui qui livrerait l'homme dont il indiquait le signalement.

Le faux Bauduin, après sa fuite clandestine de Péronne, s'était réfugié au village de Rougemont en Bourgogne, où il espérait bien n'être jamais découvert. Il y séjourna en effet pendant un certain temps sans que le moindre soupçon se portât sur lui. Cependant on remarqua bientôt qu'il dépensait beaucoup d'argent et menait un train de vie peu ordinaire ; chacun s'en étonna, car on savait dans le pays qu'il était naguère parti sans sou ni maille, gagnant sa vie au jour le jour, et n'ayant d'autre profession que celle de ménestrel ou jongleur. De propos en propos, la chose vint

---

Li Hainuuier et li Flamenc.
Ph. Mouskes, v. 25009.

(1) Rex.... magna donaria obtulit eis, domos, possessiones, agros et vineas, libertates et cætera multa ; sed omnia velut pulverem vilipenderunt, et, sic a baronibus valefacientes, ad conventus unde processerant humiliter remearunt. — *Jacques de Guyse*, XIV, 342.

(2) Quant le roy de France percheu le grant abus et la déception en quoy Flamands et Haynnuiers s'estoient boutés, il rescripvy aux principales villes de Flandres et Haynnau la rudesse dont ilz avoient usé à l'encontre de leur naturelle dame. — *Chron. de Fl.*, f° 64 v°, 2° col.

aux oreilles de messire Éverard de Castenay, seigneur du
lieu. Il fit mettre le vilain à la question pour apprendre d'où
lui venaient toutes ses richesses, et celui-ci finit par avouer
qu'il les avait gagnées en Flandre et en Hainaut, où il s'é-
tait fait passer pour l'empereur Bauduin. On sut alors aussi
que le nom véritable de ce jongleur était Bertrand ; qu'il était
natif de Rains, village à une lieue de Vitry-sur-Marne ;
qu'enfin il était fils de Pierre Cordel, vassal de Clarembaut
de Capes (1). Éverard de Castenay l'envoya sous bonne
garde au roi Louis, qui le reconnut parfaitement et le fit
conduire en Flandre, en recommandant bien à la comtesse
de lui faire son procès selon toutes les règles du droit (2).

A cet effet Jeanne assembla le conseil des barons et
les échevins des villes, et leur livra le coupable. Bertrand
confessa son crime sans qu'il fût besoin de l'y contraindre ;
mais il ajouta qu'il l'avait commis moins de sa propre volonté qu'à l'instigation de plusieurs grands personnages
qu'il nomma (3). Condamné à mort, il fut traîné sur une
claie, puis étranglé devant les halles à Lille. On conduisit
ensuite son cadavre aux champs, et on l'accrocha près de
l'abbaye de Loos, à un gibet où les oiseaux le mangèrent.

Justice était faite ; la comtesse de Flandre, dont le cœur

(1) Ses père ot non Pière Cordiele,
  S'iert om monsingnor Clarembaut
  De Capes, ki moult set et vaut.
   Ph. Mouskes, v. 25258.

(2) En lui mandant qu'elle lui fesist faire son procès et que du surplus elle
s'en rapportast au droit. — *Chron. de Fl., f° 65.*

(3) Et lui meismes confessa sans contrainte et de sa france voulenté que de
tant qu'il avoit présumé il avoit faulsement menti par sa gorge, mais ce avoit
esté plus par les plusieurs que il nomma qu'il s'estoit avanchié de ce faire. —
Ibid., v°.

était plutôt rempli d'affliction que de haine, résolut alors de pardonner à tous ceux de ses sujets qui avaient tenu le parti du faux Bauduin, et qui, trop long-temps aveuglés, gémissaient enfin de leur erreur. En conséquence, elle publia une charte d'amnistie, qui fut adressée aux principales villes des deux comtés le 25 août/1225. La princesse disait qu'elle ne gardait plus aucune rancune en son âme; qu'elle oubliait tout; et, en échange de cette preuve d'amour, elle ne demandait à ses peuples que de prier le Seigneur Dieu pour elle (1).

Telle fut la péripétie de ce dramatique et singulier événement. Le retentissement qu'il produisit en son temps dure encore. Il s'est répercuté d'âge en âge jusqu'à nous; mais souvent bien modifié, quelquefois même dénaturé tout à fait par les traditions dont il a dû traverser la longue filière.

Tandis que Jeanne de Constantinople luttait seule en Flandre contre d'étranges vicissitudes, Fernand de Portugal voyait tristement s'écouler sa vie entre les murs du Louvre. Le vainqueur de Bouvines était mort le 14 juillet 1223, emportant avec lui la satisfaction de ne s'être pas un instant écarté de la ligne politique qu'il s'était tracée à l'égard du comte de Flandre. Aussitôt que Philippe-Auguste eut fermé les yeux, Jeanne crut l'occasion favorable pour renouveler ses tentatives auprès du successeur de ce prince : elle la saisit avidement. Mais Louis VIII avait hérité de l'opiniâtreté de son père. Il conservait d'ailleurs une vieille rancune contre Fernand pour les soucis que jadis, lors

---

(1) « De omni ranc re et forefacto quod michi fecistis quietos clamo libere et absolute.... Unum rogo vos, quatinus ad Dominum pro me intercedere velitis et ubique intercedere faciatis. » — *Archives de la ville de Lille, carton* I, *pièce* 1. — *Original parchemin dont le scel est rompu.*

des guerres de Flandre, le pétulant Portugais lui avait donnés. Il ne voulut d'abord rien entendre (1) ; seulement le comte fut moins durement traité qu'auparavant, et on lui permit même de recevoir la visite quotidienne de quatre frères mineurs choisis par le roi dans les couvents de Paris pour lui porter deux à deux, et à tour de rôle, quelques consolations (2). Jeanne mit en œuvre tous les ressorts imaginables pour ébranler le monarque. Elle lui fit écrire par le pape, par un grand nombre de cardinaux et d'autres personnages influents. Chacun employait les termes les plus pressants. Honorius alla jusqu'à menacer de lancer l'interdit sur la Flandre et le Hainaut, d'excommunier le comte et la comtesse, si Fernand, mis en liberté, tentait de se rebeller encore.

La bulle du pontife à cet égard est un monument curieux de la diplomatie du temps. On y verra aussi une preuve de l'influence civilisatrice qu'exerçait alors la papauté sur les affaires temporelles. Du reste, l'inspiration tout entière de cet acte est due à Jeanne : il est facile de s'en apercevoir aux termes mêmes dans lesquels il est conçu, et aux conditions qu'il renferme.

« Honorius, évêque, serviteur des serviteurs de Dieu, à nos vénérables frères l'archevêque de Reims et l'évêque de Senlis salut et bénédiction apostolique.

» L'Église en général prie sans cesse pour les prisonniers et les affligés ; et nous qui présidons à l'Église, mal-

---

(1) Ledit roy jura que tant comme il vivroit Fernand tiendroit sa prison et que jamais ne le delivreroit. — *Chron. de Fl.*, Mss. du roi, n° 8380, f° 58.

(2) Rex Ludovicus, considerans Fernandi comitis lamentationem atque defectionem... elegi fecit quatuor fratres qui bini et bini, omni die, horis certis, ipsum visitarent. — *J. de Guise*, XIV, 290.

gré notre indignité, pourrions-nous ne pas compatir aux
malheurs de la captivité pour ceux qui les souffrent? Nous
devons donc nous interposer volontiers en faveur de leur
délivrance, de la manière la plus salutaire, veillant ainsi aux
détenteurs et aux détenus, à ceux qui peuvent délivrer et aux
prisonniers. C'est pour cette raison qu'ayant jeté nos regards
sur notre très-cher fils en Jésus-Christ l'illustre Louis, roi
des Français, nous lui adressons présentement nos prières,
parce que nous chérissons sa personne d'un amour spécial et
d'un attachement particulier; désirant sa prospérité selon Dieu
et selon les hommes, nous voulons l'avertir soigneusement de
ce qui servira au salut de son âme et à la gloire de la dignité
royale, etc. (Ici le pape fait allusion à la volonté qu'aurait
eue Philippe-Auguste, père de Louis, de délivrer le comte
Fernand.)—Mais, ajoute-t-il, par la méchanceté du diable,
qui s'oppose aux bonnes actions, ledit Philippe ayant été
enlevé de cette vie, la convention ne put s'accomplir, et la
délivrance du comte a été retardée jusqu'à ce jour. Or, il
semble que ce serait une grande inhumanité de lui faire
souffrir plus long-temps l'horreur de la prison. C'est pourquoi nous prions, admonestons et exhortons ledit roi que,
réfléchissant avec prudence que Dieu promet sa miséricorde
aux miséricordieux, reconnaissant que la plus grande et la
plus noble vengeance est de ne pas vouloir punir quand on
le peut, la magnanimité consistant à pardonner avec noblesse, il laisse fléchir son cœur par la clémence et permette
que le comte soit racheté. Ainsi, nous donnons en mandement par les présentes lettres, lesquelles nous voulons être
étendues également à nos successeurs, que si, par hasard,
le comte et la comtesse de Flandre viennent à agir contre les
conventions qu'il vous apparaîtra avoir été scellées des

sceaux dudit roi, du comte et de la comtesse, vous et vos successeurs fassiez et promulguiez sentence d'excommunication contre les personnes desdits comte et comtesse et de leurs adhérents, sans égard à quelque appel que ce soit. Vous jetterez aussi sentence d'interdit sur leurs terres, et ne permettrez pas qu'elle soit levée jusqu'à ce qu'il soit intervenu par un jugement en la cour du roi. Si vous ne pouviez tous les deux exécuter ces choses, nous voulons que l'autre y procède. — Donné à Latran, le Xe des kalendes de mars, l'an huitième de notre pontificat (20 février 1224) (1). »

On fit tant et si bien que Louis VIII, obsédé de tous côtés, consentit enfin à traiter de la délivrance de son prisonnier. Voici les principales clauses de ce traité, passé à Melun le 10 avril 1225 (2) :

Le roi s'oblige à faire sortir Fernand de prison, le jour de Noël 1226, à condition que celui-ci lui payera 25,000 livres parisis avant sa sortie. En outre il devra, ainsi que la comtesse sa femme, remettre entre les mains du roi les villes de Lille, Douai, l'Écluse et leurs appartenances, pour garantie d'un second payement de même somme. Le roi rendra ces villes quand le comte et la comtesse lui auront soldé en totalité les 50,000 livres ; mais il gardera la forteresse de Douai pendant dix ans, et une garnison française y sera entretenue aux frais de la Flandre, à raison de 20 sols parisis par jour.

— En vertu de la lettre du pape, le comte et la comtesse, s'ils n'exécutent pas les clauses du traité, seront excommuniés par l'archevêque de Reims et l'évêque de Senlis, qua-

---

(1) Baluze, *Miscell.*, VII, 254-575.
(2) Galland, *Mémoires pour l'histoire de Navarre et de Flandre*, Preuves. 145 et 146.

rante jours après sommation, et les terres de Flandre et de Hainaut seront mises en interdit. Le comte et la comtesse feront jurer sûreté et féauté au roi par les barons, les communes et les villes des deux comtés. — Ils ne pourront faire la guerre au roi ou à ses enfants. — Si quelque chevalier refuse de jurer sûreté au roi, ils le chasseront de sa terre ; si c'est une ville, ils s'empareront de ses biens. — Enfin le comté et la comtesse n'auront pas le droit d'élever de nouvelles forteresses en Flandre en deçà de l'Escaut, sans l'agrément du roi.

Jeanne et Fernand jurèrent tout cela. Pour la question d'argent, Jeanne eût peut-être été en mesure : comme nous l'avons vu, elle s'était toujours efforcée de rassembler de fortes sommes à l'effet de racheter son mari. Depuis 1221, les opulents monastères, les bonnes villes de Flandre lui en avaient encore donné beaucoup, Gand surtout. D'un autre côté, elle en avait pris, à gros intérêts sans doute, chez les Crespin, d'Arras, les plus riches argentiers de l'époque (1). Mais la difficulté ne gisait pas là. Lorsqu'on lut aux barons et aux villes les conditions du traité de Melun, ces clauses pour la plupart si impérieuses, si outrageantes à la nationalité flamande, ils n'en voulurent pas entendre davantage ; et, comme en 1214, ils mirent leur *veto* formel à toute espèce de conventions de cette nature.

Du reste, les Flamands ne devaient pas éprouver une bien vive sympathie pour le prince portugais, car ils se rappelaient sans doute que son avénement au comté avait été la source d'une multitude de malheurs. S'ils se montraient disposés à faire quelque sacrifice, ce n'était que dans le

---

1) *Archives de Flandre*, passim.

but de complaire à leur souveraine naturelle : mais l'intérêt du pays doit passer avant toute considération personnelle ; et, nous avons le regret de le dire, Jeanne ne nous paraît pas, dans ces deux circonstances, l'avoir assez profondément compris.

Ainsi donc, encore une fois, la comtesse de Flandre allait voir l'occasion lui échapper. Fort heureusement pour Fernand et pour elle, le roi vint à mourir sur ces entrefaites. La reine Blanche, mère et tutrice de Louis IX, consentit, au mois de janvier 1226, à modifier le traité de Melun. C'était dignement ouvrir l'un des règnes les plus glorieux de la monarchie française. On se contentait de 25,000 livres, avec quelques garanties, et il n'était plus question de garnison française entretenue au cœur même du pays et aux frais des Flamands. Les barons et les villes souscrivirent alors à ce traité, qui ne put toutefois recevoir son exécution qu'après que le jeune roi eut été sacré (1). Jeanne fut si heureuse de voir enfin arriver l'heure de la délivrance du comte, qu'elle ne craignit pas de faire jurer aux Gantois de se lever contre elle en faveur du roi de France, si elle ou son mari venait à violer la convention.

Fernand sortit donc de prison le 6 janvier 1226, après une captivité de douze ans cinq mois et quelques jours. Le

---

(1)   La comtesse Jehane iert là
    De Flandres, ki l'aséura,
    Et apriès Ernous d'Audenarde,
    Et mesire Rasses de Gavre
    Qui portèrent et mars et livres
    Dont Ferrans diut estre délivrés ;
    Mais li consaus les fist atendre
    Tant que l'enfes peust sacre prendre.
        Ph. Mouskes, v. 27495

malheureux prince avait bien expié les étourderies de sa jeunesse. Éprouvée par cette grande infortune, l'âme de Fernand sembla s'être retrempée. Son esprit avait acquis de la gravité dans cette solitude où le comte de Flandre n'obtenait de son vainqueur sans pitié que les consolations austères de ces franciscains dont nous avons parlé plus haut.

Pendant le peu d'années qu'il eut encore à vivre, Fernand se conduisit dans le gouvernement de ses états avec sagesse et prudence, et ne compromit plus, il faut le dire, ni le bonheur de ses sujets ni celui de sa femme. Jamais il ne se départit du serment de fidélité qu'il avait juré au roi, et se montra toujours reconnaissant envers lui et sa mère, la reine Blanche, laquelle avait si puissamment contribué à hâter le moment de sa délivrance. D'ailleurs, durant sa captivité, il s'était toujours montré plein de douceur et de résignation ; différent en cela de Renaud de Boulogne, dont l'esprit d'intrigue et les fureurs amenèrent une horrible catastrophe.

Il paraît que, du vivant de Philippe-Auguste, Louis, fils du roi et cousin du comte de Boulogne par sa mère Isabelle, s'était vivement entremis pour obtenir la délivrance du prisonnier et y avait réussi. Il vint un jour au château de Compiègne, où le comte de Boulogne avait été transféré nouvellement, annoncer à ce prince les bonnes dispositions du monarque à son égard. Cette nouvelle jeta Renaud dans un transport de joie qui lui fit perdre la tête à tel point que, se jetant aux genoux de Louis : « Beau cousin, lui dit-il, le service que vous m'avez rendu sera richement récompensé, car avant un mois je vous ferai roi de France (1). » Effrayé d'une

---

(1) « Certes, beau neveu, ce travail que pour moy avez prins sera grande-

telle parole, et s'imaginant que le comte de Boulogne en voulait à la vie de son père, le prince Louis monta incontinent à cheval avec une petite escorte de chevaliers et courut jusqu'à Montbason, où était le roi, auquel il raconta le propos de Renaud. Le châtelain de Compiègne reçut aussitôt l'ordre de jeter le prisonnier dans un cachot et de le charger de fers, sans permettre à personne de l'approcher. Il entra dans la chambre du comte pour mettre cet ordre à exécution. Renaud, joyeux à sa vue, croyait que le moment de sa délivrance était venu. « Hé bien, beau châtelain, quelle bonne nouvelle? » s'écria-t-il Alors celui ci lui montra les lettres du roi. Renaud pâlit en les lisant. Saisi d'un mouvement de rage frénétique, il prit à bras-le-corps un de ses chambellans qui était là près de lui et le serra si fort contre sa poitrine que l'un et l'autre tombèrent morts à terre avant qu'on eût eu le temps de les séparer (1).

Comme on l'a vu, le roi Louis VIII avait suivi de près son père au tombeau. Il laissait de sa femme, Blanche de Castille, un fils âgé de dix ans, lequel devait monter sur le trône sous le nom de Louis IX, et y acquérir par ses vertus la qualification de saint, que ses contemporains lui donnèrent même avant que l'Église l'eût canonisé. Dans les cérémonies du sacre des rois de France, le comte de Flandre remplissait les fonctions de connétable et portait l'épée de Charlemagne devant le monarque. Lors du couronnement de saint Louis, Fernand était encore en

---

ment guerdonné; car je vous feray amistié telle que dedens ung mois prochain venant vous feray roy de France. » — *Chron. de Fl., Msc. du roi*, n° 8380, f° 65 v°, 2° col.

(1) Et par grant détresse de cœur il prit ung sien chambrelenc entre ses bras, mais il l'embracha si asprement que ils en morurent tous deux. — *Ibid.*

prison. La comtesse sa femme, jalouse de maintenir une si glorieuse prérogative, disputa l'honneur de porter l'épée à la comtesse de Champagne, qui, elle aussi, avait la prétention de faire office de connétable pendant l'absence de son mari, en vertu de je ne sais quel antécédent. L'affaire fut déférée à la cour des pairs. Du consentement de Jeanne, les pairs décidèrent que ce serait Philippe de Clermont, comte de Boulogne, qui tiendrait l'épée, mais que cette exception ne porterait pour l'avenir aucun préjudice au droit des comtes de Flandre.

Ce même Philippe de Clermont, l'année qui suivit celle du sacre, c'est-à-dire en 1227, se ligua avec Pierre de Dreux, comte de Bretagne, et plusieurs grands vassaux, contre la reine Blanche, régente de France pendant la minorité de Louis IX. C'était la première occasion qui s'offrait à Fernand de prouver son dévouement à la mère et au fils. Il la saisit avec empressement. A peine Philippe de Clermont eut-il rejoint les confédérés, que Fernand fit irruption sur le Boulonnais, et força le comte à accourir défendre ses propres états. Plus tard, Fernand prit encore part à l'expédition dirigée contre Pierre de Dreux, le plus redoutable, après le comte de Boulogne, de tous les grands vassaux révoltés. Cette guerre dura trois ans et se termina par le traité de Saint-Aubin-du-Cormier, qui assura le triomphe de la royauté sur l'aristocratie. Le comte de Flandre ne concourut qu'aux premières opérations de la campagne; et c'est dans cette circonstance que s'éleva entre lui et le comte de Champagne une dispute sur la question de savoir qui des deux avait droit de commander l'arrière-garde ou l'avant-garde des troupes du roi. Ils eurent l'un et l'autre gain de cause, c'est-à-dire qu'il fut décidé d'un commun accord que chacuñ serait à tour de rôle tantôt à la tête, tantôt à la queue de l'armée (1).

La succession au comté de Namur avait forcé le comte de Flandre à entrer à main armée dans cette province en 1228 ; et c'est ce qui l'empêcha de prêter une aide plus efficace à la régente, qui heureusement pouvait s'en passer. Fernand se croyait en droit d'élever des prétentions sur le Namurois, du chef de sa femme. Bauduin-le-Courageux, grand-père de Jeanne, avait, par testament, laissé le comté de Namur à Philippe, son second fils. Philippe, après avoir gouverné la Flandre et le Hainaut durant la minorité de Jeanne, sa nièce, était mort, comme nous l'avons dit, en 1213, sans laisser d'enfants de sa femme, Marie, fille du roi de France. Le Namurois était alors passé aux mains d'Yolande de Hainaut, sœur de Philippe, avec le consentement, au moins tacite, de Henri son autre frère, élu empereur de Constantinople après la mort du malheureux Bauduin. Yolande était mariée à Pierre de Courtenai, comte d'Auxerre, lequel devait bientôt aussi monter sur le trône de Byzance. Namur fut donc dévolu successivement aux deux fils de Pierre, puis à leur sœur Marguerite de Courtenai, épouse de Henri comte de Vianden. Ce fut lorsque ce dernier voulut prendre possession du Namurois que Fernand réclama l'héritage au nom de sa femme, nièce d'Yolande. Ses droits n'étaient guère fondés, comme on le voit. Néanmoins il essaya de les faire prévaloir par la force des armes. Il entra dans le comté de Namur, dont l'empereur Henri lui avait donné l'investiture (2), et s'empara de quelques villes, entre autres de Floreffe, qui soutint quarante jours de siége. Mais

---

(1) *Archives de Flandre*, acte du 8 juin 1230, orig. parch. scellé.
(2) *Ibid*, Acte du 3 juin 1229, copie.

l'affaire s'arrangea en 1232 par la médiation du comte de Boulogne, ami des deux parties. Un traité fut conclu à Cambrai, en vertu duquel Henri de Vianden conserva le comté de Namur et Fernand eut pour lui les bailliages de Golzinne et de Vieux-Ville (1). Quatre ans plus tard, Bauduin de Courtenai, empereur de Constantinople, fils de Pierre, revint en France, en Flandre et en Hainaut. Le roi de France lui rendit les domaines qu'il possédait dans le royaume, et la comtesse de Flandre lui remit également les possessions dont elle avait été investie lors du traité de Cambrai. Elle l'aida même à recouvrer le comté de Namur sur Henri de Vianden (2).

Tout le fardeau des grands et sérieux événements avait pesé sur Jeanne durant la captivité de son mari; et l'on sait comment elle en supporta le poids. Lorsque Fernand sortit de prison, la Flandre jouissait de tous les bienfaits du calme et de la paix. A part les guerres de peu d'importance qu'il dut soutenir, et dont il se tira avec honneur et profit, le comte de Flandre n'eut plus qu'à consolider avec sa femme l'œuvre que celle-ci avait si dignement commencée. Ils y travaillèrent tous deux avec un noble zèle. Sans parler ici des fondations charitables ou pieuses faites avec autant de libéralité que de sagesse, des actes diplomatiques consommés avec beaucoup de prudence, nous devons mentionner le développement que, dans l'intérêt des classes populaires, ils s'efforcèrent de donner aux institutions politiques, en Flandre surtout; car en Hainaut le comte Bauduin y avait pourvu avant de partir pour la croisade.

L'extension, l'organisation du pouvoir municipal, ce con-

---

(1) *Ibid. Acte du 1er novembre 1232, orig. scellé.*

(2) *Jacques de Guyse, XIV, 468.*

tre-poids si nécessaire des envahissements féodaux, paraît encore ici avoir été le but de leurs efforts, efforts qu'on voit, du reste, se renouveler pendant le règne de Jeanne à chaque intervalle de tranquillité publique. Dans la seule année 1228, le comte et la comtesse reconstituèrent le corps échevinal dans quatre des principales villes de Flandre : Gand, Ypres, Bruges et Douai. Le système électif le plus libéral et le plus judicieux forme la base de ce nouvel échevinage qui consacre et fixe pour la première fois, d'une manière bien stable, les droits de la bourgeoisie. Voici, pour exemple, les dispositions fondamentales du corps politique connu dans l'histoire sous le nom fameux des *trente-neuf* de Gand.

— L'élection des échevins de la ville de Gand se fera chaque année, le jour de l'Assomption de la Vierge, de la façon suivante :

Les échevins actuels (de l'année 1228) éliront, après serment prêté, cinq échevins ou bourgeois de Gand, qu'ils croiront les meilleurs. Si, dans l'élection, il survenait quelque difficulté, celui qui aura le plus de voix sera nommé. — Il ne pourra y avoir parmi ces cinq échevins de parents au troisième degré, selon le comput canonique. — Ces cinq élus feront serment d'élire à leur tour trente-quatre autres échevins ou bourgeois qu'ils croiront les plus capables, ce qui formera le nombre de trente-neuf. — En cas de contestation, celui qui obtiendra le plus de voix aura toujours la préférence ; mais le père et le fils ou deux frères ne pourront se trouver ensemble. — Ces trente-neuf échevins se diviseront en trois *treizaines*. La première formera l'échevinage proprement dit ; la seconde le conseil ; la troisième restera sans fonctions. — La treizaine qui aura rempli l'échevinage pendant une année sera remplacée par la seconde, celle-ci par la troisième, et ainsi alternativement à perpétuité. — S'il arrive quelque vacance, soit par mort ou par retraite, les échevins alors en place en éliront un autre, se conformant aux mêmes formalités et exceptions. — Les échevins prêteront serment entre les mains du bailli de Gand ou de celui qu'il aura légitimement préposé; en cas d'absence, entre les mains des échevins sortants (1).

Le comte Fernand eut sans doute, en 1230, le pressentiment d'une fin prochaine, car au mois de mars de cette même année, il fit son testament. Entre autres dispositions, on y remarque celle-ci : « Mes joyaux et tout ce qui appartient à mon écurie, à ma table, à ma cuisine, à ma chambre, seront mis à la disposition de mes exécuteurs testamentaires pour être vendus, à l'exception toutefois de ce qui aura été réservé par moi ; le prix sera employé aux frais d'exécution du testament et le surplus de l'argent devra être abandonné aux pauvres. »

Le 27 juillet 1233, comme il se trouvait à Noyon, il succomba aux progrès de la gravelle, maladie cruelle dont il avait contracté le germe durant sa longue captivité. Son cœur et ses entrailles furent ensevelis dans la cathédrale de cette dernière ville. Plus tard, son corps fut, par les ordres de sa femme, rapporté en Flandre et inhumé en grand honneur au couvent de Marquette, que Jeanne avait fondé près de Lille, et où elle avait résolu de reposer elle-même à la fin de ses jours, à côté de l'époux dont elle avait été si long-temps séparée sur la terre.

(1) *Arch. de Flandre*, orig. scellé.

II

JEANNE DE CONSTANTINOPLE ET THOMAS DE SAVOIE.

1233 — 1244

Croisade contre les *Stadinghen*.—La comtesse Jeanne y envoie des hommes d'armes.—Sollicitude de la princesse pour la mémoire de son époux Fernand.—Ses actes nombreux de bienfaisance.—Sa visite aux frères mineurs de Valenciennes.—Incidents divers.—Mariage de Jeanne avec Thomas de Savoie.—Portrait de ce prince.—Le comte et la comtesse de Flandre prêtent hommage au roi Louis IX.—Discussion à ce sujet.—Progrès des institutions politiques en Flandre.—Keure octroyée par Jeanne et Thomas à la châtellenie de Bourbourg, à celle de Furnes et à la terre de Berghes-Saint-Winoc.—Dispositions curieuses de cette charte.—Guerre en Brabant.—Le comte Thomas prend la ville de Bruxelles et fait prisonnier le duc de Brabant.—Guerre au comté de Namur.—Maladie de la comtesse Jeanne.—Elle se retire à l'abbaye de Marquette.—Sa résignation et sa piété.—Son testament.—Sa mort édifiante.—Avénement de Marguerite de Constantinople aux comtés de Flandre et de Hainaut.

L'année même de la mort du comte Fernand, le pape Grégoire IX fit prêcher une croisade contre une sorte d'hérétiques que l'exemple et l'influence des Albigeois avait fait sourdre comme par enchantement aux environs de la ville de Staden en Allemagne. Les *Stadinghen*, comme on les appelait, du nom de la cité où ils prirent naissance, devenaient d'autant plus à craindre que le peuple commençait à être rempli pour eux d'une sainte admiration, d'une pieuse terreur, à cause du stoïcisme qu'ils manifestaient en présence de la mort. On racontait qu'ils adoraient le diable sous la forme d'un chat (1), qu'ils ne poussaient aucun cri quand on les tuait, et qu'on ne voyait aucune goutte de sang sortir de leur corps. On disait bien d'autres choses encore. Dans ce temps de fanatique superstition, le prosélytisme allait grand train. On se hâta d'y mettre ordre.

A la voix du souverain pontife, Florent, comte de Hollande, le duc de Clèves et Henri, duc de Brabant, prirent les armes contre les hérétiques qui déjà s'étaient livrés à de graves excès. La comtesse de Flandre avait été sommée de se joindre à la croisade. Elle y envoya l'avoué de Béthune et Guillaume son frère, Arnould d'Audenarde, Rasse de Gavre, Arnould, sire de Materne, son frère, Thierri de Beveren, châtelain de Dixmude, Guillebert de Sotteghem et plusieurs autres. Tous ces chevaliers se couvrirent de gloire. Philippe Mouskes rapporte qu'Arnould d'Audenarde, ne pouvant faire charger contre les Stadinghen, son cheval bardé de fer, les aborda à reculons, et que, s'abattant au milieu d'eux, il en occit un grand nombre. Déroutés, traqués comme des bêtes fauves, à travers les marais et les bois, ils périrent presque tous ; ceux qui avaient échappé au massacre se noyèrent dans les marais ou dans les flots du Weser.

Des historiens ont dit, d'autres après eux ont répété que

---

(1)   Par nuit ensanble conviersoient
       En I celier, et là siervoient
       L'anemi en wise de kat.
         Ph. Mouskes, Chron. rimée, v. 28208.

Jeanne n'avait jamais eu d'enfants. C'est une erreur. De son union avec Fernand, mais seulement lorsque ce prince fut délivré de prison, naquit une fille qui eut nom Marie, sans doute en souvenance de sa grand'mère Marie de Champagne, la digne épouse de l'empereur Bauduin. Cette enfant, héritière de Flandre et de Hainaut, avait même été promise en mariage à Robert Ier, comte d'Artois, frère de saint Louis. Mais elle mourut trop jeune, le jour de Saint-Étienne, en août 1234.

Pleurant à la fois son mari et une fille sur laquelle se devaient concentrer toutes ses espérances, la comtesse Jeanne n'en bénissait pas moins cette main rigoureuse de la Providence qui, si souvent, s'était appesantie sur elle. Une résignation pleine de douceur et de piété préside aux actes qui signalèrent le temps de son veuvage. Ses premiers soins, après le trépas du comte Fernand, furent d'exécuter religieusement les volontés dernières de ce prince. Mais elle ne s'en tint pas là. Dans la seule année 1233, elle répandit tant de bienfaits sur les pauvres, les hôpitaux, les maisons religieuses, qu'il est aisé de reconnaître là les effets d'une profonde sollicitude pour la mémoire de Fernand. L'amour de Jeanne suivait au delà même du tombeau cet époux qui pourtant avait été pour elle, durant sa vie, la source de si amers chagrins. L'expression de cet amour se retrouve à chaque instant dans les actes nombreux que renferment nos archives ; et quant aux preuves des pieuses libéralités dont nous parlons, il faut aller les demander, car, sans doute, elles y sont encore vivantes, aux hôpitaux d'Ypres, d'Audenarde, de Saint-Jean à Bruges, de Notre-Dame à Gand, de Saint-Sauveur à Lille, de Saint-Antoine à Paris, à la Maladrerie de Lille dite de Canteleu ; aux abbayes de Saint-

Aubert à Cambrai, de Marquette, à l'église Notre-Dame de Boulogne, à l'église des frères-mineurs de Valenciennes, ces vieux compagnons de guerre de l'empereur Bauduin (1).

Écoutons le bon cordelier Jacques de Guyse raconter lui-même la visite que Jeanne fit aux glorieux mendiants du couvent de Valenciennes. — « Pendant qu'on s'occupait des dispositions dont j'ai parlé, c'est-à-dire à poser le pont et à faire le mur d'enceinte du donjon, et avant qu'on eût commencé la construction de l'église et du couvent, madame la comtesse Jeanne arriva tout-à-coup à Valenciennes, et entre autres choses alla humblement visiter en personne les frères-mineurs demeurant hors de la ville. Admirant la manière de vivre, les mœurs, les discours et les exemples de ces religieux, touchée de cette pauvreté heureuse, de cette obéissance facile, de cette continence exemplaire, de ces austérités, touchée de cette vie pleine de sainteté qui se cachait derrière les rigueurs d'une si grande pénitence, elle éprouvait un véritable soulagement d'esprit à se trouver au milieu d'eux. Elle écouta très-dévotement la brève allocution qu'un frère lui adressa sur le mépris du monde, sur les vertus et les vices, sur les punitions et les récompenses ; puis, l'âme émue, elle dit adieu aux religieux en versant des larmes, et retourna en son palais.

» Satisfaite plus qu'on ne saurait dire des frères-mineurs, édifiée de leurs vertus, elle voulut, avant de quitter Valenciennes, poser les fondements de douze colonnes destinées à soutenir leur nouvelle église, en l'honneur de la nouvelle Jérusalem et de ses douze apôtres dont ces frères imitaient la sainteté. En effet, le lendemain de sa visite, elle revint en

---

(1) *Archives de Flandre* passim.

personne au donjon, avec grand cortége de seigneurs et de dames, suivie d'un immense concours de bourgeois et de menu peuple; et là, solennellement, en présence de tout ce monde, elle assit, posa et fixa de ses propres mains la première pierre de l'église en l'honneur de la très-sainte et indivisible Trinité, de la sainte croix, de tous les saints et saintes de Dieu. Elle recommanda le seigneur Bauduin, son père, le seigneur Fernand, ses prédécesseurs, ses successeurs, et elle-même, à Dieu et aux prières de l'ordre des frères-mineurs, et, répandant d'abondantes larmes, elle promit aux frères de faire beaucoup et de grandes choses pour la gloire de Dieu, la prospérité et l'élévation de l'ordre. La cérémonie achevée, elle fit ses adieux à tous et chacun, et se dirigea aussitôt vers Gand, où la même année elle fonda également un couvent de frères-mineurs, sur la Lys, dans la paroisse Saint-Nicolas. »

Ces œuvres pies n'empêchaient pas Jeanne de se préoccuper toujours des intérêts politiques de ses sujets, de travailler à leur bien-être matériel et moral. Bientôt nous la verrons, marchant d'un pas plus ferme vers ce but, qu'elle s'efforçait néanmoins d'atteindre sans cesse, consacrer les derniers temps de sa vie à réformer d'une manière plus complète et plus générale la constitution du pays. Elle eut fait beaucoup plus à cette époque, sans les fléaux qui vinrent frapper son peuple en 1234. Le 1er jour de janvier, il gela si fort que les blés furent glacés. La disette de grains amena une horrible famine. Les hommes broutèrent de l'herbe par les champs, comme les bêtes; enfin, pour surcroît de malheur, la peste décima de nouveau la Flandre et le Hainaut, et se répandit même en France (1).

(1) *Chronicon Massæi*, lib. xvii.

L'éducation de la jeunesse, dont le gouvernement civil paraît s'être peu occupé en Flandre avant le xve siècle, fut aussi l'objet de ses soins, à en juger par un décret qu'en 1234 elle donna en faveur des écoles de Sainte-Pharaïlde à Gand.

En 1235, la comtesse Jeanne octroie à la ville de Lille une nouvelle loi échevinale et permet à ses habitants d'ériger une halle; ce qui ne contribua pas peu à développer parmi eux l'instinct des transactions industrielles et commerciales, germe si fécond de leur prospérité future (1). Enfin, l'année suivante, au sein de cette même cité pour laquelle elle avait déjà tant fait, elle fonde et dote de grands biens un hospice appelé encore de nos jours l'*hôpital-Comtesse*. Le portrait de la fondatrice est là qui rappellerait à chacun, si on pouvait jamais l'oublier, que depuis six cents ans les pauvres infirmes de Lille doivent à la comtesse Jeanne un asile, du pain et des consolations pour le reste de leurs jours (2).

En même temps, la comtesse, dont la vigilance et les soins ne se ralentissaient pas un seul instant, s'occupait du règlement des affaires intérieures de sa maison, fixait d'une façon plus régulière les charges et prérogatives de quelques grands-officiers, tels que le chancelier héréditaire de Flandre et le bouteiller de Hainaut.

Les Flamands et les Haynuiers voyaient avec chagrin que leur souveraine n'eût pas d'enfants. On savait bien qu'il y aurait toujours là quelqu'un pour lui succéder en cas de mort; les princes n'ont jamais manqué d'héritiers; mais j'ignore si en ce temps-là on n'éprouvait pas beaucoup de sympathie pour la sœur de Jeanne, si on n'avait pas une

---

(1) *Archives de Flandre*, acte du mois de mai 1235.— Cop. parch.
(2) *Ibid.*, mars et septembre 1236.

bien grande confiance dans la sagesse de cette femme dont l'existence avait été jusque-là fort aventureuse ; toujours est-il que les barons et les communes des deux comtés désiraient vivement que la comtesse se remariât, et que surtout ce nouveau mariage ne fût pas stérile.

Marguerite de Provence, la jeune épouse du roi saint Louis, avait quinze oncles et tantes dans la seule maison de Savoie. Elle jeta les yeux sur un prince de cette nombreuse et patriarcale famille pour en faire l'époux de Jeanne de Constantinople. Il s'appelait Thomas, comme son père Thomas Ier, comte de Savoie. C'était un homme de trente-sept ans, d'une belle prestance (1), et, à défaut d'une grande fortune, rempli de solides qualités d'esprit et de cœur. Dès son jeune âge il s'était livré à l'étude des lettres, car on le destinait à l'église. Cinq de ses frères étaient déjà dans les ordres. Lui-même, paraît-il, avait inutilement prétendu à l'évêché de Lausanne et à l'archevêché de Lyon. Quoi qu'il en soit, ce prince offrait toutes sortes de garanties de sagesse et d'expérience. On le regardait comme un brave chevalier, digne d'unir sa destinée à celle d'une femme que tant de malheurs et de vertus plaçaient bien haut dans l'estime de ses contemporains.

Le mariage fut célébré en octobre 1236, à la satisfaction

---

(1)   Biaus fu de membres et de cors,
    Mais en la fin, c'est mes recors
    Qui bien en vout dire le voir,
    Gentius om à petit d'avoir

    . . . .

    Assés estoit séurs et fers
    Et si ot lonc tans estet clers ;
    Cière ot hardie com lions.
        Ph. Mouskes, v. 29442.

de chacun, sous les auspices du roi et de la reine de France, qui aimaient beaucoup leur cousine de Flandre. C'est ainsi que Jeanne devint, par alliance, la tante de saint Louis. A l'occasion de cette union, Marguerite, sœur de la comtesse et son héritière présomptive, consentit qu'une pension viagère de six mille livres monnaie d'Artois, à percevoir sur les domaines de Flandre et sur le tonlieu de Mons, fût attribuée au comte pour le cas où Jeanne mourrait sans progéniture et avant son mari. C'était là un revenu convenable ; il équivaudrait aujourd'hui à 500,000 francs environ. Plus tard, lorsque Marguerite eut succédé à sa sœur, elle racheta cette rente moyennant 60,000 livres.

Au mois de décembre 1237, Thomas et Jeanne allèrent à Compiègne pour rendre hommage au roi Louis IX. Là, s'éleva une difficulté. Le roi prétendit que le comte devait jurer d'observer le traité de Melun, avant de faire hommage de la Flandre. Le comte disait, au contraire, et il avait raison, qu'il ne devait et ne pouvait rien promettre avant d'avoir, au préalable, satisfait à l'observance d'une formalité essentielle de la constitution féodale; que tant qu'il n'était reconnu pour comte de Flandre, il ne pouvait, à l'égard du roi, s'engager en cette qualité. Ce différend fut remis à l'arbitrage de trois pairs du royaume, Anseline, évêque de Laon, Robert, évêque de Langres, et Nicolas, évêque de Noyon, qui statuèrent en faveur du comte. Il est à remarquer qu'en prêtant foi et hommage Thomas et Jeanne donnèrent au roi les sûretés exorbitantes réclamées par le traité primitif de Melun, du mois d'avril 1225, tout en jurant de ne jamais revenir sur ce qui s'est passé antérieurement à la paix de 1226 (1). Mais tout cela n'était plus

---

(1) *Archives de Flandre*, acte du mois de décembre 1237. Orig. parch. scellé.

que de forme et ne tirait pas aux mêmes conséquences qu'en 1225, où il y avait un comte de Flandre à faire sortir de prison et une somme de 50,000 livres à payer au roi. Ce que Louis IX voulait c'était de déterminer les limites de son autorité, comme suzerain, à l'égard des comtes de Flandre, et surtout de prévenir les envahissements du vassal le plus puissant et le plus à craindre qu'allait bientôt avoir la couronne de France. Saint Louis, comme ses prédécesseurs, en avait eu le pressentiment.

Thomas de Savoie venait à peine d'être reconnu par les barons et les communes de Flandre et de Hainaut, en qualité de souverain des deux comtés, ou, pour mieux dire, de bail et mainbour, lorsque l'occasion se présenta pour lui d'appeler aux armes les hommes de guerre de sa nouvelle patrie. Guillaume de Savoie, son frère, élu évêque de Liége, était alors en butte aux agressions violentes de Waleran, duc de Limbourg. Thomas s'avança pour porter secours au prélat; mais Waleran n'attendit pas que le comte de Flandre fût arrivé pour faire sa paix, et la chose en resta là.

Il n'y eut pas d'autres expéditions guerrières en Flandre jusqu'en 1242. La paix y régna, sans être troublée par aucune espèce d'événements fâcheux. Cette période de six ans de calme non interrompu permit à Jeanne et à son mari de s'occuper efficacement des réformes politiques que réclamaient la constitution du pays et les progrès de la liberté.

Ce n'est pas ici le lieu d'entrer dans des considérations étendues sur les résultats moraux, intellectuels et politiques de l'affranchissement des communes. Il nous doit suffire de signaler les actes importants qui furent comme le couronnement de l'œuvre entreprise par Jeanne, de constituer le tiers-état, de régulariser son action, de le faire enfin participer d'une manière sérieuse au gouvernement du pays.

Nous avons déjà dit que le Hainaut devait à Baudouin IX, père de la comtesse, des lois générales dont il fit jurer l'observance par les nobles du pays, lois qui peuvent être regardées comme la base du droit public, civil et criminel de ce pays. Jeanne n'eut donc pas à refaire pour le Hainaut ce qui était déjà fait. Aussi ne s'occupa-t-elle que des villes flamandes, qui, du reste, sous tous les rapports, étaient aussi les plus importantes. Comme on l'a vu plus haut, Gand, Bruges, Ypres, Lille, Douai, Seclin, etc. avaient déjà leurs chartes et leurs règlements municipaux. De 1239 à 1241, elle confirma, de concert avec le comte Thomas son époux, les priviléges précédemment accordés à la ville du Dam, lui en concéda de nouveaux, ainsi qu'à la ville de Caprick, et reforma l'échevinage de Bruges (1).

Une des institutions les plus remarquables sous le double point de vue de la législation et des mœurs, c'est la keure (2) ou charte que Thomas et Jeanne donnèrent en juillet 1240 à la châtellenie de Bourbourg, à celle de Furnes, et à la terre de Berghes-Saint-Winoc. Entre autres dispositions curieuses on remarque celles-ci : — Le comte retient à lui la connaissance du meurtre, ainsi que l'incendie commis en plein jour, le délit commis en sa présence, les forfaits des dîmes et des forteresses, la dépouille du mort, la violence faite dans les églises, etc. — Celui qui battra une femme

(1) *Archives de Flandre* passim.
(2) La keure, dit M. Warnkœnig dans son *Histoire des institutions politiques de la Flandre*, II, 298, contient, comme la loi des xii tables à Rome, les règles fondamentales du droit public et criminel de la ville, et de son organisation judiciaire.

payera au comte 3 livres et 20 sols à la femme. — Si un voleur est pris avec son vol, il sera amené devant la vierscare (tribunal de la keure), on entendra ses allégations, et il pourra être convaincu sur-le-champ par le serment de celui qui l'aura arrêté et par quatre prud'hommes. — Les keurhers (1) payeront le dommage des incendies qui se commettront dans les villes ; si l'incendiaire est connu, il sera banni à perpétuité et ses biens payeront le dommage : le reste appartiendra au comte. — Celui qui sera accusé de *nactbrant* (feu pendant la nuit) devra se justifier devant cinq keurhers, autrement il sera pendu. — Si quelqu'un est accusé de vol devant la justice, il pourra se disculper la première fois en présence de quatre hommes de bien de son espèce, ou de cinq keurhers dans la vierscare. S'il est accusé une seconde fois, il se purgera en présence de cinq keurhers seulement; s'il l'est une troisième fois, la keure ne prononcera rien, mais le seigneur en fera justice comme il lui plaira. — Celui qui aura fait tapage dans une église (*kerestorm*) payera au comte 3 livres. — Celui chez qui on trouvera un bâton noueux ou une massue *torcoise*, hors de sa chambre ou de son bahut, payera au comte 3 livres. — Toute personne qui portera des armes défendues en dedans la keure payera la même somme au comte. Il est cependant permis aux échevins, keurhers, chevaliers, fils de chevaliers et voyageurs de porter des épées. — Celui qui portera son épée à l'église payera 3 livres ; s'il s'en sert pour faire mal, il en payera 6. — Personne ne doit plaider dans l'église ou dans des maisons particulières pour choses dont la connaissance appartient à la keure : celui qui en sera convaincu payera l'amende de 3 livres. — Les officiers du

---

(1) Ceux qui participent aux bénéfices de la keure.

seigneur ne pourront saisir la maison ni les biens de quelqu'un, si ce n'est par le jugement des keurhers. — Ceux qui, par jugement des keurhers, se rendront en ôtage seront obligés de rester trois fois quarante jours dans la maison du comte ou dans l'endroit qui leur aura été désigné, sans armes : il ne leur sera pas permis de passer les bornes qu'on leur aura prescrites, à moins que le feu ne prenne à la maison. — Ceux qui auront joué *de ludo talorum*, aux osselets, aux dés, payeront une amende de 20 sols ; il sera cependant permis de jouer aux dames et aux échecs. Celui qui tiendra taverne hors la ville payera 3 livres d'amende, et sa maison sera brûlée. — Celui qui lèvera ou fera lever le drapeau (*signum levaverit*), si ce n'est par nécessité, ou de nuit lorsqu'il entendra du bruit, ou de jour, lorsqu'il sera attaqué dans sa maison, ou à cause de l'eau, payera, s'il en est convaincu, 60 livres au comte. — Celui qui sera trouvé portant une cuirasse, ou un bonnet de fer, les perdra, et payera 3 livres au comte. — Si quelqu'un est accusé d'avoir enlevé une femme, la justice doit faire arrêter l'homme et la femme, les retenir, et les ajourner au troisième jour ; s'ils comparaissent, l'homme doit être d'un côté et la femme de l'autre avec ses parents. On dira à la femme d'aller avec cet homme ; si elle y va il sera libre et devra l'épouser, mais si elle refuse d'aller avec lui et se plaint du rapt on fera justice de l'homme (1).

Redisons ici que ces keures, ces chartes d'affranchissement pleines de dispositions si sages, si naïvement libérales, ne furent pas le résultat de l'insurrection. On ne trouve aucune trace en Flandre, à cette époque, de commotions po-

---

(1) *Archives de Flandre. Orig. parch. scellé.*

pulaires dont le but aurait été de forcer la main au souverain à l'effet d'obtenir un accroissement de priviléges. Il n'en était pas besoin. En affranchissant les communes, les comtes faisaient tout à la fois acte de justice et acte de bonne politique. Pour ne parler que de Jeanne, elle avait certes plus à se défier de la noblesse que de la bourgeoisie : témoin la présence de plusieurs barons flamands dans les rangs de l'armée royale à Bouvines, et l'échauffourée révolutionnaire dont le faux Bauduin n'avait été, peut-être, que le prétexte et l'instrument. Nous ne voulons pas dire, toutefois, qu'une crainte prévoyante, trop bien justifiée dans la suite des temps, n'ait fait caresser un peu ce lion populaire qu'il n'était pas prudent d'agacer ou de mécontenter ; toujours est-il qu'au xiii° siècle les comtes de Flandre ne voyaient pas sans une certaine satisfaction le beffroi des communes élever sa tête plus haut encore que le donjon féodal.

Cependant la mission de Jeanne sur la terre allait être bientôt tout à fait accomplie. Thomas de Savoie semble avoir pressenti que le rôle secondaire qu'il remplissait ne devait pas tarder à cesser avec la vie de celle par la grâce de qui il avait été fait comte de Flandre et de Hainaut. Il ne voulut pas que l'histoire, à son chapitre, restât entièrement muette; que le sobriquet flétrissant de certains rois karolingiens fût inscrit sous son nom. Sans doute il aurait suffi que Thomas eût attaché son sceau à côté de celui de l'illustre fille de Bauduin, pour être à jamais sauvé de l'oubli ; mais il ne s'en contenta pas. Le peu d'années que ce prince vécut au milieu des riches campagnes, des cités populeuses du domaine de sa femme, furent par lui employées utilement et non sans gloire. Il répara plusieurs forteresses et ne dédaigna pas de porter sa sollicitude sur l'agriculture et l'amélioration des races de bestiaux. On assure qu'il fit venir des chevaux d'Espagne et de Pouille, des taureaux et des vaches de Savoie, d'une énorme grosseur, et qu'il en établit des haras dans la forêt de Mormal, contiguë à sa résidence d'été du Quesnoi. Sa bravoure comme homme de guerre eut aussi l'occasion de se déployer en 1247. Henri, duc de Brabant, qui jadis, lors de la grande coalition de 1214, avait fait alliance avec le comte de Flandre, ne tint pas, dans la suite, tout ce qu'il avait promis. Thomas entra à main armée dans le Brabant, qu'il ravagea, prit Bruxelles, s'empara de la personne du duc et de celle de son frère Godefroi, et ne les relâcha qu'après en avoir obtenu bonnes rançons. L'année suivante, il alla guerroyer au comté de Namur, afin de ranger le pays sous l'autorité de l'empereur Bauduin de Courtenai, qui en était légitime héritier. Il venait de prendre une des forteresses les plus considérables de ce pays, le château de Poilvache, lorsqu'il lui arriva de Flandre une funeste nouvelle. Il y revint en toute hâte.

La santé de Jeanne ébranlée par les secousses, les émotions de toute nature qu'elle avait subies durant le cours de sa vie, était fort gravement compromise. Le comte Thomas trouva sa femme malade à l'abbaye de Marquette, qu'elle affectionnait d'une façon toute singulière, et où elle résidait souvent dans les dernières années de son règne. Elle y avait même fait bâtir un hôtel qu'on voyait encore au xviie siècle; c'est là qu'elle allait se reposer des affaires et se livrer humblement à la prière et à la méditation au milieu des religieuses dont elle avait maintes fois ambitionné l'existence pleine de calme et de bonheur. La douleur du comte fut grande; mais elle ne pouvait l'être plus que la résignation de sa vertueuse épouse. Jeanne envisagea, sans éprouver d'effroi, la mort qui s'approchait. Lorsque jetant un regard vers le passé, elle interrogea les souvenirs de sa vie publique et privée, rien ne dut venir troubler sa conscience, car c'est avec une confiante tranquillité d'âme qu'elle attendit le moment suprême où le bien et le mal sont mis dans les plateaux de la même balance.

Voulant savoir si l'instant était arrivé pour elle de se dégager de tout lien terrestre et de déposer enfin cette couronne qui, depuis trente années, avait tant pesé sur sa tête, elle manda les *fisiciens* et les requit de lui dire si le mal était sans remède. Ils répondirent affirmativement. Jeanne alors demanda permission au comte Thomas, son mari, de prendre l'habit de novice et de se faire transporter au couent. Le prince, fondant en larmes, la lui accorda (1). Elle vécut encore quelque temps de la sorte, priant et méditant sous la robe de bure, au milieu de la communauté qu'elle édifiait par son exemple. Plus humble que la dernière des humbles filles de ce monastère, la comtesse de Flandre et de Hainaut ne faisait rien sans le congé de l'abbesse. Elle n'ouvrait même pas la bouche pour parler, au dire des chroniques auxquelles nous empruntons ces détails (2). Cependant, la maladie faisant des progrès rapides, la comtesse dicta son testament en présence d'une auguste assemblée. Le comte Thomas, son mari, et Marguerite, sa sœur, étaient là près de son lit, et à côté d'eux, le prieur de l'ordre des frères

---

(1) ... Et il dolans et courechié de cuer de le dessevranche de tel dame, asseurés des phisisciens k'ele ne pooit respasser, en grant tristeche et en graus larmes li otria. — *Archives de Flandre, manuscrit sur l'abbaye de Marquette* (de la fin du XIII° siècle), f° 9.

(2) *Ibid.*

prêcheurs de Valenciennes avec trois religieux du même ordre, Pierre d'Esquermes, frère Michel et frère Henri du Quesnoi, G., prévôt de Marchiennes; A., doyen de la Salle; le seigneur Fastré de Ligne, le seigneur Watier de Lens et plusieurs autres barons. Une pensée, une seule pensée de justice et de charité présida à cet acte suprême que nous croyons devoir reproduire, au moins en substance :

« Au nom du Père et du Fils et de l'Esprit saint, ainsi soit-il. Moi Jeanne, comtesse de Flandre et de Hainaut, pour le salut de mon âme et de celles de mes prédécesseurs et successeurs, je fais mon testament sous la forme ci-après, et je veux qu'il ait force comme testament, sinon, comme codicille, sinon, comme expression de la dernière volonté d'une mourante. — J'entends, par-dessus tout, que mes dettes, de quelque nature qu'elles puissent être, soient pleinement acquittées. Si j'ai injustement occupé l'héritage d'autrui ou si j'ai détenu des biens pris indûment par mes prédécesseurs, je veux qu'ils soient rendus et restitués partout où ils se trouveront, et je donne pouvoir à mes exécuteurs testamentaires, plus bas nommés, de remettre en leur possession ceux qui auraient des droits à une restitution; je veux aussi qu'ils soient entièrement satisfaits de tous dommages et intérêts. — (Suivent les recommandations et les dispositions les plus scrupuleuses pour que personne n'ait rien à réclamer contre sa mémoire et celle de ses ancêtres. D'une part, 3,040 livres, monnaie de Flandre, et d'une autre, 10,000 livres, même monnaie, sont assignées à ces restitutions éventuelles. Si la somme ne suffit pas, son mari, sa sœur et les frères prêcheurs sont chargés de pourvoir au surplus.) — Pour récompenser les gens de ma maison, je leur lègue, sur les 10,000 livres mentionnées ci-dessus, 1,050 livres à chacun, suivant que je l'ordonnerai de bouche ou par écrit. Si je ne dispose pas en totalité de cette somme, mes exécuteurs testamentaires distribueront le reste de ce qui n'aura pas été expressément assigné par moi à chacun de mes serviteurs, selon son mérite et son état, suivant l'avis de ma sœur et des frères prêcheurs sus-nommés. Sur ces mêmes 1,050 livres, je lègue à Jeanne de Montreuil 200 livres de Flandre, et à dame Marie du Châtel 100 livres. *Item*, à ladite Jeanne, je lègue 40 livres de rente viagère, et 10 à ladite Marie, etc. — Je veux en outre et j'ordonne que tous mes joyaux, mes reliques, mes livres, mes vases d'or et d'argent, tous les objets et ornements de ma chapelle, tout ce qui sert à ma table, à ma chambre à coucher, à ma cuisine, et autres choses affectées spécialement à mon service soient remis entre les mains et à la disposition de mes exécuteurs testamentaires, afin qu'ils en usent selon leur conscience pour le bien de mon âme, etc. — Libre d'esprit, jouissant du sain usage de ma raison, j'ai ordonné ce qui vient d'être dit, et j'ai constitué et je constitue expressément pour les exécuteurs de mon testament mes révérends seigneurs en Jésus-Christ, les évêques de Cambrai et de Tournai, quels qu'ils soient à l'heure de ma mort, et vénérables et discrètes personnes, le seigneur Watier, abbé de Saint-Jean en Valenciennes; maître Gérard, écolâtre de Cambrai, et maître Éloi de Bruges, prévôt de Saint-Pierre de Douai, etc. — Je veux que ces mêmes exécuteurs testamentaires procèdent pour les restitutions et l'acquit de mes legs, suivant droit et justice et de la manière qui sera la plus profitable au salut de mon âme. Ainsi, qu'ils satisfassent tout d'abord les pauvres, les indigents, et ceux envers lesquels je suis le plus obligée. L'illustre et très-cher seigneur, mon époux Thomas, comte de Flandre et de Hainaut, et ma très-chère sœur Marguerite, dame de Dampierre, ont promis, de bonne foi, d'observer fermement et inviolablement toutes les dispositions susdites. — Enfin, je supplie ma très-chère sœur, mes exécuteurs testamentaires, tous mes fidèles et mes amis, d'agir avec telle diligence et promptitude pour l'exécution de ma volonté que mon âme ne puisse souffrir dommage d'aucun retard. — (Suivent les noms des témoins.) — Fait en l'an du Seigneur 1244, le second dimanche de l'Avent (1). »

Lorsqu'elle eut fait son testament, le mal empira de telle sorte que le lendemain lundi elle rendit l'âme *en la salle de pierre* de l'abbaye (2). Jeanne avait alors cinquante-quatre ans environ. On ne douta pas en ce temps-là qu'elle ne fût allée droit au ciel; car on la trouve inscrite sur le ménologe de Cîteaux, au nombre des bienheureuses de l'ordre, à la date du 5 décembre.

Après la mort de la princesse, Thomas de Savoie, comblé de riches présents et doté d'une pension viagère, retourna dans son pays, où plus tard il épousa Béatrice de Fiesque. Marguerite de Constantinople, héritière de sa sœur, prit immédiatement possession des comtés de Flandre et de Hainaut.

---

(1) *Arch. de Fl., ibid., acte du 4 décembre 1244. Orig. parch. scellé.*
(2) *Manuscrit cité plus haut.*

III

MARGUERITE DE CONSTANTINOPLE.

1244 — 1251

Histoire de Bouchard d'Avesnes, premier époux de Marguerite. — Prédilection de la comtesse pour les enfants issus de Guillaume de Dampierre son second mari. — Elle veut faire agréer au roi de France l'aîné de ces enfants comme son seul et unique héritier au préjudice des fils de Bouchard d'Avesnes. — Querelles entre les d'Avesnes et les Dampierre devant le roi. — Haines des princes. — La division se met également dans le pays. — Guerre civile imminente. — Saint Louis la prévient en se portant médiateur. — Jugement arbitral du roi qui adjuge la Flandre aux Dampierre, et le Hainaut aux d'Avesnes. — Persévérance de la comtesse dans son aversion pour les enfants de son premier lit. — Elle efface de son écu les armes du Hainaut. — L'animosité éclate de nouveau. — Jean d'Avesnes porte la guerre en Flandre. — Marguerite réclame l'intervention du roi de France. — Louis IX la repousse. — Guillaume de Dampierre part pour la croisade et la paix est momentanément rétablie. — Guillaume, roi des Romains, adjuge à son beau-frère Jean d'Avesnes la Flandre impériale, confisquée sur Marguerite. — Réclamations de cette princesse. — Enquête sur la légitimité des d'Avesnes. — Elle est prononcée par le pape. — Guillaume de Dampierre, au retour de la croisade, est tué dans un tournoi à Trazegnies. — Douleur de la comtesse sa mère. — Ses plaintes et ses imprécations.

La fille puînée de l'empereur Bauduin avait, dès son jeune âge, uni ses destinées à celles d'un homme dont l'histoire est vraiment singulière.

Vers les dernières années du XIIe siècle vivait à la cour du comte de Flandre, Philippe d'Alsace, un enfant ayant nom Bouchard. Il appartenait à cette illustre maison d'Avesnes dont la renommée brilla du plus vif éclat dès les premières croisades, et était le troisième fils de Jacques d'Avesnes, mort si glorieusement en 1191 à la bataille d'Antipatride. Suivant la coutume de l'époque, il devait passer le temps de sa jeunesse auprès du souverain, afin de se former parmi les barons et les dames aux nobles usages de la chevalerie. Sa charmante figure, ses heureuses dispositions d'esprit lui concilièrent l'affection du comte et de sa femme Mathilde. Ils n'avaient pas d'enfants; ils s'en consolèrent bientôt, en aimant Bouchard comme on aime un fils. Son avenir les préoccupa vivement. La famille du seigneur d'Avesnes comptait assez d'hommes de guerre. L'on songea que Bouchard, avec ses bonnes et précoces qualités, pourrait aspirer aux premières dignités ecclésiastiques. La pourpre romaine, la tiare peut-être, apparurent quelquefois dans les rêves paternels des augustes bienfaiteurs, quand ils apprenaient les succès du noble jeune homme aux écoles de Bruges. C'était là qu'on l'avait mis d'abord, mais Bouchard n'y resta pas long-temps. Ses progrès dans l'étude devenaient si rapides que son maître conseilla à la reine Mathilde de l'envoyer à Paris (1).

Paris était dès lors l'ardent foyer où devaient aller s'échauffer toutes les intelligences. Nulle part les sciences de l'époque, la philosophie scolastique et la jurisprudence n'avaient de plus profonds interprètes, des adeptes plus zélés qu'à l'université de cette ville. Les ténèbres de la barbarie se dissipaient; la civilisation faisait effort pour naître. Un irrésistible besoin de savoir s'était emparé des

(1) Hic dùm Brugis poneretur ad scholas, infra paucos annos sic profecit, ut ejus magister consuleret reginæ Mehaldi, ut non in curiâ, sed Parisiis de cætero educandus mitteretur. — J. de G., XIV, 12.

esprits d'élite, et l'on cherchait avec passion la vérité, jusque dans les subtilités de la dialectique, jusque dans les abstractions du droit, jusque dans les spéculations de l'astrologie! Il n'y avait pas long-temps que les saint Bernard, les Abailard, les Pierre de Blois étaient morts; mais leur génie ne l'était pas; il se revifiait chez leurs disciples. Parmi eux et au premier rang, nous devons le dire à la gloire de notre pays, brillait un illustre Flamand, Alain de Lille, surnommé par l'admiration naïve de son siècle le *docteur universel*.

Bouchard dut s'inspirer de leurs conseils, s'enthousiasmer de leur exemple ; car il s'adonna aux travaux d'esprit avec le zèle d'un plébéien, dévorant avidement les leçons des maîtres dans les cours publics, côte à côte avec de pauvres clercs en guenilles, scrutant, discutant, approfondissant les questions les plus ardues de philosophie naturelle et morale. Le grand seigneur avait disparu : absorbé par l'étude, Bouchard l'écolier ne songeait plus au luxe, à la richesse dont le comte de Flandre avait voulu entourer le fils de Jacques d'Avesnes pendant son séjour à Paris; il oubliait qu'il était l'enfant de toute une lignée de héros.... que ces héros n'avaient jamais manié qu'un fer de lance !

Bientôt Paris même ne suffit plus à l'insatiable cupidité d'apprendre qui tourmente Bouchard. L'école d'Orléans florissait par ses professeurs en jurisprudence ecclésiastique et civile. Il y court. Bachelier, puis fin docteur et professeur lui-même en droit civil et canon, on le pourvoit d'une prébende et d'un archidiaconé en l'église Notre-Dame de Laon (1). De semblables dignités, à cette époque, n'exigeaient pas toujours qu'on fût dans les ordres pour les ob-

---

(1) *Ibid.*

tenir. Peu après, le comte Philippe lui fait avoir une autre prébende et la trésorerie de la riche église de Tournai. Puis un certain temps s'écoule, pendant lequel on perd de vue Bouchard. Sa vie reste même un mystère pour ses amis. On le croit dans la retraite avec ses livres.

Un jour, toutefois, il arrive en Flandre. Sa renommée l'y avait précédé et il apparaît à la cour du comte, entouré du prestige que donne toujours et que donnait surtout alors, pour un noble personnage, le renom d'un grand savoir. Les barons de Flandre et de Hainaut, ces braves et rudes guerroyeurs qui pour la plupart ne savaient pas lire, s'étaient sans doute imaginé voir venir Bouchard, le professeur d'Orléans, en robe noire et en bonnet carré. Les barons durent être étrangement surpris quand, au contraire, se présenta devant leurs yeux un jeune et beau chevalier, à l'air grave, il est vrai, mais à la parole pleine de charmes, aux façons pleines d'élégance et de dignité. Hommes et femmes, à la cour du comte, tout le monde fut dans le ravissement. On subissait malgré soi l'ascendant de sa supériorité morale, ascendant auquel de rares perfections physiques ne faisaient qu'ajouter (1).... Mais un grand changement avait dû s'opérer, car ce n'était pas là un docteur, encore moins un archidiacre; c'était l'idéal de la chevalerie personnifié. De prêtrise, il n'en fut plus question (2). Un contemporain bien informé dit que Bouchard avait brisé les liens qui l'attachaient à l'église dans l'espoir d'hé-

(1) Nullus ipso in rebus bellicis excellentior, in consiliis dandis verior, justior, facundior atque profundior; in moribus et virtutibus heroicis probior, in staturâ corporis et membrorum ductu, forti compactione fortior et elegantior et in omni bonâ famâ apud omnes tunc temporis haberetur. — *Ibid.*; 14.

(2) Non sicut canonicus, sed sicut miles aut baro statum gerebat militarem. *Ibid.*

riter de la terre d'Avesnes et de perpétuer le nom de ses ancêtres ; car alors Watier II, son frère aîné, n'avait point encore d'enfants (1).

Vinrent les guerres de Flandre sous le comte Bauduin ; Bouchard, laissant ses livres, avait repris l'épée de ses ancêtres. Il y fit des prodiges : sa réputation de valeur grandissait à l'égal de celle que, malgré son jeune âge, il s'était acquise comme homme de sagesse et d'expérience. Richard Cœur-de-Lion tressaillit d'orgueil quand il apprit que Jacques d'Avesnes, cet ami mort si intrépidement sous ses yeux aux champs d'Antipatride, avait un fils digne de lui. Il ne voulut pas que d'autres mains que ses mains royales armassent Bouchard chevalier ; il le combla de faveurs et lui donna en Angleterre de grands biens et revenus (2).

Au commencement du siècle, le comte partit pour la croisade. Bauduin IX emmenait avec lui tout ce que la Flandre et le Hainaut possédaient d'hommes de guerre et d'hommes de conseil. Il voulut qu'au moins une tête solide restât dans le pays pour le gouverner, qu'une main sûre gardât le trésor qu'il y laissait. Il ne se fiait pas trop d'ailleurs en son frère Philippe de Namur, qui de fait et de droit devait être ce qu'on appelait alors bail et mainbour des deux comtés, pendant l'absence du souverain et la minorité de ses filles. Bouchard lui fut adjoint en qualité de conseil et n'alla pas en Palestine.

On sait comment Philippe de Namur, trompant tout le

(1)   Mais pour son frère, bien le sai,
       Qui de sa feme n'avoit oir,
       Et par çou pour la tière avoir,
       Estoit devenus chevaliers.
           Ph. Mouskes, *Chron. rimée*, v. 23264.

(2) J. de Guyse, XIV, 14.

monde, livra ses nièces au roi de France : on sait aussi que, sur les instances des habitants de Flandre et du Hainaut, Philippe-Auguste renvoya Jeanne et Marguerite à Bruges. Bouchard mit le comble à sa popularité, en dirigeant et en menant à bien cette négociation. Mais déjà le mariage de Jeanne avec Fernand était décidé. Il se fit et l'on dut s'occuper de la jeune Marguerite, alors âgée d'environ dix ans.

L'on convint qu'elle serait, jusqu'à l'âge nubile, laissée sous la tutelle de Bouchard d'Avesnes, qui passait pour le plus prudent chevalier de ce temps. Cinq des plus nobles dames de la Flandre et une suite convenable furent attachées à sa personne, et la princesse reçut une pension de 3,000 livres sur les revenus de la Flandre et du Hainaut. Bouchard refusa d'abord ce nouvel honneur qu'un secret pressentiment lui faisait peut-être redouter ; mais sur les instances réitérées de chacun, il céda et fit appareiller son hôtel en toute splendeur et magnificence. Puis, il y reçut mademoiselle Marguerite pour l'élever, dit un contemporain, dans les bonnes mœurs, la nourrir honorablement, comme il était séant pour la fille d'un si grand empereur et d'un si noble comte qu'avait été le seigneur Bauduin. Dès lors, ajoute-t-il, Marguerite, entourée de ses dames, vécut quelque temps pieuse, soumise, humble, chaste et tempérante (1) Elle passait doucement les jours que le Seigneur lui accordait, comme une vierge bénigne, dans la pratique des vertus d'honnêteté, de sobriété, de prudence et de force. Maints comtes et barons la demandaient en mariage, soit au seigneur Bouchard, soit à la reine Mathilde. Le roi de France

(1) Domicella Margareta tunc devotè et revercuter cum suis dominabus convivente per tempora quam plurima.... humiliter, castè, sobrièque, et in omni morum honestate sicut devota virgo benigna, etc. — *Ibid.* 18.

postula sa main pour un chevalier de son sang royal et du pays de Bourgogne, mais les Flamands n'y voulurent entendre. Le comte de Salisbury sollicita pour son fils aîné. Les Flamands, s'étant enquis de la personne de ce fils, apprirent qu'il était boiteux et ainsi le reboutèrent. On raconte qu'un jour Mathilde vint à dire : « Bouchard ne cesse de nous » faire à nous et au conseil de Flandre des propositions di- » verses pour le mariage de notre fille, et pour lui-même » il ne dit mot (1). » Une des demoiselles de la reine ayant ouï cela, attendit l'arrivée de Bouchard et lui dit : « J'ai » entendu Madame dire telle et telle chose (2). »

Ce propos fit naître une pensée coupable dans l'esprit de Bouchard, et ses projets furent dès lors arrêtés. On était à l'année 1212. Bouchard et sa pupille séjournaient au château du Quesnoi, loin du tumulte de la guerre qui en ce temps-là ensanglantait la Flandre. Fernand et Jeanne, occupés à défendre leur pays envahi et ravagé par Philippe-Auguste, ne pouvaient connaître ce qui se passait entre les murs du donjon éloigné où Marguerite était tout entière au pouvoir de son tuteur. Quoi qu'il en soit des moyens de séduction employés par Bouchard sur une enfant de onze ans, on peut dire qu'ils réussirent à souhait pour lui, car bientôt Marguerite voulut à toute force que son tuteur l'épousât devant l'église (3). Elle alléguait publiquement

---

(1) « Bouchardus, inquit, pro diversis nobis et consilio Flandriæ pro matrimonio filiæ nostræ, diversa proponit, et pro semetipso non loquitur. » — *Ibid.*, 20.

(2) « Sic et sic audivi à dominâ meâ. » — *Ibid.*

(3) Item dixit quòd dicta Margareta requisivit dominum Bouchardum et instanter rogavit eum ut ipsam duceret in uxorem. (*Déposition de Roger du Nouvion dit de Sains, écuyer, âgé de cinquante ans. — Enquête tenue devant l'évêque de Soissons et l'abbé de Liessies, délégués du pape, en 1249, sur la lé-*

pour raison que le comte et la comtesse de Flandre prétendaient l'envoyer, elle leur jeune sœur, en Angleterre comme otage et en sûreté d'une somme de 15,000 livres qu'ils avaient empruntée au roi Richard (1).

Dans le château du Quesnoi existait une chapelle où les bans furent annoncés à petit bruit. Les chevaliers du Hainaut, parents ou amis de Bouchard, et qui sans doute étaient dans la confidence, vinrent au jour indiqué ; et la bénédiction nuptiale fut, avec toutes les cérémonies de l'église, donnée à Bouchard et à Marguerite par un prêtre nommé Werric du Nouvion. On n'oublia aucune des formalités alors en usage pour valider le mariage. Les portes de l'église et du château restèrent ouvertes à tout venant pendant la messe des épousailles, et il y eut grand concours de bourgeois, manants et hommes d'armes. Enfin, quand l'heure du coucher fut venue, les barons s'approchèrent du lit où gisaient les deux époux... (2).

Marguerite n'avait pas encore douze ans lors de son mariage. L'évêque de Tournai, Philippe Mouskes, qui vivait à cette époque, nous dit que la jeune princesse était belle comme la fleur dont elle portait le nom (3). Ce fut

---

gitimité des enfants de Bouchard et de Marguerite. — *Arch. de Fl. Orig. parch. scellé*).

(1) *Déposition du même. Ibid.*

(2) Ipse testis qui loquitur cepit quemdam torticium in cero et accendit precedens multos nobiles et potentes qui intraverunt cameram in quâ dicti Bouchardus et Margareta jacebant, et tunc vidit idem testis dictos Bouchardum et Margaretam insimul jacentes in eodem lecto nudos, presentibus ad hoc multis nobilibus et aliis qui tunc intrare voluerunt. — *Déposition de Gobert de* (mot illisible), *chevalier, âgé de cinquante-quatre ans.* (*Enquête précitée.*)

(3) . . . . Et l'ot à Margerie
Qui biele estoit com margerie.
Chron. rimée, v. 24515.

en outre une riche et précoce nature que la sienne ; car la première année de son mariage, elle mit au monde un fils qui eut nom Jean d'Avesnes, et la seconde, un autre fils appelé Bauduin.

A l'illustration comme guerrier et comme savant, aux honneurs, aux richesses, venaient encore se joindre pour Bouchard les affections domestiques... De puissants liens l'attachaient désormais au monde qui voyait en lui le chevalier le plus accompli, le plus heureux qu'on pût imaginer..... Chacun enviait ce bonheur sans égal !...

Tout à coup, une sourde rumeur, venant on ne sait d'où, émanant on ne sait de qui, circule en Flandre et en Hainaut. Elle pénètre, s'insinue partout. On eût dit un air pestilentiel. Bouchard le premier en sentit l'influence. Sortant alors du long rêve dans lequel il cherchait à rester endormi, il se ressouvint, si jamais il avait pu l'oublier, qu'un jour, au maître-autel de l'église d'Orléans, une main d'évêque lui avait silencieusement rasé la tête ; qu'ensuite ce même évêque l'avait revêtu du caractère indélébile et sacré que confère le sous-diaconat. Le sacrilége fut bientôt proclamé. La noblesse murmura, le clergé murmura, le peuple murmura plus fort qu'eux. L'illusion était détruite, le charme rompu. Le chevalier, naguère encore si glorieux et si populaire, avait disparu ; et quand on le signalait, ce n'était plus qu'un apostat qu'on montrait du doigt.

L'étonnement et la douleur de la comtesse Jeanne furent inexprimables. Sa sœur avait été odieusement trompée, elle aussi, le pays aussi. A un grand scandale il fallait une grande réparation.

Au milieu d'un peuple profondément religieux, dans le temps des fortes croyances, la fille de l'empereur Bauduin, du chef de la croisade, pouvait-elle rester la femme d'un prêtre renégat, et partager une éternelle réprobation ? Jeanne manda l'évêque de Tournai et les principaux ecclésiastiques de ses États, en les priant de lui donner leur avis sur cette grave affaire (1). On décida d'un commun accord qu'il la fallait soumettre au prochain concile qui s'assemblerait à Rome (2). Entre-temps, la comtesse écrivit plusieurs fois à Bouchard, lui envoya l'évêque de Tournai, puis des chevaliers prudents et sages, afin de l'engager à lui rendre sa sœur Marguerite, promettant de lui réserver l'accueil le plus tendre. Bouchard et Marguerite ne voulurent rien entendre et restèrent ensemble dans les domaines que la maison d'Avesnes possédaient en Hainaut (3).

Cependant le scandale allait croissant, et chacun disait qu'il le fallait faire promptement cesser. Parmi les conseillers de la comtesse, les uns pensaient que la jeune princesse si étrangement séduite et aveuglée devait se faire sans délai religieuse ou béguine ; d'autres voulaient qu'elle entrât en l'abbaye de Sainte-Waudru à Mons, ou à celle de Maubeuge, ou dans une maison d'Hospitalières ; quelques-uns prétendaient que dans sa position elle ne pouvait prendre le voile, et qu'elle devait passer le reste de ses jours dans la simplicité et l'humilité. De nouvelles tentatives auprès de Bouchard furent infructueuses ; et c'est alors que devant une obstination que rien n'avait su vaincre, la comtesse de Flandre dut prendre une résolution grave. Elle écrivit au pape et au concile géné-

---

(1) Quæ (Johanna) totaliter attonita indicibiliterque turbata, episcopum Tornacensem majoresque clericos suarum patriarum demandavit. — *J. de Guyse,* XIV, 170.

(2) *Ibid.*

(3) *Ibid.* Passim.

ral alors assemblé à Latran. En dénonçant l'apostasie du sous-diacre Bouchard, elle priait le pape et le concile de prononcer sur le cas où se trouvait sa sœur, de décider si son mariage avec Bouchard était valable, et si les deux fils issus de cette union devaient être réputés légitimes (1).

Innocent III, ce pontife austère, cet homme inflexible, qui avait dompté Jean-sans-Terre et forcé Philippe-Auguste à renvoyer Agnès de Méranie, tressaillit d'une sainte colère. La bulle qu'il fulmina le prouve assez. — « Innocent,
» évêque, serviteur des serviteurs de Dieu, à nos vénérables
» frères l'archevêque de Reims et à ses suffragants (2), salut
» et bénédiction apostolique. Un horrible, un exécrable
» crime a retenti à nos oreilles. Bouchard d'Avesnes, na-
» guère chantre de Laon, revêtu de l'ordre de sous-diaconat,
» n'a pas craint d'enlever frauduleusement de certain châ-
» teau, où elle était confiée à sa foi, sa cousine, noble femme,
» Marguerite, sœur de notre chère fille en J.-C., noble
» femme, Jeanne, comtesse de Flandre : il n'a pas redouté
» de la détenir, sous le prétexte impudent et menteur d'a-
» voir contracté mariage avec elle. Comme du témoignage
» de plusieurs prélats et d'autres hommes probes qui ont
» assisté au sacré concile général, il nous a été pleinement
» prouvé que ledit Bouchard est sous-diacre et qu'il fut ja-
» dis chantre de l'église de Laon ; ému de pitié dans nos
» entrailles pour cette jeune fille, et voulant remplir les de-

---

(1) Comitissa tandem, considerans Bouchardi obstinationem, domino Innocentio papæ necnon et toti concilio generali scripsit, supplicando quatenùs super factum quod sorori suæ acciderat, discutere aut determinare dignarentur, et utrùm matrimonium esset ratum et ambo filii quos genuerat essent censendi legitimi. — *Ibid.*, 172.

(2) Les évêques d'Arras, Beauvais, Senlis, Cambrai, Châlons, Laon, Noyon, Térouane et Tournai.

» voirs de notre office pastoral envers l'auteur d'un forfait
» si odieux, nous vous ordonnons et mandons par ces lettres
» apostoliques, que les dimanches et fêtes, par tous les lieux
» de vos diocèses, au son des cloches et les cierges allumés,
» vous fassiez annoncer publiquement que Bouchard l'apo-
« stat, contre lequel nous portons la sentence d'excommuni-
» cation que réclame son iniquité, est mis, lui et ses adhé-
» rents, hors de communion, et que tout le monde doit avec
» soin l'éviter. Dans les lieux où Bouchard sera présent
» avec la jeune fille qu'il détient, dans les endroits même
» en dehors de votre juridiction où, par hasard, il aurait
» l'audace d'emmener ou de cacher ladite jeune fille, le ser-
» vice divin devra cesser à votre commandement, et cela,
» tant que ledit Bouchard n'ait rendu Marguerite libre à la
» comtesse sus-nommée, et que, satisfaisant comme il con-
» vient, aux injures commises, il ne soit humblement re-
» tourné à une vie honnête et à l'observance de l'ordre clé-
» rical. Ainsi donc, tous et chacun de vous ayez soin d'exé-
» cuter ceci efficacement, de manière à faire voir que vous
» aimez la justice et détestez l'iniquité, et aussi pour n'être
» pas repris d'inobédience et de négligence. Donné à Latran,
» le XIV des kalendes de février, l'an XVIII° de notre
» pontificat » (19 janvier 1215) (1).

La vive sollicitude d'Innocent III à l'égard des filles de
l'empereur Baudouin s'explique; c'était pour le pape une
affaire de conscience. En 1198, alors qu'il s'agissait d'organiser cette grande croisade dont le comte de Flandre devait
être le chef, Innocent, pour ôter toute crainte, tout scrupule à Baudouin, lui écrivit une lettre dans laquelle il le

---

(1) *Arch. de Flandre. Orig. parch.*

prenait sous sa protection, lui et sa famille, jurant d'avoir, pendant l'expédition, un soin particulier des enfants du comte et de leur patrimoine. En un mot, il les avait adoptés (1).

S'il fallait en croire quelques chroniqueurs, Bouchard n'aurait pas attendu que le pape l'excommuniât, pour crier merci. Il serait allé spontanément à Rome, dès que le sacrilége fut ébruité, et là, courbant son front devant le pontife, il aurait accepté une dure pénitence : celle de passer un an dans la Palestine et de ne plus revoir sa femme et ses enfants. Bouchard, toujours suivant ces mêmes historiens, accomplit fort bien la première condition mise au pardon de sa faute. Pendant une année toùt entière, les saints lieux où vivait encore le glorieux souvenir de ses ancêtres, le virent, non pas le bourdon de pèlerin sur l'épaule, mais bien la hache d'armes en main, guerroyant de la belle façon, pourfendant à plaisir Turcs et Sarrasins. Puis, Bouchard, de retour en son pays, au château d'Etrœungt, aurait revu Marguerite et ses deux fils; il aurait senti leurs étreintes, et son courage l'abandonnant, il se serait écrié au plus fort de la passion et du désespoir, qu'il aimerait mieux être écorché vif, que d'abandonner désormais la femme de son cœur et les chers petits enfants qu'il tenait d'elle. — Cette histoire est sans doute fort dramatique et très-touchante ; aussi regrettons-nous que tout cela ne soit pas rigoureusement vrai. Bouchard ne quitta point le Hainaut et tint tête à l'orage. Enfermé entre les hautes tours du château d'Etrœungt, que son frère Watier d'Avesnes lui avait donné en 1212 à l'occasion de son mariage, il ne parut pas ébranlé de ce

(1) *Epist. Innoc. III. Conc. gener.*, xi.

premier coup de foudre Le second ne se fit pas long-temps attendre. Honorius III, successeur d'Innocent qui venait de mourir, fulmina le 17 juillet 1217, une nouvelle bulle, plus énergique, plus significative encore que la première. Il y disait :

— « Plût à Dieu que Bouchard d'Avesnes, cet apostat
» perfide et impudique, se voyant frappé, en conçût de la
» douleur, et que brisé de contrition il acceptât humble-
» ment la correction ecclésiastique ; ainsi le châtiment lui
» rendrait l'intelligence ; l'ignominie qui souillait sa face
» viendrait à cesser ; le saint ministère ne serait plus en lui
» sujet à l'opprobre et l'on ne verrait plus le visage d'un
» clerc couvert de confusion : Bouchard enfin n'aurait plus
» à craindre le reproche et la parole de tous ceux qui l'a-
» bordent. Tandis qu'au contraire le caractère clérical est
» outragé en lui par les nations et que vous-mêmes, mes
» frères, encourez l'accusation de négligence.... Mais, bien
» que, suivant ce que nous a fait dire la comtesse sus-men-
» tionnée (Jeanne), vous ayez fait promulguer l'excom-
» munication dudit Bouchard ; comme vous n'avez pas
» pleinement exécuté notre mandat apostolique en d'au-
» tres points non moins nécessaires, ledit Bouchard n'a eu
» garde de se tourner vers celui qui l'a frappé et n'a point
» invoqué le Dieu des armées. Bien loin de là, cette tête
» de fer, ce front d'airain ne s'est ému ni de la crainte de
» Dieu, ni de la crainte des hommes et n'a donné aucun
» signe de repentir. Ladite comtesse, toujours accablée de
» douleur et pénétrée de confusion, n'a donc pu jusqu'à pré-
» sent recouvrer la sœur qui lui est ravie. Ainsi, voulant
» atteindre par un châtiment plus grave celui qui ne s'est
» point laissé pénétrer par la componction, nous mandons

« expressément à votre paternité que, suivant l'ordre de
« notre prédécesseur, vous ayez à procéder contre l'apostat
« susdit, nonobstant tout obstacle d'appel, de façon à faire
« voir que vous avez de tels forfaits en abomination, et que
« la comtesse sus-nommée n'ayant plus à renouveler ses
« plaintes, nous puissions rendre bon témoignage de votre
« droiture et de votre zèle. Donné à Agnani le 16 des ka-
« lendes d'août, l'an premier de notre pontificat » (17
juillet 1217) (1).

Cette excommunication n'eut pas plus d'effet que la première. Marguerite, de son côté, ignorait-elle la position de Bouchard? Bouchard la tenait-il dans une retraite tellement impénétrable qu'elle ne devait rien savoir de ce que chacun savait? Non, elle connaissait tout; et malgré tout, elle restait unie par les liens d'une affection puissante à celui qu'elle appelait encore son mari et qu'elle aimait toujours. Elle avait obtenu un sauf-conduit de la comtesse et allait quelquefois la visiter. Un jour devant toute la cour de Flandre assemblée, et il s'y trouvait plusieurs évêques et grand nombre de barons, elle s'écria : « Oui, je suis la femme de Bouchard et sa femme légitime. Jamais, tant que je vivrai, je n'aurai d'autre époux que lui! » et se tournant vers la comtesse: « Celui-là, ma sœur, vaut encore mieux que le vôtre : il est meilleur mari et plus brave chevalier (2). » Peu de

---

(1) *Arch. de Fl. Orig. parch.*

(2) Recognovit publice coram Johanna, tunc comitissa sorore sua, et in presentia plurium episcoporum et aliorum nobilium, et credit quod erant fere duo milia hominum, quod dictus Bouchardus erat legitimus maritus suus et quod legitime nupserat ei, nec haberet alium maritum quamdiù viveret idem Bouchardus et quod multò meliorem habebat maritum et militem magis strenuum quàm haberet dicta Johanna soror sua... Et ad hoc præsens fuit idem testis.—*Déposition de Royer du Nouvion, dit de Sains, écuyer, âgé de cinquante ans.* — *Enquête précitée.*

temps après, Bouchard, ayant voulu réclamer les armes à la main le douaire de Marguerite, tomba au pouvoir de la comtesse de Flandre, qui le retint prisonnier au château de Gand. Marguerite éperdue se rendit à plusieurs reprises auprès de sa sœur pour implorer la délivrance de Bouchard; mais chaque fois elle se montra inébranlable devant toutes les supplications de la comtesse et ne voulut jamais consentir à se séparer de l'excommunié. Jeanne, nonobstant les graves sujets de plainte qu'elle avait contre sa jeune sœur et l'injure récente qu'elle en avait reçue, céda en gémissant à ses instances passionnées et lui rendit enfin le père de ses enfants (1). Toutefois, Marguerite dut fournir caution que Bouchard ne prendrait plus les armes. Arnoul d'Audenarde, Thierri de la Hamaïde, les sires d'Enghien, de Mortagne et plusieurs autres se portèrent garants pour elle (2).

L'amour de Marguerite soutenait donc Bouchard contre l'adversité et fortifiait son obstination. Marguerite, en un mot, s'était faite sa complice. Aussi le vit-on toujours, ferme et courageux dans la proscription à laquelle l'Église l'avait condamné, traîner avec lui le lien fatal qui l'attachait au monde : sa femme et ses enfants.

Tantôt il vivait dans une province, tantôt dans une autre, au fond de quelque retraite que lui ouvrait furtivement la main généreuse d'un ami. L'excommunié avait encore des

---

(1) *Enquête précitée.* — *Dépositions de tous les témoins entendus.*

Il ans fu à Gant en prison
Puis en issi sans raenchon.

Ph. Mouskes, Chron. rimée, v. 23243.

(2) Dedit obsides eidem comitissæ nobiles viros dominum Arnulphum de Adenarde, dominum Theodericum de Hamadia, dominum de Angien, dominum de Moretangnia et plures alios. — *Déposition de Hugues d'Ath., âgé de soixante ans.* — *Enquête précitée.*

amis! Il se trouva même des prêtres assez audacieux pour dire la messe en présence de Bouchard et de sa famille (1). Il parcourut de la sorte les diocèses de Laon, de Cambrai et de Liége, et séjourna pendant six ans au château de Hufalize, dont le seigneur lui accorda une noble hospitalité ainsi qu'à Marguerite et à ses enfants (2).

La papauté, devant qui les empereurs et les rois humiliaient leurs fronts, ne pouvait vaincre l'obstination d'un sous-diacre. Cependant une troisième excommunication, plus violente que ne l'avaient été les deux autres, est fulminée par Honorius. Cette fois ce n'est plus Bouchard seul qui est frappé, c'est son frère Gui d'Avesnes, ce sont ses amis Waleran et Thierri de Hufalize et les autres qui ont donné asile à l'apostat, ce sont les prêtres désobéissants, c'est Marguerite enfin qu'atteindra l'excommunication, si Bouchard n'est pas laissé dans l'isolement, comme devait l'être alors tout homme frappé de l'anathème ecclésiastique.

« Honorius, etc.... Pourquoi la bonté divine n'a-t-elle pas
» permis que le méchant apostat Bouchard d'Avesnes se
» réveillât et ouvrît enfin les yeux pour reconnaître son
» iniquité et apercevoir les immondices dont il est souillé
» depuis la plante des pieds jusqu'au sommet de la tête, et
» que, de l'abîme boueux où il est enfoncé, il poussât un
» cri vers le Seigneur pour obtenir d'être retiré de cet étang
» de misères et de la fange d'impureté où il est retenu?.....
» Mais non, nous le disons avec douleur, le cœur de cet

(1) *Enquête précitée*, passim.
(2) Et vidit idem testis quod præfati Bochardus et Margareta manserunt apud Hufalise per sex annos vel circiter et cohabitaverunt tanquam vir et uxor. — *Déposition de Godefroi de Longchamp, chevalier.* — *Enquête précitée.*

» homme est endurci. Il se corrompt et se putréfie de plus
» en plus dans son fumier : comme une bête de somme, il
» élève la tête, et comme l'aspic qui n'entend pas, il se bou-
» che les oreilles pour ne point écouter nos corrections et
» écarter de lui les remontrances qui devraient le retirer de
» l'iniquité. Aussi le misérable doit-il craindre avec raison
» d'encourir tout à la fois l'exécration de Dieu et des hommes,
» c'est-à-dire les châtiments temporels d'une part et les peines
» éternelles de l'autre. Nous rougirions de rappeler encore
» ici les forfaits que l'apostat susdit a commis impudemment
» envers noble femme, notre très-chère fille en Jésus-Christ,
» Jeanne, comtesse de Flandre, etc.... Mais comme nobles
» hommes Waleran, Thierri de Hufalise et d'autres encore,
» des diocèses de Laon, de Cambrai et de Liége, favorisent
» le même apostat excommunié et gardent les réceptacles
» où est détenue ladite Marguerite; qu'en outre, noble
» homme Gui d'Avesnes, frère germain du même apostat,
» et quelques autres avec lui le maintiennent de toutes
» leurs forces, et qu'enfin il s'est trouvé des prêtres assez
» audacieux pour célébrer témérairement les divins offices,
» au mépris de l'interdit, dans les lieux où la susdite Mar-
» guerite est détenue captive, etc..., Nous mandons aposto-
» liquement à votre discrétion de publier, etc. (la formule
» d'excommunication comme ci-dessus)... Et s'il est trouvé
» que ladite Marguerite, s'étant rendue complice d'une si
» grande iniquité, ne se soit point séparée de son séducteur,
» qu'elle soit aussi nommément excommuniée, nonobstant tout
» appel, jusqu'à résipiscence, etc.—Donné à Rome le VIII
» des kalendes de mai, l'an troisième de notre pontificat »
(24 avril 1219 (1).

(1) *Arch. de Fl. Orig., parch., an.* 1219.

La déplorable position de Bouchard avait jusque-là été adoucie par l'affection que Marguerite ne cessait de lui porter. Mais bientôt cet amour si vif et si exalté s'évanouit tout à fait, et Bouchard se vit abandonné de celle qui avait juré d'être toujours sa femme. La passion de Marguerite pour Bouchard s'était-elle émoussée avec le temps; la raison avait-elle repris son empire sur cette âme ardente; quelque cause inconnue avait-elle enfin nécessité une rupture subite, on l'ignore. Tout ce qu'on peut dire c'est que Marguerite se retira d'abord au Rosoy avec ses enfants, chez une des sœurs de Bouchard d'Avesnes (1); puis, en 1225, Bouchard était complétement délaissé; et sa femme, au grand étonnement de chacun, formait de nouveaux nœuds en épousant le sire Guillaume de Dampierre, deuxième fils de Gui II de Dampierre et de Mathilde, héritière de Bourbon (2). L'on raconte que, peu de jours avant cette union, l'excommunié écrivit à celle qu'il avait, hélas! trop aimée. Est-il possible, comme l'assure un historien, que Marguerite ait eu le courage de lui répondre : « Sire, laissez-moi en paix et besognez de dire vos heures! »

Bouchard d'Avesnes vécut encore quinze ans. Il est probable que, par la suite, il rentra en grâce devant Dieu et devant les hommes. Dans tous les cas, la comtesse lui pardonna et intervint même avec le comte Thomas, son mari, dans certaines affaires de famille qui l'intéressaient (3). Re-

---

(1) *Enquête précitée.*

(2)   Si prist Guillaume de Dampierre;
Mais ele en fu partot blasmée,
Quar Boucars l'avoit molt amée.
Ph. Mouskes, Chron. rimée, v. 23290.

(3) *Voir un acte de 1234 reposant aux Archives de Flandre à Lille.*

tiré au château d'Étrœungt, Bouchard y mena une existence assez obscure ; car l'on n'entendit plus parler de lui. Peut-être cherchait-il alors des consolations dans l'étude des lettres qui avaient fait le charme de ses jeunes années. Nonobstant les fables que plusieurs historiens ont débitées sur le trépas de ce personnage remarquable, il paraît aujourd'hui certain qu'il mourut naturellement en son manoir, vers 1240, et qu'il fut enterré à Cerfontaine, près de l'ancienne abbaye de Montreuil-les-Dames, sur les confins de la Thiérache et du Hainaut (1).

Lorsque Marguerite de Constantinople fut, en 1244, investie du comté de Flandre par la mort de sa sœur, elle était veuve depuis douze ans de Guillaume de Dampierre. Ce prince lui avait laissé trois fils et trois filles. Marguerite leur porta, au préjudice des enfants de son premier et malheureux époux, une prédilection qui amena les plus funestes dissentiments. Elle avait cependant montré jadis une grande tendresse pour Jean et Bauduin d'Avesnes ; mais cette affection n'avait pas survécu à celle dont Bouchard s'était vu tout d'un coup déshérité.

Trois mois après que la comtesse Jeanne fut descendue dans les caveaux de l'abbaye de Marquette, Marguerite alla trouver à Péronne le roi Louis IX, afin de lui faire hommage des comtés de Flandre et de Hainaut. Elle me-

(1) « Davantage Gille Ansel Valentiennois et Scohier Beaumontois, tous deux grands généalogistes, et par conséquent obligés à fureter les archives, tant des monastères, que des seigneuries et gentils-hommes des Pays-Bas, asseurent qu'il mourut de sa mort naturelle : et disent d'avoir veu le testament, et diverses ordonnances faites par Bouchard peu devant sa mort, au village d'Estroen-Cauchie qui estoit à luy. Il gist à Clesfontaine, une lieue de la Veronique, ou des Monstrœul-les-Dames. — D'Outreman. *Hist. de Valenciennes*, 140.

nait avec elle l'aîné des enfants du second lit, nommé, ainsi que son père, Guillaume de Dampierre, car elle avait résolu de le présenter au roi comme son seul et unique successeur, et comptait, en obtenant l'approbtion du monarque, exclure à jamais du pouvoir Jean et Bauduin d'Avesnes. Mais ceux-ci arrivèrent en même temps que leur mère devant le roi, demandant s'ils n'étaient pas, aussi bien que les Dampierre, enfants de Marguerite, et si l'on pouvait les déshériter sans opprobre et sans injustice. Il faut dire que le pape Grégoire IX avait déclaré illégitimes les deux jeunes d'Avesnes par un rescrit adressé en 1236 aux évêques de Cambrai et de Tournai ; mais l'empereur Frédéric II, par ses lettres du mois de mars 1242, rendues sur leur réclamation et scellées d'une bulle d'or, les avait légitimés et déclarés habiles à succéder aux biens de leurs père et mère (1). Jean d'Avesnes se présentait donc au roi comme l'aîné des héritiers de la comtesse. Une querelle violente s'éleva devant le monarque entre les enfants des deux lits, et Guillaume de Dampierre ne craignit pas de dire que ses frères utérins n'étaient que les fils d'un prêtre défroqué. Louis IX ne voulut point se prononcer immédiatement sur ce désaccord. Il n'admit même alors Marguerite à la prestation de l'hommage qu'après lui avoir fait jurer le maintien de la paix de Melun.

La division qui régnait dans cette famille ne tarda pas à s'étendre parmi les barons et le peuple des deux comtés ; et peu s'en fallut qu'une guerre civile n'éclatât, car les esprits s'échauffaient de toutes parts. Le Hainaut s'était déclaré en faveur des d'Avesnes et la Flandre pour les Dampierre.

(1) *Archives de Flandre*, 1ᵉʳ *Cartul. de Hainaut*, pièce 53. — *Imprimé dans* Martene, *Th.* 1, *anecd.* I, col. 1021.

Le roi de France tint pendant deux ans la contestation en suspens ; et le temps, loin de calmer les haines, semblait, au contraire, les rendre plus vives et plus obstinées. Elles avaient pris un caractère tout personnel, et les d'Avesnes ne pouvaient pas oublier que Guillaume de Dampierre les avait traités de bâtards en pleine cour du roi.

Jean d'Avesnes avait épousé Alix, sœur de Guillaume comte de Hollande, et depuis roi des Romains. Fort de l'appui de ce prince et de la faveur de toute la chevalerie du Hainaut, il menaça de prendre les armes contre sa mère. Une guerre civile était imminente. De sages conseillers intervinrent alors, et l'on décida que les deux partis déféreraient leur différend à l'arbitrage du roi de France, du cardinal Eudes, évêque de Tusculum et légat du Saint-Siége, ou à son défaut, de Robert comte d'Artois, frère du roi (1). La comtesse de Flandre se fit donner par les vassaux et les villes du pays des actes dans lesquels ceux-ci s'engageaient à reconnaître comme souverain légitime de la Flandre celui que les arbitres auraient nommé. Pour éclairer la religion du roi, Jean d'Avesnes lui présenta un long mémoire rédigé en français, où étaient expliquées toutes les circonstances du mariage de Bouchard avec Marguerite et de la naissance de leurs enfants. Entre autres choses, Jean disait qu'aucun témoin ne pouvait affirmer avoir vu conférer les ordres du sous-diaconat à Bouchard ; que sa mère d'ailleurs étant de bonne foi, le mariage contracté avec toutes les formalités requises devait être valide pour elle et pour les enfants qui en étaient issus avant l'excommunication du pape Innocent. Or Jean et Bauduin étaient

---

(1) *Archives de Flandre*, acte du mois de janvier 1245. Orig. parch. scellé.

déjà nés quand la bulle vint à la connaissance de Bouchard et de Marguerite (1). Ces raisons étaient péremptoires. Le jugement arbitral fut rendu par le roi en juillet 1246. Après avoir exposé le point en litige et la manière dont les parties doivent se conformer à l'avis des arbitres, la charte royale conclut ainsi : « En conséquence nous avons, au nom du Père, du Fils et du Saint-Esprit, réglé cette affaire comme il suit : Nous avons assigné et assignons à Jean d'Avesnes, chevalier, le comté de Hainaut avec toutes ses appartenances, de manière que Jean sera tenu à pourvoir son frère Bauduin, chevalier, de sa portion héréditaire sur ce comté. Nous donnons à Guillaume de Dampierre, chevalier, tout le comté de Flandre avec ses dépendances; de telle sorte qu'il sera obligé de pourvoir sur ce comté ses frères germains Gui et Jean de leurs portions héréditaires. Lesdites provisions auront lieu conformément à la coutume de chaque comté, » etc. (2).

Cette sentence fut agréée par les parties, y compris Marguerite elle-même, et le roi admit seulement alors Guillaume de Dampierre à la prestation comme héritier présomptif du comté de Flandre. Chacun disposa du lot qui lui était attribué. Les Dampierre portaient depuis plusieurs années à la guerre et dans les tournois les armes de Flandre, du consentement et par la volonté de leur mère. Marguerite, pour manifester d'une manière plus éclatante son aversion pour les d'Avesnes, ôta les armoiries du Hainaut de son écusson, dès que ce comté eût été attribué en héritage au fils aîné de Bouchard, et les remplaça par celles de Guillaume de Dampierre, son second époux. « C'est ainsi, di tavec tristesse un

---

(1) *Arch. de Fl. Rouleau de cinq bandes de parchemin, sous l'année* 1246.
(2) *Ibid.*

historien du pays, que les anciennes armes du Hainaut (1), portées avec gloire depuis tant de siècles, furent tout à fait répudiées par cette femme (2). »

Les difficultés actuelles étaient résolues, mais la décision du roi n'avait pu éteindre l'animosité profonde qui régnait dans cette famille. Elle ne tarda pas à éclater de nouveau. Marguerite avait fait hommage à l'empereur Frédéric II pour la Flandre impériale, tandis que le procès de succession était encore pendant à la cour du roi de France. Aussitôt que le Hainaut fut adjugé à Jean d'Avesnes, celui-ci se hâta d'assurer également ses droits en se faisant recevoir homme lige de son suzerain l'évêque de Liége. Il ne s'en tint pas là. Voyant que sa mère montrait plus que jamais en tout et pour tout une scandaleuse préférence pour les Dampierre, et se souciait fort peu de sa propre réputation, pourvu qu'elle arrivât à son but, c'est-à-dire à la perte de ses fils aînés (3), il réclama les îles de Zélande et la Flandre impériale, soutenant que les arbitres n'avaient pu se prononcer à l'égard de ces terres, attendu qu'elles ne dépendaient pas du comté de Flandre proprement dit. Jean essaya d'attirer dans son parti, d'abord les Gantois, puis les citoyens de Bruges et d'Ypres. Mais la vieille antipathie contre les Wallons existait toujours parmi eux : ils refusèrent de se soulever et se déclarèrent même fortement pour les Dam-

---

(1) Chevronnées d'or et de sable de six pièces.

(2) Et sic arma Hannoniæ antiqua totaliter derelicta extiterunt, quæ per multa centenaria annorum deportata extiterunt cum honore. — *J. de Guyse*, XV, 56.

(3) ... Quòd omnibus viis quibus poterat, primos deprimere atque destruere, ac alios elevare et exaltare die noctuque totis viribus elaborabat, de proprio honore non curans, dùm tamen eos confundere posset. — *Ibid.*, 58.

pierre(1). Alors Jean d'Avesnes rassembla des hommes d'armes en Allemagne, en Frise, en Hollande, en Zélande, ainsi que dans le Hainaut et le pays de Liége, et se joignit au comte de Hollande, son beau-père, qui refusait le serment de vasselage à Marguerite. Il ravagea le pays de Waes, la terre des Quatre-Métiers, le comté d'Alost, prit les villes de Grammont et de Termonde, et plusieurs forteresses qu'il rasa ; puis, de concert avec Guillaume de Hollande, il assiégea par terre et par eau le château de Rupelmonde. La comtesse de Flandre avait entre-temps réuni une armée nombreuse de Français, de Flamands et de troupes mercenaires de diverses nations. Cette armée s'avança au-devant de Jean d'Avesnes par Ertvelde, Biervliet, Hulst et Hulsterloo. Jean, alors à Termonde, en sortit la nuit, au moment où ses ennemis ne s'y attendaient pas. Il les surprit en désordre et s'empara des digues transformées là en monticules dont il se fit une bonne position après les avoir fortifiés. A l'aube du jour il sortit brusquement des digues, tomba sur les Flamands, en tua bon nombre et força les autres à se réfugier dans les marais et tourbières du voisinage où la chevalerie ne pouvait les atteindre. Trois jours entiers, Jean d'Avesnes attendit dans les digues que l'armée de sa mère vînt l'attaquer ; mais elle ne parut pas, car les Flamands s'étaient retirés à Gand, à Bruges et à Ypres et n'étaient plus disposés à se faire battre de nouveau par les Hollandais dans les terrains marécageux auxquels ceux-ci étaient habitués et où ils avaient le pied sûr. Alors Jean d'Avesnes, cédant aux avis de ses conseillers, rentra avec ses troupes dans les états du roi Guillaume, son beau-frère.

---

(1) *J. de Guyse.* 62.

La comtesse de Flandre, alarmée de l'attitude menaçante que Jean avait prise, eut recours à l'intervention du roi de France. Elle alla le trouver avec ses enfants et se plaignit amèrement de Jean et de ses alliés. Guillaume, Gui et Jean de Dampierre joignirent leurs doléances à celles de leur mère, demandèrent justice contre le sire d'Avesnes, leur frère, et réclamèrent une somme de 60,000 livres pour le dommage que ce dernier avait occasionné par son invasion dans le comté de Flandre. Ils faisaient valoir en outre beaucoup d'autres griefs. Louis IX, toujours prudent et sage, ne se prononça point sur les prétentions des plaignants. Il jugeait avec raison qu'ils devaient être satisfaits de la belle part attribuée aux Dampierre par la sentence de 1246, et ne voulait pas leur conférer de nouveaux droits (1).

A cette époque, Louis se préparait à partir pour cette croisade fameuse dans laquelle il déploya tant d'héroïsme et de résignation. Il fut décidé que Guillaume de Dampierre l'accompagnerait. Ce prince prit aussitôt la croix et se trouva ainsi sous la protection de l'Eglise, de sorte qu'il n'était plus permis à personne d'envahir son héritage sans forfaire à la trève de Dieu et encourir l'anathème.

Marguerite, de retour en Flandre, conclut peu de temps après un accord avec Jean d'Avesnes, et la paix fut momentanément rétablie. La comtesse promettait de faire renoncer les Dampierre à la somme de 60,000 livres; et afin d'assurer l'exécution de cette promesse, elle se reconnaissait elle-même débitrice et caution de ladite somme. Les fiefs du comte de Namur en Hainaut, ceux du seigneur de Luxembourg en Hainaut et dans les Ardennes, étaient lais-

(1) Rex verò et ejus consiliarii audientes rem, tacitè considerabant spem ejus, et nihil aliud tribuendo. — *Ibid.*, 66.

sés aux d'Avesnes ; et les fiefs des mêmes vassaux en Flandre, aux Dampierre (1). Jean et Bauduin d'Avesnes, de leur côté, abdiquaient leurs prétentions sur la Flandre impériale et les îles de Zélande, de même que sur les terres tenues en fief du roi d'Angleterre, la châtellenie de Cambrai et un certain droit sur le Cambrésis qu'on appelait droit de gavenne ou de gaule et qui était très-productif (2).

Une nouvelle complication d'intérêts ralluma la discorde, que d'ailleurs une inconcevable antipathie entretenait sans cesse au fond des cœurs. Guillaume, comte de Hollande, élu roi des Romains, en 1247, avait ratifié l'arrangement de famille dont nous venons de parler. Mais souverain de la Zélande, arrière-fief de la Flandre, il était tenu, selon la loi féodale, à prêter serment de vasselage par procureur à la comtesse et à s'obliger au service de l'arrière-fief. Il voulut s'en affranchir ; et Marguerite, de son côté, non moins fière et impérieuse, négligea pendant plus d'un an de faire hommage à Guillaume pour ces mêmes îles de Zélande et pour la Flandre impériale. Le roi des Romains s'en irrita et mit la comtesse de Flandre au ban de l'empire. Trois fois elle fut solennellement sommée de comparaître dans l'assemblée des grands feudataires, et trois fois un dédaigneux silence fit voir à l'empereur que la comtesse méprisait ses ordres. Elle avait même, dit-on, traité les envoyés impériaux avec irrévérence (3). L'empereur alors convoqua une diète dans son camp devant Francfort ; et, après avoir exposé ses

---

(1) *Acte du mois de janvier* 1248, ap. *J. de Guyse*, XV, 68.

(2) *Acte de même date*. — *Ibid.*

(3) Quæ, bis, ter et in nobilium quamplurium præsentia solemniter monita, obedire contempsit, immo et nuntios despexit. — *J. de Guyse*, XV, 94.

griefs contre Marguerite, il lui enleva la Flandre impériale
pour la donner à Jean d'Avesnes, son beau-frère. Déjà il
avait concédé au fils aîné de Bouchard le comté de Namur,
confisqué également pour défaut d'hommage sur l'empereur
Baudouin II de Constantinople (1), et de plus un fief que les
comtes de Hollande tenaient du roi d'Écosse. Les premières
marques de la faveur impériale avaient singulièrement excité
la jalousie de Marguerite et des Dampierre en redoublant
leur haine contre les d'Avesnes. La question de légitimité
fut de nouveau soulevée à cette occasion, et « cette mère
sans pudeur, dit un historien du Hainaut, ne craignit pas
alors, dans sa fureur insensée, de se déshonorer, de se couvrir
elle-même de honte pour satisfaire sa haine contre ses enfants et la noire envie qui dévorait son cœur (2). » Jean et
Baudouin d'Avesnes, lassés de s'entendre sans cesse traiter
de bâtards par leur propre mère, s'étaient adressés au roi
de France, le suppliant d'ordonner une enquête en forme
sur leur naissance. Le roi avait répondu que l'affaire était
de la compétence de l'autorité ecclésiastique, et que c'était
au pape à prononcer sur cette question délicate. Innocent IV
se trouvait en ce moment à Lyon. Les sires d'Avesnes envoyèrent aussitôt vers lui ; et le pontife délégua l'évêque de
Châlons et l'abbé du Saint-Sépulcre de Cambrai pour procéder à de minutieuses informations sur les circonstances du
mariage de Bouchard avec Marguerite. Dix témoins pris
en Hainaut parmi les personnes qui avaient assisté au
mariage et vécu jadis dans l'intimité de Bouchard furent
appelés en l'église cathédrale de Soissons et interrogés

---

(1) *Archives de Flandre*, actes du 27 avril 1248, 1ᵉʳ cartul. de Hain., pièces
142 et 144 ; 4ᵉ cartul. de Hain., pièce 9.

(2) J. de Guyse, *XV*, 78.

sous la foi du serment. Ils donnèrent sur Bouchard et sur son union avec la jeune Marguerite de Constantinople les détails qu'on a vus plus haut et que nous avons puisés dans cette enquête, laquelle était restée inconnue jusqu'aujourd'hui. Il en résulta la preuve que le mariage avait été conclu et consommé de bonne foi, au moins de la part de Marguerite. Une sentence de l'évêque de Châlons et de l'abbé de Liessies, délégué par l'abbé du Saint-Sépulcre, qui n'avait pu se rendre à Soissons, reconnut la légitimité de Bauduin et de Jean d'Avesnes (1); et le pape la confirma peu après en menaçant de la censure ecclésiastique quiconque oserait encore inquiéter les d'Avesnes de ce chef (2). De plus le pape fit lever l'interdit sur les états de Marguerite par les abbés de Saint-Laurent de Liége et de Lobbes (3). La donation de la Flandre impériale à Jean d'Avesnes par l'empereur était le complément de toutes les satisfactions que valait aux fils de Bouchard l'antipathie maternelle.

La comtesse de Flandre se voyait donc blessée tout à la fois dans son amour-propre et dans son ambition; mais elle ressentait en ce temps-là une douleur bien plus cruelle encore, en ce qu'elle l'avait atteinte dans ses plus chères affections. Guillaume de Dampierre, son fils de prédilection et son successeur au comté, était revenu de la croisade, rapportant de nobles cicatrices qu'il avait gagnées à la bataille de Mansourah en guerroyant avec vaillance aux côtés du roi Louis IX. A peine était-il arrivé en Flandre, à la grande joie de sa mère, qu'un haut baron du Hainaut, le sire de Trazignies, fit publier un tournoi qui se devait don-

---

(1) *Archives de Flandre*, acte du 12 octobre 1249. Orig. parch. scellé.
(2) *Ibid.* Acte du 17 avril 1250. Orig. parch. scellé.
(3) Kluit, *Hist. Crit. Holl. et Zeel.*, II, 642 et 646.

ner solennellement en son château, le 6 juin 1251. Une foule de ducs, de comtes, de seigneurs-bannerets et de chevaliers y vinrent de Hainaut, de Hollande, d'Allemagne, de Flandre et de Brabant. Guillaume de Dampierre voulut aussi prendre part à la fête et s'y rendit accompagné d'un brillant cortége. Au jour fixé pour le tournoi, les chevaliers, armés de toutes pièces et visières baissées, se pressaient contre la barrière, attendant qu'elle fût ouverte. Guillaume de Dampierre, plus ardent que les autres, trépignait sur son destrier; car, en sa qualité de prince souverain, il devait commencer la lutte, et il était impatient de voir se déployer dans la lice ce lion de Flandre qu'il avait ramené des bords lointains du Nil avec honneur et gloire. Lorsque les hérauts donnèrent le signal de la joute, Guillaume et ses barons se précipitèrent avec fureur la lance en arrêt. On se battit à outrance. Les lances brisées, on mit l'épée à la main et l'on frappa d'estoc et de taille. Les adversaires du comte étaient si rudement traités qu'à peine pouvaient-ils lever le bras; et chacun s'attendait à les voir bientôt crier merci, quand tout à coup une troupe de chevaliers se jeta par derrière sur le comte et les Flamands. Ce fut une affreuse mêlée. Chevaux et cavaliers se débattaient au milieu de cette double et traîtreuse agression. Guillaume, blessé à mort sur son destrier, poussa un cri, tourna sur sa selle en étendant les bras, et, roulant sous les pieds des chevaux, fut horriblement écrasé. Le soir, quand le tournoi fut terminé, on retrouva le cadavre du jeune comte de Flandre mutilé, meurtri, couvert de sang et de poussière (1).

---

(1) Tornamento finito in sero, reperti fuerunt quamplurimi mortui; inter

Cette mort répandit la douleur en Flandre, et l'on ne manqua pas de l'attribuer à des complices de Jean et Bauduin d'Avesnes. Ceux-ci cependant protestèrent avec serment de leur innocence; et le duc de Brabant, dont Guillaume avait épousé la fille Béatrice, jura également sur les reliques des saints, qu'emportés par l'ardeur du combat, les chevaliers qui s'étaient jetés sur les Flamands n'avaient eu d'autre but que de secourir leurs amis qui allaient succomber. Lorsque le corps de Guillaume fut transporté en Flandre, la comtesse Marguerite se livra à son aspect au plus violent désespoir : « O majesté divine, s'écriait-elle en se tordant les mains et en s'arrachant les cheveux ; ô majesté divine, que tes décrets sont terribles ! Il faut donc que mes péchés soient bien grands pour que tu me punisses d'une manière si cruelle dans ce que j'ai de plus cher au monde ! O rage impie des méchants, qui fait périr d'une mort si affreuse, sous les pieds des chevaux, le plus cher de mes enfants, si bon, si beau, si plein de courage, de force et de jeunesse ! Duc de Brabant, je croirais, si vous ne m'eussiez affirmé le contraire avec serment, que mes fils du premier lit, ces vilains bâtards, sont les auteurs du forfait. Mais, s'ils ne l'ont point accompli eux-mêmes, n'est-il pas possible que le meurtre ait été commis en leur nom et pour leur complaire par des Hainuyers ou des Hollandais? Hélas ! hélas ! comment me venger de mes ennemis (1)? »

quos dictus comes Guillermus fuit repertus pedibus equorum dilaniatus atque mortuus. — J. de G., *XV*, 108.

(1) « Heu ! heu ! quomodò vindicabor de inimicis? » — *Ibid.*, 110.

IV

MARGUERITE DE CONSTANTINOPLE.

1251 — 1279

Vengeances et tyrannie de la comtesse envers le Hainaut, qui avait pris le parti de Jean d'Avesnes. — Elle destitue tous les officiers de ce comté et les remplace par des Flamands. — Odieuse conduite de ceux-ci. — Conspiration des Ronds. — — Grand nombre de Flamands sont égorgés en Hainaut par les Ronds. — Lettre des conjurés au grand-bailli du Hainaut. — Leur nombre augmente. — Colère de la comtesse de Flandre. — Sympathie qu'ils excitent. — L'évêque de Liége les prend sous sa protection. — Guerre contre l'empereur comte de Hollande et contre Jean d'Avesnes. — Les Flamands descendent dans l'île de Walcheren. — Florent de Hollande leur fait éprouver un sanglant échec à West-Kappel. — Gui et Jean de Dampierre sont retenus prisonniers. — Désespoir de la comtesse de Flandre en apprenant la captivité de ses fils. — Elle tente leur délivrance. — L'empereur dédaigne ses offres. — Nouvelle intervention du roi de France. — Conditions exorbitantes imposées par l'empereur. — Dépit de Marguerite. — Elle fait reconnaître Gui de Dampierre en qualité de comte de Flandre et, à son défaut, le jeune Robert, fils de ce prince. — Ses projets de vengeance. — Louis IX refuse l'offre qu'elle lui fait du comté de Hainaut. — Elle l'abandonne, sa vie durant, au comte Charles d'Anjou afin qu'il l'aide à combattre l'empereur et à délivrer ses fils. — Marguerite et Charles d'Anjou envahissent le Hainaut à main armée. — Siége de Valenciennes et du château d'Enghien. — Résistance des bourgeois et du sire d'Enghien. — Plusieurs villes du Hainaut se soumettent. — Reprise du siége de Valenciennes. — Courage et fierté des habitants. — Le prévôt Éloi Minave. — Ses énergiques remontrances à la comtesse. — Accord. — L'empereur entre en Hainaut. — Charles quitte précipitamment Valenciennes et se tient sur la défensive aux environs de Douai. — Trêve entre les parties belligérantes. — Mort tragique et inopinée de l'empereur. — Charles d'Anjou renonce au Hainaut. — Guillaume et Gui sortent de prison. — La paix se rétablit entre les Dampierre et les d'Avesnes. — Jean d'Avesnes languit et meurt. — Son fils lui succède au comté de Hainaut. — Habileté politique de la comtesse de Flandre. — Ses institutions et son gouvernement. — Précautions qu'elle prend pour éviter dans l'avenir de nouvelles dissensions avec sa famille.— Les dernières années de sa vie se passent en œuvres de bienfaisance. — Elle s'éteint à l'âge de 80 ans. — Gui de Dampierre est proclamé comte de Flandre et Jean II d'Avesnes, comte de Hainaut. — Piété filiale de ce dernier. — Il fait exhumer son père et le présente à toutes les villes du Hainaut comme leur seigneur et comte.

La vengeance fut, en effet, ce qui absorba dès lors toutes ses pensées. Impuissante à l'exercer directement contre les d'Avesnes, elle se mit à persécuter les habitants du Hainaut et à faire peser tout le poids de sa colère sur une province à laquelle elle ne pardonnait pas d'être l'héritage des fils qu'elle exécrait. Comme elle était souveraine viagère de ce comté, elle en révoqua tous les officiers, principalement ceux qui étaient nés dans le pays. Ainsi elle dépouilla de leurs charges le grand-bailli et les baillis ordinaires, tous les prévôts, les châtelains et jusqu'aux sergents ; puis elle les remplaça par des Flamands de son choix. Bientôt elle surchargea de tailles les gens de toute condition, et greva les denrées et marchandises d'un impôt exorbitant (1). Mais ce qui est plus odieux encore, c'est qu'elle envoya en Hainaut trois cents Flamands désignés par elle parmi tout ce qu'il y avait en Flandre de gens avides et sanguinaires, afin d'y exercer une mission exclusivement tyrannique (2). Elle avait pris ces séides sous sa protection, et tenait en sa sauvegarde leurs biens, meubles et immeubles, ainsi que leurs familles. Des priviléges particuliers leur furent accordés. Ainsi, leurs logis en Hainaut étaient autant d'asiles ; c'est-à-dire que tous ceux qui s'y réfugieraient pour

---

(1) Et loco eorum Flamingos imposuit prout sibi placuit. Deindè tallias graves super omnes status et impositiones graviores super mercimonias cujuscunque speciei extiterunt. — *Ibid.*, 112.

(2) Ipsa fecit elegi in omnibus Flandriæ confinibus trecentos Flamingos crudeliores, nefandiores, rapaciores, sceleratiores, homicidas, etc. — *Ibid.*

quelque crime devraient y être en sûreté (1). Ces trois cents hommes n'étaient justiciables que de la cour de Pamèle, près d'Audenarde, et ne pouvaient être cités ailleurs. Six fois par an ils étaient obligés d'y comparaître, et on leur avait promis que, moyennant six deniers payés aux juges, ils seraient quittes envers tout le monde des crimes ou délits qu'ils auraient pu commettre (2). La comtesse ordonna que, si l'un de ces délégués venait à mourir, il fût sur-le-champ remplacé, et voulut qu'on les appelât les vassaux de la souveraine de Flandre (3). Différentes charges leur étaient attribuées : les uns avaient la garde des champs, des bois, des eaux, des chemins, des bourgs et des villages; d'autres remplissaient les fonctions de référendaires ou de receveurs (4). Le grand-bailli, récemment institué par la comtesse, établit d'abord ces oppresseurs dans la terre de Leuze et dans toute la portion du Hainaut située entre la rivière de Haine et les confins de la Flandre et du Brabant, en commençant à la limite de Grammont, passant par la châtellenie d'Ath, par la terre d'Enghien, les prévôtés de Mons, de Binch et de Beaumont, jusqu'à l'évêché de Liége. Ils étaient postés aux embranchements des routes ou dans les plus riches bourgades, suivant l'office de chacun d'eux. Là, ils commencèrent à prendre tout ce qui était à leur convenance, sous prétexte d'impôt, et à rançonner tous les habitants depuis le plus noble jusqu'au plus infime, depuis le plus grand jusqu'au plus petit. Seigneurs, prêtres, bourgeois, villains, riches ou pauvres, personne n'échappait à leur rapacité, si

---

(1) *Ibid.*
(2) *Ibid.*
(3) *Et præcepit quatenus vassalli dominæ Flandrensis vocarentur.* — *Ibid.*
(4) *Ibid.*

bien qu'au bout d'un an et demi le pays était ruiné et que la misère et la désolation régnaient partout (1) sans que ni l'empereur, ni l'évêque de Liége, ni l'héritier du Hainaut pussent rien faire pour apporter remède à ce triste état de choses. Ce fut alors que les malédictions du peuple infligèrent à Marguerite une de ces épithètes terribles qui suivent la mémoire des princes à travers les siècles, et qu'il n'est donné à aucun historien de jamais effacer. On l'appela et on l'appelle encore aujourd'hui en Hainaut *Marguerite-la-Noire*.

Tandis qu'elle opprimait de la sorte les gens du Hainaut, la comtesse, comme pour leur faire mieux sentir leur infortune, augmentait le bien-être de ses sujets flamands. Elle affranchissait tous les serfs qui demeuraient sur ses domaines, agmentait les priviléges des villes, protégeait le commerce et l'industrie, dotait richement les églises et les monastères; toutes ses faveurs enfin étaient pour la Flandre, toute sa haine et ses tyrannies pour la patrie et l'héritage futur de Jean d'Avesnes. Cependant une sourde agitation se manifestait déjà dans le Hainaut, lorsqu'un événement imprévu vint fournir l'occasion de secouer le joug.

Il arriva qu'un boucher de Chièvres, nommé Gérard-le-Rond, se rendit à la foire d'Ath un certain jeudi avant la Toussaint, afin d'y acheter du bétail. Il rencontra un de ses confrères de Ghislenghien, lequel avait un bœuf fort gras et fort beau; mais dont il ne savait trop que faire, car les vassaux de la comtesse de Flandre avaient jeté l'œil

---

(1) Infrà annum cum dimidio patria communis, rara atque villulæ, nobiles, clerici, mercatores atque ecclesiæ fuerunt totaliter exhaustæ. — *Ibid.*, 114.

dessus. Ce marchand dit à Gérard-le-Rond qu'il lui donnerait bien son bœuf pour vingt pièces de monnaie. Gérard s'approcha pour voir l'animal, offrit treize pièces, et, après quelques débats, finit par conclure marché. Le lendemain, il revint avec de l'argent et deux jeunes garçons pour conduire le bœuf à Chièvres; il paya et partit. Gérard-le-Rond cheminait tranquillement avec son bœuf, quand, à la sortie d'un petit village appelé Le Loe, neuf vassaux armés se présentèrent devant lui : « De quel droit es-tu entré sur notre territoire? lui dirent-ils. Tu es bien audacieux de venir ainsi enlever un bœuf que nous réservions jusqu'à Noël pour l'offrir à la comtesse de Flandre, notre dame et maîtresse. Rends-nous-le sur-le-champ (1). » Le boucher répondit respectueusement qu'il avait acheté la bête à beaux deniers comptants, et qu'il s'en croyait propriétaire : « Cependant, ajouta-t-il, je vous donnerai bien un *aureus* pour acheter du vin si vous voulez me laisser passer (2). » Les vassaux refusèrent en disant qu'il leur fallait le bœuf bon gré, mal gré. Gérard alors se récria et se mit devant son bœuf comme un homme qui veut loyalement défendre ce qu'il a loyalement acquis. Aussitôt les neuf vassaux furieux se jetèrent sur le pauvre homme, le tuèrent à coups de poignards; après quoi emmenant le bœuf à Ath, ils le vendirent moyennant douze pièces au châtelain flamand de cette ville, lequel était un de leurs amis.

Les jeunes valets de Gérard avaient fui épouvantés en voyant tomber leur maître. Arrivés à Chièvres, ils racontèrent au

(1) « Custodiebamus bovem istum usquè ad Nativitatem Domini, et tunc dictæ præsentassemus dominæ. Et quicquid actum est, bovem istum dimittetis. » — *Ibid.*, 118.

(2) *Ibid.*

milieu des sanglots ce qui venait de se passer. A cette nouvelle affreuse, les six fils de Gérard, bouchers comme leur père, saisirent leurs coutelas et, pleins de rage, coururent avec leurs serviteurs et leurs parents au village de Le Loe pour chercher les meurtriers. Durant tout le jour ils parcoururent les chemins détournés jusqu'aux portes d'Ath, visitèrent les villages des environs; mais les vassaux s'étaient cachés : ils n'en trouvèrent aucun. Alors ils revinrent près du corps de leur père, qui gisait sanglant au milieu de la route, à l'endroit où il avait été tué, le prirent entre leurs bras et le rapportèrent à Chièvres. Le lendemain était jour de marché, et grande affluence de monde se trouvait sur la place. Les fils de Gérard mirent le cadavre sur un brancard et le portèrent parmi la foule en poussant des cris de douleur et de vengeance. Le peuple s'émut vivement à ce spectacle : les seigneurs de la ville n'étaient pas moins indignés. Six chevaliers gardaient en ce moment Chièvres avec leurs écuyers et sergents : c'étaient Gérard de Jauche, Gérard de Lens, Rasse de Gavre, Nicolas de Rumigny, Othon d'Arbre et Jean de Palluel. Ils voulurent prendre les armes sur l'heure et monter à cheval; l'un d'eux, Rasse de Gavre, les retint : « Seigneurs, leur dit-il, vous savez que ces vassaux sont sous la sauvegarde de la comtesse de Flandre et de Hainaut et vous ignorez les noms des meurtriers. Songeons à la malignité et à l'instabilité des temps où nous vivons. Attendons trois jours, pendant lesquels on nous fera sans doute connaître, soit à nous, soit aux autres cours du Hainaut ou de Flandre, les circonstances du crime et les noms des criminels. Nous saurons alors contre qui diriger nos coups. D'ici là on s'occupera des funérailles de Gérard-le-Rond, et nous aviserons avec sa famille sur la conduite que nous devrons tenir (1). » Le sage avis du sire de Gavre prévalut ; et pendant qu'on célébrait à Chièvres les obsèques du malheureux boucher les barons s'enquéraient à Mons, à Ath et ailleurs si un homicide n'avait pas été dénoncé à la justice du pays. On répondit partout que non.

Les trois jours étaient écoulés, et les fils de Gérard virent bien qu'à eux seuls appartenait la vengeance puisque les vassaux de la comtesse restaient impunis. Ils disposèrent du mieux qu'ils purent de tout leur avoir, comme gens que préoccupe une grande et unique affaire ; les seigneurs de Chièvres leur donnèrent des conseils, leur promirent aide et protection au besoin : alors les jeunes bouchers réunirent leurs parents, serviteurs et amis au nombre de soixante personnes (2). Tout ce qu'on put trouver d'arcs, de flèches, d'épées, de lances, de haches et de couteaux aigus leur fut donné ; et, le mardi suivant, la troupe sortit de Chièvres en jurant d'exterminer tous les vassaux qui lui tomberaient sous la main. Les conjurés avaient pris pour insigne, afin de se faire reconnaître et de se distinguer entre eux, un O ou rond couronné, cousu sur le capuce ou sur la tunique que les gens du peuple portaient en ce temps-là (3). On les appela dès lors les Ronds du Hainaut, en souvenir du surnom du boucher Gérard et du blason allégorique qu'ils avaient adopté. Pendant deux jours et

---

(1) *Ibid.*

(2) Consilio dominorum Chierviensium, cognatos, amicos, propinquos unà cum famulis eorum congregaverunt usque ad numerum sexaginta sociorum. — *Ibid.*

(3) Erat vero intersignium eorum O litterâ rotundâ coronatum, quod intersignium in caputio aut tunicâ erat consutum. — *Ibid.*, 140.

deux nuits ces hommes déterminés se dispersèrent secrètement dans plusieurs villages, guettant les lieux où se trouvaient les vassaux et épiant leur manière de vivre. Un rendez-vous général avait été donné au bois de Willehourt. On s'y réunit le soir; et là, au milieu du silence et de l'obscurité, on résolut d'attaquer les vassaux la veille de la Saint-Martin. Ce jour-là les séides de la comtesse devaient se rassembler pour dîner à Melin, à Arbre et à Lens, ainsi qu'on l'avait appris dans ces villages mêmes; de plus l'on connaissait les maisons où ces réunions devaient se tenir. Il fut donc arrêté que, pour commencer, on envahirait dans la nuit les trois villages. A cet effet, les fils de Gérard et leurs partisans se pourvurent d'échelles, de hallebardes à crocs, de fenêtres et de portes en guise de boucliers (1), enfin de tout ce qui était nécessaire pour livrer des assauts et envahir les maisons.

La veille de la Saint-Martin et au commencement de la nuit, les conjurés descendirent à Melin et entourèrent un logis où dix vassaux soupaient joyeusement. Sans plus tarder, ils se précipitèrent sur la porte; mais elle était trop solide et résista. Ils cherchèrent aussitôt à pénétrer dans l'intérieur par escalade. Les vassaux, entendant un grand bruit au dehors, se levèrent vivement de table et mirent l'épée à la main. Une lutte opiniâtre s'engagea bientôt entre eux et les assaillants, plusieurs de ces derniers furent même jetés en bas des échelles et blessés grièvement; mais les Ronds finirent par triompher et par entrer dans la maison. Les dix vassaux tombèrent égorgés, ainsi que trois de leurs valets. On jeta leurs cadavres par les

---

(1) Providerunt scalas, lanceas, ostia, fenestras ad modum clypeorum....
— *Ibid.*, 118.

fenêtres, après quoi six femmes qui se trouvaient au souper et poussaient des cris lamentables furent saisies, garrottées et couchées sur les tables. A l'une on coupa le nez, à l'autre la lèvre supérieure, à la troisième la lèvre inférieure, à la quatrième une oreille, à la cinquième on fendit le menton, la sixième eut un œil arraché de son orbite (1). Ainsi défigurées, la troupe les conduisit le lendemain à Ath et les remit entre les mains des juges du lieu : disant que les Ronds avaient fait cela pour venger la mort de leur père!

De Melin les conjurés se rendirent aussitôt à Arbre, où ils trouvèrent dans une hôtellerie six vassaux avec leurs maîtresses. Les vassaux furent massacrés et les femmes mutilées comme celles de Melin, au visage seulement. A Lens, où les Ronds allèrent ensuite, les vassaux s'étaient dispersés après le souper. On n'en trouva que trois attablés dans une taverne et disposés à y passer la nuit au milieu des brocs de bierre. Ils subirent le sort de leurs collègues. Les conjurés ne s'arrêtèrent pas à Lens, et prirent incontinent le chemin qui se dirigeait vers les terres de l'évêque de Liége. Après avoir marché toute la nuit ils se trouvèrent en la ville de Thuin, où on leur donna un asile. Le lendemain ils écrivirent la lettre suivante au grand-bailli du Hainaut :

« Au bailli du Hainaut et à tous les pairs, officiers et conseillers de la dame de Flandre et de Hainaut en la cour de Mons, salut d'usage (1). Le vendredi avant la Toussaint

---

(1) Sex verò mulieres cum ipsis existentes non occiderunt; sed uni nasum amputantes, alteri labia superiora, alii labia inferiora; alteri mentonem abscindentes, alteri auriculam sulcantes, alteri oculum eruentes.... — *Ibid.*, 124.

(2) « Recommendationem debitam. » — J. de Guyse, *XV*, 126.

neuf vassaux de la dame de Flandre ont tué notre père, et, lui ayant volé un bœuf qu'il avait acheté seize pièces d'or, ont revendu ce bœuf au châtelain d'Ath moyennant douze pièces. Alors nous nous mîmes aussitôt à la recherche des assassins, et, comptant qu'ils se seraient vantés quelque part de ce crime, nous envoyâmes à Mons, à Chièvres, à Ath et enfin à Pamèle pour essayer de découvrir leurs noms ; mais ils avaient partout gardé le silence. Or nous savons positivement que les coupables sont des vassaux et non d'autres : c'est pourquoi nous avons défié et nous défions comme traîtres meurtriers de notre père tous les vassaux de la dame de Flandre et nous vous signifions que la veille de la Saint-Martin, à Melin, nous avons tué dix vassaux et trois de leurs domestiques, et blessé au visage leurs femmes ou leurs maîtresses ; que, dans la même nuit, nous avons encore égorgé six de ces vassaux à Arbre et trois à Lens, mais sans rien leur prendre de ce qui était à eux. Nous faisons savoir à tous que nous mettrons également à mort les autres hommes de la comtesse et que nous saisirons leurs biens jusqu'à ce que nous ayons obtenu vengeance et satisfaction des lâches et misérables assassins de notre père. Adieu, etc. — De la part de la société des Ronds du Hainaut (1).

Trois jours après cette menaçante déclaration les Ronds rentrèrent en Hainaut et, pendant six semaines, se tinrent épars dans les forêts et lieux écartés, épiant les vassaux et ne faisant merci ni grâce à tous ceux qui tombaient en leur

---

(1) « Et notum sit omnibus, quòd tot de residuis vassallorum interficiemus, et tanta de cætero de ipsorum bonis capiemus, quòd attingemus ad pessimos homicidas patris nostri et valorem patris nostri recuperabimus. Valeatis, etc. — Ex parte totius societatis Rotundorum Hannoniensium. » — *Ibid.*, 123.

pouvoir. Ils en tuèrent ainsi beaucoup et s'emparèrent d'une grande quantité de bestiaux à eux seuls appartenant ou à leur famille, tels que bœufs, porcs et moutons, qu'ils conduisaient en la ville de Thuin à travers les bois. S'ils agissaient de la sorte, c'était moins pour le plaisir de prendre l'avoir d'autrui que pour celui de punir les vassaux dans leurs personnes et dans leurs biens tout à la fois, rendant ainsi la vengeance plus complète et plus efficace.

Le nombre des conjurés s'augmentait chaque jour de tous ceux qui, dans le Hainaut, avaient été victimes de la tyrannie des officiers flamands. Leur audace croissait à l'égal de leur force, et, bien que les commissaires de la comtesse se fussent mis en garde contre eux, ils trouvèrent cependant moyen d'en tuer encore douze d'une seule fois à Papigny, à Acre, à Oudenhove et à Bracle. Jean de Ronsoy, gouverneur d'Audenarde, apprenant ce dernier massacre, fit sortir sa garnison pour battre le pays. Le grand-bailli du Hainaut envoya de son côté contre les Ronds plusieurs compagnies de gens d'armes. Un jour douze de ces cavaliers traversant une forêt rencontrèrent quelques conjurés qui crièrent aussitôt : « A la mort ! à la mort ! » Au son de leurs petits cornets, trente de leurs compagnons sortirent à l'instant du taillis armés de flèches et d'épées (1) ; et les écuyers se trouvèrent tout à coup environnés d'ennemis qui auraient pu les tuer, mais qui se contentèrent de les faire prisonniers : car ils avaient vu que ces hommes d'armes n'étaient pas Flamands. Comme ils se disposaient à les emmener, un des Ronds leur dit : « De quel pays êtes-vous ? » — « Pour la plupart du Hainaut, » répondirent-ils. — « Et que cher-

---

(1) ... clamaverunt : « Ad mortem ! ad mortem ! » Illi corniculum sonantes statim triginta socii cum arcubus et sagittis et gladiis salierunt. — *Ibid.*, 130.

chez-vous dans ces bois? » — « Nous cherchons ces conjurés qui se font appeler les Ronds. » — « Eh bien, nous sommes de ceux-là! Prenez-nous si bon vous semble. Mais en vérité nous ne comprenons pas comment nous serions honnis des barons, des chevaliers et des bonnes villes du Hainaut, tandis que le pays tout entier devrait nous conforter, nous soutenir et nous aimer. Jamais nous n'avons pris à l'un de nos compatriotes un seul pain, un seul fromage, un seul poulet (1) : c'est pour eux au contraire et pour la défense de notre patrie commune que nous exposons tous les jours notre vie en combattant les vassaux de la comtesse de Flandre, ces exécrables tyrans qui ont massacré notre père Gérard et qui ne cessent d'opprimer le pays. Chacun de nous porte dans son cœur l'amour de la patrie, le désir de la voir heureuse; mais si ceux qui la gouvernent nous persécutent au lieu de nous favoriser, nous ne savons ce qui adviendra. Nous sommes trois cents de notre société qui avons juré haine aux vassaux, mais à eux seuls, qu'on le sache bien. Retirez-vous en paix et allez dire à vos maîtres, non pas au grand-bailli, car nous le tuerions s'il tombait en nos mains, mais aux seigneurs du Hainaut, ce que vous venez d'entendre. » A ces mots, les cavaliers découvrirent leurs chefs et, rengaînant leurs épées, jurèrent de ne jamais prendre les armes contre les Ronds. Ils firent mieux encore : ils promirent de rapporter aux barons du Hainaut et à tous les gens du pays les sentiments dont les Ronds étaient animés, de manière à concilier à ceux-ci l'affection et l'estime de chacun. Les écuyers partirent et tinrent parole : aussi dès ce jour-là il n'y eut plus personne en Hai-

---

(1) « Nunquàm uni Hannoniensi de solo pane vel caseo aut pullo solo damnum quodcunque fecimus. » — *Ibid.*

naut qui ne favorisât en secret les conjurés. Des secours leur arrivaient de toutes parts ; beaucoup de gens s'armaient pour les aller joindre, et les hommes d'armes refusaient de marcher contre eux. Les Ronds pourchassèrent si vivement les vassaux de la comtesse et exploitèrent si bien depuis la Saint-Martin d'été, que le jour de Saint-Thomas, en décembre, ils en avaient égorgé quatre-vingt-quatre et que tous les autres avaient déguerpi de la contrée. Ces derniers allèrent se présenter devant la comtesse Marguerite, qui, aux fêtes de Noël, tenait cour plénière à Gand : ils se plaignirent violemment des Hainuyers, et dirent qu'ils ne voulaient plus retourner dans un pays qui s'était tout à fait prononcé contre eux et où leur existence était sous le coup de mille poignards. Les femmes que naguère les Ronds avaient si affreusement défigurées vinrent en même temps se jeter aux genoux de la princesse, pleurant, se lamentant et criant vengeance. Marguerite à ce spectacle devint pâle d'émotion et de colère. Elle eût pris alors contre le Hainaut une décision terrible s'il avait été en son pouvoir de le faire. Mais une guerre contre la Hollande était imminente, et l'on ne pouvait songer à autre chose. Elle jura, du reste, qu'aussitôt la guerre terminée elle porterait le fer et la flamme en Hainaut et châtirait rudement cette province rebelle (1).

En attendant, les Ronds, fiers de leurs succès, s'étaient retirés en la ville de Thuin, au pays de Liége, pour y passer tranquillement l'hiver. Lorsque le grand-bailli du Hainaut l'apprit, il en fit part à la comtesse de Flandre; laquelle lui ordonna d'écrire au prince évêque de Liége la

(1) Promisit eis quòd ipsa, cùm victoria ab Hollandia repatriata esset, totam Hannoniam incenderet, et, ipsi vellent nollent, Hannonienses in majoribus stabilirentur gravaminibus. — *Ibid.*

lettre suivante : « Au très-révérend père en Jésus-Christ et seigneur évêque élu de Liége, le bailli du Hainaut et autres conseillers de la très-illustre dame Marguerite, comtesse de Flandre et de Hainaut, salut et humble recommandation. Comme depuis longues années les évêques de Liége, par suite de certaines conventions amiables, sont tenus d'assister au besoin les comtes de Hainaut, lorsqu'ils en sont requis; nous venons de la part de Marguerite, comtesse de Flandre et de Hainaut, vous supplier humblement et vous requérir avec instances de vouloir bien proscrire et bannir de votre diocèse grand nombre de malfaiteurs conjurés sous le titre de Ronds, et de faire pendre, décapiter ou rouer selon droit et justice tous ceux qui se trouveront entre vos mains (1). Que votre puissance prospère ainsi que nous le souhaitons! » — L'évêque répondit en ces termes : « Henri, par la grâce de Dieu évêque élu de Liége et duc de Bouillon, au bailli du Hainaut et autres conseillers de Marguerite, comtesse de Flandre, salut. Bien que les évêques de Liége, en vertu d'une convention amiable, aient des obligations à remplir à l'égard des comtes de Hainaut, ils ne sont cependant tenus en rien vis-à-vis de Marguerite comtesse de Flandre. Bien plus c'est un devoir pour eux de lui faire injures, chagrins et dommages (2) parce qu'elle est depuis long-temps en possession du comté de Hainaut sans en avoir prêté hommage à nous ni à nos prédécesseurs, malgré les avertissements qu'elle a reçus, et nous devons, au contraire, assister et soutenir en toutes choses Jean d'A-

---

(1) « Et si quos capere possitis, eosdem suspendi, decollari aut inrotari, prout vera requirit justicia. » — *Ibid.*, 136.

(2) « Imò ipsi injurias, molestias et damna sibi tenentur inferre. — *Ibid.*, 138.

vesnes et ses partisans parce que nous le regardons comme véritable comte du Hainaut, et qu'il s'est fidèlement acquitté de l'hommage qu'il nous devait pour ce comté. Quant à la société dite des Ronds, que vous nous requérez de proscrire ; après avoir fait rechercher et examiner par nos cours le but de cette société et les actes des hommes qui la composent, nous n'avons pas jugé que les Ronds fussent dignes de mort. En conséquence, comme il a été reconnu par nous que leur conduite jusqu'à présent a été bonne et qu'ils ont agi par un sentiment de justice ; dans l'intérêt de notre fidèle Jean d'Avesnes, leur seigneur légitime, nous les recevons et continuerons de les recevoir dans notre évêché jusqu'à ce qu'il nous soit parvenu d'autres informations contre eux. Portez-vous bien, » etc. Marguerite eut à dévorer ce nouvel affront, et les Ronds séjournèrent dans l'évêché de Liége jusqu'au carême.

A cette époque, la comtesse de Flandre se disposait à faire la guerre au roi des Romains, Guillaume, et à reprendre par les armes les possessions dont ce prince l'avait dépouillée pour en donner l'investiture à Jean d'Avesnes. Gui de Dampierre fils puîné de Marguerite et son successeur au comté de Flandre depuis la mort de l'infortuné Guillaume, Jean de Dampierre frère de Gui, Godefroi comte de Bar, Thibaut comte de Guines avaient rassemblé une armée considérable en Flandre, en France, en Picardie et jusqu'en Poitou ; de nombreux vaisseaux s'équipaient dans les ports flamands et l'on préparait une descente dans les îles de Zélande, dont Jean d'Avesnes retirait de puissants secours en hommes et en argent. Marguerite espérait par là enlever à son fils et au Hainaut l'appui qui les soutenait ; et sa vengeance eût atteint également l'empereur, car ses projets étaient, une fois maîtresse des îles, d'envahir ensuite le reste de la Hollande et de forcer Guillaume à subir ses lois. Toute sa joie et ses espérances reposaient donc sur la réussite de cette entreprise (1). D'autre part le roi Guillaume, prévenant les desseins de la comtesse, avait envoyé en Zélande son frère Florent avec de fortes troupes et mandé en toute hâte Jean d'Avesnes son beau-frère. Jean convoqua la chevalerie du Hainaut ; et ce fut alors que les Ronds, dont la présence au pays n'était plus nécessaire, s'enrôlèrent au nombre de plus de six cents sous les bannières de Gérard de Jauche et de Nicolas de Rumigny qui les menèrent en Hollande, où ces braves et rudes Hainuyers voulaient continuer à se venger des Flamands en défendant la cause de Jean d'Avesnes (2). Le duc de Brabant, oncle du roi des Romains, aurait désiré que cette querelle pût se terminer par un accommodement. A cet effet, il ménagea une entrevue à Anvers entre les deux partis et l'on y passa trois jours en pourparlers. Pendant ce temps-là, soit malentendu, soit perfidie, les Flamands descendirent en l'île de Walcheren et, ne doutant pas de la victoire, s'avancèrent dans les moeres et les bancs de sable qui se trouvaient alors autour de West-Kappel, village aujourd'hui englouti par la mer. Mal leur en prit, car Florent de Hollande marcha fièrement à leur rencontre au bruit aigu des cors et des buccines et leur fit éprouver une sanglante défaite le 4 du mois de juillet (3). Le carnage fut si grand

(1) Suo proposuit Margareta consilio quòd, si Guillermum, regem Romanorum et comitem Hollandiæ, in bello submittere valeret, tunc omnia sibi prosperè juxta optata succederent. — *Ibid.*, 142.

(2) *Ibid.*

(3) E contrà verò Florentius præsens cum tubis stridulis et cornibus horrisonis in Vest-Capellis adversùs hostes viriliter aggressus est. — *Ibid.*, 144.

que quelques historiens font monter le nombre des tués à plus de vingt mille, ce qui est sans doute fort exagéré. Quoi qu'il en soit, les Hollandais et les Zélandais baignaient leurs pieds dans les mares de sang dont la terre était inondée. Là succombèrent, pour n'avoir pas voulu se rendre, quelques-uns des plus nobles et des plus braves barons de la Flandre, tels entre autres que Rasse de Gavre et Arnoul de Materen (1); une multitude de gens d'armes périrent noyés dans la mer en voulant rejoindre les vaisseaux, le reste tomba au pouvoir du vainqueur. Parmi ces derniers se trouvaient Gui et Jean de Dampierre ainsi que les comtes de Guines et de Bar, tous les quatre chefs de l'expédition. Le roi Guillaume apprit cette victoire comme il était encore à Anvers. Il s'embarqua aussitôt pour Walcheren, où tous les prisonniers lui furent présentés. Il choisit deux cent trente chevaliers dont il se réserva la rançon ainsi que celle des deux fils de la comtesse de Flandre et des seigneurs de Bar et de Guines, et abandonna le reste à ses barons et aux villes de Hollande. Quant aux soudoyers qui n'avaient pas le moyen de se racheter, il les fit complétement dépouiller et les renvoya en Flandre. Ces pauvres gens, honteux de se voir tout nus, s'avisèrent de s'entourer de tiges de pois verts qu'ils arrachèrent dans les champs, et regagnèrent ainsi leurs foyers (2). C'est de là que vient le vieux dicton français :

L'an mil deux cent cinquante-trois,
Firent Flamands brayes de pois.

(1) Quia noluerunt se reddere captivos. — *Chron. msc. de Jean de Thielrode* cité par M. *Warnkœnig.*, *Hist. de la Fl.*, I, 402.

(2) Et vulgarem populum omninò denudatum remisit in Flandriam, ità quòd unusquisque Flamingorum, pisis virentibus perizomata circumplectens et exindè brachas lumbis suis adaptans, ad Flandriam nudus reversus est. — J. de G., XV, 146.

La comtesse de Flandre fut saisie d'une profonde douleur en apprenant la défaite de son armée et la captivité de ses deux fils. « Hélas! s'écria-t-elle, malheureuse que je suis! pourquoi donc suis-je venue au monde? pour voir la ruine déplorable de mes plus chers enfants! J'ai supporté la mort de mon bien-aimé Guillaume, et aujourd'hui mes tristes yeux sont obligés de voir ses frères jetés en prison par leurs ennemis. Mes autres enfants ont pris les armes contre moi et cherchent à déchirer le sein qui les a nourris. De tout côté je n'aperçois que malheurs. Que devenir, que faire, ô mon Dieu (1)? » Et elle versait d'abondantes larmes. L'épouse de Gui de Dampierre, Mathilde de Béthune, était aussi plongée dans une grande tristesse et mêlait ses pleurs à celle de ses enfants dont l'aîné, Robert, avait alors un peu plus de douze ans. Quand les premiers moments de cette trop juste affliction furent passés, les conseillers de la comtesse lui dirent qu'il conviendrait qu'elle dépêchât un messager au roi des Romains, afin de savoir comment se portaient ses fils et les seigneurs qui partageaient leur captivité. Le messager trouva les princes en bonne santé à l'exception de Gui de Dampierre, dont le talon droit avait été coupé au combat de West-Kappel, et qui était menacé de rester boiteux pour le reste de ses jours (2).

Quelques mois se passèrent, au bout desquels Marguerite résolut de tenter la délivrance de ses fils. En conséquence elle envoya en Hollande, vers l'empereur, les évêques de Terouane et de Tournai et le doyen de Saint-Donat de Bruges,

---

(1) « Augustiæ mihi sunt undique, et quid agere debeam penitùs ignoro. » — *Ibid.*, 148.

(2) Guidone duntaxat excepto qui talum pedis dextri amputatum habebat, undè timebat quin perpetuò claudus efficeretur. — *Ibid.*

afin de traiter du rachat des princes. Lorsque Guillaume
apprit l'arrivée des députés flamands, il ne voulut point les
recevoir; et il partit même aussitôt pour Worms, où l'appelaient ses affaires. Les envoyés de la comtesse le suivirent
en cette ville; mais pour la seconde fois l'empereur refusa de
les voir et d'entendre leurs propositions. Les prélats cependant ne se rebutèrent point, et firent de si pressantes instances que lassé de leurs importunités l'empereur consentit
enfin, après six jours d'attente, à leur accorder une audience
à l'issue de la messe. Ils exposèrent leur requête le plus
humblement qu'ils purent. L'empereur les écouta sans pro-
férer une parole; et, quand ils furent retirés, le chancelier
vint leur dire : « Seigneurs, le roi des Romains, mon maître
et le vôtre, a entendu vos propositions. Dans trois jours vous
saurez ce que la sacrée majesté a décidé dans sa sagesse. »
Les trois jours écoulés, les députés furent admis en présence du chancelier, aux côtés duquel étaient assis les évêques de Spire et de Mayence. Le chancelier prit alors la
parole et leur dit : « Très-révérends pères, trois jours se sont
passés depuis que notre très-glorieux et très-victorieux empereur, toujours auguste, a promis de répondre à vos propositions. Voici en peu de mots cette réponse : Marguerite,
votre dame, est notée sur les registres du conseil impérial
comme contumace, infidèle et rebelle au souverain de même
qu'aux princes et prélats du sacré consistoire de l'empire.
Jusqu'à ce qu'elle ait donné satisfaction il ne sera point
fait d'autre réponse. L'empereur exige cette satisfaction de
Marguerite parce qu'elle a publiquement trahi sa foi quand,
après une honteuse et juste confusion, ayant obtenu et juré
entre les mains du duc de Brabant et de trois autres ducs
une trêve de trois jours, au sortir même du conseil où la

trêve avait été signée elle ordonna à ses capitaines de s'emparer de l'île de Walcheren tandis que l'empereur et ses barons occupés d'autres affaires ne pouvaient opposer que l'assistance divine à cette perfide agression. Enfin pour conclure, retenez bien cette règle du droit : *A celui qui sa foi brise, foi ne se doit garder* (1). »

Ces paroles sévères, rapportées textuellement à la comtesse, excitèrent chez elle une vive colère, et elle se serait portée aux plus extravagantes résolutions si les gens de son conseil ne l'avaient apaisée. Ils l'engagèrent à invoquer la médiation du roi de France ; et Louis IX, par amour pour la paix, consentit à l'accorder. Ce fut donc de la part de ce monarque et des villes de Flandre que les mêmes prélats se rendirent en Allemagne quatre mois après leur première ambassade. L'empereur était à Francfort, ils allèrent l'y trouver ; et lorsqu'on sut qu'ils venaient de la part du roi de France et des villes de Flandre ils furent accueillis avec honneur par l'archevêque de Cologne, l'évêque de Spire et les ducs de Saxe et de Gueldre. Le lendemain, après la messe, on les présenta à l'empereur ; qui cette fois leur fit bon visage, les écouta plus favorablement et promit de faire connaître sa décision sous trois jours. Le délai expiré, l'archevêque de Cologne la leur transmit. Elle était fort dure. L'empereur voulait d'abord que la comtesse Marguerite confessât solennellement avoir outragé la majesté du trône impérial et les lois de l'empire. Il demandait que toute la Flandre, avec Jean et Gui de Dampierre, mais sans l'intervention de la comtesse, reconnût par chartes authentiques que l'île de Walcheren était pour toujours un fief du

---

(1) Et pro finali responsione, notetis juris regulam : *Frangenti fidem*, *non est ei fides servanda.* — *Ibid.*, 151.

comté de Hollande. Les décisions et décrets rendus par le conseil du saint empire en la cour impériale de Worms, au sujet des terres appartenant à l'empereur, entre la Flandre et le Hainaut, devaient être ratifiés par les deux frères et par tout le pays de Flandre. Gui et Jean approuveraient en présence du roi de France, par lettres solennelles revêtues de leurs sceaux, la sentence d'accommodement rendue entre Jean et Bauduin d'Avesnes, d'une part, et leurs frères du second lit d'autre part. Enfin, pour prix de la rançon des deux princes seulement, l'empereur exigeait une somme de 200,000 florins de bon poids. Lorsque toutes ces conditions auraient été remplies, l'empereur s'engageait à rendre Gui et Jean de Dampierre sains et saufs et à les mettre en liberté dans tel port de la Hollande qu'ils choisiraient eux-mêmes.

Le dépit de Marguerite ne connut plus de bornes lorsqu'on lui rapporta les exigences du roi des Romains, si offensantes pour son amour-propre et si onéreuses pour son trésor : « Voyez, disait-elle à son conseil assemblé, voyez comme ce Hollandais cherche en toutes choses à m'humilier? J'aimerais mieux mourir de la mort la plus honteuse, plutôt que de me soumettre à ses lois; et, pour opposer un obstacle invincible à ce qu'il demande, je veux que Gui, mon fils aîné, tout prisonnier qu'il est, soit dès à présent proclamé comte de Flandre. Ainsi donc, je lui abandonne ici, devant vous, à perpétuité, pour lui et ses héritiers tous mes droits sur le comté de Flandre. S'il meurt avant son retour en Flandre, eh bien! le comté appartiendra au jeune Robert son fils aîné. En conséquence, je vous requiers de défendre de tout votre pouvoir et jusqu'à la fin les droits de votre seigneur contre ses frères Jean et Bauduin d'Avesnes et contre cet infâme Guillaume comte de Hollande (1). »

Ce n'était encore là qu'un semblant de vengeance. Mais la comtesse avait conçu dans sa colère un projet dont l'accomplissement devait ruiner les d'Avesnes et réduire tous ses ennemis à l'impuissance. Elle prit à part ses conseillers intimes et leur dit : « Seigneurs, vous connaissez ma résolution à l'égard du comté de Flandre ; j'en ai formé une autre quant au Hainaut, et ce dessein est bien arrêté chez moi. Je vais aller trouver le roi de France, mon cousin, et lui ferai don à perpétuité du comté de Hainaut et de ses dépendances à condition qu'il fera mettre en liberté Gui, comte de Flandre, votre sire, ainsi que Jean, son frère, et qu'il nous vengera de Guillaume et de mes enfants rebelles. Nos ennemis verront alors à quoi leur aura servi la révolte (2). » Peu de jours après cette déclaration, Marguerite s'achemina en effet vers Paris. A la nouvelle de son arrivée, le roi, qui craignait d'être encore entremis dans les affaires de cette princesse, partit pour Saint-Germain-en-Laye. Marguerite l'y suivit, et resta pendant trois jours dans le palais sans pouvoir obtenir une audience. A la fin, Louis IX, fatigué de ses instances, consentit à la recevoir ; et elle commença par exposer longuement ses doléances. Le monarque savait quelles étaient les prétentions du roi des Romains, car en revenant d'Allemagne l'ambassade les lui avait rapportées. Il dit à la comtesse qu'à la place de l'empereur il eût peut-être fait comme lui ; que ses demandes

---

(1) « Rogo igitur vobis omnibus quatenùs jura domini vestri contra fratres suos, Johannem et Balduinum de Avesnis, et contra illum nefandum Guillermum, comitem Hollandiæ, usquè ad ultimum de potentiâ jurare velitis. » — *Ibid.*, 160.

(2) « Et tunc videbit Guillermus dictus, et Johannes de Avesnis, et eorum complices, quid eis profüerint rebelliones eorum.» — *Ibid.*

n'étaient pas déraisonnables, que d'ailleurs c'était au vaincu à subir la loi du vainqueur (1). La fierté de Marguerite recevait là un rude échec; mais cette princesse ne se décontenança point, car elle n'avait pas encore employé l'argument sur lequel elle comptait le plus pour se concilier la faveur du roi : savoir l'abandon du Hainaut à la couronne de France. Le vertueux Louis IX ne put entendre sans indignation une vassale renoncer à l'héritage paternel pour satisfaire ses passions haineuses, une mère dépouiller ses fils et renier ainsi les droits sacrés du sang : « Les d'Avesnes sont aussi bien vos enfants que les Dampierre, lui dit le roi ; nous les avons déclarés héritiers du comté de Hainaut après leur mort. A Dieu ne plaise que nous prenions jamais l'héritage d'autrui! » Et il traita la comtesse fort sévèrement, lui faisant voir tout ce que sa conduite avait d'inique et de mauvais ; il termina en déclarant qu'il ne voulait plus entendre parler de cette affaire (2).

Ainsi repoussée par le roi, Marguerite ne se tint pas pour battue. Quand le roi fut parti pour la croisade, elle se rendit auprès de la régente, Blanche de Castille, mère du monarque; et, se jetant à ses pieds, elle lui dépeignit sous de sombres couleurs tous les maux que ses enfants du premier lit lui faisaient depuis longues années, et réclama en pleurant son assistance : « Chère dame, lui dit-elle, vous devez savoir que je suis cousine germaine au roi votre fils. »
— « Dame, dit la reine, allez trouver le comte d'Anjou, auquel vous êtes alliée, et requérez-le de ma part qu'il

---

(1) Rex respondisse fertur petitiones non ita irrationabiles fore sicut ipsa prætendebat. — *Ibid.*, 162.

(2) Et omninò contempsit ipsam, et præcepit quòd unquàm de istâ materiâ sibi aut in ejus præsentiâ loqueretur. — *Ibid.*, 162.

mette provision et conseil en vos affaires (1). » La comtesse s'adressa donc au frère du monarque, Charles comte d'Anjou. Elle lui offrit également la terre de Hainaut à condition qu'il ferait la guerre au roi des Romains afin d'en obtenir la délivrance des Dampierre. Le prince ne voulut pas accepter un don que le roi son frère venait de répudier; mais il proposa à la comtesse de lui engager le Hainaut pour tout le temps qu'elle avait à vivre seulement, car après elle cette province devait selon droit et justice revenir aux d'Avesnes. Marguerite, voyant qu'elle ne parviendrait jamais à dépouiller tout à fait ses enfants du premier lit, consentit à cette proposition. La régente et son conseil n'y mirent plus d'obstacle; et, en effet, ils ne pouvaient empêcher la comtesse de céder son usufruit : ils espéraient d'ailleurs empêcher par là cette femme intrigante et obstinée de faire quelque nouveau coup de tête (2).

Charles d'Anjou avait mis pour conditions que la comtesse de Flandre et de Hainaut lui rembourserait les frais de son expédition, en lui engageant le comté de Hainaut de la manière que nous avons dit. En effet, Marguerite lui en passa un acte de donation au mois d'octobre 1253 et emprunta de fortes sommes à plusieurs banquiers d'Arras pour faire face aux premières dépenses de l'expédition (3). Elle notifia ensuite la charte d'aliénation à l'évêque de Liége comme suzerain du Hainaut; mais ce prélat, par jugement de sa cour à Malines, déclara, le 17 février 1254, que Jean

---

(1) *Chron. de Fl., Msc. du roi*, n° 8380, f° IIII××VI v°.

(2) *Consiliarii meliùs et pro omnium conscientià securiùs fore consulerunt ut majora evitarent pericula, consiliumque dictum negotium assumeret.* — J. de Guyse, *ibid.*, 164.

(3) *Archives de Flandre à Lille*, actes du mois d'octobre 1253.

d'Avesnes était le vrai comte de Hainaut, et que les hommes de fief et vassaux du comté devaient rendre hommage à lui seul (1).

Au moment où s'était conclu l'arrangement entre la comtesse et Charles d'Anjou il y avait à la cour de France plusieurs princes du sang royal ou autres, tels que les comtes d'Alençon, de Bourbon, d'Étampes, de Savoie, de Champagne, d'Auxerre, d'Artois, de Soissons, de Braine et de Dammartin; Charles d'Anjou les associa à l'expédition qu'il préparait contre l'empereur Guillaume et Jean d'Avesnes. Les ducs de Lorraine et de Bourgogne joignirent aussi leurs bannières à celle du comte d'Anjou; enfin quantité de seigneurs français, bourguignons, lorrains, poitevins et normands fournirent encore un nombreux contingent : de sorte qu'en peu de temps Charles se trouva en tête d'une formidable armée qui se tint rassemblée autour de Compiègne sous les yeux satisfaits de la comtesse de Flandre. Des hérauts d'armes furent dépêchés en Allemagne par Charles d'Anjou et Marguerite, avec ordre de sommer l'empereur d'avoir à délivrer les prisonniers sur-le-champ ou bien de se tenir prêt dans la plaine d'Assche, entre Bruxelles et Alost, à jour fixé, pour combattre à outrance. La sommation ajoutait que, si l'armée impériale ne se rencontrait pas au jour et au lieu indiqués, les princes iraient conquérir la Hollande (2). Guillaume répondit à ces menaçantes injonctions que ses adversaires devaient eux-mêmes prendre garde de paraître dans la plaine d'Assche; que, pour lui, il s'y trouverait le premier, et, comme gage de sa

(1) *Ibid.* 1*er* *cartul. de Hain.*, pièce 5.
(2) *Quia in planicie de Ascha debellarent ipsum infra diem certum... et abhinc, nisi comparuerit, Hollandiam debellabunt.* — J. de Guyse, *ibid*, 166.

parole, il donna aux hérauts la chaîne d'or que Gui de Flandre portait au cou le jour de la défaite des Flamands à West-Kappel (1).

La première chose que Charles d'Anjou avait à faire, c'était de se mettre en possession du Hainaut par la force des armes ; car il ne pouvait espérer occuper cette province d'une autre manière. Il y entra donc avec ses troupes, après avoir enlevé la ville de Crèvecœur, incendié le village d'Haussy et pris le château du même lieu, brûlé une partie de Saulzoir et huit maisons de la ville d'Haspre sur les confins du Hainaut et du Cambrésis. Il ne voulut pas assiéger Bouchain, où la femme de Jean d'Avesnes était alors en couches.

Cette invasion rappelait celle que, soixante ans auparavant, Philippe d'Alsace et ses alliés avaient faite en Hainaut. Mais ici les malheureux habitants du pays, loin d'être soutenus et protégés par leur souveraine, la voyaient, au contraire, s'avancer contre eux le fer et la flamme en main. Les paysans, effrayés de l'approche de l'ennemi, et cherchant à se mettre en sûreté dans les châteaux et les villes fortifiées, se trouvaient repoussés par les chefs flamands que Marguerite y avait installés. Ils trouvaient bien un refuge pour leurs personnes dans les bois dont le pays est couvert, mais leurs bestiaux et leurs meubles restaient à la merci des soldats étrangers. Quand les bourgeois de Valenciennes virent les pauvres gens de la campagne accourir de toutes parts dans leurs murs en racontant les premiers désastres de l'invasion, ils se hâtèrent de mettre la ville en état de défense ; car ils étaient bien résolus à repousser le

---

(1) *Ibid.*

nouveau seigneur qu'on voulait leur imposer. Chacun se mit aussitôt à l'œuvre. On releva les remparts, on construisit des tours, on détruisit les bâtiments fortifiés en dehors de l'enceinte, pour que l'ennemi ne pût s'y établir; enfin on fit de grandes provisions de vivres dans tout le pays d'alentour. Ces préparatifs étaient à peine terminés qu'un héraut d'armes de la comtesse Marguerite arriva devant Valenciennes, porteur d'une lettre adressée par la princesse aux magistrats. Marguerite les engageait à reconnaître Charles d'Anjou comme leur seigneur légitime et à lui ouvrir les portes de la ville, les prévenant que, dans tous les cas, elle entrerait de gré ou de force (1). Les magistrats ne se laissèrent pas intimider par cette menace; et, après avoir tenu conseil, ils répondirent que, si la comtesse de Flandre et de Hainaut s'était présentée comme il convenait à la souveraine du pays, elle eût été accueillie avec respect et empressement; mais que, puisqu'elle marchait à main armée contre des sujets soumis et ravageait un pays qu'elle aurait dû protéger, ils la considéraient comme traîtresse à la patrie, comme *tyranne* et *pilleresse*. En conséquence, ils étaient résolus à lui fermer leurs portes et à repousser de leur mieux sa méchante agression (2).

Cette courageuse déclaration irrita vivement Marguerite et Charles d'Anjou. Ils décidèrent de se porter immédiate-

---

(1) Portæ aperirentur amicabiliter, prout dominæ propriæ tenebantur; sin autem, vellent, nollent, per violentiam subintrarent. — *Ibid.*, 170.

(2) Sed quia ut tyranna et deprædatrix cum manu armatâ contra subditos sibi obedientes accesserat, et patriam, quam tueri tenebatur, destruebat, idcircò contra ipsam, tanquam villæ et patriæ adversatricem, portas et villam, muros et turres cum propugnaculis clauderent, defenderent atque tuerentur. — *Ibid.*

ment sur Valenciennes avec toutes leurs forces. La ville fut bientôt cernée de toutes parts, et le siége commença. Cinq assauts furent livrés en douze jours ; les bourgeois se défendirent chaque fois avec tant de courage que les assiégeants, loin de voir leurs tentatives réussir, voyaient, au contraire, leur nombre diminuer et leurs forces s'affaiblir de plus en plus. En effet, les machines élevées sur les remparts faisaient pleuvoir la mort parmi eux ; tandis qu'au contraire les assiégés, plus fiers et plus audacieux de jour en jour, apparaissaient en troupes innombrables aux platesformes des murailles. La comtesse et son auxiliaire, désespérant d'emporter une ville qui se défendait avec tant d'acharnement, se contentèrent alors de tenir la place cernée, et ordonnèrent au reste de l'armée d'aller occuper le Quesnoi et les autres places du Hainaut gardées par des capitaines flamands. Charles d'Anjou était avec ce corps d'armée ; il reçut sans coup férir la soumission de ces différentes villes, y établit en son nom de nouveaux officiers, tels que châtelains, maires et échevins : il se fit rendre hommage comme au seigneur légitime de la terre. Il n'y eut que le sire d'Enghien qui ne voulut pas se reconnaître vassal de ce prince étranger. Enfermé entre les hautes murailles de son donjon, il protesta, au nom de Jean d'Avesnes, contre l'usurpation dont le Hainaut était en ce moment l'objet et se promit bien de mettre son épée au service du bon droit aussitôt que les circonstances le permettraient.

Tandis que Valenciennes était toujours investie, Charles d'Anjou, Marguerite et leurs alliés, ayant opéré une jonction, se portèrent vers Mons. Cette cité ne fit pas résistance, elle envoya ses clefs sans difficulté ; et la comtesse les remit aux mains de Charles, qui prit possession de la ville, donna une nouvelle loi, nomma des officiers et reçut les hommages de chacun. Il prêta serment, de son côté, en la forme usitée ; puis l'on visita tour à tour Soignies, Maubeuge, Binche, Beaumont, Ath, et d'autres villes secondaires où le prince français fut reconnu et proclamé comte de Hainaut. Cependant le seigneur d'Enghien persistait comme les bourgeois de Valenciennes à rester fidèle au parti de Jean d'Avesnes, et l'envahissement du Hainaut, sa patrie, remplissait son cœur de tristesse et de colère. Il avait garni de bonnes troupes son château, sa ville et tout son territoire, et s'était muni de machines et d'armes nécessaires à la défense et à l'attaque. Il savait que Guillaume, roi des Romains, approchait avec son armée ; de plus la faction des Ronds, après avoir fait la guerre avec tant de succès en Hollande, s'était reformée dans le Hainaut et venait d'envoyer sept cents hommes, lesquels se tenaient jour et nuit dans les bois aux environs d'Enghien prêts à marcher au premier signal. Marguerite et Charles ne se doutaient pas de la puissance et de l'audace du sire d'Enghien ; aussi était-ce avec confiance qu'ils marchèrent contre lui, persuadés qu'ils le mettraient facilement à la raison. Ils étaient venus à Soignies où Charles avait, selon la coutume des comtes de Hainaut, juré sur les reliques de saint Vincent de maintenir les priviléges du pays. Le lendemain, l'armée partit pleine d'assurance pour faire le siége du château d'Enghien. Les hommes d'armes étaient à peine à une lieue de Soignies, cheminant sans prendre garde, comme gens qui n'ont peur de rien, quand tout à coup le sire d'Enghien, sortant d'un bois à la tête de six cents Ronds armés de piques et de lances, se précipite au milieu d'eux et en fait un grand carnage avant qu'ils aient le temps de se reconnaître.

Charles d'Anjou et ses hommes rebroussèrent chemin et allèrent camper à Silly, entre Ath et Enghien, résolus de suivre une autre route afin d'éviter de nouvelles embuscades. Mais pendant la nuit, les soldats de Charles s'étant mis à courir le pays pour faire du butin, deux mille archers du sire d'Enghien qui s'étaient joints aux Ronds se jetèrent à la faveur des ténèbres sur le camp du prince, culbutant, massacrant, pillant, brûlant tout ce qui s'y trouvait. Charles d'Anjou eut le temps de se sauver; mais les comtes de Grandpré et de Ligny, qui faisaient le guet cette nuit-là, furent égorgés : huit chevaliers de haut parage et une grande quantité d'écuyers et servants d'armes périrent dans la bagarre (1).

Une telle déroute forçait Charles à renoncer à son entreprise sur Enghien. Il rejoignit la comtesse de Flandre ; et tous les deux se déterminèrent alors à retourner au siége de Valenciennes avec les débris de leur armée. L'on recommença le siége avec plus d'ardeur que jamais ; car il y avait une revanche à prendre et l'on espérait réduire facilement le château d'Enghien, si Valenciennes était enfin soumise. Durant trois jours la ville fut vivement assaillie par les portes de Cambrai et de Mons. Il y périt beaucoup de monde de part et d'autre, mais l'avantage resta aux assiégés. Le plan d'attaque fut alors changé. Les ennemis se portèrent vers la porte Cardon, dont ils parvinrent à escalader les murailles à l'aide de cordes et d'échelles. C'était à l'heure du dîner. Les bourgeois, à la nouvelle de cette irruption, sortirent en foule de leurs logis et, se précipitant sur les assiégeants, les refoulèrent à la brèche et après un com-

(1) *Ibid.*

bat acharné restèrent maîtres du terrain. Le lendemain, Marguerite et Charles, qui désespéraient d'emporter la ville, offrirent de négocier. Ils firent donc proposer au prévôt, aux échevins et aux principaux bourgeois de se rendre à la maison des Lépreux, hors de la porte de Mons, afin qu'on pût entrer en voie d'arrangement; mais les Valenciennois, fiers de leurs succès, refusèrent d'accéder à cette demande, en disant qu'ils ne considéraient plus Marguerite comme leur dame et maîtresse, mais comme une ennemie (1). La princesse écrivit de nouveau le jour suivant que, si les gens de Valenciennes voulaient lui donner des otages, elle viendrait elle-même dans la ville pour traiter avec les magistrats. Cette proposition fut agréée; et quand la comtesse de Flandre et de Hainaut entra dans Valenciennes, les bourgeois ne s'avancèrent point à sa rencontre, ainsi que le veut la coutume : seulement les magistrats l'attendaient à la porte des halles, n'ayant pas daigné aller plus loin (2). « Nous ne saurions comprendre, dit Marguerite en s'approchant d'eux, pour quelles raisons, vous qui avez charge de faire exécuter notre justice en notre ville de Valenciennes, vous vous tenez en rébellion contre nous, votre souveraine! Eh quoi, vous nous fermez ces portes qui sont les nôtres, vous tuez nos gens, vous nous causez mille maux et dommages; et tandis que le Hainaut tout entier reconnaît notre autorité, que ses bonnes villes, ses prévôtés, ses châteaux nous reçoivent en tout honneur et révérence, nous ne trouvons de rebelles que vous et le sire d'Enghien. Ceci

---

(1) Qui totaliter respuentes responderunt non esse comitissam sed adversatricem eorum. — *Ibid.*, 180.

(2) Cum autem pervenisset ante phalas, et præpositus cum juratis paci descendentes præcisè ad ostium phalæ et non ultra obviantes. — *Ibid.*

nous paraît fort étrange (1). » Maître Éloi Minave, prévôt de la ville, lui répondit en présence de tous les bourgeois assemblés : « Madame, vous dites que vous veniez dans votre ville de Valenciennes et que nous vous avons fermé vos portes; vous ajoutez que vous êtes notre comtesse et souveraine légitime, que nous vous avons tué vos gens et causé mille dommages; finalement vous prétendez que tout le Hainaut s'est soumis à vous de bonne volonté. Je répondrai d'abord que, ni la cité de Valenciennes, ni ses portes, ni ses remparts ne sont votre propriété. Nous reconnaissons bien être tenus de payer annuellement à notre comte une certaine somme d'argent, moyennant laquelle il est obligé par serment de protéger et défendre notre ville; mais, cette convention remplie, personne ne peut rien exiger de plus : vous l'avez juré vous-même sur les saints évangiles de Dieu. Quant à votre seconde prétention, celle d'être notre comtesse et la souveraine naturelle du Hainaut, nous la reconnaîtrions juste, s'il était vrai que les tyrans méritent le nom de légitimes souverains; mais les clercs et les hommes lettrés nous ont appris qu'il y a beaucoup de différence entre le légitime seigneur d'un pays et celui qui le tyrannise (2). Madame, nous avons rencontré chez vous tout ce qui constitue la tyrannie et c'est pour cela que la ville de Valenciennes vous a fermé ses portes; c'est pour cela que nous avons mis et mettrons à mort vos gens, qui sont à nos yeux

---

(1) « Et vos soli et dominus de Anghien contra nos rebellastis. » — *Ibid.*

(2) « Quantùm ad secundum, quandò dicitis quòd estis comitissa et naturalis domina nostra ac patriæ Hannoniensis, respondemus quòd si tyrannitrices debeant dici dominæ naturales alicujus terræ, satis consentirem dictum fore verum : audivi à clericis et litteratis differentias inter dominum naturalem alicujus patriæ et tyrannum... » — *Ibid*, 182.

les instruments de l'oppression. D'ailleurs nous ne les avons pas attaqués et il est permis de repousser la force par la force. Ils ne seraient pas morts de notre main s'ils avaient eu la prudence de rester en France. Vous dites enfin que le pays tout entier vous a reçue avec joie ; chaque bonne ville ayant ses coutumes et libertés, ce n'est pas à nous à suivre l'exemple des autres, mais à le leur donner, et puis si les autres ont mal fait nous n'entendons pas les imiter. Sachez que nous ne craignons ni vous, ni votre Charles d'Anjou. Suffisamment pourvus de tout ce qu'il faut pour soutenir un siége, nous sommes résolus de mourir jusqu'au dernier plutôt que de laisser violer nos droits (1). » Quand le prévôt eut cessé de parler, il se tourna vers les assistants pour leur demander s'ils approuvaient son discours. « Bien dit, bien dit ! crièrent les bourgeois. » Madame, voici le moment de traiter, poursuivit Éloi Minave; faites connaître vos propositions devant toute l'assistance. » La comtesse voulait alors entrer dans la halle pour s'expliquer. « Jamais, fit le prévôt en l'arrêtant, cette affaire ne sera traitée qu'en présence du peuple (2). » La princesse pouvait à peine maîtriser son indignation. Ce n'était plus une souveraine vis-à-vis de ses sujets, mais une vassale, pour ainsi dire, que de fiers et nobles bourgeois gourmandaient et à laquelle ils imposaient outrageusement leur bon plaisir. Elle eut assez d'empire sur elle-même pour dompter sa colère et se soumettre à la nécessité. Elle n'essaya même pas de répliquer au prévôt : elle avait auprès

---

(1) « ... Neque vos neque Karolum vestrum in nullo timescimus..... et priùs omnes moriemur antequàm per violentiam quicquid immutatis. » — *Ibid.*

(2) « Nunquam ista tractabitur materia nisi in omnium præsentia. » — *Ibid.*, 184.

d'elle un prolocuteur parisien qu'elle chargea de plaider sa cause. Il développa plusieurs arguments dont le principal était que la comtesse, comme héritière et descendante directe des seigneurs du Hainaut, pouvait céder à son gré les droits qu'elle avait sur cette terre. « Or, ajoutait l'orateur, madame Marguerite, comtesse de Flandre et de Hainaut, a fait solennellement donation du comté à son cousin Charles d'Anjou : en conséquence elle requiert que vous apposiez à cette charte les sceaux de la ville de Valenciennes. » Maître Éloi Minave prit l'avis de ses concitoyens et répondit que cette prétention ne pouvait être accueillie, attendu que la ville et cité de Valenciennes avait naguère reconnu, par acte authentique et à la sollicitation de Marguerite elle-même, les droits de Jean d'Avesnes sur le Hainaut. « Jean d'Avesnes est notre sire, ajouta le prévôt ; le déshériter serait chose injuste et damnable : tous les bourgeois, manants et habitants de Valenciennes aimeraient mieux mourir que de prêter les mains à une semblable iniquité (1)... Cependant, poursuivit-il, si Charles d'Anjou ne demandait le Hainaut que pour en jouir durant la vie de madame Marguerite, nous y pourrions réfléchir et vous donner réponse sous trois jours. » — Les bourgeois de Valenciennes ne voulaient en définitive, comme saint Louis, que sauvegarder les droits de Jean d'Avesnes. Malgré tout son désir de ruiner son fils au profit d'un étranger, Marguerite fut contrainte de rester dans les limites de la justice où ses sujets, à leur tour, la forçaient de rentrer en la rappelant ainsi à ses devoirs de mère et de souveraine. Au bout de trois jours, la comtesse et Charles d'Anjou demandèrent la

---

(1) ... Et usque ad mortem hanc conclusionem non essent facturi. — *Ibid.*

permission de venir en ville avec quelques chevaliers : ce qui leur fut octroyé; et l'on conclut un traité en vertu duquel la ville de Valenciennes ratifiait la cession faite par Marguerite des droits qu'elle avait sur le Hainaut, pendant sa vie seulement. La réception du nouveau comte fut fixée au lendemain. Les habitants se rassemblèrent tous en armes par quartiers et par confréries, avec leurs bannières et enseignes. Ils élurent cent bourgeois des plus notables qui devaient accompagner le prévôt, les jurés et la comtesse Marguerite, laquelle était restée dans Valenciennes nonobstant le mauvais accueil de maître Éloi Minave. A l'heure indiquée et au son de toutes les cloches des églises et monastères, les magistrats et bourgeois, précédant la comtesse, s'avancèrent vers la porte de Mons, tête nue, sans armes et tenant en main des bouquets de fleurs et des branches d'arbre. Le cortége sortit de la ville et se rendit à la maison des Lépreux. On y trouva Charles d'Anjou avec cent chevaliers qui, marchant également désarmés, le chef découvert, des guirlandes et rameaux entre leurs mains, s'en vinrent à la porte de Mons, qu'on leur ouvrit. Quand cette procession fut rentrée à Valenciennes, on referma les portes et tout le monde alla se réunir devant les halles. Là, on fit lecture des chartes contenant les conditions auxquelles les magistrats et la bourgeoisie consentaient à reconnaître Charles d'Anjou pour seigneur. Le prince s'y soumit et on le mena à l'église du monastère de Saint-Jean, où les comtes du Hainaut avaient coutume de faire serment et d'être proclamés. Charles fut, selon l'usage, reçu à la porte de l'église par les religieux; il baisa la croix que lui présenta l'abbé, entra dans l'église et jura sur les évangiles et les reliques des saints d'être bon et loyal suzerain, de maintenir les priviléges et franchises de la ville de Valenciennes, de garantir et protéger les bourgeois, manants et habitants en leurs corps et biens. Le prévôt et les jurés, après avoir reçu ce serment, prêtèrent le leur, et Charles d'Anjou les dépouilla de leurs charges pour les leur rendre aussitôt comme seigneur et comte (1). Charles d'Anjou passa huit jours à Valenciennes. Pour consacrer son élection et perpétuer la mémoire de son gouvernement, qui devait être d'ailleurs de bien courte durée, il confirma les priviléges et libertés des bonnes villes et des principales églises du Hainaut. Marguerite lui ayant recommandé spécialement l'église de l'abbaye de Saint-Jean à Valenciennes, où elle et sa sœur Jeanne avaient été baptisées, Charles augmenta les priviléges de cette abbaye. Le prince agissait en tout et pour tout sous l'influence de Marguerite. La comtesse, en conseillant la clémence et la libéralité, espérait peut-être faire oublier ce que sa conduite avait eu d'odieux envers cette patrie qu'elle venait de répudier et où elle n'avait pas craint de porter elle-même le fer et la flamme sous l'escorte d'un étranger. Du reste il fallait bien maintenant se montrer humble et bienveillant, puisqu'on en était réduit à subir les volontés d'une bourgeoisie qui comprenait sa puissance et savait en user.

Cependant, l'empereur Guillaume et Jean d'Avesnes, pour répondre au défi qui leur avait été porté, s'étaient rendus dans la plaine d'Assche avec une nombreuse armée. Après y avoir attendu Charles d'Anjou l'espace de trois jours au delà du terme fixé, ils avaient levé leur camp et s'étaient dirigés vers le Hainaut. Jean d'Avesnes, à la tête d'un détachement, marcha sur Binche, le reprit et s'étant de

---

(1) Deinde deposuit præpositum atque juratos ab officiis eorum et restituit psos tanquam comes. — *Ibid*, 188.

là porté vers Mons il s'en rendit maître également. Entretemps l'empereur en personne s'approchait de Valenciennes, en côtoyant l'Escaut avec le gros de son armée. Charles d'Anjou n'avait plus avec lui que six mille hommes d'armes; il savait ne pouvoir pas compter sur l'amitié des bourgeois et du peuple. Il crut prudent d'abandonner Valenciennes et de se retirer à l'approche de l'ennemi, qui bientôt entra dans Valenciennes. Charles s'était retranché aux environs de Douai, dans un poste où il eût été dangereux de l'aller trouver. Le comte de Vendôme lui avait en outre amené des renforts, et il put de nouveau prendre une attitude hostile. Ce fut dans ces circonstances qu'Enguerrand de Coucy, le comte de Blois, celui de Saint-Pol, tous trois parents et alliés des d'Avesnes, ménagèrent une trêve qui fut acceptée des deux parts, mais qui déplut beaucoup à Marguerite, parce qu'elle voyait de nouveau ses projets de vengeance s'évanouir et le Hainaut échapper de ses mains.

L'empereur, après avoir assuré la possession de cette province à son beau-frère, se hâta de gagner la Hollande, que les Frisons révoltés venaient d'envahir. De son côté Charles d'Anjou se rendit à Paris, où le roi Louis IX, après une croisade que son héroïsme et ses malheurs ont rendue célèbre, venait d'arriver récemment. Le sage monarque avait appris avec douleur que les déplorables dissensions qu'il avait jadis cherché à concilier se continuaient avec une animosité croissante. La légitimité des d'Avesnes, toujours contestée par Marguerite et les Dampierre, en formait le motif apparent; et la papauté avait même encore été obligée d'intervenir dans ces scandaleux différends. Les hostilités sans cesse renouvelées entre ces deux partis, la captivité des Dampierre et l'obstination de l'empereur à les retenir en

Allemagne formaient aussi de nombreux aliments aux haines publiques et privées. Le roi, désireux plus que personne de ramener l'union et la concorde, vint à Gand au mois de novembre de l'année 1255 pour y conférer avec l'empereur. Mais celui-ci était forcément retenu en Hollande, où les Frisons lui faisaient une guerre sérieuse. Saint Louis fut obligé de retourner à Paris sans avoir rien conclu; et il désespérait de pouvoir jamais accorder une famille depuis si long-temps divisée, quand un événement, en dehors de toutes les prévisions humaines, vint hâter le moment de cette pacification. Le roi Guillaume, résolu de livrer bataille aux Frisons, s'était avancé d'Alkmaar sur Hoogwoude. On était au fort de l'hiver, et l'armée impériale avait fait la plus grande partie de cette marche sur la glace. Les Frisons auraient voulu l'attirer dans une embuscade; ils allèrent en conséquence harceler l'empereur jusqu'auprès de sa tente. Guillaume perdit patience, fondit sur les Frisons, qu'il mit en déroute, et les poursuivit avec tant d'impétuosité qu'il se trouva engagé dans un marais couvert de roseaux. En un certain endroit de ce marais la glace se rompit sous les pieds de son cheval, qui s'abattit. Une troupe de paysans se jetèrent sur lui et le massacrèrent inhumainement sans se douter que ce fût l'empereur. Guillaume n'avait alors que vingt-huit ans. Cette catastrophe, en enlevant à Jean d'Avesnes son plus solide appui, lui fit perdre l'espoir de résister à ses ennemis. En effet l'empire allait être encore partagé en factions, ainsi que la chose arrivait à chaque changement de règne; et il était bien à croire que le nouveau césar n'épouserait pas la cause des d'Avesnes avec autant d'ardeur que le prince défunt. Jean et son frère Bauduin songèrent alors à se rapprocher de leur mère. Le duc Henri de Brabant se porta comme médiateur; et Marguerite consentit à écouter enfin des propositions d'arrangement, dont le résultat, en définitive, devait produire ce qu'elle désirait le plus, la délivrance de ses fils. Elle pardonna donc aux d'Avesnes tous les griefs qu'elle nourrissait contre eux. Les seigneurs du parti de ces princes rentrèrent aussi en grâce; mais elle se montra sévère à l'égard du sire d'Enghien, qui avait si puissamment contribué à faire manquer l'expédition de Hainaut. Pour obtenir les faveurs de la comtesse et venir à sa cour, Watier d'Enghien dut fonder à perpétuité une rente annuelle de quarante muids de blé et de douze cents livres de lard à distribuer chaque semaine aux villages qui avaient le plus souffert pendant la guerre; il leur devait octroyer en outre un tonneau de harengs salés tous les vendredis de carême. Les endroits auxquels il devait faire ces donations furent, par ordre de Marguerite, marqués par des croix de pierre qui subsistaient encore à la fin du siècle dernier. Jean d'Avesnes compensa la forte amende imposée au sire d'Enghien en lui donnant les villages de Hoves, de Castres et de Vollezelle.

La paix ne se fit pas sans difficultés; tant d'intérêts ayant été froissés au milieu d'un conflit qui durait depuis plus de dix ans! D'abord, par acte du 25 septembre 1256, Charles d'Anjou, à la prière du roi son frère, remit à la comtesse de Flandre le don qu'elle lui avait fait du Hainaut, et promit, pour lui et pour ses descendants, de n'y jamais rien prétendre (1), moyennant une forte somme d'argent payée en partie par les villes de Flandre. Le mois suivant, on conclut à Bruxelles un traité avec Florent de Hollande, tuteur de son

---

(1) *Arch. de Fl. à Lille. Orig. scellé.*

neveu Florent, fils du roi Guilllaume. Ce traité était relatif à la Zélande, cause première des hostilités avec l'empire. Les relations politiques et commerciales entre la Flandre et ce pays furent rétablies sur leur ancien pied, et l'on décida que le régent épouserait Béatrix fille aînée de Gui de Dampierre. Si cette union ne produisait pas d'enfants, le jeune Florent devait épouser la sœur cadette de Béatrix. Enfin, à défaut de rejeton de cet hymen, Mathilde, fille du roi des Romains, serait donnée à l'un des fils du comte Gui. La portion de la Zélande, qui faisait partie du domaine des comtes de Flandre, était, dans tous les cas, la dot désignée des futurs époux. C'est à dater de cette époque que la Zélande, réunie jadis à la Flandre par Bauduin de Lille, en fut détachée et forma une souveraineté à part, dont Florent, fils du roi Guillaume, fut le premier comte par son mariage avec Béatrix de Dampierre. L'on stipula de plus une multitude de points et articles depuis long-temps en litige, et sur lesquels le régent voulait être apaisé avant de traiter de la délivrance des fils de Marguerite. Enfin la décision arbitrale de 1246, qui adjugeait la Flandre aux Dampierre et le Hainaut aux d'Avesnes, fut de nouveau solennellement jurée devant le roi de France. Les principales villes de Flandre se rendirent, par leurs députés, caution de ce traité en faveur de leur souverain et du comte Gui. Les villes du Hainaut intervinrent également pour les d'Avesnes; et l'on vit alors l'étrange et imposant spectacle de vassaux pacifiant leurs maîtres désunis, et jurant de se lever contre eux et de briser tout lien d'obéissance s'ils recommençaient une guerre sacrilége (1).

(1) *Arch. de Fl.*, passim.

Les deux plus jeunes fils de Marguerite furent délivrés de captivité après une détention de trois ans. Tandis que la fortune leur redevenait favorable, Jean d'Avesnes, sur l'esprit duquel la mort de l'empereur avait fait une vive impression, languissait en déclinant vers le tombeau. Il avait toujours gémi d'être déshérité du comté de Flandre; la haine et les mauvais traitements de sa mère contribuaient encore à ébranler sa santé. Il ne pouvait supporter la pensée qu'on le considérât comme un bâtard; et, pour faire voir qu'il se regardait bien comme le fils aîné et le légitime héritier de Marguerite, il avait quitté les trois chevrons de sable du Hainaut, et portait sans cesse sur son écu et sur ses vêtements le lion de Flandre. Lorsque furent conclus les derniers arrangements qui le devaient replacer lui et sa famille dans la position qu'ils occupaient naguère, il était déjà très-malade; il mourut peu de temps après, la veille de Noël 1257, laissant de sa femme, Adélaïde, cinq fils, dont l'aîné, appelé Jean, comme lui, devint son successeur au comté de Hainaut.

La guerre était donc finie; mais la comtesse de Flandre et de Hainaut n'était pas débarrassée de toute inquiétude. A la mort de Guillaume de Hollande, roi des Romains, les princes de l'empire s'étaient partagés sur le choix d'un nouveau maître : les uns, ayant à leur tête l'archevêque de Trèves, élurent dans la même ville Alphonse-le-Sage, roi de Castille; les autres, à l'instigation de l'archevêque de Cologne, avaient choisi et proclamé empereur, à Francfort, Richard de Cornouailles, fils de Jean-sans-Terre et frère de Henri III, roi d'Angleterre. Vassale de l'empire pour les fiefs qui en mouvaient, Marguerite n'osait prendre parti ni pour l'un ni pour l'autre de ces puissants compétiteurs. Afin de s'assurer à tout événement la possession de la Flandre impériale, elle eut recours à une diplomatie plus habile qu'honorable. Tandis que son fils, Gui de Dampierre, qui se trouvait à Ségovie, traitait, avec le roi de Castille, d'une alliance secrète, par laquelle il le reconnaissait en qualité d'empereur et lui promettait son concours, la comtesse obtenait de Richard la promesse de l'investiture pour les fiefs d'empire; de sorte que, dans tous les cas, la mère ou le fils étaient sûrs de tenir ce qu'ils désiraient. Deux ans plus tard Richard de Cornouailles, resté seul sur le trône impérial, donnait l'investiture à Marguerite, et s'engageait à l'octroyer également à Gui de Dampierre après la mort de la princesse.

L'heureuse conclusion de toutes ces affaires, en ramenant la prospérité au sein de la Flandre, consolidait la maison de Dampierre. Une autre négociation vint encore ajouter à sa puissance. Constantinople avait été reprise par les Grecs en 1261. L'empereur Bauduin II, se voyant réduit à la dernière extrémité, vendit le comté de Namur à Gui de Dampierre, moyennant 20,000 livres; mais Henri II, comte de Luxembourg, s'était emparé de ce comté en prêtant secours aux habitants insurgés contre Marie de Brienne, femme de l'empereur : laquelle y séjournait depuis quelque temps, et avait irrité ses sujets en les voulant surcharger d'impôts. Pour faire valoir ses droits légitimement acquis, Marguerite et Gui allaient envoyer des troupes flamandes dans le Namurois. Gui invoquait le droit d'achat, Henri de Luxembourg le droit de conquête. Le droit du plus fort devait, en définitive, terminer le différend. On le trancha cependant d'une autre manière : Gui venait de perdre sa première femme, Mathilde, fille de Robert, seigneur de Béthune; il fut décidé qu'il épouserait Isabelle deuxième fille du comte Henri, moyennant quoi furent terminées toutes les contestations.

Non contente d'avoir depuis long-temps désigné Gui comme son successeur au comté de Flandre, Marguerite l'avait associé au gouvernement, ainsi que le prouvent quantité de chartes et de diplômes. Son pouvoir égalait donc celui de sa mère ; et il lui arrivait même quelquefois de rendre des ordonnances en son propre et privé nom. Cependant on appréhendait de voir arriver le moment où il devrait régner seul et agir d'après ses inspirations personnelles, car il était loin de posséder la sagesse et la prudence nécessaires pour bien diriger les peuples et se maintenir en bonne harmonie avec les princes voisins. Du reste, Marguerite avait encore plusieurs années à vivre. Elle les consacra au soin de l'intérieur du pays, où les éléments de force et de richesse se développaient de plus en plus, sous l'influence des diverses causes dont nous avons déjà parlé. Comme sa sœur Jeanne, Marguerite favorisa le commerce et l'industrie; et l'on vit sous son règne la liberté personnelle et les institutions communales faire de notables progrès. Elle confirma, compléta ou modifia plusieurs de ces lois organiques rendues sous les règnes précédents. Ainsi le renouvellement annuel des échevins fut introduit dans les principales villes du comté, qui furent presque toutes affranchies de prestations serviles. Elle organisa un système monétaire uniforme ; fonda de nombreux hospices pour les pauvres et les malades, et dota la plupart des églises et des abbayes du comté de Flandre. Marguerite apporta un soin tout particulier au règlement des affaires de sa famille ; et une multitude d'actes reposant dans nos archives montrent la sollicitude qu'elle

mettait à prévenir les dissensions qui pourraient s'élever par
la suite entre les enfants de ses deux maris au sujet de leurs
héritages respectifs. Elle savait mieux que personne combien la discorde est funeste entre les princes ; et l'on doit
reconnaître à sa louange qu'elle employa tous les moyens
possibles pour empêcher le retour des scandaleux débats
dont elle avait jadis elle-même donné l'affligeant spectacle
aux peuples. Un sentiment de repentir et de justice semble
avoir présidé à toutes ses œuvres pendant les dernières années de sa vie. « Je veux et ordonne, disait-elle dans un de
ses codicilles, qu'une somme de 1,100 livres soit annuellement prélevée sur les revenus de mes forêts de Mormal et
de Vicoigne en Hainaut pour la réparation des torts et injustices que j'aurais pu commettre ou que l'on aurait commis en mon nom (1). » Sa magnificence et sa piété se révèlent dans son testament du mois de novembre 1273. Trois
cents maisons religieuses ou établissements charitables y
sont par elle dotés de sommes plus ou moins fortes. Parmi
les personnes qui eurent part à ses libéralités, on remarque
les écoliers de Flandre et de Hainaut entretenus à l'université de Paris (2). Arrivée à l'âge de près de quatre-vingts
ans, la comtesse de Flandre et de Hainaut, dont l'existence
publique et privée avait été si orageuse, voulut enfin n'avoir plus à songer aux choses d'ici-bas. Elle se démit du
pouvoir en présence des plus nobles barons des deux comtés.
Jean d'Avesnes, son petit-fils, auquel elle avait depuis longtemps rendu toute sa faveur, fut solennellement reconnu

---

(1) « Ad emendandum et restituendum ea quæ per me vel ex parte mea secundùm Deum fuerint emendanda .... forfactorum meorum et injuriarum,» etc.— *Arch. de Fl.*, acte du mois de novembre 1258. Orig. parch. scellé.

(2) *Ibid.* Ier *Cartul. de Fl*, pièce 14.

comte de Hainaut, et la cérémonie de son couronnement se
fit le 12 mai 1279 en l'église de Sainte-Waudru à Mons ;
Gui de Dampierre fut proclamé comte de Flandre le 11 septembre de la même année, et conduit par sa mère dans les
principales villes de Flandre pour y recevoir la consécration
populaire. Cinq mois après, Marguerite de Constantinople,
qu'une fièvre continue avait graduellement affaiblie (1), s'éteignit au milieu de ses enfants et de ses petits-enfants. Ils
accompagnèrent sa dépouille mortelle à l'abbaye de Flines
qu'elle avait fondée et désignée comme lieu de sa sépulture ;
et Jean d'Avesnes, revenu en Hainaut, ordonna que pendant trois jours et trois nuits toutes les tours de ce comté
fussent éclairées par deux flambeaux, dont l'un portait les
armes d'Avesnes et l'autre celles de Flandre. Une autre cérémonie suivit de près celle-là et peut servir à en expliquer le sens. Jean d'Avesnes se rendit à la collégiale de
Leuze, où son père gisait depuis vingt-deux ans. Il le fit exhumer, et mettre, revêtu de tous les insignes de la souveraineté, dans une châsse magnifique. Emportant avec lui
cette noble dépouille, Jean la présenta à toutes les villes du
Hainaut, et voulut qu'on lui rendît le même hommage et les
mêmes honneurs qu'on était habitué de rendre aux comtes
et seigneurs du pays. A Mons, capitale de la province, cette
inauguration posthume fut des plus solennelles. Le prévôt,
les échevins et les bourgeois, un cierge d'une main et une
épée nue de l'autre, allèrent au-devant du prince mort et
du prince vivant, remplissant l'air de mille cris de joie,
proclamant le père et le fils comtes de Hainaut, sires légi-

(1) Une forte maladie de fièvres continues l'assailly et tellement la consuma
que plus ne povoit vivre : si trespassa de ce monde. — *Chron. de Fl., Msc. du
roi*, n° 8380, f° IIII^{xx}XII.

times de la terre. Le cortége se rendit à l'église de Sainte-Waudru, où l'on fit à Jean Ier de splendides obsèques, comme s'il ne fût trépassé que de la veille. Puis le jeune comte conduisit son père à Valenciennes pour le faire inhumer dans l'église des Dominicains. Son mausolée s'y voyait encore il y a cinquante ans.

La tache dont on avait si long-temps prétendu souiller les fils de Bouchard d'Avesnes, et que les bulles des pontifes et les décisions des rois s'étaient efforcées de laver, disparaissait enfin tout à fait derrière cette touchante manifestation de la piété filiale.

V

GUI DE DAMPIERRE.

1280 — 1299

Difficultés du comte avec les principales villes flamandes. — Émeutes à Gand, à Bruges et à Ypres. — Nouvelle discorde au sujet de la Flandre impériale. — Le comte de Hainaut est investi de ce fief par le roi de Germanie, qui met Gui de Dampierre *hors la paix*. — Les Trente-neuf de Gand essaient de se soustraire à la juridiction du comte de Flandre et s'adressent à la cour du roi de France. — Philippe-le-Hardi s'immisce dans les affaires intérieures du comté. — Avénement de Philippe-le-Bel et prétentions de ce prince sur la Flandre. — Il mine le pouvoir du comte et cherche à capter la bienveillance des Flamands. — Guerre au sujet de la succession du duché de Luxembourg. — Bataille de Wœringen. — Troubles en Flandre. — Les Valenciennois se déclarent indépendants du comté de Hainaut et se mettent sous la protection du comte Gui. — Hostilités entre la France et l'Angleterre. — Le roi Edouard recherche l'alliance de Gui. — Il lui envoie une ambassade pour lui demander la main de sa fille Philippine en faveur du prince de Galles. — Traité de mariage. — Colère du roi de France en l'apprenant. — Il fait venir par ruse le comte de Flandre et sa fille à Paris et les retient prisonniers. — Réclamations des seigneurs flamands et des fils du comte. — La cour des pairs absout Gui de Dampierre du chef de haute trahison. — Il est mis en liberté, mais sa fille reste prisonnière au Louvre. — Le comte exaspéré des violences de Philippe-le-Bel prend la résolution de se venger et fait alliance avec le roi d'Angleterre. — Ligue de Grammont. — Le roi de France somme Gui de Dampierre à comparaître devant lui. — Réponse digne et fière de ce dernier. — Préparatifs pour la guerre. — Envahissement de la Flandre par le roi. — Siége de Lille. — Bataille de Furnes et de Bulscamp. — Les séductions de Philippe-le-Bel lui suscitent dans la Flandre des partisans connus sous le nom de *Léliaerts*, ou gens du Lys. — Trahisons de ces derniers. — Soumission des villes de la Flandre maritime. — Reprise du siége de Lille; incidents divers. — Prouesses du sire de Falckenberg. — Le roi d'Angleterre débarque en Flandre. — Il prête sa vaisselle et ses joyaux au comte Gui. — Le comte Robert de Flandre défend Lille courageusement. — Il est forcé par la famine et les trahisons de capituler. — Philippe-le-Bel s'avance au sein de la Flandre tudesque. — Les bourgeois lui portent les clefs de leurs villes. — Charles de Valois, frère du roi, s'empare de Dam. — Les Flamands et les Anglais reprennent la ville. — Ypres reste fidèle au comte de Flandre. — Détresse de celui-ci. — On conclut une trêve de deux ans. — Philippe-le-Bel quitte la Flandre après avoir établi de bonnes garnisons dans les villes conquises. — Les différends des princes sont soumis à la sentence du pape Boniface VIII. — Robert de Béthune et Jean de Namur, fils de Gui, vont à Rome pour soutenir la cause de leur père. — Exactions et violences des Français durant la trêve. — Le comte Gui écrit à ses enfants la triste situation dans laquelle il se trouve. — Sentence du pape favorable au comte. — Le roi la repousse et le comte d'Artois jette au feu les lettres pontificales. — Gui de Dampierre est abandonné par le roi d'Angleterre et l'empereur ses alliés. — Tentatives infructueuses pour obtenir la paix du roi de France. — Mort de la comtesse de Flandre Isabelle. — Expiration de la trêve.

Dès le commencement de son règne, Gui de Dampierre se vit aux prises avec de graves difficultés. Il ne s'agissait plus de querelles ou de guerres entre princes, mais de débats non moins sérieux peut-être dans leurs causes et dans leurs résultats. En effet, les principales villes de Flandre, arivées graduellement à un haut point de puissance et de prospérité, se trouvaient agitées depuis plusieurs années déjà d'un sourd mécontentement, précurseur des révolutions sanglantes dont elles devaient être si souvent le théâtre. Il eût fallu pour conjurer l'orage une grande prudence jointe à beaucoup d'énergie : le nouveau comte ne possédait malheureusement ni l'une ni l'autre de ces qualités.

Du vivant de sa mère, Gui n'avait pu voir sans un secret dépit l'espèce d'omnipotence que donnaient aux magistrats municipaux les franchises anciennement octroyées. Prétextant des prévarications de la part de plusieurs échevins de Gand, il abolit, en 1275, la fameuse institution des *Trente-neuf*. La ville de Gand avait appelé de cette décision auprès du roi de France Philippe-le-Hardi, qui rétablit les magistrats dans tous leurs droits et prérogatives. Le comte, en laissant intervenir le monarque français dans les différends intérieurs de son pays, commettait déjà une grande faute politique : il aurait dû prévoir que cette intervention ne serait pas toujours désintéressée et ne point oublier qu'il est dangereux de laisser un voisin puissant et jaloux exercer son influence sur des affaires qu'un prince doit régler lui-même amiablement avec ses sujets. Gui ne s'en tint pas là et agit de manière à s'aliéner bientôt tout à fait la bourgeoisie flamande. Il voulut prendre part lui-même à l'administration financière des villes, et se fit donner par le roi un mandement en vertu duquel les échevins et jurés étaient obligés de rendre par-devant lui ou son délégué un compte annuel de leur gestion. Quant il voulut faire exécuter l'ordonnance, le mécontentement éclata dans toute sa force. Gand ne se souleva pas d'abord, car, ayant eu recours au roi dans une circonstance récente, cette ville ne voulait pas méconnaître si promptement une autorité qui venait de rétablir sa magistrature désorganisée ; mais Bruges entra en pleine révolte. Un incendie venait de consumer le beffroi qui renfermait les priviléges de la cité, lorsque les commissaires du comte s'y présentèrent. Le peuple crut que c'en était fait de ses vieilles libertés : on courut aux armes, et il y eut beaucoup de sang répandu. Cette émeute eut lieu vers la Saint-Remi de l'année 1280. Le comte était alors auprès du roi de France, et son fils aîné, Robert de Béthune, avait le gouvernement temporaire du pays. Robert courut à Bruges avec de nombreux hommes d'armes et mit les bourgeois à la raison. Plusieurs furent jetés en prison ; plusieurs aussi punis du dernier supplice. Lorsque Gui de Dampierre fut de retour en Flandre, il frappa les échevins et la communauté de Bruges d'une amende de 100,000 livres, monnaie d'Artois, à payer en cinq ans, et en exigea 26,000 autres en réparation de différents dommages (1). Une quinzaine de personnes seulement, chevaliers et bourgeois, furent exemptées de l'amende pour n'avoir point participé à l'insurrection. Quant aux principaux agitateurs, savoir : Jean Koopman, Lambert Lam, Bauduin Pierre, Jean et Lambert Danwelt, ils eurent la tête coupée hors de la porte Bouverye. Le comte permit à leurs familles de les enterrer à l'abbaye de Saint-André; ce qui fut considéré comme une belle œuvre de miséricorde de sa part.

Bruges ainsi pacifiée, il s'agissait de prévenir le retour de nouveaux désordres. Le comte Gui imposa aux Brugeois des lois plus complètes et surtout plus sévères pour la répression des crimes et des délits que celles qui avaient été récemment brûlées avec le beffroi. — Celui qui blessera quelqu'un, disait, entre autres choses, cette nouvelle keure, sera tenu en prison jusqu'à ce que les échevins et médecins puissent juger si le blessé mourra ou non, et alors on fera *loi* : mort pour mort, membre pour membre, et 60 livres pour toutes autres plaies. — Celui qui sera convaincu par enquête d'échevins d'avoir assailli une maison, payera 60 livres. *Il sera en la volonté du comte*, s'il ne se présente pas à la justice quand il aura été semoncé. Ceux qui l'auront aidé payeront la même amende. — Les vols, assassinats, rapts de femme, commis la nuit, seront jugés par le comte, qui se réserve aussi la connaissance de tous crimes envers l'église et les personnes qui y appartiennent. — Aucun habitant de Bruges, aucun étranger ne pourra circuler dans la ville avec épée, arc, arbalète, armes émoulues, masses de fer ou autres armures, sous peine de 60 sols d'a-

---

(1) *Archiv. de Fl.*, 4ᵉ *cart. de Flandre*, pièce 184.

mende payables au comte. — Personne ne pourra susciter de guerre ou querelle dans la ville de Bruges. Si quelque dispute s'élève entre les habitants, les échevins prendront otage de part et d'autre et travailleront à rétablir la paix en dedans quarante jours (1).

Vers la même époque, les échevins d'Ypres ayant rendu plusieurs ordonnances concernant les drapiers et tondeurs de laine, ceux-ci crurent leurs priviléges lésés et se soulevèrent. Tous les gens de métier et le commun peuple prirent fait et cause pour eux, et la ville fut bientôt en pleine révolution. Les insurgés se livrèrent aux excès les plus atroces durant plusieurs jours. Ils allaient par les rues poursuivant et tuant les échevins, les nobles, pillant et brûlant les maisons, ne respectant même pas les églises et les monastères. Ils se ralliaient entre eux au cri de *Kokerulle!* et à ce terrible appel le sang coulait et l'incendie planait sur les somptueuses demeures des proscrits. La vraie signification du mot *kokerulle* est perdue, mais l'histoire flamande a conservé ce terme pour distinguer l'insurrection dont il avait donné le signal. Au milieu de tant de troubles et d'agitation, il fallait, pour s'y reconnaître, donner des sobriquets aux émeutes.

Le comte de Flandre se rendit à Ypres avec bon nombre de piquiers allemands qu'il avait alors à sa solde et châtia rudement les mutins, qui fléchirent enfin le genou et rentrèrent dans le devoir. Il fit procéder à une enquête sur les causes du tumulte, puis rendit une ordonnance qui, en premier lieu, donnait tort à tout le monde, aux magistrats et aux nobles comme aux artisans et aux pauvres, aux révoltés

---

(1) *Ibid.*, 1ᵉʳ cart. de *Flandre*, pièce 551.

comme à leurs victimes. Après ce préambule, le comte déclare : — Que les conspirations et les alliances sont mises au néant ; que l'un des deux partis ne peut en demander raison ni justice à l'autre. Il veut qu'une paix ferme et durable règne entre ces partis et que ceux qui l'enfreindront perdent leurs vies et leurs biens. Les drapiers, les tisserands, tondeurs et foulons sont condamnés à une amende de 500 livres ; les échevins et leurs adhérents au payement de pareille somme (1).

Tandis que le comte Gui s'occupait ainsi à pacifier le peuple d'Ypres celui de Bruges, que la rigueur avec laquelle il avait été traité ne pouvait maintenir dans l'obéissance, se remuait de nouveau et mettait à mort un des officiers du prince, nommé Thierri Vrankesone. Cette nouvelle révolte s'appela *Morlemay*, sans doute aussi à cause du cri de guerre des mutins. Elle ne paraît pas du reste avoir été très-sérieuse et fut bientôt réprimée ; Bruges se vit de nouveau contrainte à payer 20,000 livres d'amende au comte satisfait sans doute de regagner en argent ce qu'il perdait en affection. La richesse était, en effet, l'objet de ses seules prédilections, non pas qu'il fût avare ou grand dépensier ; mais il avait une très-nombreuse famille, et son unique désir était de doter d'une manière convenable chacun de ses enfants. Il se livrait avec ardeur aux spéculations privées, achetant, vendant, échangeant des domaines, négociant des mariages, stipulant des dots, ne négligeant aucun moyen d'emplir ses coffres. Cette manie des affaires est constatée par une infinité d'actes qui reposent encore aujourd'hui dans nos archives. Malheureusement la politique venait souvent trou-

---

(1) *Archives de la ville d'Ypres, registre aux priviléges,* f° 82 v°.

bler Gui de Dampierre dans ces paisibles préoccupations.
A peine les agitations intérieures des villes flamandes
étaient-elles calmées que d'autres embarras lui furent suscités par Jean d'Avesnes. Ce prince, aussitôt après la mort
de son aïeule, Marguerite de Constantinople, avait fait revivre ses prétentions au sujet de la Flandre impériale, confisquée jadis sur les Dampierre au profit de sa famille. Les
souverains flamands mettaient toujours quelque répugnance
à prêter hommage à l'empereur pour les fiefs qu'ils tenaient
de lui. On en a vu déjà plusieurs négliger de remplir, à leur
avénement, un acte de vassalité dont ils espéraient s'affranchir tôt ou tard. Depuis deux ans que Gui de Dampierre
avait succédé à sa mère, il n'était point encore entré en relation avec le roi de Germanie, ni personnellement, ni même
par procureur. Rodolphe de Hapsbourg, qui tenait alors le
sceptre impérial, l'avait cependant sommé de comparaître
devant lui. Gui n'accédant point à cet ordre, l'empereur confisqua les fiefs d'empire, qu'il adjugea aussitôt à Jean d'Avesnes, comme ils avaient été naguère adjugés au père de ce dernier. L'évêque de Cambrai, Enguerrand de Créquy, fut chargé
de l'exécution de la sentence (1), et l'empereur ordonna aux
seigneurs résidant sur les terres impériales, en Flandre, d'obéir à Jean d'Avesnes comme à leur maître légitime (2). Il notifia également aux ducs de Saxe et de Westphalie, à l'archevêque de Mayence, aux comtes de Luxembourg et de
Henneberg d'adhérer à la sentence. Enfin, le comte de Hollande, Florent V, bien qu'il eût épousé une des filles du
comte de Flandre, fut invité par l'empereur à prêter secours

---

(1) *Archiv. de Fl.*, 1er cart. de Hainaut, pièce 27.
(2) *Ibid.*, pièce 29.

à Jean d'Avesnes. Gui de Dampierre se tint sur la défensive pour le cas où le comte de Hainaut eût voulu faire acte de propriété. On n'en vint pas ouvertement aux mains, mais il y eut quelques violences exercées de part et d'autre. Ainsi, Jean d'Audenarde, sire de Rosoy et homme du comte Jean, vint un soir à Grammont avec des hommes d'armes, provoqua de propos et de gestes Henri Onrebare, bailli du comte de Flandre, le frappa même de son épée et le blessa. Ses écuyers encouragés par son exemple tuaient en même temps les gens du bailli et volaient ses chevaux (1). D'un autre côté, les Flamands allaient quelquefois escarmoucher sur les marches du Hainaut. Jean d'Avesnes n'entra point en Flandre. Le comte Gui n'aurait pas été là, en armes, pour défendre des possessions qui avaient toujours formé partie intégrante de son domaine, que les seigneurs de langue tudesque habitant sur les terres de Waes, des Quatre-Métiers, d'Alost, de Grammont, etc., n'eussent jamais adopté un maître d'origine wallone nonobstant les menaces impériales. Rodolphe de Hapsbourg s'irrita vivement de voir sa sentence foulée aux pieds par ceux qu'il considérait comme ses vassaux, le comte de Flandre à leur tête. Dans une diète tenue à Worms le 17 juin 1282, il proscrivit solennellement Gui de Dampierre et le mit *hors la paix*. La guerre n'en devint pas plus imminente entre le comte de Flandre et le comte de Hainaut. L'un et l'autre redoutaient également de renouveler des luttes désastreuses et sans résultats. Ils étaient d'ailleurs réduits à leurs propres forces. Rodolphe de Hapsbourg, en adjugeant les terres impériales à Jean d'Avesnes, ne lui donnait pas les moyens

---

(1) *Archiv. de Fl.*, acte de l'année 1282.

matériels de se mettre en possession de ce fief, enclavé, comme on sait, dans les domaines du comte de Flandre. Il se contentait de provoquer contre ce dernier les anathèmes de l'église. D'un autre côté le comte de Hollande, sollicité sans doute par sa femme, avait abandonné le parti de Jean d'Avesnes pour contracter une alliance défensive avec le comte de Flandre, son beau-père. Le prince hainuyer n'avait plus d'autre ressource que de s'adresser à la papauté, dont les décisions étaient encore d'un grand poids à cette époque. En 1286, il obtint du pape Honorius IV un bref portant excommunication du comte de Flandre s'il ne lui remettait pas les terres d'empire dans l'espace d'un mois. Une autre bulle soumettait au même châtiment les barons, prélats et habitants desdites terres pour le cas où ils ne se conformeraient pas à la sentence de l'empereur Rodolphe. Gui protesta en cour de Rome et contre la décision impériale et subsidiairement contre la bulle du pape, s'opposant énergiquement à ce qu'elles reçussent exécution (1). L'année suivante, sur l'enquête tenue par les évêques de Liége et de Metz, délégués à cet effet, le légat révoqua et cassa la bulle d'excommunication. Entre-temps il y avait eu des trêves prolongées à plusieurs reprises, on avait nommé des arbitres au jugement desquels les parties refusèrent de se soumettre; de façon que ce débat dont l'origine remontait à Bouchard d'Avesnes resta long-temps encore sans solution.

Dans l'intervalle le comte de Flandre s'était brouillé de nouveau avec les magistrats de Gand, dont il voulait toujours contrôler l'administration. Les Trente-neuf ne pouvaient espérer obtenir gain de cause à la cour du comte; ils

---

(1) *Archiv. de Fl., actes de* 1287, passim.

s'adressèrent de rechef à celle du roi à Paris. Elle condamna leur appel et jugea qu'ils méritaient d'être châtiés par leur souverain naturel. Encouragé par cette décision, le comte voulut les destituer et, fidèle à son système de thésaurisation, confisquer tous leurs biens. Ils formèrent opposition et la cour du roi prononça que les Trente-neuf ne devaient pas perdre leur état, leurs biens et leurs meubles, ainsi que le comte le demandait, mais qu'ils devaient seulement payer une somme de 40,000 livres tournois, laquelle serait prélevée sur les biens de la commune, ainsi que les frais du procès. Les Trente-neuf étaient du reste tenus dans l'obligation de rendre compte de leur gestion à leur seigneur (1). Une vive inimitié régna dès ce jour entre le comte et les magistrats de Gand. Gui en fit même saisir quelques-uns, qu'on enferma par ses ordres au château de Rupelmonde ou qu'on déporta en Zélande.

Ces jugements rendus par la cour du roi, tout favorables qu'ils paraissent être au comte de Flandre, n'en étaient pas moins un fâcheux indice des envahissements du pouvoir royal. L'autorité juridique des souverains flamands pouvait être désormais contestée par leurs sujets : le roi de France avait un pied en Flandre.

Philippe-le-Hardi ne se contentait pas de s'immiscer dans la politique intérieure de la Flandre et de miner doucement le pouvoir du comte : il demandait encore de l'argent aux villes de ce pays, et s'y prenait de telle sorte que Gui, toujours confiant et bénévole, se crut obligé d'écrire à ces mêmes villes pour

---

(1) *Archiv. de Fl.*, 1er *cart. de Fl.*, pièce 531. — Voir aussi les OLIM ou registres des arrêts rendus par la cour du roi, publiés par M. le comte Beugnot dans la collection des *documents inédits sur l'histoire de France* ; t. II, 142, 174, 199, 238.

les prier de vouloir accéder à la demande du roi de manière à le contenter. Il ajoutait qu'il comptait bien qu'on n'agirait plus comme autrefois, où l'on avait été assez audacieux pour répondre au roi qu'on n'avait pas une obole à lui donner. Toutefois le monarque daigna reconnaître que le prêt négocié par le comte Gui *avec bonté* ne conférait aucun droit ou servitude sur le comté de Flandre, et qu'il lui avait été accordé par grâce seulement (1).

Mais cette politique, qui jusque-là s'était dissimulée sous des dehors bienveillants, prit bientôt une allure plus franche, un caractère plus hostile. Philippe-le-Hardi mourut en 1285, et son fils Philippe-le-Bel comprit, en montant sur le trône, tout le parti qu'il pourrait tirer au profit de sa domination naissante et de la faiblesse irrésolue de Gui et des dissentiments qui divisaient le prince et les sujets. Comme son aïeul, Philippe-Auguste, il espérait dompter un jour le vassal le plus puissant et le plus redoutable qu'avait alors la couronne de France, et s'emparer de ces riches domaines que les monarques francs ambitionnaient depuis long-temps. Le traité de Melun, de 1225, auquel les Flamands avaient dû se soumettre pour faire sortir le comte Fernand de prison, était presque tombé en désuétude sous les rois Louis IX et Philippe-le-Hardi ; l'on n'avait pas tenu la main aux dures conditions qu'il imposait. Philippe-le-Bel, plus exigeant et plus impérieux que ses prédécesseurs, notifia au comte de Flandre qu'il eût à jurer et à faire jurer par toutes les bonnes villes l'observation rigoureuse de chaque article, le menaçant, en cas de refus, de ne point accorder le renouvellement d'investiture et d'entrer à main armée dans le pays. Une

---

(1) *Archiv. de Fl. 1er cart. de Flandre, pièces* 529 et 530.

vive opposition s'éleva parmi les nobles et les bonnes villes contre les exigences du roi, ce qui plaça le comte dans une grande perplexité ; car il ne redoutait rien tant que la guerre, surtout depuis qu'il sentait ne devoir plus compter sur une sympathie bien vive de la part de ses sujets. Il mit tout en œuvre pour vaincre leur répugnance à jurer le maintien du traité : de longues conférences eurent lieu à ce sujet, à Bruges et à Cassel ; et il ménagea si bien les esprits par ses manières douces et bénignes, que l'on consentit à satisfaire enfin aux royales injonctions. Les principaux barons et la bourgeoisie jurèrent donc l'exécution du traité de Melun, entre les mains de Jacques de Boulogne, archidiacre de Térouane et de Colard de Mollaines, chevalier, délégués du roi à cet effet. Le serment était prêté sur les saints Évangiles ; et chacun s'engageait à ne donner secours ou conseil au comte s'il enfreignait les conventions, et même à prendre immédiatement le parti du roi (1). On avait essayé de côté et d'autre à relever les murailles des villes contrairement à l'acte de 1225. Philippe-le-Bel fit suspendre les travaux ; mais il voulut bien permettre qu'on achevât le château de Peteghem, que l'on construisait alors pour en faire la maison de plaisance de la comtesse Isabelle de Flandre.

Le roi de France alors apporta tous ses soins à se concilier la puissante bourgeoisie de Gand, qui continuait à rester en conflit avec le comte son seigneur. En effet, les Trente-neuf renouvelaient à chaque instant leurs doléances nonobstant l'arrêt dont ils avaient été frappés deux ans aupara-

(1) « Prædicto comiti non adhererem nec auxilium vel consilium eidem præstarem ; immò prædicto domino regi et ejus hæredibus pro posse meo adhererem et fideliter me tonerem contra comitem prædictum. » — *Archives de Fl.*, 1ᵉʳ et 2ᵉ cart. de Fl., pièces 159, 167, 321, 654 et 655.

vant. Loin de chercher à amener une réconciliation, Philippe-le-Bel se donna au contraire beaucoup de soins pour séparer de plus en plus le prince des sujets. Il venait de fixer son parlement à Paris. Il y fit attraire les Flamands en discussion avec leur seigneur et surtout les Trente-neuf de Gand, qu'il accueillit en sa foi et protection et auxquels il promit de les maintenir dans leurs droits et priviléges. Gui de Dampierre, qui désirait fermement détruire cette institution, fut très-chagriné de voir les empiétements du roi ; mais il n'avait point assez d'énergie pour s'y opposer et il se contenta de dévorer son dépit en silence, attendant une occasion favorable de se dégager des liens dont on voulait l'enlacer.

D'ailleurs, en ce moment-là, un autre sujet de soucis et de peine le tourmentait. Depuis plusieurs années ses deux gendres, le duc de Brabant et le comte de Gueldre, se disputaient, les armes à la main, le duché de Limbourg, sur lequel l'un et l'autre prétendaient avoir des droits ; c'était une affaire assez compliquée. Waleran IV, dernier duc de Limbourg, mourut en 1280. Il laissait une fille unique, Irmengarde, mariée à Renaud Ier, dit le Belliqueux, comte de Gueldre. Elle lui succéda ; mais elle trépassa elle-même au bout de deux ans, sans postérité. Adolphe VI, comte de Berg et frère de Waleran, prétendit à la succession de sa nièce. Renaud de Gueldre ne voulait point se dessaisir de l'héritage de son épouse : il prétendait au moins en conserver l'usufruit. Le comte de Berg trop faible pour soutenir ses droits les vendit à Jean Ier, duc de Brabant ; ce qui aggrava la querelle en y faisant participer un nouveau concurrent. En 1284, Gui de Dampierre fut nommé arbitre avec le comte de Hainaut pour décider entre le duc de Brabant et le comte de Gueldre. Ils rendirent une sentence en vertu de laquelle l'usufruit viager du duché de Limbourg était attribué au comte de Gueldre : mais il y avait diverses dispositions accessoires qui déplurent aux deux parties, de sorte que le jugement arbitral n'eut point d'effet et qu'il s'en suivit une guerre de six années. Fatigué de soutenir cette lutte à lui tout seul, Renaud de Gueldre abandonna, en 1288, toutes ses prétentions à Henri IV, comte de Luxembourg, un des trois frères de la comtesse de Flandre. A la prière de cette princesse le comte de Flandre se ligua contre le duc de Brabant, son gendre, avec Henri de Luxembourg, Renaud de Gueldre et Sifroid, archevêque de Cologne. Il ne paraît pas qu'il concourût activement à la guerre qui allait se dénouer d'une manière si fatale pour les adversaires du duc de Brabant. Malgré les instigations de sa femme et de sa belle-sœur, la comtesse de Hainaut, qui appartenait également à la maison de Luxembourg, il ne prit point les armes et son concours ne fut que nominal. Il aurait bien voulu que cette longue querelle de famille pût s'arranger amiablement ; mais les deux comtesses, trop confiantes dans les forces de leur frère et de se salliés, ne favorisaient pas ces vues pacifiques. Un jour que le comte leur redisait que son plus grand désir serait de voir se conclure un gracieux appointement et une bonne paix, les princesses lui répondirent toutes courroucées : « Pour Dieu, sire, ne nous en parlez plus et ne vous inquiétez pas de leur différend, car les fèves ne sont point encore mûres (1). » Le bon comte se tut et gémit de cette obstination. Peu de temps après, le 5 juin 1288, les

---

(1) « Ha ! a ! sire, pour Dieu ne nous en parlez plus et de leur différent ne vous traveilliés plus, car les fèves ne sont miè encoires meures. — *Chron. de Fl., Mes. du roi, n° 8380, f° 97.*

confédérés se rencontrèrent avec le duc de Brabant sur le territoire d'une petite ville entre Cologne et Nuys, appelée Woeringen, et ce dernier remportait une des plus éclatantes victoires dont les annales du moyen-âge fassent mention. Un courrier en annonça aussitôt la nouvelle au comte de Flandre. La comtesse était dans la plus grande ignorance des événements, Gui s'en vint la trouver : « Eh bien, madame, les fèves sont mûres, lui dit-il; vos trois frères sont morts égorgés sur le champ de bataille de Woeringen, Renaud de Gueldre et l'archevêque de Cologne gisent en la prison du duc de Brabant victorieux. » Isabelle de Luxembourg se réfugia en sanglotant dans son oratoire (1).

Ami du repos et de la tranquillité, le comte de Flandre voyait se renouveler sans cesse autour de lui des démêlés qu'il n'avait su prévenir et qu'il avait ensuite beaucoup de peine à résoudre. En Flandre, des rixes et des combats appelés dans le langage du pays *burchstorm* s'engageaient tous les jours entre la ville et le château de Bruges (2); la même ville de Bruges était de plus en grand désaccord avec celle de Dam, dont elle prétendait soumettre les magistrats à sa juridiction souveraine (3). D'un autre côté, les Gantois, ne tenant aucun compte du traité de 1225 qu'ils avaient juré, élevaient des fortifications à Bramburg et en beaucoup d'autres lieux. Bruges, Audenarde, Ypres et Courtrai, imitant cet exemple, se mirent aussi à réparer leurs murs et leurs ouvrages de défense. Ces turbulentes

(1) Le comte respondi : . . . « Les fèves sont meures. . . . Vos trois frères sont mors en bataille. » Lors entra la noble dame en sa chambre en faisant grant duel. — *Ibid.*, f° 97.

(2) Voir les lettres du comte à ce sujet, dans Vredius, *Flandria Ethnica*,

(3) *Archiv. de Fl.*, acte du 25 février 1289. Or. parch. scellé.

dispositions des Flamands jetaient le comte dans une vive inquiétude; car il y voyait pour l'avenir des éléments de révolte, et peut-être un prétexte de guerre de la part du roi de France : ce qui augmentait encore ses craintes. A l'extérieur, Gui de Dampierre se trouvait en désunion avec le comte Florent de Hollande, par rapport aux terres de Zélande situées entre Heedensée et l'Escaut, qui depuis long-temps formaient un sujet de discussion. A peine avait-on entamé des arrangements sur ce point qu'un incident singulier vint raviver les sentiments hostiles qui régnaient entre Gui et son neveu et beau-frère le comte de Hainaut. Jean d'Avesnes, jaloux de la puissance que les habitants de Valenciennes avaient acquise par leur industrie, voulut entreprendre sur leurs priviléges(1); c'était assez pour les mettre en révolution. Ces fiers bourgeois qui jadis avaient dicté des lois à Marguerite, leur impérieuse souveraine, n'entendaient pas que l'on touchât aux leurs. Ils se déclarèrent indépendants du comté de Hainaut, et se mirent sous la protection du comte de Flandre : comme étant le prince qui leur viendrait le plus facilement en aide, en sa double qualité de voisin et d'ennemi déclaré de Jean d'Avesnes. Celui-ci recourut à l'empereur, qui intima aux Valenciennois l'ordre de se soumettre (2). Jean s'adressait en même temps au roi de France comme suzerain de l'Ostrevant. Philippe-le-Bel était alors au plus mal avec l'empereur. Il s'irrita de l'espèce de duplicité avec laquelle le comte de Hainaut avait agi; loin de lui prêter secours, il favorisa au contraire les gens de Valenciennes, qui lui avaient écrit des lettres

---

(1) *Ibid. Minute ou projet sur parchemin, de l'an* 1290.
(2) *Ibid. Or. parch. scellé, du* 20 *juin* 1291.

fort pressantes (1), et, de concert avec le comte de Flandre, il dirigea des troupes vers le Hainaut. Les hommes d'armes français se trouvaient déjà en Picardie et les Flamands allaient opérer leur jonction avec eux, lorsque Jean d'Avesnes effrayé fit sa soumission et vint même se constituer prisonnier au Louvre. Un arrêt du parlement le condamna à payer 40,000 livres, à envoyer son bailli et son sergent tenir prison au Châtelet de Paris, à la merci du roi, et à jeter bas les portes du château de Bouchain, la plus forte place de l'Ostrevant (2). Cette affaire en resta là pour le moment.

Le vieux comte, tourmenté par tant d'embarras, n'était cependant encore qu'au début de ses infortunes. La Flandre allait bientôt se trouver entraînée par la force des choses dans les mêmes relations, vis-à-vis de la France, que sous le règne de Fernand; et Gui de Dampierre devait subir des vicissitudes non moins cruelles que le vaincu de Bouvines. Une querelle s'était, en 1292, élevée dans le port de Bayonne entre deux matelots, l'un Anglais, l'autre Normand; le dernier y perdit la vie : et cette cause, futile en apparence, devint la source de grands malheurs; car, de représailles en représailles, la bonne intelligence se rompit entre les rois de France et d'Angleterre. En effet, les Normands, pour venger leur compatriote, avaient couru les mers; attaquant, insultant les vaisseaux anglais. Ceux-ci leur rendirent la pareille avec usure, et, enhardis par le succès, surprirent La Rochelle, y pillèrent tout ce qu'il y avait à prendre et regagnèrent l'Angleterre avec un immense butin. Le roi Édouard, vassal de Philippe-le-Bel, fut cité devant

---

(1) *Ibid.*, passim.
(2) *Olim*, II, 746.

la cour des pairs. Deux fois il refusa de comparaître, et Philippe fit prononcer par son parlement la condamnation du monarque anglais et la confiscation de ses fiefs de France. La guerre alors fut imminente. Des deux côtés on cherchait à se créer des auxiliaires; et l'alliance flamande devint pour le roi d'Angleterre un objet d'ardente convoitise. Déjà ce prince s'était ligué avec l'empereur Adolphe de Nassau et le duc Henri de Brabant, auquel il avait donné sa fille Marguerite en mariage. Pour déterminer le comte de Flandre à une rupture avec le roi de France, son suzerain, et l'attirer dans son parti, Édouard ne vit pas de meilleur moyen que de lui offrir de placer une de ses filles sur le trône d'Angleterre. Il envoya donc en Flandre une ambassade, dont le chef était l'évêque de Durham, avec mission de négocier les fiançailles d'Édouard, prince de Galles et héritier de la couronne, avec la jeune Philippine de Flandre. Père de dix-neuf enfants que lui avaient donnés tour-à-tour ses deux femmes, Mathilde de Béthune et Isabelle de Luxembourg, Gui de Dampierre s'était, comme on l'a dit, presque toujours exclusivement préoccupé de leur établissement. Il reçut les envoyés d'Angleterre avec une grande distinction à son château de Winendale. « Sire, lui dit l'évêque, le roi notre souverain seigneur est averti que vous avez une très-belle fille à marier, nommée Philippine; c'est pourquoi il vous requiert très-instamment que la veuillez octroyer à son fils le prince de Galles, qui sur toutes autres la désire pour femme, et la fera reine d'Angleterre (1). » — « Beaux seigneurs, répondit le comte de Flandre, soyez les bienvenus. S'il vous plaît, vous irez à Gand vous reposer quelques

---

(1) ..... « Car sur toutes autres la désire de avoir à femme, si la fera royne d'Angleterre » — *Chron. de Fl.*, Msc. du roi, n° 8380, f° CIIII.

jours; pendant ce temps-là je besoignerai sur votre pétition : car bien que je puisse beaucoup par moi-même, il faut néanmoins que je consulte encore parents et amis pour vous donner réponse (1). » Gui de Dampierre était au fond très-joyeux d'avoir le prince de Galles pour gendre; mais les négociations d'un tel mariage étaient affaire si importante qu'il ne voulait pas la conclure sans avoir l'adhésion des principaux membres de sa famille, et surtout celle du duc de Brabant. Ce prince était alors à Lierre, malade d'une blessure qu'il avait reçue dans un tournoi. Le comte et ses fils allèrent le trouver en cette ville, où les députés anglais se rendirent de leur côté. Le mariage y fut résolu en principe entre des commissaires nommés par les deux parties, savoir : Guillaume, comte de Pembroke, et l'évêque de Durham pour le roi d'Angleterre, Rasse de Gavre et Jean, vidame d'Amiens, pour le comte de Flandre; mais les conditions ne furent définitivement arrêtées qu'un an après, le 31 août 1294. Gui de Dampierre promettait pour dot à sa fille 200,000 livres tournois, et le roi d'Angleterre donnait pour douaire à la jeune Philippine le comté de Ponthieu avec toutes ses appartenances. Les deux fiancés n'étant point encore en âge nubile, l'on convint qu'on attendrait pour consommer le mariage qu'ils fussent parvenus à ce point; à moins, ajoute le traité, que chez eux la prudence ou la finesse n'aient devancé l'époque où l'on peut s'unir (2).

(1) *Ibid.*

(2) « Promisimus et promittimus bonâ fide quòd cùm dictus dominus Edwardus et præfata domicella Philippa primùm ad ætatem nubilem devenerunt aut citiùs si prudentia seu astucia in dictis... ætatem nubilem suppleverint, præfatus dominus noster rex Edwardum filium et heredem suum cum dictâ domicellâ Philippâ copulabit et conjunget. » — *Archiv. de Fl.*, 2ᵉ *cart. de F.*, *pièce* 260.

Le comte de Flandre n'avait pas songé aux susceptibilités et aux défiances qu'allait exciter chez le roi Philippe une pareille union, au moment même où la guerre s'allumait entre l'Angleterre et la France : du moins, s'il y avait pensé, cette considération ne l'avait point arrêté. Naturellement insouciant et sans prévoyance en dehors de ses affaires domestiques, il n'avait apprécié que les avantages actuels de ce contrat sans calculer les inconvénients qu'il devait produire. Philippe-le-Bel, en effet, n'apprit pas sans une vive colère que le comte, son vassal, avait noué de semblables relations avec son ennemi. L'alliance de la Flandre, si riche, si peuplée, allait lui échapper au moment où il en avait un si grand besoin. La reine Jeanne de Navarre, sa femme, et le comte Robert d'Artois, jaloux de la puissance du prince flamand, l'aigrissaient encore par leurs discours. Il dissimula néanmoins son dépit, et projeta de détruire par la ruse jointe à la violence l'effet d'un acte contracté avec candeur et sans malice par le vieux comte. Laissons ici un chroniqueur flamand raconter cette scène de brutale diplomatie.

« Quand les ambassadeurs du roi Édouard furent partis de Flandre, le comte Gui fit faire un très-bel appareil pour plus richement conduire sa fille en Angleterre. Mais le roi de France, Philippe-le-Bel, fit par un sien chevalier secrètement, et comme si la chose ne venoit pas de lui, dire et remontrer au comte de Flandre que le monarque seroit très-malcontent s'il alloit ainsi marier sa fille en Angleterre sans prendre congé de lui son souverain seigneur. Le bon comte, qui à mal ne pensoit, prit conseil de ses barons ; ceux-ci l'engagèrent d'aller, avant le voyage d'Angleterre, auprès du roi de France en grand état, et d'y mener la princesse Philippine avec lui. On a bien raison de dire que conseilleurs ne sont pas payeurs ; car le comte suivit ce conseil et ne fit jamais si grande folie, comme ci-après le verrez.

» Joyeux de l'alliance qu'il venoit de conclure avec l'Angleterre, le comte Gui de Flandre ordonna un beau et honorable cortége pour mener sa fille en France. Grand nombre de barons, chevaliers et écuyers de Flandre et de Hainaut richement équipés, les escortèrent. Ils partirent avec plus de cent cinquante chevaux et firent tant par leurs journées qu'ils arrivèrent en bref terme à Corbeil-sur-Seine, où ils trouvèrent le roi de France et la reine Jeanne son épouse.

» A Corbeil, le comte Gui s'enquit de l'état du roi ; et le lendemain matin, après avoir ouï la messe et bu un coup, il prit sa fille par la main et la mena devant le monarque. Or je vous dirai que, dès la veille, le roi Philippe, ayant appris la venue du comte Gui de Flandre, avoit fait établir secrètement des guets nombreux chargés de veiller sur le comte et sur sa fille, afin qu'ils ne pussent, une fois entrés à Corbeil, s'en échapper. Aussitôt donc que le comte Gui fut avec sa fille en la présence du roi : « Cher sire, lui dit-il, voici votre petite cousine que moi et mes bonnes gens de Flandre avons promise au roi d'Angleterre pour son fils. Elle n'auroit pas voulu partir sans prendre congé de vous. »

— « Au nom de Dieu, sire comte, répondit le roi, je pense bien que votre fille n'a point fait une alliance si préjudiciable à nous et à notre royaume sans votre ordonnance. Mais ainsi n'en ira-t-il pas, car vous avez traité avec mon ennemi sans m'en prévenir et sans reconnoître votre souverain seigneur. Vous et votre fille allez en conséquence rester par devers moi. »

« Quand le comte Gui et sa fille entendirent la parole du roi, ils furent très-ébahis et affligés. Le comte Gui cherchoit à s'excuser un peu. Le roi commanda que incontinent il fût mené au Louvre en prison, et sa fille avec lui. Il donna congé aux gentilshommes de Flandre et de Hainaut qui là étoient venus avec leur seigneur de retourner au pays. Le comte Gui et sa fille pleurant et soupirant furent menés par sergents royaux en la grosse tour dite au Louvre à Paris, où depuis tous deux firent maints regrets comme l'on peut bien le penser (1). »

Ce guet-apens contre un vieillard d'une bonne foi toute simple, et qui s'était de lui-même jeté dans le piége, causa en Flandre une douloureuse indignation. Le roi ne s'en émut guère, et, pour que le coup fût plus sensible encore, il ordonna au bailli d'Amiens et autres justiciers de saisir immédiatement les biens des Anglais servant le comte de Flandre (2). Les Flamands néanmoins n'avaient par devers eux aucun moyen de vengeance; et les gens sages leur conseillaient d'agir avec prudence pour ne pas compromettre la sûreté de leur malheureux seigneur. On employa donc les moyens de conciliation. Le 3 janvier 1294, Robert de Wavrin, Jean de Haveskerque, Guillaume de Locres, Watier de Renenghes et Gilbert de Piennes, cinq des plus nobles et des plus puissants barons de Flandre, écrivirent au roi Philippe et lui envoyèrent Watier de Nivelles et Watier de Hondschoote pour lui représenter humblement que l'absence prolongée du comte portait de graves préjudices au pays, et le prier d'ordonner sa délivrance *avec honneur*,

---

(1) *Chron. de Fl.*, *Msc. du roi*, n° 8380, f° CIIII v°.
(2) *Archiv. de Fl.*, acte du 22 novembre 1294, 1ᵉʳ cart. de Fl., pièce 469.

s'en rapportant au surplus à sa raison et à sa clémence (1).
On ne dit pas si le roi les accueillit ; dans tous les cas il ne
fit pas droit à leur requête. La cour des pairs était d'ailleurs
saisie de cette affaire, le roi prétendant voir dans la conduite du comte un acte de haute-trahison. La cour n'en jugea pas ainsi ; et en effet la démarche de Gui venant en
France avec sa fille pour la présenter au suzerain, était à
elle seule de nature à détruire tout soupçon de félonie. Le
comte de Flandre fut donc absous de ce chef, mais Philippe-
le-Bel ne le laissa point sortir du Louvre. Cependant les
trois fils de Gui, Robert de Nevers, Guillaume et Philippe
de Flandre, se rendirent à Paris pour réclamer la liberté de
leur père. Le pape Boniface VIII et Amédée, comte de
Savoie, joignaient leurs instances à celles de ces jeunes princes. Le roi les admit à présenter leur supplique devant son
conseil, où siégeaient : Jean de Brienne, grand-bouteiller de
France ; le duc de Bourgogne, l'archevêque de Reims, celui de Narbonne, les évêques de Beauvais, Laon, Châlons,
Paris, Tournai et Thérouane. Les fils du comte jurèrent
que leur père serait fidèle au roi, qu'il ne pourrait marier
aucune de ses filles sans l'agrément du monarque, ni faire
alliance avec les Anglais et autres ennemis du roi. Ils obli-
gèrent, pour sûreté de cette promesse, leurs corps et leurs
biens présents et à venir. Le comte de Flandre seul aurait
la faculté de sortir de France et de retourner en son pays ;
mais sa fille Philippine devait rester au pouvoir du roi (2).
Philippe, qui avait quelque regret de lâcher sa proie, imposa encore d'autres conditions auxquelles Gui fut obligé
de se soumettre. Ainsi le traité de 1225 pour la délivrance

(1) *Ibid. Acte du 3 janvier* 1294 ; *or. scellé.*
(2) *Ibid. Copie en papier.*

de Fernand devait être minutieusement observé sous peine d'excommunication lancée sur toute la Flandre : l'autorité du comte sur les villes de Gand, Bruges, Ypres, Lille et Douai serait déléguée au roi, qui se constituait gardien de leurs franchises; se réservant d'y envoyer un officier pour y veiller et lui en rendre compte (1).

Les vœux de Philippe-le-Bel s'accomplissaient donc. Il venait d'étendre sa domination sur le comté de Flandre plus qu'aucun des rois ses prédécesseurs ne l'avait fait jusque-là, et désormais le pouvoir du comte s'effaçait devant le sien ; de plus il avait par devers lui un précieux otage qui lui garantissait l'exécution des promesses que sa trompeuse et violente politique avait extorquées. Gui de Dampierre se sépara de sa fille avec désespoir, et regagna tristement la Flandre.

Tout semblait alors conjuré contre la puissance du comte de Flandre. Tandis qu'il était ainsi victime du roi de France, l'empereur appelait sur lui les foudres de l'Église parce qu'il ne voulait pas se dépouiller de la Flandre impériale au profit de Jean d'Avesnes (2). A sa sortie de prison, Gui de Dampierre essaya d'entrer en arrangement avec le comte de Hainaut ; et des arbitres furent encore une fois nommés pour statuer sur les difficultés qui entretenaient la désunion entre l'oncle et le neveu. Ils rendirent une sentence qui ne satisfit point Jean d'Avesnes. Non-seulement ce prince n'entendit pas y adhérer, mais il s'obstina même à ne pas vouloir qu'elle lui fût notifiée (3); de façon que, dé

---

(1) *Olim*, II, 394.

(2) V. lettres de l'empereur Adolphe au pape Boniface VIII. — *Archiv. de Fl.*, 4e cart. de Hainaut, pièce 11.

(3) *Ibid.*, passim.

ce côté la haine et l'animosité subsistant toujours, les motifs de crainte et de souci se perpétuaient pour le comte de Flandre. D'autre part, le roi de France ne tarda pas à faire sentir au prince qu'il avait vaincu, sans coup férir, tout le poids de son ambitieuse supériorité. Deux ou trois mois après la délivrance de l'infortuné vieillard, il envoya un de ses chevaliers, Albert de Hangest, comme gardien de la ville et de la forteresse de Gand avec ordre de destituer le bailli et les sergents du comte de Flandre (1). Puis, voulant aggraver les embarras suscités au comte par Jean d'Avesnes pour la possession de Valenciennes, que Gui avait récemment cédée à son fils Robert (2), il défendit aux villes de Gand, Bruges, Ypres, Lille et Douai d'aller faire la guerre sur les terres d'empire ou ailleurs et de quitter le pays avec chevaux, armes ou autrement (3). Un peu plus tard il notifia au comte de faire rendre sans délai aux marchands du royaume d'Écosse les laines, cuirs et autres marchandises confisqués sur eux dans son comté. Enfin, six jours après, Philippe-le-Bel réclama impérieusement la restitution de Valenciennes.

Tant d'outrages accumulés coup sur coup aigrirent le caractère bon et facile de Gui de Dampierre; il se crut abreuvé d'assez d'humiliations pour avoir enfin le droit de lever la tête. Les circonstances d'ailleurs allaient lui permettre de songer à la vengeance. Le roi Edouard ne voyait pas sans une vive indignation l'injure faite par Philippe-le-Bel à la fiancée de son fils; et c'était un nouveau motif de guerre joint à ceux qui lui avaient déjà mis les armes à la

(1) Ibid.
(2) Ibid. Acte du 3 juillet 1296.
(3) Ibid. Acte du 7 juillet 1296.

main. Il s'embarqua pour la Flandre, et arriva le 22 novembre à Courtrai. Ses alliés avaient été convoqués par lui au sein de ce pays; et le 25 décembre suivant une grande conférence se tint à Grammont. Outre le monarque anglais et le comte de Flandre, l'empereur Adolphe de Nassau, Albert duc d'Autriche, Henri comte de Bar, Jean duc de Brabant, Guillaume comte de Juliers et Jean comte de Hollande s'y trouvaient rassemblés. Une ligue semblable à celle qui, soixante-quatorze ans auparavant, avait juré la perte de Philippe-Auguste, s'y forma contre Philippe-le-Bel. Toutefois, à la différence de la première, les coalisés n'avaient point en vue le démembrement du royaume; mais ils voulaient seulement se prêter un concours mutuel dans leurs agressions ou leurs défenses. Telles étaient, par exemple, les conditions principales du traité particulier conclu entre le roi d'Angleterre et le comte de Flandre. — Les princes déclarent d'abord qu'il existe un traité de ligue et une alliance perpétuelle entre Édouard, roi d'Angleterre, sire d'Irlande et duc d'Aquitaine, d'une part, et noble et puissant homme Gui, comte de Flandre et marquis de Namur, d'autre part, contre Philippe-le-Bel, roi de France. — Le roi d'Angleterre enverra à ses frais des troupes au comte de Flandre, qui sera tenu seulement de leur faire livrer des vivres pour leur argent : il en sera de même du comte de Flandre, qui aidera le roi d'Angleterre loyalement et de tout son pouvoir. — Le comte de Flandre déclarera la guerre à la France deux mois après que le roi d'Angleterre lui aura mandé de le faire. — Les enfants du comte de Flandre et ses alliés seront compris dans cette ligue pendant toute la guerre. — Les deux parties contractantes ne pourront faire paix ni trêve ni *souffrance* sans leur consentement réciproque : il en sera de même de leurs enfants. — Le roi d'Angleterre donnera tous les ans au comte de Flandre une somme de soixante mille livres tournois pour l'aider à soutenir les frais de la guerre. — Enfin le traité de ligue ne pourra jamais être rompu, pas même par injonction du pape, si ce n'est du commun accord des contractants (1).

Cet acte important fut signé le 7 janvier à Ipswich; et le même jour le roi Édouard, voulant cimenter la nouvelle alliance par une mesure qui devait lui rendre la nation flamande favorable, promulguait une charte par laquelle il accordait en Angleterre aux marchands flamands les mêmes droits et priviléges dont jouissaient les marchands anglais (2). La jeune Philippine, fiancée du prince de Galles, étant au pouvoir du roi de France et le mariage devenant pour lors impraticable, il fut stipulé que le fils du monarque anglais épouserait Isabelle seconde fille de Gui. Mais, par des circonstances que l'on saura plus tard, ce projet de mariage ne fut pas plus heureux que le premier; et Isabelle, qui devait porter un jour la couronne d'Angleterre, devint, en 1307, la femme d'un simple chevalier : Jean, seigneur de Fiennes et de Tingri.

Dès que Philippe-le-Bel eut appris que le comte de Flandre se déclarait ouvertement contre lui et faisait cause commune avec ses ennemis, il médita à son tour des projets de vengeance. Il ne pouvait croire que le vieillard qu'il avait si facilement terrassé naguère eut eu assez d'énergie pour se relever; et l'union hardie du souverain flamand avec le sou-

---

(1) *Ibid. Or. parch. scellé*, en vidimus. — *Imprimé dans* Rymer, I, 168, et dans Dumont d'une manière très-fautive. *V. Rec. des traités de paix*, I, 20.

(2) *Ibid Or. parch. scellé.* — *Impr. dans* Rymer, I, 169,

verain anglais lui causa un violent dépit. De l'avis de son conseil, il le fit ajourner à comparaître devant la cour des pairs ; mais le comte ne répondit même pas à cet ordre. De nouvelles sommations furent lancées: Gui ne parut pas s'en émouvoir. Le roi de France alors envoya en Flandre Simon, dit le Moine, châtelain de Montreuil, et Jean Borne, châtelain de Beauquesne, pour faire sommation *par main mise*, comme on disait alors. Ils trouvèrent le comte de Flandre en son château de Winendale et, l'ayant attendu au sortir de la messe, lui lurent la sommation royale, conçue en ces termes : « Philippe, par la grâce de Dieu, roi de France, à
» son cher et féal le comte de Flandre salut et dilection.
» Comme à plusieurs reprises nous vous avons vainement
» ajourné par devers nous pour y répondre de nombreuses
» désobéissances et excès commis contre nous et nos gens
» par vous et vos gens, nous vous sommons de nouveau de
» comparaître personnellement à Paris dans l'octave de la
» Sainte-Marie-Madeleine (1). » Un ajournement par lequel Philippe mandait le comte de Flandre à Paris pour qu'il s'y justifiât de certaines entreprises qu'il aurait pu commettre contre les priviléges et les libertés de la ville de Bruges fut en même temps énoncé (2). Le roi espérait par là adoucir l'échec porté à la fierté nationale des Flamands, dans la personne de leur seigneur. C'était une nouvelle ruse diplomatique. La lecture de ces chartes achevées, les sergents royaux s'approchèrent du comte et, selon l'usage, lui mirent la main sur l'épaule comme pour en prendre possession au nom du suzerain. Les enfants de Gui de Dampierre entouraient en ce moment leur père. L'aîné, Robert de Ne-

---

(1) *Ibid. Acte du* 18 *juin* 1296, *or. parch. scellé.*
(2) *Ibid. Acte du* 21 *juin, or. scellé.*

vers, pâlit de fureur en voyant ce geste; il recula d'un pas, et déjà portait la main à la garde de son épée; ses frères l'avaient imité; et c'en était fait des sergents royaux, si le vieux comte, se jetant devant ses fils, n'eût arrêté ce mouvement de colère. « Mes enfants, dit-il, que voulez-vous à » ces pauvres gens? ils ne font qu'exécuter les ordres qu'on » leur a donnés. Ce n'est pas sur eux que doit tomber la » vengeance, mais, quand le moment sera venu, sur les per- » fides conseillers du roi (1). » Le comte de Flandre alors congédia les envoyés de Philippe-le-Bel; et, pour qu'il ne leur advînt aucun mal, il les fit escorter jusqu'au Fossé-Neuf, qui sépare la Flandre de l'Artois.

La réponse du comte au roi ne se fit pas attendre. Les abbés de Gembloux et de Floreffe furent chargés de la porter à Paris et d'en faire lecture à Philippe en son conseil. Elle était digne et fière dans son laconisme. « Nous, Gui, » comte de Flandre et marquis de Namur, savoir faisons à » tous, et avant tous à très-noble personne Philippe, roi de » France, que nous rendons porteurs de ces lettres nos » hommes les pieux et vénérables abbés de Gembloux et de » Floreffe, au diocèse de Liége, et les établissons nos en- » voyés et ambassadeurs à l'effet de signifier et dire pour » nous et en notre nom au roi susnommé qu'à raison de ses » méfaits et de sa déloyauté nous sommes dégagés et nous » tenons quittes et délivrés de toutes alliances, traités, obli- » gations, conventions et pactes qui nous liaient à lui de

---

(1) « Beaulz seigneurs, que demandez-vous à ces povres serviteurs qui à leur seigneur obéissent?... Il n'appartient point que vous prendez la vengeance sur eulx : mais lorsque vous vendrez aux champs et vous trouverez ceulx qui ces choses conseillièrent au roi, si vous vengiés sur eulx. »—*Chron. de Fl.*, f° CX.

» quelque manière et pour quelque cause que ce soit (1). »

Les abbés, après s'être acquittés de leur mission, revinrent en Flandre, où le roi de France, à son tour, envoya les évêques d'Amiens et du Puy porteurs d'une lettre de créance; laquelle n'était plus adressée cette fois par Philippe-le-Bel à *son cher et féal* le comte de Flandre, mais outrageusement à Gui de Dampierre, marquis de Namur, *se disant comte de Flandre*. Gui reçut néanmoins les députés du roi; et, quand ils eurent fait connaître l'objet de leur message, le comte, avec Robert et Guillaume ses fils, se retira, et rentrant bientôt dans la salle où se tenaient les deux évêques : « Seigneurs, leur dit-il, vous répondrez au roi ce » qu'il vous plaira. » Les députés ajoutèrent que le roi les avait envoyés vers lui pour savoir premièrement, s'il était vrai qu'il eût donné aux abbés de Gembloux et de Floreffe les lettres apportées à Paris par ces prélats. Le comte se retira de nouveau, puis revint dire que ces lettres émanaient de lui et qu'il les avait adressées au roi. Les commissaires demandèrent secondement au comte s'il croyait que le roi l'eût trompé, ajoutant que Philippe-le-Bel n'avait jamais manqué de lui rendre justice et qu'il offrait de faire juger dans sa cour par les pairs du royaume tous les forfaits dont il s'était rendu coupable jusqu'à ce jour. Ils remontrèrent en outre à Robert et à Guillaume, fils du comte, qu'ils avaient juré, sur leurs corps et sur leurs biens, que leur père garderait fidélité au roi. Gui de Dampierre, s'étant retiré une troisième fois, revint notifier aux évêques qu'il n'entendait rien changer à la teneur des lettres présentées par les abbés de Floreffe et de Gembloux. Quant aux offres de justice, il

(1) *Chron. de Fl.*, f° CX. — *Meyeri Annales rerum Flandicarum ad ann.* 1296 *et aliàs.*

répondit que, depuis son avénement, le roi de France les lui avait toujours déniées, qu'ainsi il se considérait comme quitte envers lui sous ce rapport, et que d'ailleurs il n'était plus soumis au jugement de la cour des pairs; attendu que le roi lui refusait le titre de comte de Flandre dans ses lettres, à quoi l'évêque d'Amiens lui répliqua qu'il n'appelait pas lui-même le roi son seigneur.

Les fils du comte reconnurent s'être en effet obligés envers le roi pendant qu'il tenait injustement leur père en prison et ils déclarèrent que, puisque Philippe prétendait, contre droit et raison, détruire leur père et anéantir son pays, ils se regardaient comme entièrement dégagés de leur serment. Gui de Dampierre fit dresser procès-verbal en forme de cette entrevue pour être déposé dans ses archives (1).

La guerre devenait donc plus que jamais inévitable. Des deux côtés l'on s'y prépara avec ardeur. Le roi de France n'avait pas attendu le retour de ses députés pour combiner ses plans et se prémunir contre les périls qu'allait lui susciter la ligue de Grammont. Déjà il s'était assuré le concours du roi d'Écosse, Jean Baillol, auquel il avait donné en mariage la fille de son frère Charles (2), et celui de Florent V, comte de Hollande. En mai 1297 il conclut, à Pont-Sainte-Maxence, un traité d'alliance offensive et défensive avec le comte de Hainaut. Quoique Philippe eût traité ce prince fort durement en 1292, il trouvait néanmoins qu'il était utile de s'en faire maintenant un appui et d'exploiter la vieille haine des d'Avesnes contre les Dampierre. Il promit à Jean de l'aider à recouvrer le Namurois, et prit à sa solde

---

(1) *Archiv. de Fl., or. parch.* signé du monogramme du notaire qui avait dressé l'acte.

(2) Rymer, *Fœdera ad ann.* 1295.

tous les chevaliers du Hainaut, se réservant la faculté de mettre gouverneurs et gens d'armes à son gré dans les forteresses de ce pays (1). Tous les biens de Gui et de ses adhérents, situés en France, avaient été saisis. Les habitants de Tournai, ville neutre, comme on sait, entre la Flandre et le Hainaut, furent invités à relever leurs murailles, à les bien fortifier, à courir sus aux Flamands et à les piller. Enfin il fit sous main pratiquer les magistrats des villes flamandes et les principaux seigneurs du comté, leur promettant honneurs et richesses, s'ils voulaient abandonner le parti de Gui de Dampierre.

D'autre part, le comte de Flandre ne restait point inactif. Les graves circonstances au milieu desquelles la fortune le jetait, lui rendirent un moment les forces de la jeunesse et une énergie qu'il aurait bien fait d'employer beaucoup plus tôt. L'archevêque de Reims, l'évêque de Senlis et celui de Tournai avaient, à l'instigation du roi, jeté l'interdit sur toute la Flandre. Il envoya immédiatement des procureurs en cour de Rome pour faire appel au pape et lui expliquer les motifs de sa conduite (2). Le clergé régulier de Flandre, par l'organe des abbés de tous les monastères du pays, adressa une supplique dans le même sens au souverain pontife (3), et le comte fit solennellement publier dans le chœur de l'église de Sainte-Pharaïlde à Gand son acte d'appel à Rome ; ce qui rassura les esprits émus de la sentence d'excommunication. De tous côtés il fit savoir aux barons et chevaliers de sa terre qu'ils se tinssent prêts à marcher

---

(1) *Archiv. de Fl.* — Imprimé dans le *Thes. anecd*, *I*, 1284.
(2) *Ibid.*, 2 et 9 mars 1296. — Mai 1297., or. scellé.
(3) *Ibid.*, 22 juin 1297, or. scellé.

avec le plus d'écuyers et servants d'armes qu'ils pourraient rassembler, prenant tout le monde à sa solde, constituant des pensions et des fiefs d'argent, nouveau motif pour de nombreux emprunts (1). Les villes furent mises en bon état de défense. Des courriers avaient été expédiés vers le roi d'Angleterre et l'empereur. Édouard répondit qu'il était prêt à s'embarquer; quant à l'empereur, il écrivit au comte qu'il l'aurait secouru avec plaisir en personne contre le roi de France, si lui-même n'était occupé à réprimer la rébellion de plusieurs princes de l'empire. Toutefois, il lui envoyait noble homme Jean de Kuick, son parent, pour le réconforter et lui faire part de sa bonne volonté (2). Grand nombre de chevaliers allemands accompagnaient Jean de Kuick.

Les enfants du comte Gui, tous dans la force de l'âge, secondaient ce mouvement et se partageaient les différents postes. Robert l'aîné alla s'enfermer dans Lille avec Waleran de Falckenberg, dit le Roux; les comtes de Kuyck, de Spanheim et d'autres seigneurs allemands dépêchés en Flandre par l'empereur. Guillaume, dit de Tenremonde, second fils du comte, assisté d'Henri de Nassau et d'un autre corps de troupes, prit position à Douai. Le gouvernement de Courtrai fut confié à Jean de Namur, fils aîné du second lit. Guillaume de Juliers, petit-fils de Gui, fut chargé de défendre Furnes, Cassel, Bergues, Bourbourg avec Jean de Gavre et un corps d'élite allemand dans lequel figuraient Thierri VII, comte de Clèves, dont la fille Marguerite avait épousé un des jeunes princes flamands, le

---

(1) *Ibid.*, passim.
(2) *Ibid.*, 31 août 1297, or. scellé.

comte de Katzenelleboghen et Henri de Beaumont. Jean II, duc de Brabant, autre petit-fils du comte de Flandre, eut le commandement de la ville de Gand. Gui de Dampierre se tenait de sa personne tantôt à Ypres, tantôt à Bruges. Ne se trouvant pas assez puissant pour lutter en rase campagne contre l'armée du roi de France, qu'on disait considérable, il avait résolu de l'arrêter devant ses villes fortes, de l'affaiblir en l'obligeant de se fractionner et de gagner ainsi le moment où, ses alliés lui envoyant des secours, il pût prendre l'offensive avec avantage.

Ce fut au commencement de l'été de l'an 1297 que le roi de France s'avança vers la Flandre, en tête d'une armée forte de dix mille cavaliers et d'environ soixante mille hommes de pied. On y voyait trente-deux comtes, outre la plupart des grands vassaux de la couronne : tels que les ducs de Bourbon, de Bourgogne et de Bretagne, le comte d'Artois, etc. Philippe-le-Bel fit son entrée en Flandre par l'Artois, et débuta en s'emparant des châteaux-forts de l'Ecluse et de Tortequenne; d'où il marcha droit sur Lille, devant les murs de laquelle il dressa ses pavillons le 17 juin. Il espérait prendre cette ville d'autant plus facilement que l'année précédente il avait cherché à se concilier l'affection des Lillois en leur accordant une sauvegarde pour se rendre aux foires françaises. Or, le peuple de Lille faisait dès-lors un très-grand commerce d'étoffes et autres marchandises avec la plupart des contrées d'Europe; c'était une faveur bien précieuse pour lui que de trouver aide et protection dans son négoce. De plus, le roi de France, pour déterminer davantage encore les Lillois à se détacher du comte Gui, leur avait promis de les défendre contre lui et contre toute amende ou taxe qu'il leur voudrait imposer pour désobéissances (1). Philippe-le-Bel avait agi de même manière envers les habitants de Douai, essayant de corrompre leur fidélité et leur faisant aussi de belles promesses (2). Les Lillois pour la majeure partie étaient néanmoins restés attachés à la cause de leur souverain seigneur; et, quand il n'en eût pas été ainsi, la seule présence de Robert de Béthune les aurait maintenus dans le devoir. L'armée du roi prit position autour de cette ville et tout le long de la Lys vers Ypres. Vainqueurs des Anglais en Champagne et en Gascogne, la reine Jeanne, le comte Robert d'Artois et Charles de Valois, frère du roi, vinrent bientôt le rejoindre avec leurs troupes. On ne commença pas sur-le-champ l'attaque de Lille, soit que Philippe-le-Bel eût espéré qu'une sédition à l'intérieur la lui ferait avoir sans coup férir, soit qu'il eût voulu anéantir les forces flamandes dispersées dans les villes secondaires des environs, et qui pouvaient harceler sans cesse son armée. Il détacha divers corps de troupes; et la première ville flamande qui fit sa soumission fut Béthune, laquelle ouvrit ses portes à Philippe fils de Robert d'Artois. Ce dernier, après la reddition de Béthune, quitta le camp sur l'ordre du roi. Il emmenait son fils Philippe, Gui de Châtillon, comte de Saint-Pol, et Jacques, seigneur de Leuze et de Condé, ses frères; Othon IV, comte de Bourgogne, son gendre; Louis de Clermont, depuis duc de Bourbon, sixième fils de saint Louis; Robert VI, comte d'Auvergne et de Boulogne; Jean de Tancarville, chambellan héréditaire de Normandie; Jean de Blois, sire de Château-Renaud et de Romorantin; Simon de Melun, Renaud de

---

(1) *Archiv. de la ville de Lille. Juin* 1296, *or. parch. scellé.* — Imprim. dans le *Recueil des ordonnances*, XI, 383.

(2) *Rec. des ordonn.*, XI, 384.

Trie, Guillaume de Châlons, comte d'Auxerre; Jean II, comte de Dreux; Jean de Brienne, comte d'Eu, et deux cents chevaliers : ce qui, avec les écuyers et servants d'armes, formait un corps de plus de deux mille hommes. A la tête de cette chevalerie, le comte d'Artois se rendit à Saint-Omer pour marcher contre les Allemands qui, sous la conduite de Guillaume de Juliers, de Jean de Gavre et du comte de Beaumont, ne se contentaient pas de garder la Flandre maritime, mais faisaient des courses en Artois et y exerçaient beaucoup de déprédations. Dès le lendemain de son arrivée à Saint-Omer, Robert marcha vers Cassel. Les habitants n'attendirent pas qu'il fût arrivé sous leurs murs pour se soumettre; ils accoururent au-devant de lui, et s'abandonnèrent à sa discrétion avec leurs biens, ville et territoire. Le comte d'Artois les prit en grâce et leur promit qu'ils ne perdraient rien à venir en l'obéissance du roi. De là, il se dirigea vers Bergues. Il apprit chemin faisant que Guillaume de Juliers et ses Allemands s'étaient repliés sur Furnes, qu'ils fortifiaient la ville et comptaient la défendre envers et contre tous. Le comte d'Artois, résolu de faire une pointe vers Furnes, demanda des renforts aux gens de Saint-Omer, qui lui envoyèrent cent chevaux, douze cents hommes de pied et soixante arbalétriers.

Sur ces entrefaites, les séductions employées par le roi pour corrompre la fidélité des principaux seigneurs flamands, avaient réussi; et il s'était déjà formé au sein du pays, sous le titre de gens du lys ou *Léliaerts*, un parti qui désirait la ruine du comte, et appelait de tous ses vœux la domination française. Les chefs de cette faction dans la Flandre occidentale étaient Jacques, évêque des Morins, et Thomas d'Ardembourg, abbé des Dunes. Leur influence dirigeait le vicomte de Furnes, le bailli et les magistrats du territoire de Furnes appelé le *Furnambacht*, et grand nombre de nobles, entre autres le châtelain de Bergues. Le comte d'Artois s'entendit secrètement avec eux, afin qu'au premier engagement sérieux ils fissent volte-face pour prendre les Allemands à dos. Presque sûr ainsi du succès de son entreprise, Robert marcha sur Furnes, brûla sur sa route l'église de Haninghe, et massacra les braves habitants du lieu qui la défendaient (1). Le mardi 17 août il arriva vers le matin à Bulscamp, village situé à une demi-lieue sud de Furnes, sur le canal de cette ville à Nieuport, où le châtelain de Bergues avait un domaine. Cet homme, tout dévoué à la cause du roi de France, reçut en son manoir le comte d'Artois, qui y prit même une collation (2).

On était à table quand Guillaume de Juliers, jeune et brave guerrier, accourut avec les Allemands et les Flamands pour défendre le passage d'un pont; mais déjà Philippe d'Artois, sans attendre son père, l'avait franchi. Emporté par son audace au milieu des ennemis, il fut grièvement blessé et fait prisonnier. Les Français s'étant alors précipités en masse de l'autre côté du pont, l'action devint générale. Guillaume de Juliers et ses compagnons d'armes soutenaient le choc avec une vigueur qui rendait encore la victoire indécise, lorsque Bauduin Reyfin, bailli et commandant des gens de Furnes, laissa choir à terre la ban-

---

(1) Elle fut advironnée tellement que en peu d'heure par force d'assaillir les Franchois la conquirent et entrèrent dedens à puissance, et furent tous mis à l'espée ceulz que ilz trouvèrent dedens. — *Chron. de Fl*, *Msc. du roi*, n° 8380, f° *CXV*.

(2) Les seigneurs alèrent disner à une forte maison appartenant au chastellain de Berghes, nommée Burlescamp. — *Ibid.*

nière de Juliers et passa avec ses troupes sous l'étendard du châtelain de Bergues, qui était monté à cheval pour suivre le comte d'Artois(1). Cette trahison des Léliaerts jeta le découragement et le trouble parmi les Allemands. Philippe d'Artois fut repris par les siens; et Guillaume de Juliers, combattant en désespéré, tomba entre les mains des Français, tandis que Jean de Gavre était égorgé, et que le sire de Beaumont fuyait vers la route d'Ypres avec les débris de la troupe. Après avoir vaincu d'une façon si peu honorable, le comte d'Artois pilla et brûla Furnes, se présenta devant Nieuport et Dixmude, qui se soumirent effrayées; puis, ayant congédié les Audomarois, il alla rejoindre le roi de France dans son quartier-général devant Lille.

La journée de Bulscamp coûta cher aux deux partis; Philippe d'Artois mourut peu après des suites de sa blessure, et Guillaume de Juliers, violemment contusionné dans la bataille, ne tarda pas non plus à expirer. On dit que le comte d'Artois, jaloux de venger la mort de son fils, avait fait jeter Guillaume dans un cachot infect, d'où il ne sortit plus vivant. Les villes de la Flandre occidentale qui s'étaient si facilement rendues à l'ennemi expièrent plus tard cette défection par des amendes considérables. Quant à l'abbé des Dunes, l'un des principaux fauteurs de la trahison, il fut chassé de la Flandre par les Brugeois et alla finir misérablement ses jours à Paris dans le collége de Saint-Bernard, où il avait trouvé un refuge.

Philippe-le-Bel avait commencé le siége de Lille, dont

(1) Item à ce jour, bailla li contes de Julers se bannière à un chevalier que on nommoit Bauduin Ruffin, et à l'assamblée de le bataille, il jeta se banière sus et se traist vers le castelain de Berghes qui estoit avec les Franchois. — *Chron. de Jehan li Tartiers*, Msc. appartenant à M. Brun, de Lille, f° 3 v°.

la possession lui assurait la conquête de toute la Flandre wallonne. L'attaque prit une vigueur nouvelle à l'arrivée du comte d'Artois et de ses gens. On avait dressé devant les murs des balistes qui lançaient dans l'intérieur de la ville d'énormes blocs de pierre. Des assauts étaient livrés chaque jour; mais Robert de Béthune et ses chevaliers maintenaient l'ordre et le bon esprit parmi les bourgeois, et ils les entraînaient par leur exemple partout où était le danger.

Il y avait surtout parmi les assiégés un homme dont la valeur et les prouesses contribuaient puissamment à contrarier les opérations de l'armée royale et à faire traîner le siége en longueur; c'était le sire Waleran de Falckenberg, surnommé le Roux. Un jour le comte de Forest, celui de Montbéliard et Jean de Châlons faisaient le guet à l'entrée du camp donnant vers la ville. La chaleur était fort grande; il prit fantaisie à ces seigneurs de descendre de cheval, de faire monter leurs valets, de les revêtir de leurs bassinets et de leur mettre en mains leurs écus et leurs lances, puis de s'aller eux-mêmes reposer à l'ombre sous leurs tentes (1). Le Roux de Falckenberg l'apprit par un espion. Il s'arma aussitôt, fit armer ses gens, et ordonna d'adapter au fer de sa lance un crochet au moyen duquel il put tirer les valets à bas de leurs chevaux. Il courut ansuite avec sa troupe vers le camp, accrocha les valets et les jeta par terre. La rumeur se met au camp : des cris s'élèvent de tous côtés ; on monte à cheval et l'on se précipite sur les Allemands, qui, tout en se défendant, battaient en retraite vers la porte de la ville.

(1) Et quant che vint à le calor dou jour, chil waiteur del ost descendirent de leurs chevaus et firent monter leurs garchons et leur baillièrent leurs bachines, leurs escus, leurs lances, et s'en allèrent ombroier en leurs tentes. — *Ibid.*, 4.

Le comte de Vendôme était à la tête des assaillants et poursuivait Falckenberg avec un acharnement aveugle. Celui-ci l'attend, l'empoigne à bras-le-corps, l'enlève de dessus son destrier, et, le plaçant en travers sur le pommeau de sa propre selle, l'emporte au galop ; mais cette nouvelle charge retardait la course du cheval, et les Français en grand nombre le suivaient de près et pouvaient profiter du pont-levis qu'on tenait baissé pour entrer dans la ville pêle-mêle avec les Allemands. Un puits se trouvait sur le bord du chemin ; Falckenberg passe tout près, et, saisissant sa noble proie, la jette dedans toute vivante (1). Les Français s'arrêtèrent, laissant les Allemands pénétrer en ville. Ils se hâtèrent de retirer le comte de Vendôme ; mais déjà il était mort. Le roi fit grand deuil de ce chevalier, qu'il aimait beaucoup, et renvoya son corps à Vendôme, pour qu'il y reçût une honorable sépulture.

Une autre fois, les chambrières de la reine avaient fait la lessive et mis sécher le linge de l'hôtel du roi près d'un petit ruisseau, qu'on appelle le Riez de la Madeleine, en face du camp. Waleran de Falckenberg sortit avec une troupe de chevaliers et de gens de pied. L'alerte se mit dans l'armée ; et, pendant que les chevaliers des deux partis escarmouchaient, les piétons enlevaient le linge, et le rapportaient dans la ville au grand déplaisir du roi et de la reine (2).

Les Français usaient d'ailleurs de terribles représailles. Des bandes se répandaient entre la Lys et la Scarpe jusqu'à Douai et y exerçaient d'affreux ravages, pillant les vil-

---

(1) Et li sires de Faukemont ne se povoit nient bien aidier pour le contes de Vendosme dont il estoit querkiés; adonc le jetta-il sus de sen cheval en un pnich qui estoit en l'arsin des fourbours, et là morut. — *Ibid.*

(2) *Ibid.*

lages, brûlant les moissons et se livrant à mille excès. Les églises et les monastères ne trouvaient même pas grâce devant ces soldats indisciplinés. Ils avaient ruiné le couvent des dominicains sous les murs de Lille ; ils forcèrent l'abbaye de Flines, où reposait la dépouille mortelle de Marguerite de Constantinople. Tout, dans cette maison, fut mis à sac et à sang, et les plus jeunes d'entre les religieuses subirent l'outrage de ces sauvages conquérants (1). Il semblait que les Normands ou les Madgyars avaient reparu dans les plaines belgiques.

Tandis que ces événements se passaient au sein de la Flandre wallonne, le comte Gui se tenait à Gand, à Ypres, quelquefois à Bruges, attendant avec impatience et anxiété des nouvelles du roi d'Angleterre, qui ne débarquait pas, malgré sa parole formelle. Il arriva néanmoins vers la fin du mois d'août à Bruges, avec son fils le prince de Galles, fiancé de Philippine de Flandre. Il ne trouva pas chez les Brugeois beaucoup de sympathie en faveur de leur comte. Soit qu'ils fussent déjà influencés par l'or et les promesses du roi de France, soit que leur orgueil national fût réellement blessé, ils se plaignaient de ce que Gui avait eu recours aux Allemands et aux Anglais pour soutenir la guerre, et voyaient de fort mauvais œil ces auxiliaires étrangers. Le roi Édouard s'en alla trouver le vieux comte, qui séjournait alors à Gand, déplorant les malheurs de la patrie et désespérant d'y pouvoir apporter remède, si la ville de Lille ne tenait bon. Le chagrin de Gui redoubla quand il vit com-

(1) ... Villæ campestres undique sunt destructæ, et monasteria depopulata. Maximè quod dolendum fuit monasterium dominarum de *Flines*, et, proh dolor! aliquæ moniales violatæ et cum confusione ductæ in acie. — *Chron. Ægidii li Muisis ap. Corpus Chron. Flandriæ ed. de Smet*, II, 186.

bien peu de chevaliers le roi d'Angleterre avait amenés avec lui. Édouard lui représenta qu'il comptait sur l'arrivée de l'empereur avec de nombreuses troupes, et Gui dut se contenter de cette raison. Alors il exposa sa pénurie d'argent et lui montra le dénûment de toutes choses dans lequel il se trouvait lui-même. Édouard en eut pitié et fit venir d'Angleterre sa riche vaisselle et ses joyaux, qu'il lui prêta pour qu'il les pût mettre en gage chez quelques opulents bourgeois du pays. On voyait dans ce trésor six couronnes d'or enrichies de pierres précieuses, une vingtaine de coupes de vermeil ou d'argent, la plupart couvertes d'émaux et supportées par des figures artistement ciselées ; des bassins pour laver, également d'argent et travaillés de merveilleuse façon ; des ceintures brodées d'or et de pierreries : le tout estimé quatre cents livres dix-huit deniers (1). Pendant son séjour à Gand, le roi d'Angleterre essaya d'accorder les dissentiments qui régnaient toujours entre les magistrats et Gui de Dampierre ; il confirma les priviléges octroyés aux marchands flamands qui allaient négocier dans la Grande-Bretagne ; enfin il arma chevaliers Gui et Jean, fils du comte. C'étaient là de bien faibles consolations pour le noble vieillard que la fortune semblait vouloir accabler de toutes ses rigueurs.

Tout occupé qu'il était au siége de Lille, Philippe-le-Bel n'intriguait pas moins, tant à l'intérieur qu'à l'extérieur de la Flandre, pour séduire les Flamands et détacher les princes de la cause de Gui de Dampierre. Il craignait beaucoup l'intervention de l'empereur, et mit tout en œuvre pour l'empêcher. L'arrivée du roi d'Angleterre était un motif de

---

(1) *Archiv. de Fl.*, acte du 2 janvier 1297, or. scellé.

plus pour prévenir celle d'Adolphe de Nassau. D'après le conseil du comte de Hainaut, qui lui dit que l'empereur était *grand convoiteur* (1), il dépêcha Jacques de Châtillon à Cologne, où ce dernier s'éjournait alors. Jacques emportait avec lui quatre sommiers chargés d'or, affirme un chroniqueur (2), ce qui facilita singulièrement les négociations. L'empereur resta en Allemagne; et, afin qu'il n'en bougeât pas, Philippe-le-Bel détermina secrètement Albert d'Autriche à lui faire la guerre.

Le siége de Lille durait depuis plus de deux mois et n'avançait guère. La bravoure de Robert de Béthune, secondée par les Flamands et les Allemands, rendait les assauts inutiles. Le roi y avait perdu beaucoup de monde et dépensé bien de l'argent. Cependant il ne désespérait pas de s'en emparer, car il avait des intelligences dans la place et jusque parmi les conseillers du prince flamand. Il savait que la famine commençait à faire ses ravages parmi la ville, que le peuple murmurait et que certains seigneurs influents, tels que les sires d'Hondschoote, de Ghistelle et de Saint-Venant et d'autres gagnés à sa cause, travaillaient à décourager Robert de Béthune et les assiégés (3). Il y avait surtout à Lille un chevalier, né dans la Pouille, et nommé Robert d'Achies, qui trahissait positivement le comte, quoiqu'il appartînt à sa maison et qu'il eût été comblé par lui

---

(1) ... Et chils contes de Haynau dist au roy de Franche que li rois d'Alemaigne estoit moult convoiteurs. — *Chron. de Jehan li Tartiers, f° 5.*

(2) *Ibid.*

(3) .. Et hoc per infidelitatem et malum fervorem erga comitem et filios suos, domini de Hondescote et domini de Sancto Venantio... et domini de Ghistella. — *Monachus Gandavensis, ap. Corpus chron. Flandriæ ed. de Smet,* I, 374.

de nombreux bienfaits (1). Ce Robert sortit un soir de la ville et se fit introduire secrètement auprès de Philippe-le-Bel. « Sire, lui dit-il, je puis vous enseigner un moyen de prendre la ville. » — « Et, quel est-il? demanda le roi ». — « Sire, faites mener demain un des troupeaux de porcs du camp près de la porte de la Madeleine ; que trois mille hommes bien armés se tiennent embusqués près de là. Le Roux de Falckenberg sortira comme de coutume pour saisir cette proie ; vos gens alors se précipiteront vers la porte que j'aurai soin de tenir ouverte, et vous serez maître de Lille (2). » Le roi fut enchanté de cet avis, et promit une belle récompense au traître ; mais celui-ci n'avait pu pénétrer si furtivement dans le camp français, qu'il n'eût été aperçu par les espions que Robert de Béthune y entretenait. On connaissait même la ruse projetée. Le prince flamand en fut aussitôt averti. Quand Robert d'Achies voulut rentrer dans Lille, des sergents apostés le saisirent et l'amenèrent au prince, qui le fit étroitement garder. Le lendemain matin les gens du roi s'embusquèrent ; et, comme il était convenu, un troupeau de porcs s'en vint pâturer près de la porte de la Madeleine. Le sire de Falckenberg, au courant de la machination, ordonna d'entre-bâiller la porte et d'amener un petit pourceau qu'on tira par les oreilles de manière

(1) Et à Lile avoit un chevaliers du pays de Puille et estoit as draps Robiert de Flandre et à sen consel et le nommoit-on Robiert d'Achies.—*Chron. de Jehan li Tartiers*, f° 5.

(2) « Sires, dist li chevaliers, faites demain cachier une porkerie de vos garnisons devant le porte de la Maselaine et faites armer 3,000 hommes en embusquie près, car je sais bien que li rous de Faukemont istera pour celle proie avoir, et vos gens se lievront aprestement, et s'ils retournent à le porte, je le tenray ouverte tant que vos gens y poront entrer ens et vile prendre. —. *Ibid.*

à le faire grogner haut et clair. Les porcs qui étaient dans les champs près de là, entendant ces cris, coururent vers la porte et se ruèrent vers le guichet, qu'on ferma lorsqu'ils furent tous entrés. Les Français accoururent ; mais il était trop tard, et ils s'en allèrent très-mortifiés (1).

Nonobstant la résistance des assiégés, le roi de France n'en tenait pas moins la ville fortement serrée; car il savait que, la misère et la famine augmentant tous les jours, elle ne pourrait plus tenir long-temps. Ses machines ne cessaient de lancer des projectiles par-dessus les murailles; et grand nombre d'édifices et de maisons en avaient déjà beaucoup souffert. Un jour, une énorme pierre tomba sur l'hôtel du comte Robert, brisa les combles de la chambre où il prenait son repas, et vint écraser deux chevaliers qui se tenaient devant lui (2). Robert découragé de l'inutilité de ses efforts, affligé de voir le triste état des assiégés, d'entendre leurs plaintes et leurs murmures, résolut après cette dernière catastrophe de ne plus prolonger une défense qui durait depuis onze semaines. Des propositions lui avaient été faites, de la part du roi de France, par Amédée comte de Savoie, Jean comte de Hainaut et Robert comte d'Artois. Il les accepta, et une capitulation fut signée le 29 août, jour de la Décollation de saint Jean-Baptiste. Philippe-le-Bel accordait à Robert de Béthune et aux siens de se retirer avec armes, bagages et attirails de guerre. Les bourgeois, manants et habitants de la ville étaient reçus en

---

(1) *Ibid.*

(2) Un jour séoit Robert de Flandres au disner en la salle à Lile, mais li conte de Haynau son cousin li fist envoier une piere d'enghien qui brisa le comble de le sale et quey devant le table dou conte Robiert et tua deux chevaliers dont Robert fut moult dolens et dist que il ne poroit plus la ville tenir. *Ibid.*

l'obéissance du roi, qui jurait de maintenir leurs lois, franchises, priviléges, us et coutumes, et de les garder et protéger comme ses propres sujets (1).

Une fois maître de Lille, le roi de France devait l'être bientôt de tout le pays de Flandre, dont cette ville forme le principal boulevard : en effet, Douai et Courtrai ne tardèrent pas à ouvrir leurs portes; et Philippe, après avoir visité les villes conquises, s'avança vers Bruges. Le bruit de ses succès avait devancé sa marche et accru le nombre de ses partisans. Les Brugeois, qui se rappelaient les sévères amendes dont le comte Gui avait puni leurs révoltes, vinrent à la rencontre de Philippe-le-Bel à Ingelmunster, et lui offrirent spontanément les clefs de leur ville. Le roi de France les récompensa dignement. Il déclara les rétablir dans toutes les libertés qu'on leur contestait, et voulut que cette déclaration tînt lieu des titres consumés par l'incendie du beffroi : mettant à néant les contestations élevées par Gui *qu'on appelle comte de Flandre*, disait-il dans sa charte (2). Il fit les mêmes promesses aux villes et châtellenies de Bergues, Bourbourg, Dunkerque et Mardike, dont les habitants s'étaient aussi rangés sous son obéissance (3).

Alors Charles de Valois avec Raoul de Nesle, connétable de France, et une partie de l'armée, alla prendre possession de Bruges, puis il se rendit à Dam afin d'y surprendre et d'y brûler la flotte anglaise, comme autrefois l'on avait fait des vaisseaux du roi Philippe-Auguste. Mais les Anglais, aussitôt qu'ils avaient connu la soumission de Bruges et l'approche des troupes françaises, s'étaient hâtés de faire ga-

---

(1) *Archiv. de la ville de Lille. Registre aux titres D. E. F., f° 24.*
(2) *Olim, II, 28.*
(3) *Archiv. de Fl., acte du mois de septembre 1297, copie authentique.*

gner la haute mer à leurs navires. Trompé dans son espoir, Charles de Valois se mit à fermer le port de Dam afin d'en interdire l'accès à la flotte anglaise; il releva les fortifications de Bruges, traça de larges fossés autour de la ville, et vint rejoindre son frère au camp d'Ingelmunster pour se préparer à faire le siége d'Ypres, qui restait fidèle à Gui de Dampierre. On raconte que le roi dit en plaisantant à Charles de Valois, lors de son arrivée à Bruges : « Or çà ! beau frère, vous m'avez amené guerroyer en Flandre, qui a la réputation d'être l'un des plus riches pays du monde, et jusqu'à présent ni moi, ni mes gens n'y avons fait grand profit. Il faudrait que, pour payer ma bien-venue, ces Flamands me fissent au moins cadeau de deux cent mille francs. Mais, dites-moi, combien vous ont donné ceux de Bruges pour les avoir si bien traités ? S'ils vous ont donné moins de cent mille francs, vous n'avez pas votre salaire (1) » — « Sire, répondit Charles, je perds à ce titre tout ce qu'ils m'ont baillé en moins. Flamands sont fiers, dit la renommée, et c'est par la douceur qu'il faut les prendre (2). Point ne conviendrait aujourd'hui de leur demander de l'argent. » — « Oh ! oh ! vous vous y entendez, dit le roi. Nous verrons bien cependant s'ils ne sont pas un jour plus aimables (3). »

Après la capitulation de Lille Robert de Nevers s'était

---

(1) « Vous m'avez amené guerroier en Flandres qui est par renommée l'un des plus riches pays du monde... Il fault que à ma bien venue ces Flamens me facent un ayde de deux cens mille frans.... Mais combien vous ont donné ceulx de Bruges? Se ilz vous ont donné moins de cent mille frans, mal vous ont salarié. » — *Chron. de Fl., Mes. du roi*, n° 8380, f° *CXVIII* v°.

(2) « Sire, dist-il, ce qu'il m'en ont moins donné c'est mon domage. Flamens par renommée sont fiers et par doulceur les convient attraire. » *Ibid.*

(3) « Vous en sarrez bien faire, dist le roy; or il parra comment ilz vous obeyront et seront cy après aimables. » — *Ibid.*

rendu à Gand, où se trouvaient le comte de Flandre et les princes ses alliés. Quand on eut appris que Charles de Valois venait de se replier sur Ingelmunster avec le gros de l'armée, Robert, le jeune Edouard, prince de Galles et le duc Albert d'Autriche se portèrent vers Bruges et Dam, en tête d'une troupe nombreuse de Flamands, d'Anglais et de Gallois. Dam et son port furent repris après une lutte opiniâtre où quatre cents Français furent tués. On aurait peut-être recouvré Bruges; mais, des querelles sanglantes s'étant élevées au sujet du butin entre les Flamands et les Anglais, l'attaque ne put avoir lieu (1). D'ailleurs le roi de France vint bientôt lui-même à Bruges avec toute son armée, et l'on ne dut plus songer à s'en emparer pour le moment. Sur ces entrefaites Charles de Valois investit la ville d'Ypres, défendue par Philippe de Maldeghem, noble chevalier flamand, parent du comte Gui. Les bourgeois dévoués à leur seigneur secondèrent énergiquement les efforts du sire de Maldeghem et de ses hommes d'armes, de façon que Charles de Valois, qui tous les jours perdait beaucoup de monde dans des assauts inutiles, jugea prudent de lever le siége et de revenir à Bruges; ce qu'il fit après avoir brûlé tous les faubourgs d'Ypres.

Du reste le roi de France était maître de la majeure partie du pays, grâce à la division qu'il avait su habilement susciter, et au faible concours prêté au comte de Flandre par des alliés indifférents et mous. Le roi d'Angleterre n'avait amené que mille chevaux et mille hommes de pied, comptant, disait-il, sur les grands secours promis par l'em-

---

(4) Et per consequens, portum Brugensem et villam Brugensem etiam obtinuisset, si Anglici et Flamingi victores inter se non discordassent. — *Monachus Gandavensis*, loco citato, 375.

pereur; et ce dernier, on l'a vu, n'avait pas été plus embarrassé pour s'excuser du peu de soldats qu'il envoyait. Cependant, à la conférence de Grammont on s'était promis de s'entr'aider de toutes ses forces; mais cette bonne volonté s'était évanouie. La cause du vieux comte de Flandre se trouvait seule en jeu dans la circonstance; et les puissants rois d'Angleterre et de Germanie le sentaient trop bien pour faire de grands sacrifices en sa faveur. D'ailleurs l'or de Philippe-le-Bel exerçait déjà son influence sur l'empereur, et le monarque anglais devait être bientôt lui-même l'objet des séductions de la politique française. D'un autre côté, la chevalerie flamande, qui de tout temps s'était montrée si unanime et si courageuse quand il s'agissait de repousser la domination étrangère, se trouvait maintenant désunie. Si quelques braves seigneurs marchaient encore courageusement sous l'égide du vieux lion de Flandre, beaucoup d'autres aussi, trop oublieux de leur origine et de la gloire de la patrie, n'avaient pas honte de suivre ce drapeau de Bouvines rouge encore du sang de leurs pères.

Dans cette triste situation, le comte ne pouvait plus espérer chasser les ennemis de sa terre. Le roi Édouard se montrait désireux de retourner en son pays, et moins que jamais l'on pouvait compter sur l'assistance d'Adolphe de Nassau. Une trêve fut conclue entre les rois de France et d'Angleterre, d'abord pour six semaines, du 15 octobre au 1er décembre, puis prorogée de plus de deux ans, jusqu'à l'épiphanie de 1299, par l'intervention de Charles-le-Boiteux, roi de Sicile. Toutes les villes conquises en Flandre par le roi, ou qui s'étaient remises volontairement à lui, demeuraient en son pouvoir durant toute la trêve. Le comte Gui promettait, pour lui et ses enfants, de garder et d'entretenir la trêve, et consentait que ses sujets allassent négocier en France et dans les pays alliés du royaume. Enfin, les différends des deux rois étaient remis à l'arbitrage du pape Boniface VIII (1). Pendant que l'on traitait de cette suspension d'hostilités, le roi d'Angleterre faisait le serment solennel de ne jamais conclure la paix avec Philippe-le-Bel que la Flandre entière ne fût restituée à Gui; mais c'était encore là un de ces subterfuges dont le comte devait être si souvent la dupe, car, par une disposition de la trêve qu'on avait eu soin de lui cacher, le roi Édouard se réconciliait en quelque sorte avec Philippe-le-Bel, qui lui avait offert sa sœur Marguerite en mariage avec une dot considérable. Veuf depuis sept ans de sa femme Éléonore de Castille, Édouard n'était pas resté insensible à cette proposition qu'on devait regarder comme un acheminement à la paix entre les deux rois.

Philippe-le-Bel quitta la Flandre après avoir mis de bonnes garnisons dans les places qu'il occupait. Quant à Édouard, la saison étant mauvaise pour s'embarquer, il passa l'hiver à Gand avec ses gens d'armes. Ceux-ci n'avaient pas vu sans grand déplaisir échouer leur expédition. Ils regrettaient de quitter ce riche pays sans emporter tout le butin qu'ils avaient espéré d'y faire. Oubliant la bonne hospitalité que la ville de Gand leur accordait, et les sacrifices qu'elle s'était imposés pour les nourrir et convenablement héberger, ils conçurent et mirent à exécution un projet atroce. Une nuit le feu éclata aux quatre coins de la ville et les Anglais, comptant sur l'obscurité, le trouble et la confusion, se répandirent à travers les rues pour égorger les

(1) *Archiv. de Fl. Copie simple sur parchemin.*

habitants et piller leurs demeures (1). Heureusement cette horrible machination avait été dénoncée, et l'on se tenait sur ses gardes. Le tocsin sonne du haut du beffroi et aussitôt une immense multitude de Gantois armés se précipite sur les Anglais et massacre sans pitié tous ceux que la fuite ne peut dérober à leurs coups. Sept cents de ces insulaires périssent ainsi. Le roi d'Angleterre et son fils auraient subi le même sort, si un noble chevalier flamand ne les eût protégés. Gui de Dampierre et ses fils, éveillés en sursaut, coururent se jeter au-devant des Gantois, qui avaient juré de tout exterminer, et, par leurs discours et leurs prières, calmèrent la juste fureur du peuple et arrêtèrent un massacre qui sans doute eût encore duré long-temps (2). Cette tempête populaire et la nouvelle du soulèvement de l'Écosse par Wallace hâtèrent le départ du monarque anglais, qui s'en alla avec les siens s'embarquer au port de Bruges. Débarrassé de ses ennemis et de ses amis, le comte de Flandre, tout vaincu, trompé et dépouillé qu'il était, eut au moins alors un moment de répit; mais la guerre l'avait réduit à un état si besoigneux qu'il envoya vers les abbés d'Anchin, de Marchiennes, de Saint-Bertin, de Saint-Winoc, de Saint-Bavon, de Saint-Pierre de Gand, de Saint-Amand, de Ham, de Hasnon et d'Afflighem, pour les prier de vouloir bien remettre au messager porteur de ses lettres les pelisses, les

(1) Anglici enim, sicut ingratissimi homines, de fidelitate et beneficiis et cordialitatibus Flamingorum et potissimùm Gandensium, qui eos humanissimè apud se per totam hyemem et tutissimè permanere permiserunt, consuetam trahentes caudam et villam dictam spoliare cupientes et sibi resistentes trucidare, eam in quatuor locis, quasi in quatuor angulis incenderunt.—*Monachus Gandavensis*, 376.

(2) Nisi comes et filii sui cum maximis precibus et blandissimis monitionibus communitatem Gandensem à furore retraxissent. — *Ibid.*

bottes et les vingt sols que chacun, suivant une vieille coutume, devait annuellement bailler en hommage au comte (1).

Il ne restait qu'une ressource et qu'une consolation à Gui de Dampierre; c'était de voir autour de lui des fils braves, vigoureux, et en qui reposait l'espoir de la patrie. Le comte aurait pu leur abandonner toutes les fatigues et tous les tourments que lui suscitaient les affaires publiques, mais il eut le courage de rester à son poste et voulut boire le calice jusqu'à la lie. Il mit à profit le temps de la trêve pour fortifier et munir les villes qui lui restaient en Flandre, savoir : Dam, Rodenbourg, Gand, Deynze, Audenarde, Ypres et Cassel (2); puis il se ménagea des alliances à l'extérieur. A la fin de l'année 1297 il traita d'une ligue offensive et défensive avec son petit-fils Jean II, duc de Brabant, fils de Jean Ier mort trois ans auparavant des suites d'une blessure reçue dans un tournoi. Les deux parties promirent de se secourir mutuellement dans tous leurs besoins et de toutes leurs forces (3). Un peu plus tard il conclut des conventions de même nature avec le comte de Hollande (4).

Nous avons dit que les différends des princes avaient été soumis à l'arbitrage du pape Boniface VIII. Jacques de Saint-Pol, au nom du roi de France, l'évêque de Durham, au nom du roi d'Angleterre, Robert de Nevers et Jean de Namur, au nom de leur père, furent envoyés à Rome pour soutenir les droits respectifs des parties. Les demandes du comte de Flandre n'étaient pas exorbitantes. Il voulait seu-

---

(1) *Archiv. de Fl., Registres des chartes, vol. VII, f° 198 ter.*
(2) *Monachus Gandavensis*, 377.
(3) *Archiv. de Fl., acte du 6 mars 1297. Or. parch. scellé.*
(4) *Ibid.* 11 *février* 1298. — Imprim dans *Hist. crit. Holl. et Zel. ab Adr. Kluit*, II, 983.

lement : 1° que sa fille lui fût rendue; 2° que l'on mît en liberté les prisonniers, ainsi qu'il avait été convenu en exécution de la trêve; 3° que le temps de l'appel fait à la cour de Rome ne comptât point dans le temps assigné pour la durée de la trêve; 4° que certains bourgeois de Valenciennes, arrachés violemment hors des églises par le comte de Hainaut, fussent remis en état de pouvoir jouir des immunités ecclésiastiques (1). Divers prélats et gens de loi avaient accompagné les fils du comte pour plaider leur cause. Les conférences durèrent long-temps et le roi de France profita de ces délais pour commettre en Flandre mille exactions, au mépris de la trêve, et opprimer les Flamands restés fidèles à leur seigneur. Il travaillait aussi à détacher le comte de Hollande de son alliance avec Gui. Des lettres écrites par ce dernier à ses enfants révèlent toutes ces iniquités, et peignent la triste situation de la Flandre et de son souverain. « Pour surcroît de malheur, dit-il dans une de ses dépêches, Michel, notre chapelain, et Jacques Beck, notre clerc, qui sont près de vous, nous ont mandé que le pape et les cardinaux sont fort avides, et que l'on ne peut besogner auprès d'eux sans beaux services et grands dons. S'il en est ainsi, le roi de France aura gagné avant le coup, car il peut donner cent contre nous un (2). » Les choses n'allèrent pas aussi mal qu'il le craignait; la sentence du pape fut en tous points contraire aux intérêts et aux vues du roi,

---

(1) *Ibid. Copie en papier.*

(2) « Il nos ont mandei voirement que li papes et li cardenal sunt molt convoiteus et ke peu u nient on puet besogner au pape sans biaus servicches et grans dons, ne as cardenaus... dont devons nos savoir ke li rois de Franche ara encontre nous devant le cop tout gaagnié, car il a pooir de donner cent contre un ke nous porriens donner. » — *Archiv. de Fl., Lettre du comte à ses enfants, minute sur parchemin,* 1298.

quant à ce qui concernait la Flandre. Le pape, en effet, ne voulait pas s'associer à cette politique ambitieuse et violente, dont lui-même devait être bientôt la victime. La sentence fut rendue le 28 juin 1298. Elle portait, entre autres choses, que le roi de France remettrait au comte la jeune princesse Philippine qu'il détenait depuis plusieurs années, et se dessaisirait en outre de toutes les villes qu'il avait prises en Flandre. Pour donner plus d'autorité à sa décision le pape l'avait fait expédier sous forme de bulle, et l'avait confiée à l'évêque de Durham pour être lue et signifiée au roi de France à Paris. Le prélat se présenta donc devant le roi en son conseil, et lui fit lecture de la bulle. Charles de Valois, Louis d'Évreux et Robert d'Artois, frères du roi, assistaient à ce parlement. Quand on fut arrivé aux articles concernant la Flandre, Robert d'Artois, qui avait été un des principaux instigateurs de la guerre et qui convoitait peut-être la riche province dont son fief n'était qu'un état démembré, Robert d'Artois devint pâle de colère, et arrachant la lettre pontificale des mains de l'évêque il eut l'audacieuse témérité de la jeter au feu (1). Un chroniqueur assure même que, dans sa fureur, il l'avait d'abord lacérée avec les dents (2). Le roi n'était pas moins courroucé que son frère. Pour tout au monde il n'eût pas abandonné sa conquête. Il s'emporta contre le jugement du pape, et, loin d'y obtempérer, jura qu'il n'attendait que l'expiration de la trêve pour retourner en Flandre, et anéantir les derniers vestiges de la puissance comtale.

(1) Li contes d'Artois li esracha hors des mains et le jeta au feu qui estoit en la keminée de le cambre du roy, dont li aulcuns l'en blamèrent et li aulcuns non. — *Chron. de Jehan li Tartiers, fº VII vº.*

(2) *Gilles de Roye.*

Après avoir été faiblement soutenu par ses alliés, les rois d'Angleterre et de Germanie, Gui de Dampierre s'était vu tout-à-fait délaissé par eux au moment où il aurait eu le plus besoin de leur aide. Il dut dès lors considérer le roi Édouard plutôt comme un ennemi que comme un ami. La sentence du pape repoussée avec tant de dédain par le roi de France, en ce qui regardait la Flandre, avait résolu les différends de Philippe-le-Bel et d'Édouard, à la satisfaction de chacun d'eux, et la paix s'en était suivie. Bien plus, le mariage de Marguerite de France avec le monarque anglais avait été arrêté, de même que celui du prince de Galles avec Isabelle, seconde fille du roi, au mépris des conventions conclues antérieurement avec le comte de Flandre. L'abandon du roi d'Angleterre, c'est-à-dire de l'allié sur lequel la Flandre devait le plus compter fut très-sensible à Gui de Dampierre. Il n'y voulait point croire, et reconnut que la chose était trop réelle quand il vit les Français qui occupaient la Flandre s'en vanter hautement, et redoubler d'audace et de violence, comme s'il n'existait pas d'armistice. Alors il écrivit au roi Édouard une longue lettre où, après avoir énuméré tous ses griefs contre les conquérants de sa terre, il disait avec amertume : « Outre ces tristes choses, très-cher sire, il nous est venu de Rome de bien dures nouvelles, qui nous ont grandement ébahis, nous, les gens de notre terre et tous nos amis. Sire, on conte que le pape a, par alliances de mariage, prononcé paix entre vous et le roi de France sans nous y comprendre. Certes, sire, il n'y a pas grandes paroles à dire à ce sujet; mais je n'ai jamais cru et ne croirai jamais que je ne doive trouver en vous aide et confort : vous ferez votre devoir envers moi, suivant les conventions qui nous lient l'un à l'autre. Enfin, je vous prie, très-cher sire, pour la miséricorde de notre Seigneur, d'avoir compassion de moi et de mon état, et de me vouloir conforter comme celui en qui j'ai mis mon honneur et ma fortune (1). »

D'un autre côté, de graves événements arrivés en Allemagne ne permettaient plus de compter sur les gens d'armes impériaux. Albert d'Autriche, fils de Rodolphe de Hapsbourg, dernier empereur, ambitionnait le sceptre que son père avait porté et que l'élection avait fait passer de la maison de Hapsbourg dans celle de Nassau. Il forma une ligue des principaux seigneurs de l'empire mécontents d'Adolphe sous divers prétextes et parmi lesquels figuraient les ducs de Brabant, de Luxembourg et de Gueldre. Ayant réuni une armée de 14,000 hommes, il assiégea d'abord Aix-la-Chapelle, puis le 2 juillet suivant attaqua l'empereur à Goelheim, près de Worms, le vainquit et le tua de sa main. Les rois de France et d'Angleterre avaient fait passer des secours d'argent à Albert afin de l'aider à soutenir cette lutte qui devait, comme on le sait, empêcher Adolphe de venir en aide au comte de Flandre. Mais Philippe-le-Bel avait encore un autre résultat en vue. Il se flattait que, si la fortune abandonnait Adolphe de Nassau, Charles de Valois serait porté au trône impérial. Le pape avait d'abord paru favorable à ce vœu : toutefois il se ravisa. Comme les Allemands, Boniface VIII craignait la puissance et l'orgueil des Français ; de sorte qu'Albert victorieux fut élu sur-le-champ au grand déplaisir du roi de France. Ce fut là un des

---

(1) « Et vous prie, très cher sire, que pour le miséricorde de nostre Seigneur, vous voelliés avoir compation de mi et de men estat, et me voelliés conforter comme chus en qui j'ai mis men estat et men honneur. — *Archiv. de Fl. Minute sur parch..*, pièce 3846.

principaux motifs de querelles de ce dernier avec le souverain pontife. Cependant, Philippe, peu de temps après, se réconcilia avec Albert d'Autriche, dont il espérait tirer de grands avantages politiques. Il eut avec lui une conférence à Vaucouleurs, dans laquelle on convint que les limites de la France seraient reculées jusqu'à la Meuse, et que des bornes d'airain, placées sur les rives du fleuve, marqueraient la ligne de séparation du royaume et de l'empire. Puis, pour se l'attacher par les liens de famille comme il l'avait fait du roi d'Angleterre, Philippe donna Blanche, sa sœur cadette, à Rodolphe fils du nouvel empereur. Le comte de Flandre n'avait plus assez de puissance pour intervenir dans les affaires des souverains, et son épée ne pesait plus comme autrefois dans la balance des intérêts politiques. Pauvre et chétif, il devait subir les événements et courber la tête devant la fortune. Il voulut néanmoins prouver dans une circonstance solennelle qu'il n'abdiquait pas le rang ni les prérogatives des princes flamands et se rendit à Aix-la-Chapelle pour figurer au couronnement d'Albert d'Autriche. L'empereur le reçut avec honneur et vénération, le releva de la déchéance prononcée contre lui par Adolphe de Hapsbourg, qui avait investi Jean d'Avesnes de la Flandre impériale, et le reconnut prince de l'empire [1]. Mais le comte aurait eu plus besoin d'argent et de soldats que de titres honorifiques. L'empereur lui dit que

---

(1) « Spectabilem virum Gwidonem comitem Flandriæ et marchionem Namurcensem, de terris, dominiis, officiis, juribus, honoribus, dignitatibus, utilitatibus ac universis pertinentiis eorumdem, quos, quas, vel que idem comes et sui antecessores Flandriæ comites.... in feudum tenuerunt seu tenere consueverunt ... et imperii Romani vassallum sollempniter investivimus et decenter. — *Archiv. de Fl.*, *cart. impérial*, *pag.* 76 (24 août 1298).

tout ce qu'il pouvait lui promettre c'était de rester neutre.

Ainsi, Gui de Dampierre, abandonné de chacun, se voyait seul livré à la vengeance de Philippe-le-Bel, que rien n'empêchait plus d'écraser la Flandre à plaisir. Pendant tout le temps de la trêve, l'infortuné vieillard avait, par mille moyens, cherché, sans y réussir, à obtenir la paix. Peut-être Philippe-le-Bel se serait-il laissé fléchir ; mais la reine Jeanne avec ses oncles maternels, Robert d'Artois, Gui et Jacques de Châtillon, venait opiniâtrément traverser les dispositions pacifiques de ce prince. La reine et surtout le comte d'Artois étaient jaloux de la vieille puissance flamande. Ce dernier craignait que les comtes de Flandre, s'ils n'étaient anéantis, ne vinssent à envahir quelque jour l'Artois, comme l'avait tenté naguère Fernand de Portugal. Sa haine et son courroux étaient encore excités par la perte de son fils Philippe tué à la journée de Furnes.

Tout conspirait contre Gui de Dampierre. Calamités publiques, malheurs privés l'accablaient à la fois. Sa compagne, la comtesse Isabelle, qui, depuis plus de trente ans, partageait ses longues peines et ses courtes joies, mourut, le 27 septembre 1298, d'une maladie engendrée sans doute par l'infortune. Cependant l'expiration de la trêve approchait, et les préparatifs du roi de France annonçaient que la terre de Flandre allait être encore arrosée de sang.

VI

GUI DE DAMPIERRE.

1299 — 1303

Nouveaux apprêts de guerre. — Ordonnance du comte Robert de Béthune. — Premières hostilités aux environs de Bruges. — Avantages remportés par les Français. — Défection des Gantois. — Conférence de Rodenbourg. — Gui de Dampierre, à l'instigation de Charles de Valois, se livre au roi de France avec ses deux fils Robert et Guillaume, et environ quarante chevaliers flamands. — Arrivée des princes à Paris. — Le roi de France les déclare ses prisonniers. — Le connétable Raoul de Nesle gouverne la Flandre au nom du roi. — Philippe-le-Bel refuse la liberté au comte et à ses fils. — Il visite la Flandre en compagnie de la reine. — Réception brillante que leur font les villes de Gand et de Bruges. — Étonnement et jalousie de la reine en voyant le luxe et la splendeur des dames de Bruges. — Jacques de Châtillon succède au connétable dans le gouvernement de la Flandre. — Troubles à Bruges. — Tyrannie du gouverneur. — Le doyen des tisserands de draps, Pierre Konynck. — Il est emprisonné par ordre de Jacques de Châtillon. — Le peuple le délivre et il devient le chef des mécontents. — Il s'exile avec les principaux agitateurs. — Tentatives de Châtillon pour punir les révoltés. — Impôts excessifs. — Popularité de Pierre Konnyck. — Il entre en relation avec les fils du comte. — Émeute à Gand. — Jean Breydel, doyen des bouchers de Bruges, second tribun du peuple. — Arrivée de Guillaume de Juliers, petit-fils du comte, à Bruges. — Il se met en rapport avec Konynck et Breydel. — Le gouverneur vient à Bruges avec des forces imposantes. — Retour des exilés, soulèvement général des Brugeois, et massacre des Français. — Le gouverneur et le chancelier de France, Pierre Flotte, se sauvent comme par miracle. — Gui de Namur et Guillaume de Juliers reviennent au sein de la Flandre et soulèvent les populations. — Détresse des Français et des gens du Lys. — Colère du roi de France. — Il lève une formidable armée, qui s'avance contre les Flamands sous la conduite du comte d'Artois. — Bataille de Courtrai ou des Éperons.

Le jour de l'épiphanie de l'année 1299, le terme fatal était arrivé. Sans perdre de temps, Charles de Valois revint en Flandre avec une puissante armée. On y voyait figurer plus de quinze cents bannières de chevaliers et une multitude d'arbalétriers que Philippe-le-Bel avait convoqués des diverses parties de son royaume. Accablé par les ans et les infirmités, le comte de Flandre n'était plus propre à la guerre (1). Il en confia la direction à son fils et héritier, Robert de Béthune, qui avait montré beaucoup de talents militaires et déployé une grande valeur lors de la dernière invasion : il lui remit en même temps l'administration du comté, lui abandonna tous les droits et actions qu'il pouvait avoir sur la Zélande (2), sur le roi d'Angleterre, au sujet des conventions matrimoniales dont on a parlé, enfin sur Renaud, comte de Gueldre (3), puis s'enferma avec une bonne garnison au château de Rupelmonde pour y attendre les nouveaux coups que la fortune lui réservait.

Alors le comte Robert promulgua une ordonnance pour la guerre. — Tous marchands cesseront d'aller de ville en ville et on ne pourra laisser aucune marchandise ou denrée sur les chemins. — Les portes des villes seront exactement gardées par les gens du comte et des villes. Les espions et gens suspects ne pourront les franchir; les gens d'armes seuls entreront et sortiront à toute heure. — Aucune assemblée particulière ne sera permise dans les villes. — Dans chaque connétablie, l'on tiendra sur pied deux cents arbalétriers et trois mille sergents qui seront aux ordres des gouverneurs. — Quand l'armée marchera, personne ne

---

(1) *Comes Guido propter senium et debilitatem ulteriùs laborare non valens...* *Monachus Gandavensis,* 378.

(2) *Arch. de Fl. Or. parch. scellé,* nos 3893 et 3894. — Imp. dans Kluit, *Hist. de la Zélande, pièces justif.,* 387.

(3) *Arch. de Fl. Or. parch. scellé,* n° 3900.

pourra quitter sa place, pour quelque raison que ce soit, sans la permission du maréchal.—Tout ce que l'on prendra sur les ennemis sera porté le lendemain au maréchal, pour être vendu et l'argent réparti entre le gens d'armes à pied et à cheval. — Les hôtes ne pourront retenir, pour ce qu'on leur devra, ni chevaux, ni équipements de guerre ; mais ils seront payés exactement. — Les comtes de Flandre, marquis de Namur, ne pourront traiter avec ceux de Bruges sans la ville, et la ville sans les comtes (1). La ville de Gand ne pourra traiter avec celle de Grammont sans l'adhésion des comtes. — Il est défendu de méfaire aux gens du comte quand ils voyageront la nuit, particulièrement aux gens de son hôtel (2).

La présence des garnisons françaises et les divisions qui régnaient dans le pays, empêchèrent le comte de réunir des troupes suffisantes pour se mesurer en rase campagne avec l'armée royale ; de sorte qu'il se tint sur la défensive. Les premiers actes d'hostilités, en Flandre, vinrent des Flamands eux-mêmes, réunis aux Français. Les principaux bourgeois de Bruges, les négociants et une portion du commun peuple s'étaient soulevés contre leur seigneur, parce que, depuis la reprise de Dam, ce prince avait barré le canal et fortifié le port de manière à empêcher les navires d'arriver jusqu'à Bruges (3). Les Brugeois se joignirent aux Français et ravagèrent le pays d'alentour. Le 17 janvier, un mouvement populaire contre les étrangers éclata à Saint-

---

(1) Pour les différends des villes flamandes avec celle de Bruges.

(2) *Arch. de Fl.*, *minute sur parchemin.*

(3) Valdè etiam indignabantur, quòd non poterant uti portu suo marino propter villam de Dam, quam comes fecerat muniri tam fortiter, quod inexpugnabilis erat. — *Monachus Gandavensis*, 378.

Laurent, près de Rodenbourg : ceux de Bruges s'y portèrent avec les Français et bon nombre d'habitants du Franc furent massacrés. Trois jours après, le sire Philippe de Maldeghem sortit de son château en grande compagnie de gens d'armes et d'aventuriers qu'il avait rassemblés pour courir sus à Charles de Valois, qui dévastait la contrée, aux environs d'Ypres, et y faisait beaucoup de butin. Ce brave et fidèle chevalier flamand se mit en embuscade. Charles de Valois en fut informé; il fit chasser le butin par la valetaille, resta avec ses chevaliers et tous les hommes propres au combat, puis délogea le sire de Maldeghem par ses manœuvres. Quant il l'eut attiré dans un endroit convenable, il tomba sur lui et sur les Flamands. Il en eut bon marché, car les Français étaient trois contre un Flamand (1). Le sire de Maldeghem combattit vaillamment, et, ne voulant point fuir, périt avec quatre cents de ses soldats. Son donjon sans défense fut envahi et livré aux flammes. En même temps, Charles soumit Dixmude; et à la fin de l'hiver il dévasta les territoires des villes qui tenaient encore le parti du comte, savoir : Ypres, Deynse et Gand. Il ne fit aucune tentative contre ces villes, que les fils du comte avaient solidement fortifiées et qu'ils défendaient en personne avec toute l'armée flamande; mais il alla attaquer Dam, dont la possession eût été fort profitable aux Brugeois, qui n'avaient plus de communication avec la mer, ainsi qu'on l'a vu. Le frère du roi de France tenait beaucoup à complaire à cette bourgeoisie, dont le concours lui était si utile dans la guerre, et

---

(1) Illec se commença un estour terrible et mortel..... Mais en la fin les François qui estoient trois contre ung obtindrent... et les Flamands..... pour ce qu'ils ne vouldrent point fuir furent mors et détrenchiés. — *Chron. de Fl.*, ms. du Roi, n° 8380, f° CXIX v°.

à son arrivée en Flandre, il s'était empressé de confirmer les priviléges au moyen desquels Philippe-le-Bel l'avait précédemment séduite. Guillaume, un des fils du comte Gui, commandait à Dam : il résista aussi long-temps qu'il lui fut possible. Robert de Béthune, son frère, accourut même à son aide; mais tous deux, incapables de tenir tête à toute l'armée française, se virent contraints de se replier sur Gand, après avoir fait de grandes pertes.

Dès lors Gui de Dampierre considéra la partie comme perdue, et d'autant plus qu'entouré d'ennemis de tous côtés il n'apercevait pas un seul bras secourable tendu vers lui. Tout le monde, et même son petit-fils, Jean de Brabant, l'avait délaissé. C'était, dit un historien flamand, comme un agneau parmi les loups (1). Pour surcroît de chagrins, un mal de jambe, suite probable de la blessure qu'il avait reçue jadis au combat de West-Kappel, le força de garder le lit pendant trois semaines (2). Enfin, il était encore gisant et souffrant quand on vint lui annoncer que les Gantois, qui, nonobstant les anciennes inimitiés, lui avaient toujours été dévoués durant la guerre, s'étaient rangés à l'obéissance du roi de France. Dans cette extrémité, le comte envoya vers Charles de Valois pour le prier d'indiquer quelque condition de paix. Une conférence fut assignée à Rodenbourg vers le commencement de mai. Gui de Dampierre s'y rendit avec confiance et y trouva Charles et Amédée, comte de Savoie. Charles lui déclara qu'il ne voyait point de paix possible, s'il ne se mettait, lui et le reste de la Flandre, en la volonté du roi. C'était là une

---

(1) ... *Tanquàm agnus in medio luporum relictus.* — J. Meyer, *Ann. Flandr. ad ann. MCCC.*

(2) *Arch. de Fl. Or. parch. scellé,* n° 3996.

dure condition ; mais le comte était forcé de la subir bon gré, mal gré. Et en effet, que pouvait-il faire, seul, désarmé, sans ressources, au milieu d'un peuple dont la majeure partie le trahissait (1) ! Il y eut maintes délibérations, le comte hésita quelque temps encore ; mais, une sorte de fatalité le poussant, il se livra, avec ses deux fils, Robert et Guillaume, et environ quarante chevaliers, à la disposition de Charles, qui lui avait juré que si dans un an la paix n'était po nt faite il ramènerait le comte et tout son monde en Flandre. Gui de Dampierre, suivi de son noble cortége, partit donc en compagnie de Charles de Valois. C'était un bien triste spectacle à voir que cette vénérable victime de l'adversité s'acheminant pour la seconde fois vers la terre d'exil avec les compagnons de son infortune, amis peu nombreux, il est vrai, mais fidèles et dévoués jusqu'à la mort. Ces cinquante noms méritent d'être signalés à la postérité ; car en eux se personnifie, pour ainsi dire, à cette funeste époque, toute la nationalité flamande. Les voici donc, tels qu'un contemporain nous les a conservés : Godefroid de Royère, Guillaume de Steenhuys, Thierri de La Barre, Gérard de Moor, Jean de Lembeke, Gérard de Verbois, Guillaume de Mortagne, Jean de Rhodes, Guillaume de Knesselaere, Siger le Courtraisien, sire de Tronchiennes, Gautier et Guillaume de Nevèle, Arnoul d'Audenarde, Alard de Roubaix, Jean de Bondues, Roger de Ghistelles, Philippe d'Axpoele, Richard Standaert, Bauduin de Jonghe, Jean de Menin, Gui de Thourout, Roger de Bernage, Jean van der Poele, Jean de Valenciennes, Michel de Me-

---

(1) Deficientibus expensis et ab amicis omnibus quasi derelictus, imò et ab aliquibus, ut videbatur, seductus tradidit se Karolo. — *Monachus Gandavensis*, 378.

relbeke, Guillaume van Huysse, Gautier de Lovendeghem, Jean van Vaernewyck et Ivon son frère, Bauduin et Jean van Heule, Gérard de Maldeghem, le fils du seigneur de Sotteghem, Jean van Belle, Ivon Wenemaere, Jacques van Uutkerke, Jean de Gand, Thierri de Vos, Jean van Wevelghem, Bauduin de Passchendaele, Jean de Heyne, Bauduin de Roulers, Jean de Volmerkerke, les sires de Hondschoote, de Dadizeele, de Haveskerke, les trois frères de Wervick, Gautier, Thomas et Ivon (1).

Durant le voyage, Gui de Dampierre avait l'âme remplie de tristesse et d'amertume : « Sires, dit-il un jour à Charles de Valois et au comte de Savoie, voici la seconde fois qu'au grand regret de mon cœur je vais trouver le roi, mon souverain seigneur. Dieu permette que je sois plus heureux que la première! Car, si j'en avais cru alors mes pressentiments, ma pauvre petite fille n'aurait pas été si longtemps en prison (2). » — « Sire, répondit sèchement Charles de Valois, je ne sache personne qui vous ait contraint à prendre ce parti, et vous êtes seul cause de ce qui arrive (3). « Quand le malheureux prince aperçut de loin la cité de Paris, il devint pensif et mélancolique; son esprit semblait s'être égaré, et il ne se rendait plus bien compte de sa situation : c'est à peine s'il pouvait répondre aux paroles qu'on lui adressait (4). La reine Jeanne, comme pour insul-

---

(1) V. *Ægidii li Muisis chron. ap. corpus chron. Flandriæ*, II, 189 et Custis, *Jaerboek van Brugge*, I, 260.

(2) « Vecy la seconde fois que à la male paix de mon cœur, je voy par devers le roy mon souverain seigneur; Dieu doinst que à ceste fois mieulz m'en prende que à la première... » —*Chron. de Fl.*, ms du Roi, n° 8380, f° CXXI.

(3) « Je ne sache personne qui à ce party prendre vous aist contraint fors vous meismes qui en avés estés le premier motif. » — *Ibid.*

(4) Si tost qu'il percheu de loing la cité, il devint tant pensif et mélancolieux

ter à cette grande infortune, se mit, en superbe appareil, aux fenêtres du palais afin de se donner le spectacle de l'arrivée des Flamands. Le comte et son fils Robert passèrent sans se découvrir et les yeux baissés; mais Guillaume ôta son chaperon et salua respectueusement la reine, parce qu'il avait épousé la fille du connétable de France Raoul de Nesle (1). Parvenus au perron, en la grande cour de l'hôtel, les princes descendirent de cheval et montèrent les degrés, conduits par le comte de Savoie, qui les présenta au roi. Ils se mirent tous les trois à genoux; et le vieux Gui, prenant la parole, implora grâce et miséricorde pour lui et la terre de Flandre. Charles de Valois, s'adressant ensuite au roi, rendit compte des conditions auxquelles ils s'étaient livrés et qui l'obligeaient à les ramener sains et saufs dans leur pays, si au bout d'un an la paix n'était point faite. Philippe-le-Bel regarda silencieusement les prisonniers. Impassible et sans répondre un seul mot à leur humble supplique, il donna d'un signe l'ordre de les faire sortir. Le comte et ses fils étaient atterrés; ils eussent alors voulu être au bout du monde, dit un chroniqueur flamand; car ils ne voyaient que trop qu'ils étaient tombés dans un nouveau piége et qu'on ne devait rien attendre de bon de l'implacable et astucieux conquérant de la Flandre (2). Robert et Guillaume se jetèrent en pleurant dans les bras de leur père, tandis qu'on les menait dans une salle à part. Les braves chevaliers de leur suite avaient été mis sous bonne garde dans une autre aile du palais.

que quant l'on parloit à lui il ne sçavoit que répondre, si ne sçavoit penser qu'il lui povoit estre advenu. — *Ibid.*

(1) Meyer, *Ann. rerum Fland. ad. ann.* 1300.
(2) *Chron. de Flandre*, f° CXXI, v°.

Quant aux serviteurs des princes, on leur ouvrit les portes, en leur disant qu'ils pouvaient retourner en leur pays. A l'heure de dîner, le comte, ses fils et les barons flamands furent réunis dans une dépendance de l'hôtel appelée la Conciergerie. Pendant ce temps-là, le roi avait assemblé son conseil et délibérait. A peine le repas était-il terminé que des sergents royaux et gens d'armes vinrent prendre les prisonniers, pour les mener aux lieux où ils devaient être gardés. Afin de rendre cette captivité plus cruelle, le comte fut séparé de ses enfants. On le dirigea avec le sire Godefroid de Royère vers le donjon de Compiègne. Robert de Béthune, accompagné de Guillaume de Steenhuys, fut conduit au château de Chinon, près de Tours, et Guillaume de Tenremonde, suivi du sire Thierri de La Barre, à celu d'Issoudun, dans le Berri. Quant aux autres chevaliers, on les dissémina en divers châteaux et endroits fortifiés de la France (1).

Ainsi, la Flandre n'avait plus de seigneur et passait sous la domination d'un maître étranger. Les liens qui unissaient au pays la race antique qui depuis cinq cents ans s'y perpétuait s'étaient un à un rompus. Cette patriarcale et belle famille de Gui de Dampierre se trouva bientôt dispersée par le vent de l'adversité. Jean, Gui et Henri, fils du second lit du malheureux captif de Compiègne, se réfugièrent à Namur. Ce fut alors un lieutenant du roi de France, Raoul de Nesle, qui gouverna la patrie des Bauduin Bras-de-Fer, des Robert de Jérusalem, des Jeanne de Constantinople. Les édits et ordonnances se rendaient au nom du roi, et les fleurs de lis se montraient partout où

---

(1) Voyez *Ægidii li Muisis chron. ap. corpus chron. Fland.*, II, 189.

naguère se dressait fièrement le lion de Flandre. Quelques villes, telles entre autres qu'Audenarde, Tenremonde et Ypres surtout, étaient restées fidèles au comte. Charles de Valois les fit sommer de se rendre. Moins intimidées de cette menace que démoralisées par l'exemple des principales cités, elles firent à regret leur soumission à l'autorité royale, qui dès lors s'étendit sur tout le pays.

Cependant l'année touchait à sa fin et aucune espérance d'arrangement ou de paix n'était venue adoucir la peine des exilés. Le frère du roi avait juré de les ramener en leur pays. Ils le sommèrent de tenir cette promesse solennelle. Charles pria le monarque, avec instances, de lui permettre d'accomplir son serment; mais celui-ci, plus inflexible que jamais dans sa haine contre les Flamands, ne voulut rien entendre, ce dont le comte de Valois, homme loyal et probe, fut très-indigné. On dit que dès ce moment et pour ce motif il résolut de quitter le royaume. Il partit en effet peu de temps après pour Rome, où l'appelaient des circonstances plus déterminantes. Il venait d'épouser Catherine fille de Philippe de Courtenai, lequel, à la mort de son père Bauduin II expulsé du trône de Byzance en 1261 par Michel Paléologue, avait hérité du vain titre d'empereur d'Orient. Charles, du chef de son beau-père, sollicita ce titre auprès de Boniface VIII et promit, si on le lui donnait, de faire reprendre à la chevalerie française le chemin de l'Asie. Le pape ne désirait rien tant que de signaler son pontificat par une nouvelle croisade. Il s'empressa de favoriser les vues du comte de Valois et lui confia le commandement des villes de l'Église en Italie. Charles fit alors un appel à la noblesse de France et réclama le concours de Robert de Flandre, dont, mieux que personne, il connaissait l'expérience et la valeur. Gui de Dampierre et ses fils, au bruit des projets de Charles, firent supplier le roi de vouloir bien les mettre en liberté et leur donner la grâce d'aller guerroyer outre-mer et reconquérir le trône fondé par leur aïeul, le glorieux empereur Bauduin. Cette dernière consolation leur fut cruellement refusée par le roi, dont la femme et les oncles, les comtes d'Artois et de Châtillon, excitaient encore le ressentiment.

Vers la fin de mai de l'année 1301 Philippe-le-Bel partit pour la Flandre accompagné de la reine Jeanne et d'un cortége nombreux de grands seigneurs parmi lesquels on remarquait le comte de Hainaut, que les Flamands appelaient *Sans-Merci* à cause de la haine acharnée qu'il leur portait (1). Le roi avait voulu s'entourer de tout le prestige de sa puissance pour visiter ses conquêtes et imposer aux vaincus. Il prit sa route par Senlis, Pont-Ste-Maxence, Verberie et St-Quentin, voyageant à petites journées, s'hébergeant dans les villes et les abbayes où on lui faisait grande fête de toutes parts. Arrivé en Flandre, il visita d'abord Douai, puis Lille, Courtrai et Gand, ordonnant qu'on le reconnût et saluât comme souverain seigneur et maître du pays. Il prétendait que toute la terre de Flandre avait fait retour au domaine de la couronne; que ce n'était plus même un fief, mais bien un accroissement du royaume. Il réunit la contrée au ressort du parlement de Paris, rendit des lois et ordonnances, renouvela et confirma partout les priviléges, reçut les hommages des villes, des barons et hommes de fiefs, institua enfin des magistrats et des tribunaux pour rendre la justice en son nom. Dans chaque endroit il fût

---

(1) Adfuit imprimis Hanonie comes Joannes, magnus ille hostis Flandriæ, cui ob crudulitatem Sine-Misericordia cognomen hæsit. — Meyer, *ad ann.* 1301.

accueilli avec honneur et révérence ; mais à Gand sa réception fut splendide : car en tout et pour tout les bourgeois de cette ville tenaient à faire les choses mieux que personne au monde. Les Gantois allèrent au-devant du roi vêtus uniformément de riches étoffes de trois couleurs ; les échevins lui offrirent de superbes présents ; il y eut des fêtes, des tournois ; et le séjour du roi ne coûta pas moins de 27,000 livres (1). Mais, pour son argent, la multitude s'était réservé le droit de réclamer à grands cris, sur le passage du roi, l'abolition d'impôts nouvellement établis sur diverses denrées, notamment sur la bière et l'hydromel, ce qui lui était fort sensible. A l'occasion de sa joyeuse entrée, Philippe-le-Bel accorda comme faveur la suppression demandée ; le peuple applaudit à cette mesure, mais l'aristocratie en fut vivement contrariée. L'institution des Trente-Neuf, bien que profitable au gouvernement de la cité, était devenue odieuse aux gens des métiers, le roi la supprima ; il voulait d'ailleurs que toute la Flandre fût exclusivement soumise à la juridiction de son parlement de Paris, et les Trente-Neuf formaient un corps dont la puissance ne laissait pas que d'être inquiétante. Il ordonna qu'à l'avenir quatre prud'hommes choisiraient annuellement vingt-six bourgeois pour régir la ville, treize échevins et treize conseillers. Les prud'hommes devaient être désignés par les magistrats sortants (2).

De Gand, le roi et la reine allèrent visiter Ardembourg, Dam, puis s'en vinrent à Bruges. Cette ville voulut rivaliser de luxe et de magnificence avec Gand. Mais les magis-

---

(1) Gandavenses autem honorifice sibi obviàm processerunt... feceruntque sibi ludos diversos, et scabini miserunt sibi exenia magnifica et copiosa... benè expenderunt usque ad XXVII millia librarum. — *Monachus Gandavensis*, 379.

(2) Diericx, *Mémoires sur la ville de Gand*, I, 179.

trats avaient, sous peine de mort, défendu que l'on demandât au roi la suppression d'aucun impôt. La multitude conçut de cette défense une indignation si profonde qu'elle resta muette et impassible devant le cortége du monarque. Philippe-le-Bel s'étonna beaucoup de ce silence (1). Il dut lui paraître non moins significatif que les démonstrations bruyantes du peuple de Gand, et lui inspirer pour l'avenir de sérieuses réflexions. D'un autre côté la reine Jeanne ne pouvait s'empêcher d'admirer, avec une secrète jalousie, le faste déployé devant ses yeux et dont en France elle n'avait pu se former une idée. Elle s'émerveillait en voyant ces églises innombrables, ces beffrois gigantesques attestant que le sentiment de la foi était aussi vif en Flandre que celui de la liberté; ces maisons ou plutôt ces palais élevés par l'industrie et le commerce, et où l'architecture et la sculpture étalaient leurs plus riches fantaisies ; cette propreté et cet éclat, indices de bien-être et d'opulence, dont aucun pays n'offrait alors l'exemple. Femme jalouse, princesse orgueilleuse, Jeanne de Navarre était surtout révoltée de voir les dames de Bruges, dont la beauté est proverbiale, l'éclipser par la fraîcheur de leurs charmes et la somptuosité de leurs parures. « Je croyais être seule reine en ces lieux, dit-elle avec dépit, et j'en vois plus de six cents (2) ! »

Philippe-le-Bel ne resta pas long-temps à Bruges. Quand il y eut fait reconnaître son autorité par divers actes, il partit, emmenant avec lui Raoul de Nesle, qui avait eu le gou-

---

(1) Ex hoc igitur communitas offensa in occursu regis stetit quasi muta, ita quòd rex de hoc, ut dicitur, mirabatur. — *Monachus Gandavensis*, 380.

(2) Mulierum verò Brugensium splendor ac fastus ingrata admodùm reginæ res erat, adeò ut dixisse tradatur : « Ego rata sum solam me esse reginam, at hìc sexcentas conspicio. — Meyer, *ad ann.* 1301.

vernement du comté depuis la conquête. Le connétable était un seigneur doux, d'un caractère facile et qui avait administré le pays à la satisfaction de chacun. Le successeur que le roi lui donna n'offrait pas les mêmes garanties : c'était Jacques de Châtillon, oncle de la reine. On connaissait sa vieille haine contre les Flamands, et l'on n'attendait rien de bon de son caractère emporté, de sa nature chagrine et parfois cruelle. Le comte Robert de Boulogne, avec 1,200 chevaliers, était adjoint au nouveau gouverneur. En retournant en France, le roi visita sur sa route le magnifique domaine de Winendale, appartenant au comte de Flandre, puis il se rendit à Ypres et repassa par Lille et Douai. A Douai Robert d'Artois épousa en secondes noces Marguerite fille aînée de Jean d'Avesnes, comte de Hainaut.

Philippe avait à peine mis le pied en France, que des troubles sérieux éclatèrent à Bruges. Le peuple y était dans de très-mauvaises dispositions depuis qu'on lui avait défendu de faire des demandes au roi. Sachant comment avaient réussi les réclamations des Gantois, il ne pouvait pardonner aux échevins de l'avoir empêché d'obtenir les mêmes avantages. Aussitôt après le départ de Philippe, les échevins rendirent une ordonnance statuant que les frais de la réception royale seraient acquittés sur les impôts de la ville, et que les dépenses faites par les corps de métiers seraient à la charge desdits corps. Une menaçante opposition se manifesta parmi la multitude. Il y avait alors à Bruges un homme jouissant d'un certain crédit chez les gens de métier. Il s'appelait Pierre Konynck, appartenait à une famille honorable et avait autrefois fait partie de la cour du comte de Flandre. Comme la plupart des personnes de qualité à cette époque, il s'était affilié à une corporation, celle des tisseserands de drap, et en était devenu, par élection, le chef ou doyen. Son extérieur ne prévenait cependant point pour lui. Vieux, borgne, de petite taille, Konynck avait la plus vulgaire apparence; mais il était courageux, de bon conseil et fort actif dans l'exécution. Ignorant la langue française, il s'exprimait en flamand avec une grande facilité; sa parole persuasive et animée lui gagnait tous les suffrages et lui avait fait sa popularité (1). Il protesta, au nom des tisserands, contre la décision du conseil échevinal et devint bientôt le patron des mécontents. On craignait son pouvoir; le bailli royal de Bruges le fit arrêter et enfermer, avec vingt-cinq autres hommes marquants parmi le peuple, dans le fort appelé la Pierre-du-Comte (s'*Gravensteen*). Alors les gens de métier se soulèvent, prennent les armes, se portent à la prison, délivrent Konynck et ses compagnons. Ce coup terminé, la tranquillité régna plusieurs jours, pendant lesquels le peuple, d'une part, les magistrats et les partisans du lis, d'autre part, s'observèrent avec des craintes mutuelles. Le gouverneur, Jacques de Châtillon, irrité de l'audace des Brugeois, qui n'avaient pas craint de briser les portes d'une prison royale, jura d'en tirer vengeance (2). Il s'entendit avec Jean de Ghistelles, un des chefs des léliaerts qui commandait à Bruges, et avec les magistrats de la ville. D'après leur conseil il réunit et aposta sous les murs cinq cents cavaliers, tandis qu'à l'inté-

(1) .. Petrus cognomento Rex.... unoculus, ætate sexagenarius..... brevi vir staturâ nec facie admodùm liberali, animo tamen magno ac feroci, consilio bonus, manu promptus, Flandricâ quidem linguâ cumprimis facundus, sed gallicè ignarus. — Meyer *ad ann.* 1302.

(2) Jacobus prædictus de Sancto Paulo.... sicut homo animosus ut erat et superbus, accepit contumaciam civitatis Brugensis, quod prisionem regis confregisset... — *Monachus Gandavensis*, 380.

rieur tous les nobles s'armaient secrètement. Il avait été convenu qu'au son de l'*Angelus* du matin on tomberait à l'improviste sur le peuple; mais celui-ci était prévenu du complot et avait pris ses mesures. Au signal convenu, des masses considérables descendent armées dans les places et dans les rues. Les nobles sont résolument attaqués et forcés à se réfugier dans le château contigu à Saint-Donat. La multitude assiége la forteresse avec impétuosité, l'enlève d'assaut, tue et blesse un grand nombre de chevaliers et en prend plusieurs. Le sire de Ghistelles épouvanté parvint à fuir; le gouverneur, avec ses chevaliers, n'avait osé pénétrer dans la ville en révolution (1).

Alarmé des dispositions populaires, Châtillon manda son frère, Gui comte de Saint-Pol, et tous les chefs du parti français en Flandre. Des hommes d'armes furent convoqués de toutes parts, et l'on délibéra sur les moyens de mettre les gens de Bruges à la raison. C'était une guerre à mort qu'il fallait entreprendre, des deux côtés on paraissait en craindre les résultats; un arrangement fut proposé et accepté. Il portait que tous ceux qui se sentiraient coupables de conspiration se banniraient de la cité pour toujours, et que le reste du peuple se soumettrait aux décisions du gouverneur et de son frère. Pierre Konynck et ses amis quittèrent la ville, comptant bien y rentrer quand l'occasion se présenterait de secouer le joug de la tyrannie étrangère. Jacques et Gui de Châtillon vinrent alors résider à Bruges. Le gouverneur n'aurait pas demandé mieux que d'infliger des peines sévères aux rebelles et de faire tomber quelques têtes; mais il sentit qu'il était de son intérêt d'agir prudemment d'abord,

---

(1) *Ibid.*

sauf à montrer ensuite plus de rigueur (1). Il importait avant tout de détruire la puissance de la ville. Il fit démolir les tours en pierre et en bois qui existaient à l'extérieur des murailles, jeter bas quelques-unes des portes, raser sur plusieurs points le rempart circulaire en terre et combler les fossés. Le peuple voyait avec tristesse ces travaux de destruction, car il attachait un grand prix à tout ce qui faisait la force et la gloire de ses foyers. Son orgueil national fut bien encore plus péniblement froissé quand il entendit les hérauts du gouverneur publier par les rues que, pour ses rébellions et désobéissances, la ville de Bruges avait forfait et perdu ses libertés, franchises et priviléges. Alors ce ne furent plus seulement les gens du commun qui gémirent, mais aussi les échevins, les bourgeois, tous ceux qui jusque-là soutenaient la domination française (2). Ils virent qu'ils n'avaient rien gagné à changer de maître, et songèrent sans doute en ce moment au malheureux prince dont ils avaient causé la perte par leur inconstance et leur abandon. Ils interjetèrent appel au parlement de Paris, et y envoyèrent des députés chargés de soutenir cette importante affaire.

La révolte de Bruges avait eu lieu à la mi-juillet. Dans le courant de l'été et durant l'automne, le gouverneur construisit deux grandes forteresses, l'une à Lille, l'autre à Courtrai; il en commença une troisième à Bruges, qui ne fut jamais achevée. Il relevait en outre les châteaux et les places que le traité de Melun défendait de rebâtir. Pour

---

(1) Ingressi igitur comes et frater suus vindictam acerbam exercere non sunt ausi, sed primò prudenter ut eis videbatur.... — *Ibid.*, 381.

(2) Omnes libertates et nobiles consuetudines cunctaque privilegia... fore per dictam pugnam amissa, quod dictum et judicium tam majores quàm minores graviter acceperunt. — *Ibid.*

subvenir aux dépenses que ces travaux nécessitaient il imposa de lourdes taxes, telles que Bruges, ville de franchises, n'en avait jamais subi : elles pesaient presque entièrement sur les artisans et le bas peuple; car Châtillon ménageait les grands et les riches, dont il voulait se faire un appui. Les ouvriers étaient contraints à payer le quart du prix de leur travail journalier. Quantité de personnes ne pouvaient plus suffire à leur existence, à celle de leurs familles, et aimaient mieux déserter leurs ateliers et demeurer oisives. Des plaintes et des doléances s'élevaient sans cesse de la part des maîtres de fabrique : ils exposaient que si les impôts n'étaient point allégés, toute industrie devait mourir; mais Châtillon restait sourd à ces justes réclamations. L'on vit alors de nombreux commerçants, excédés de cette tyrannie sans exemple, quitter la Flandre et aller chercher fortune dans des contrées plus heureuses. Il n'est pas de moyen que cet homme rapace n'employât pour pressurer la fortune publique. Il avait établi dans son hôtel même, à l'angle près du pont nommé *Snakers-Brugge*, un bureau de perception pour une nouvelle taxe que les pauvres gens appelaient l'impôt du coin (*Hoek-tol*), et avec lequel, disait-on, il aurait tiré un droit de moûture des statues elles-mêmes (1). Les amis du comte, les parents de ses fidèles compagnons de captivité, les enfants des nobles flamands tués dans les batailles ou dans les sièges en défendant la cause de leur maître, étaient l'objet de sa haine et de ses violences. Enfin cette oppression, dont il s'étudiait avec un instinct barbare à varier les formes,

---

(1) Ut et à statuis, ut dicitur, videatur exegisse farinam: — Meyer, *ad ann.* 1301.

devenait de plus en plus odieuse et insupportable (1).

Dans le courant de l'hiver, les fils du comte, principalement Jean de Namur et Gui son frère, avec leur neveu Guillaume de Juliers, surnommé le Clerc, parce qu'il était chanoine de Maestricht et prévôt de l'église d'Utrecht, se réunissaient souvent à leurs amis, cherchant et discutant avec sollicitude les moyens de délivrer la patrie. Ils ne voyaient pas sans une profonde douleur les maux dont on l'accablait. La captivité de leur père, de leurs frères, de leurs braves serviteurs navrait aussi leur âme en y fomentant le désir de la vengeance (2). Ils nouèrent des intelligences secrètes avec les partisans qu'ils avaient en Flandre; l'insurrection audacieuse excitée par le doyen Konynck porta leur attention sur cet homme influent et valeureux. Ils se mirent en relation avec lui et l'engagèrent à retourner à Bruges ainsi que ses compagnons d'exil. Pierre y revint en effet, et y prit plus que jamais l'ascendant que lui donnaient son éloquence et son habileté. Les tisserands, les foulons et tous les corps de métiers, heureux de retrouver un chef sous l'impulsion duquel ils pussent agir et faire éclater leur mécontentement, l'entourèrent de leurs énergiques sympathies. Non-seulement le bailli du roi et les échevins n'osèrent pas l'expulser de la ville; mais encore ils s'inclinèrent devant une telle prépondérance et restèrent comme paraly-

(1) Qui omnes amicos comitis et etiam militum captivorum, et filios occisorum in diversis præliis et obsidionibus.... graviter afflixit, nitebaturque totam terram redigere in maximam servitutem, et omnes annihilare libertates; undè factus est populo terræ invisus et odiosus. — *Monachus Gandavensis*, 379.

(2) Tacti dolore cordis de crudeli captivitate et injustâ patris et patrum suorum, sicut homines animosi, machinari cœperunt et abdita habere consilia cum aliquibus amicis suis de Flandriâ... pro ditissimâ terrâ majorum recuperandâ. — *Ibid.*, 382.

sés (1). Vers la fin de l'hiver, les envoyés brugeois, chargés de soutenir l'appel dont on a parlé plus haut, revinrent désolés d'avoir échoué dans leur mission. Le parlement avait déclaré que les antiques priviléges de la cité étaient bien et dûment anéantis. Cette nouvelle répandit la consternation à Bruges; et tous les yeux se tournèrent alors sur Pierre Konynck, comme si la fortune des foyers domestiques reposait tout entière en lui. Son crédit et sa puissance s'accrurent à un tel point qu'il ne craignit pas de chasser loin des murs les ouvriers du gouverneur occupés à la démolition des remparts. Il déclara en même temps par lettre à Jacques de Châtillon qu'il n'avait pas le droit de toucher aux fortifications de la noble ville de Bruges, sans le consentement solennel du peuple. Le bailli, les échevins, les léliaerts étonnés, intimidés, tremblants pour leurs têtes, s'enfuirent de la cité; et le doyen avec ses amis y resta comme souverain seigneur et maître (2).

Sur ces entrefaites et au mois de mars, un soulèvement populaire eut lieu à Gand. Il était de la même nature et avait les mêmes causes que celui de Bruges, ce qui fut un grand sujet de joie pour cette dernière ville. Jacques de Châtillon, assisté du bailli de Gand, venait de rendre une ordonnance qui remettait en vigueur les taxes sur les denrées, abolies par Philippe-le-Bel; et ce pour l'acquittement des 27,000 livres dépensées à l'occasion de l'entrée du roi et de la reine. L'article additionnel menaçait les opposants de la mort ou de l'exil. La communauté accueillit cette publica-

---

(1) Et in tantùm apud textores suos et fullones et aliquos alios de communitate potens effectus est..., quare baillivus regis et scabini et majores Brugenses ipsum et socios suos tangere non audebant. — *Ibid.*

(2) Et Petrus cum suis quasi domini manserunt in eâ: — *Ibid.*

tion avec des frémissements d'indignation (1). Vers le soir, à l'heure où les artisans sortent de leurs ateliers, des groupes se forment par la ville, on tient des colloques, on délibère; le soulèvement de Bruges avait monté les esprits. La résolution est prise de ne point travailler le lendemain, et de s'opposer de toutes ses forces au payement de l'impôt. Le bailli, les échevins, les nobles et les partisans du lis, informés de cette grave agitation, passèrent la nuit en conseil. De grand matin ils s'armèrent au nombre d'environ huit cents, et se partageant par bandes de trente, de quarante et de cinquante hommes, se postèrent dans les rues et les carrefours pour contenir les mutins, empêcher les rassemblements, et saisir les gens de métier qui ne se rendraient point à leurs travaux. La matinée se passa sans trouble, car une impulsion générale n'était pas donnée : la plupart des ouvriers allèrent même aux ateliers. Mais, à trois heures de l'après-midi, une troupe de Gantois, s'étant armée secrètement et ayant saisi la bannière du quartier, se répand sur la voie publique, et marche vers le beffroi pour sonner le tocsin. Le beffroi était gardé de manière à n'en pouvoir approcher; des bassins de cuivre sont alors apportés, on frappe dessus à coups redoublés, on court à travers la ville, on pousse des cris d'alarme; et alors de toutes parts, des fabriques, des maisons, des caves, sort une multitude immense brandissant des épées, des barres de fer, des bâtons, enfin tous les instruments de mort dont elle avait pu s'emparer. Les magistrats et les nobles cherchent à résister; mais, accablés par le nombre, ils se voient obligés de chercher un refuge dans le château contigu à l'église de Sainte-Pharaïlde. Les insurgés les y

---

(1) Quod communitas audiens, cœpit fremere et acute conqueri et murmurare. — *Ibid.*

poursuivent : on entoure le château, et avant neuf heures il était forcé. Deux échevins et onze des principaux de la ville sont tués sur le coup ; cent environ sont grièvement blessés ; les autres, le bailli du roi à leur tête, menacés d'être égorgés jusqu'au dernier, implorent miséricorde et sont contraints de prêter serment au peuple (1).

Ainsi les Flamands apprenaient à leurs maîtres qu'on ne les domptait point facilement. Châtillon ne pouvait dissimuler sa fureur : en vain les gens sensés cherchaient-ils à lui faire entendre raison, lui conseillant de ménager un peuple chez qui dominaient le sentiment national et l'amour de la liberté, lui rappelant ce que disait Charles de Valois au roi de France : « Sire, les Flamands sont fiers, et c'est par la douceur qu'il faut les prendre. » L'arrogant et mal avisé gouverneur n'écoutait rien. Il n'avait à la bouche que des mots féroces et menaçants, et ne parlait que de pendre tout le monde (2).

Le roi de France n'envisageait pas sous son véritable point de vue la situation des esprits en Flandre : il ignorait peut-être les événements ; dans tous les cas, il n'y prêtait pas grande attention. Sa pensée tout entière était alors absorbée par la lutte fameuse qu'il avait engagée contre le pouvoir pontifical, dans la personne de Boniface VIII. Châtillon restait donc maître d'agir à sa volonté. Il continua de tyranniser une nation qui certes ne se serait pas donnée si facilement au roi de France, si elle avait pu prévoir qu'on la traiterait en pays conquis ; d'un autre côté la résistance

(1) Reliquos cum baillivo sibi fidelitatem jurare coegit : alioquin omnes oc- cidisset. — *Ibid.*, 383.

(2) Accensus irâ, nullas preces honorum virorum de pacificatione audire voluit ; nihil nisi iracundè et minaciter loqui, servitutem, exilia, cruces, aliasque pœnas fulminare. — Meyer, *ad ann.* 1301.

s'organisait et devenait de jour en jour plus formidable. Le
2 avril, les Gantois allèrent attaquer Lessines, où se tenait
une garnison française. Ils s'emparèrent de cette petite ville,
y mirent le feu et la rasèrent de fond en comble. Bruges
était toujours au pouvoir de Pierre Konynck et du peuple. Le beau château de Mâle, domaine des comtes de Flandre, situé non loin de cette ville, avait été donné par Philippe-le-Bel à l'un de ses chevaliers, Gobert d'Espinoy, en
récompense de services rendus lors de la guerre avec l'Angleterre. Gobert y faisait, par ses serviteurs, vendre du vin
aux Flamands. Le 1ᵉʳ mai, il s'y trouvait quelques bourgeois de Bruges, et entre autres Jean Breydel, doyen de la
corporation des bouchers. Une querelle s'éleva entre les buveurs, et à ce sujet un des valets du sire d'Espinoy injuria
Breydel. Le doyen était un homme de noble condition, qui
autrefois avait fait partie de la cour du comte Gui avec son ami
Konynck; et pas plus que ce dernier il n'aimait les Français. Un coup de poignard fut la seule réponse qu'il fit à
l'insolent valet. Gobert l'apprend et veut se saisir du meur-
trier, qui avec les siens oppose une vive résistance. Le danger que courait Breydel, connu à Bruges, y jette aussitôt
l'alarme ; sur-le-champ sept cents Brugeois dirigés par le
sire de Bornem, chevalier de l'ordre du Temple, se précipitent vers Mâle, dégagent leur concitoyen, et tuent Gobert
d'Espinoy et plusieurs de ses gens. Breydel, de retour en
ville et vouant une haine à mort aux Français, jure de ne
plus vivre que pour délivrer la patrie. Dès ce jour il devint,
avec son confrère le tisserand Konynck, comme un second
tribun du peuple (1); son nom en flamand signifie bride ou

---

(1) Ex eâ die cœpit Breyla velut alterum agere tribunum plebis in civitate Brugensi. — *Meyer, ad ann.* 1302.

frein, et l'on disait communément que Breydel briderait l'arrogance française (1).

Dans ces circonstances, Guillaume de Juliers, fils d'une fille du comte Gui, se rendit à Bruges, appelé par les citoyens. C'était un jeune homme d'un très-grand cœur, et qui déploya bientôt beaucoup de bravoure (2). Comme nous l'avons dit, il avait d'abord embrassé l'état ecclésiastique; mais, les persécutions prodiguées par le roi de France à sa famille l'exaspérant, il laissa l'église pour endosser une armure et venger les siens, de concert avec ses oncles Gui et Jean. Sa venue fut accueillie comme un bienfait par les habitants de Bruges, de Dam et d'Ardembourg. Il se mit sur-le-champ en rapport avec Konynck et Breydel, et devint le chef suprême des mécontents. Sous son étendard ils allèrent saccager et brûler la demeure du seigneur de Zieseele, un des principaux léliaerts et ancien ennemi personnel du comte de Flandre; de là ils se portèrent sur le château de Mâle, fortifié et défendu par les Français. Après bien des travaux et beaucoup de pertes, ils s'en rendirent maîtres et massacrèrent tous les assiégés sans miséricorde. Ces heureux préludes accrurent l'ardeur belliqueuse des Gantois, quand ils les apprirent, et ils envoyèrent proposer aux gens de Bruges de conclure ensemble une alliance offensive et défensive. On accepta l'offre avec empressement; par malheur elle ne put avoir d'effet; car durant les pourparlers les dispositions changèrent à Gand; et, lorsque les députés y revinrent, on ne parlait plus que de paix et de tranquillité. Les principaux habitants, les premiers par la fortune et le rang, ap-

(1) *Ibid.*
(2) Valentissimus et maximi cordis juvenis Wilhelmus Juliacensis. — *Monachus Gandavensis*, 384.

partenaient presque tous au parti du lis; ils craignaient d'ailleurs la puissance du roi, et tremblaient pour leurs biens. Ils firent tant par leur or et leurs belles promesses que le peuple rentra dans des voies pacifiques. Le gouverneur favorisait ces dispositions et se montrait tout autre qu'il n'avait été envers les Gantois, les ménageant et les flattant (1); car il prévoyait bien que, si les deux grandes cités de Gand et de Bruges réunissaient leurs efforts, il ne viendrait pas facilement à bout d'une telle insurrection. Toutefois il y en eut parmi les Gantois dont le patriotisme ne fléchit point et qui vinrent, au péril de leur vie, se joindre à ceux de Bruges (2).

Jacques de Châtillon pensa qu'il n'avait point par devers lui des forces suffisantes pour dompter les Brugeois. Il en délibéra avec l'évêque d'Auxerre et Pierre Flotte, chancelier de France, tous deux conseillers du roi, qui venaient d'arriver en Flandre. On fut d'avis de faire à Courtrai un appel à la noblesse et à tous les soudoyers du Hainaut, du Vermandois et de la Flandre pour anéantir ensuite la révolte et tirer un châtiment terrible des insurgés, quels qu'ils fussent (3). Ces grands préparatifs de guerre ne laissèrent pas que d'intimider les Brugeois, déjà fort déconcertés depuis qu'ils n'avaient pu s'allier aux Gantois. D'autre part, le courage revenait aux léliaerts; et ils étaient dans les villes fort nombreux et fort prépondérants, plus habiles du reste à séduire par les paroles et l'argent qu'à payer de

---

(1) Liliardi etiam procuraverunt à Jacobo Sancti Pauli mittenti communitati Gandensi per mediatores verba mitiora. — *Ibid.*

(2) *Ibid.*

(3) Proposuitque vel arte vel virtute armorum facta utriusque communitatis ferociter vindicare. — *Ibid.*

leurs personnes. Ils cherchaient à reprendre peu à peu leur influence sur le menu peuple, de façon qu'on ne devait plus trop se fier à lui : ce fut là ce qui détermina Guillaume de Juliers à se retirer momentanément de Bruges et à rejoindre ses oncles. Pierre Konynck demeura à Bruges, résolu de faire une dernière tentative pour émouvoir le peuple de Gand. Il s'y présenta escorté par quinze cents hommes de pied et cent arbalétriers. Il espérait gagner les cœurs par la séduction de ses paroles qui jamais n'avaient laissé les Brugeois insensibles (1). Le doyen des tisserands employa toutes les ressources de son éloquence pour déterminer les Gantois à faire cause commune avec leurs frères de Bruges. Il leur représenta que les deux villes amies et alliées seraient invincibles ; que le salut du prince et de la patrie dépendait de cette union ; que les enfants du comte Gui, ces princes aussi braves que malheureux, étaient prêts à se mettre à leur tête, et que bientôt toute la Flandre viendrait se ranger sous ce lion naguère si glorieux, et maintenant avili, terrassé par des despotes étrangers. Mais ces discours ne produisirent point d'effet ; car les nobles et les puissants de la ville, à force de dons et de promesses, avaient gagné le commun peuple, lui qui, peu de temps auparavant, s'était montré si courageux et si fier et avait fait ployer les genoux au bailli du roi de France. Il s'était opéré une telle révolution dans les esprits que ce bailli s'était relevé et avait reconquis toute son autorité. D'après son ordre, une forte troupe de citoyens armés alla se ranger en bataille devant Konynck et ses compagnons. Le brave tisserand, consterné

---

(1) Sperans blandis verbis communitatem Gandensem à rege avertere. — *Ibid.*, 385.

de voir ses compatriotes si peu soucieux de la gloire et de l'indépendance du pays, ne jugea pas à propos d'engager le combat. C'était avec les Flamands et non contre eux qu'il eût voulu répandre son sang. Il regagna tristement la ville de Bruges et fit dire aux fils du comte qu'il fallait attendre des temps meilleurs.

Il reprit néanmoins courage quand il sut que les gens du lis, qu'il ne regardait plus comme les enfants de la patrie, avaient, de même qu'à Gand, séduit le peuple d'Ardembourg, abattu la bannière de Juliers et en sa place dressé les fleurs de lis. La ville était très-fortifiée : il l'attaque vigoureusement, s'en rend maître et tue les principaux d'entre les léliaerts; après quoi il renverse les armes de France et redresse celles de Juliers ; car le jeune Guillaume avait planté son propre écusson sur les murs d'Ardembourg comme pour les mieux sauvegarder. Le dévouement de Pierre Konynck n'empêcha pas le peuple, presque toujours injuste quand il est malheureux, de lui montrer la plus déplorable ingratitude. A son retour à Bruges, les citoyens lui fermèrent les portes de la ville et l'auraient peut-être sacrifié s'ils l'eussent tenu entre leurs mains; ils lui reprochaient leur situation désespérée, lui en voulaient d'avoir laissé partir Guillaume de Juliers, enfin et surtout ne pouvaient lui pardonner de n'avoir point réussi auprès des Gantois, sur l'alliance desquels ils avaient trop compté (1). Pierre courba le front devant l'orage populaire, et pour le moment s'éloigna de sa ville natale, où, peu de temps auparavant, il était si puissant et si considéré.

(1) Videns communitas Brugensis quòd multa erga regem consilio suo perpetrasset mala, et quòd villam Gandensem sicut speraverat non obtinuisset, et quòd Wilhelmus sic ab eis recessisset, ipsum Petrum ferè occidisset. — *Ibid.*

Cependant Jacques de Châtillon marcha bientôt sur Bruges à la tête des troupes nombreuses qu'il avait rassemblées. Quand on connut son approche, la plus grande consternation se répandit par toute la ville (1). On était sans chefs, désorganisés : les léliaerts se remuaient et intriguaient. Aucun espoir de résistance sérieuse ne restait plus au peuple. On convint alors d'envoyer au-devant du gouverneur des députés chargés de traiter de la paix. Les Brugeois consentaient à se soumettre à la sentence du conseil royal, mais il était stipulé qu'au préalable tous ceux qui craindraient d'être recherchés pourraient volontairement s'exiler de la ville. Après quelques jours de délibération, ces conditions furent agréées; le chancelier Pierre Flotte promit même que les Français entreraient en amis, sans armes, et au nombre de trois cents cavaliers seulement. En conséquence, l'on publia dans Bruges, le mercredi 23 mai, que tous ceux qui craignaient le résultat de l'enquête sur les troubles eussent à quitter la ville le lendemain avant la neuvième heure du jour. Plus de cinq mille citoyens se hâtèrent de partir et se dirigèrent sur Dam, Oudenbourg et Oostbourg, le port de Zwin et les rivages voisins, où ils s'établirent après en avoir chassé les Français. Le gouverneur avait envoyé à Dam ses cuisiniers et des approvisionnements considérables en vivres et en vins, destinés à la subsistance des gens de guerre. Les réfugiés qui avaient faim s'en emparèrent en tuant ceux qui s'y opposaient; le boucher Breydel était avec eux; Konynck ne tarda pas à venir les joindre.

Ce ne fut point pacifiquement que, le jeudi 24 mai au soir, le gouverneur et Pierre Flotte, qui avaient laissé l'é-

---

(1) Timor igitur maximus et tremor villam totam invasit. — *Ibid.*

vêque d'Auxerre à Courtrai, firent leur entrée à Bruges.
Au mépris des conventions, ils étaient accompagnés de dix-
sept cents cavaliers bien armés et équipés, d'arbalétriers
nombreux et d'un fort détachement de piétons. On assure
qu'à la suite venaient aussi des chariots avec des tonneaux
pleins de cordes pour pendre les rebelles (1). Au milieu de
cette troupe formidable, Châtillon, incapable de dissimuler
sa colère, chevauchait, portant autour de lui des regards
farouches et menaçants. Des expressions sanguinaires s'é-
chappaient de ses lèvres, et la foule inquiète s'attendait à
de prochains malheurs (2). Dans la nuit, des gens coururent trouver les émigrés qui n'étaient qu'à quelques lieues
de Bruges. « Seigneurs et amis, leur dirent-ils, si vous voulez sauver vos femmes, vos enfants, vos foyers, il n'y a pas
de temps à perdre. Les Français sont dans nos murs prêts
à tout massacrer, revenez au plus vite (3)! » Sur-le-champ,
tous se préparent et prennent la route de Bruges, résolus
à vaincre ou à mourir. Konynck et Breydel sont à leur
tête.

Châtillon, descendu à son hôtel, soupa avec le chancelier et les principaux barons qu'il avait amenés ; après quoi
il établit des postes aux carrefours, à toutes les issues, puis
il alla se coucher, se réservant de mettre le lendemain ses
projets de vengeance à exécution. Les hommes de garde,

(1) Quin et vasa vinaria quædam narratur portasse restibus plena ut plebeios
strangularet. — *Meyer, ad ann.* 1302.

(2) Jacobus etiam, ut videtur, elatus et indignatus se continere non potuit
quin aliquibus de communitate sibi occurrentibus aspera inferret verba, vul-
tumque eis torvum ostenderet et crudelem.— *Monachus Gandavensis*, 386.

(3) Mandaverunt, quòd si vellent salvare vitam suam, uxorum, filiorum, fi-
liarumque suarum et etiam amicorum et villam Brugensem, circà auroram
omnes redirent, cum Francis pugnaturi. — *Ibid.*

fatigués d'une longue course, étaient partout à moitié endormis ; la ville semblait plongée dans un profond repos. Mais au milieu du silence de la nuit, les gens du peuple et des métiers s'armaient à petit bruit, se comptaient, prenaient leurs mesures. Quelques-uns, glissés dans les décombres des fortifications, épiaient vers les champs le signal des exilés. Au soleil levant, on les aperçut qui venaient (1). Aussitôt à l'intérieur, la multitude descend par les rues, et, pour empêcher la fuite de l'ennemi, occupe et barricade les portes de Bouverye, de Ste-Catherine et des Maréchaux, après en avoir égorgé les postes. Au même instant Breydel, le fer en main, pénètre par la porte de Spey et pousse une clameur terrible : « Citoyens de Bruges, s'écrie-t-il, voici l'heure de déployer le courage de nos aïeux, et notre cité sera libre aujourd'hui (2) ! » Une population furieuse l'entoure et l'escorte; avec elle il avance jusqu'à l'église St-Paul et le pont St-Jean, tandis que les autres exilés se jettent dans la ville, les uns par les portes qu'on leur ouvrait, les autres par les brèches faites aux murailles à l'endroit où les fossés se trouvaient comblés. Ils étaient plus de sept mille ; car les paysans des environs avaient renforcé leur troupe. Suivi de tout ce monde, le brave Konynck, près de la porte Ste-Croix, fait trois fois retentir les airs du cri de guerre des Flamands : Flandre au lion ! (*Vlaendren den Leeuw !*) Et il gagne St-Donat, la place et l'église du Sauveur. Le mot d'ordre des conjurés était dans la langue du pays *Schild ende Vriendt* (bouclier et ami), dont la prononciation est

---

(1) Ecce circa ortum solis feriæ sextæ sequentis, illi qui villam exierant... ad villam Brugensem armati revertuntur. — *Ibid.*

(2) « Viri, inquit, Brugenses, avitam nunc præstate virtutem, hodie liberam habebimus civitatem! » — *Meyer, ad ann.* 1302.

fort difficile. Les Français auraient en vain cherché à en imiter le son (1). La terreur, le trouble, le carnage se répandent alors à travers la ville. Le peuple exaspéré ne fait aucun quartier; le sang coule à flots, les cadavres s'amoncellent dans les rues; ceux que le bruit éveille et qui fuient épouvantés tombent comme ceux qui cherchent à se défendre. La mort furète dans les maisons; les hôtes livrent leurs hôtes étrangers à cette horrible boucherie. Commencée dès l'aurore, elle ne finit qu'au soir, quand on ne trouva plus personne à tuer. Quinze cents chevaliers et deux mille soudoyers périrent en ce jour funeste. Le reste échappa comme par miracle, entre autres Châtillon et Pierre Flotte, qu'un noble léliaèrt tint cachés dans son logis. Le gouverneur avait couru au plus fort du carnage un grand danger; son cheval était tombé mort sous lui; et lui-même, en ce moment, eût été infailliblement égorgé, si un écuyer ne l'eût remis sur un destrier neuf (2). A dix heures du soir, revêtu de la soutane de son chapelain, le gouverneur, suivi du chancelier et d'un seul valet, sortit et gagna la porte des Maréchaux. Elle était gardée par les Flamands; les trois hommes s'acheminèrent vers le fossé de la ville, fort profond et rempli d'eau. Châtillon et Flotte le traversèrent heureusement, mais le serviteur qui ne savait pas nager s'y noya. Tremblants, éperdus, mouillés jusqu'aux os, les fugitifs marchèrent toute la nuit et arrivèrent le lendemain à Courtrai, où ils rejoignirent Robert, comte de Boulogne, Jean de Lens

---

(1) Conclamantes, sicut inter se ante dictam pugnam condixerant, duo vocabula, scilicet *scutum* vel *clypeus et amicus*, eo quòd *clypeus* in flamingo cum aspiratione, Franci et Gallici sonare non possunt. — *Mon. Gand.*, 387.

(2) *Ibid.*

et Jean Vremyn, que le hasard avait également dérobés à la fureur des Flamands.

Les événements prirent dès lors en Flandre une tournure beaucoup plus favorable à la cause nationale. Les Français et les gens du lis avaient été frappés de terreur en apprenant le massacre de Bruges. Les enfants du comte et leurs amis profitèrent de cette panique pour relever de tous côtés la bannière du pays et prendre l'offensive. Guillaume de Juliers accourut d'abord à Bruges, où il était fort aimé des bourgeois et du peuple. Il fut accueilli avec enthousiasme, et chacun se cotisa pour les frais de la guerre. Comme tous les léliaerts avaient disparu du territoire de Bruges en même temps que les Français, Guillaume en fut le maître absolu, et y leva des troupes pour assiéger le château de Winendale. Cette antique résidence des comtes de Flandre était entourée d'un large fossé et protégée par d'épaisses murailles et de hautes tours. Il n'était pas aisé de l'enlever d'assaut. Le jeune sire de Juliers la fit étroitement bloquer par une partie de son monde, et, vers la fin de mai, s'avança sur les territoires de Slipe, de Furnes, de Bergues, de Bourbourg, dont les habitants se soulevèrent à son approche contre la domination française, et se soumirent de grand cœur à son obéissance. Winendale se rendit après trois semaines de siége. Les Français eurent la permission de se retirer avec leurs bagages, et les Flamands vinrent rejoindre Guillaume devant Bergues. Le prince se trouvait alors maître de forces considérables. Il somma Bergues de se rendre. La ville était gardée par un gouverneur français nommé Payelle, que le comte d'Artois y avait installé avec une nombreuse infanterie et sept cents cavaliers. De solides fortifications protégeaient aussi la place. Il eût sans doute fallu beaucoup de temps pour s'en emparer, mais les gens de la ville étaient en très-mauvaises dispositions contre les Français et auraient ouvert les portes bien volontiers. Payelle, dans cette situation, ne crut pouvoir tenir et s'enfuit à Saint-Omer avec ses compatriotes et les léliaerts. Guillaume, maître de Bergues, le fut bientôt de Cassel ; néanmoins le château de cette ville, situé, comme on sait, au sommet d'un mont, résista aux efforts des Flamands. Jean d'Haverskerque et son fils Gilles, appartenant à la faction du lis, y commandaient et se défendirent de telle sorte que l'on fut obligé de renoncer à le prendre. Durant ces opérations de Guillaume de Juliers dans la Flandre maritime et le 1er juin, Gui de Namur vint à Bruges avec des troupes allemandes qu'il avait prises à sa solde pour seconder le mouvement.

Après son père et ses frères retenus captifs en France, Gui se trouvait le chef de la dynastie flamande ; il portait le même nom que le malheureux prisonnier de Compiègne ; son caractère noble et valeureux était connu de tous ; sa présence fut l'objet de grands transports de joie et ranima le courage des Flamands, qui voyaient en lui, plus encore peut-être que dans Guillaume de Juliers, le légitime représentant et le vrai défenseur des intérêts de la patrie (1). De toutes parts on prit volontairement les armes, et l'on accourut se ranger sous son drapeau. Le territoire de Courtrai et celui d'Audenarde rentrèrent dans le devoir. La citadelle de Courtrai avait pour commandant Jean de Lens, auquel Châtillon venait de laisser des vivres, des munitions de

---

(1) Erat enim miles probissimus et generosus ; undè omnes Flandrenses, amici patris sui, de præsentiâ ipsius et Wilhelmi animosi ut leones effecti sunt. — *Ibid.*, 388.

guerre et une garnison considérable. Gui de Namur assiéga vivement ce château.

Les Français perdaient du terrain de plus en plus. Les gens du lis, leurs auxiliaires, étaient dans les campagnes partout tués ou dispersés. Ils dominaient cependant encore à Ypres et à Gand, quoique dans ces deux villes les vœux du peuple et des corps de métiers fussent pour le comte (1). Ypres ne tarda pas à faire sa soumission, et équipa même une troupe de cinq cents hommes de pied, tous vêtus de rouge et une centaine d'arbalétriers qu'elle envoya au siége de Courtrai. Gand fut maintenu sous l'autorité du roi de France par l'influence des léliaerts. Châtillon avait d'ailleurs eu soin de traiter cette ville avec une insigne déférence, lui accordant toutes les faveurs, libertés et priviléges qu'elle réclamait (2). Naguère il l'avait empêchée de s'unir à celle de Bruges; maintenant que le corps entier lui échappait, il voulait à tout prix tenir la tête. Mais déjà le gouverneur, par la faute de qui la conquête était gravement compromise, ne se sentait plus en état de soutenir la lutte à lui tout seul. Il laissa la défense de la ville et du château de Lille à Pierre Flotte, lequel avait juré de ne pas remettre les pieds en France avant d'avoir vengé sa honte sur les Flamands; puis il s'en alla trouver Philippe-le-Bel à Paris. Là il se répandit en plaintes amères sur la rébellion des Flamands, et s'efforça de faire passer son ressentiment et sa haine dans l'esprit du roi. Il retraça tous les affronts qu'il

---

(1) Quamvìs ferè tota communitas regi faveret. — *Ibid.*, 389.

(2) Mitior et blandior cœpit haberi tractatus inter Jacobum et Gandenses : misit enim Gandavum de suis viros industrios qui communitati in omnibus quæ petebant amicabiliter acquieverunt, et hoc ne Gandenses, sicut Brugenses contra regem et ipsum rebellarent. — *Ibid.*, 387.

avait reçus, raconta l'arrivée des princes, parla de leur puissance, et surtout exagéra très-venbeusement l'outrage que la majesté royale avait essuyé par la révolte et les massacres de Bruges (1). La reine, nièce de Châtillon, partageant l'animosité de celui-ci contre les Flamands, contribuait toujours à exciter la colère du roi. Philippe assembla son conseil, et il fut décidé qu'une armée formidable envahirait de nouveau la Flandre insurgée. Le commandement en fut donné au comte Robert d'Artois, qui sur-le-champ fit appel à toute la noblesse de France, et à celle des pays que Philippe-le-Bel avait détachés de l'alliance flamande. « Ainsi, la Flandre, dit un de ses plus illustres enfants (2), allait encore se trouver comme un agneau parmi les loups. » En effet, seule contre toute la puissance française, seule contre des provinces rivales qui tournaient leurs armes sur son sein déchiré déjà par tant de plaies, seule enfin contre le monde entier qui semblait avoir conjuré sa perte, il ne lui restait plus qu'à vaincre ou à mourir.

Les dispositions du comte d'Artois allèrent vite. C'était un grand homme de guerre; la fortune avait jusque-là toujours secondé sa valeur, et nul, comme on sait, n'était plus animé contre les Flamands. Vers la fin de juin il se trouvait à Arras à la tête d'une armée où l'on comptait dix mille cavaliers d'élite, et environ cinquante mille arbalétriers et gens de pied. Il s'avança bientôt vers Lille pour ravitailler la garnison française de cette ville, et de là marcha sur Courtrai, dont la citadelle était encore assiégée par Gui de Namur. En ce moment une famine affreuse exerçait ses ravages à Gand,

---

(1) Simulque ostendens gravissimè læsam esse regiam majestatem. — *Ibid.*

(2) L'historien Jacques Meyer, *Annales rerum Fland. ad ann.* 1303.

comme pour punir cette ville d'avoir trahi la cause nationale en continuant à subir le joug des Français. On n'y vivait que de pain d'avoine, et il n'y en avait pas même pour chacun. Nulle denrée n'arrivait plus des campagnes environnantes; car les habitants les avaient désertées afin de rejoindre le fils du comte au camp de Courtrai. Lorsque Guillaume de Juliers apprit l'invasion française, il s'empressa de quitter le siége du château de Cassel et d'accourir lui-même rejoindre son oncle, traînant à sa suite une multitude immense de Flamands occidentaux.

L'entrée du comte d'Artois dans la Flandre tudesque fut signalée par mille horreurs. Pas un château, pas une église, pas une chaumière ne resta debout : le feu dévorait tout sur son passage. Les femmes, les enfants, les vieillards servaient de jouets à la cruauté des Français, qui marchaient précédés de balais enflammés, indices de leurs projets destructeurs. « Percez de vos lances les sangliers, et éventrez les truies, » avait dit la reine en faisant allusion aux Flamands et surtout aux Flamandes, dont le souvenir blessait si âprement son orgueil féminin. On ne se montrait que trop fidèle à cet ordre : la fureur insensée des Français allait jusqu'à s'attaquer aux saints et saintes du pays dont les statues étaient décapitées à coups d'épées (1)!

Le 1er juillet, le comte Robert d'Artois était à deux lieues de Courtrai, et le lundi 8, dans l'après midi, ses avant-gardes parurent en vue de la même ville. Pendant la semaine précédente, Robert avait organisé sa nombreuse armée et fait ses dispositions pour venir asseoir son camp aux envi-

(1) Non parcebant mulieribus, nec infantibus, nec decrepitis.... Imò et imagines sanctorum in ecclesiis, ac si homines fuissent vivi, decapitaverunt. — *Ibid.*, 390.

rons de la ville, où il savait que devait s'être opéré le rendez-vous général des Flamands. Et, en effet, c'était là que les défenseurs du pays attendaient l'armée française. A l'approche de l'ennemi, tous ceux qui, dans la Flandre, conservaient encore à leur prince et à leur patrie un cœur fidèle et dévoué, avaient pris les armes et étaient accourus se ranger sous le gonfanon de Gui de Namur. Guillaume de Juliers venait d'arriver avec ses troupes. Pierre Konynck et Jean Breydel, ces premiers et intrépides instigateurs de la résistance, ne s'étaient point fait attendre. Ils avaient amené toutes les corporations de Bruges, parfaitement équipées, pleines d'ardeur, brûlant à l'envi de déployer leurs riches bannières dans la bataille. Chaque ville, chaque canton s'était hâté d'envoyer son contingent. L'on y voyait entre autres les gens de Furnes, du Furnes-Ambacht et de tout le littoral, ceux d'Ypres, d'Audenarde, de la châtellenie d'Alost, de la Flandre zélandaise, six cents Namurois bien armés, dépêchés par le comte Jean au secours de son frère; enfin, sept cents Gantois qui avaient trouvé moyen de s'échapper secrètement de leur cité, sous la conduite d'un héros de la bataille de Woeringen, le chevalier Jean Borluut, dont ils étaient tous les parents ou les serviteurs. Deux nobles échevins de Gand, Bauduin Steppe et Jean van Coyeghem, s'étaient joints à ces braves gens; car le peuple ne contribuait pas seul à ce grand mouvement national. Quoique plus de cinquante barons flamands fussent retenus prisonniers en Flandre, que beaucoup d'autres du parti des lis figurassent honteusement dans les rangs français, un grand nombre de chevaliers suivaient néanmoins le lion de Flandre et prirent une honorable part à l'affranchissement de leur patrie. On retrouve dans cette phalange sacrée de l'aristocratie flamande, les noms glorieux de Heyne, de Gavre, de Raveschoot, de Ghistèle, de Lichtervelde, de Goethals, etc.

Le comte d'Artois avait, dès le 10 juillet, pris position à une demi-lieue de Courtrai sur le mont appelé Pottelberg, entre la Lys et le chemin de Sweveghem. Son armée était la plus belle qu'on pût voir et renfermait toute la fleur de la noblesse et de la chevalerie du royaume. En arrivant en Flandre elle fut encore renforcée par une troupe de Brabançons amenée par Godefroi, oncle du duc de Brabant, auquel, paraît-il, Philippe-le-Bel avait promis le gouvernement de la ville et châtellenie de Gand. Robert la divisa en dix corps, dont il donna le commandement à divers princes ou barons expérimentés : Jacques de Châtillon, entre autres, eut la conduite du sixième corps; et lui-même garda celle du cinquième, où se trouvait toute la noblesse d'Artois, Thibaut II, duc de Lorraine, le comte de Boulogne et le comte de Hainaut.

Gui de Namur, en apprenant l'arrivée des troupes royales, renforça la garnison de Courtrai, dont le château, défendu par les Français, avait jusque-là résisté à tous les assauts. Par ce moyen, il tenait les assiégés en respect du côté de la ville; à l'extérieur, les archers et les arbalétriers d'Ypres, gardent les issues du fort, les empêchaient de faire diversion au profit de l'armée française. Aussitôt que l'ennemi parut sur le Pottelberg, les Flamands fermèrent les portes de Courtrai : un détachement expédié par Robert d'Artois vint tenter une attaque vers celle qui mène à Tournai. On se battit jusqu'au soir; il y eut de beaux faits d'armes : un chevalier normand, nommé Mertelet, et Philippe van Hofstade se précipitèrent l'un sur l'autre avec tant de fureur, qu'ils se transpercèrent mutuellement de leurs lances.

Le mercredi, un peu avant le jour, on vit luire un feu au sommet de la plus haute tour du château de Courtrai. C'était un signal pour le comte d'Artois; et bientôt l'armée française, descendant du Pottelberg, fit un mouvenent vers l'est et se porta en ligne parallèle au front des Flamands échelonnés dans une position fort habilement choisie eu égard à la grande supériorité de la cavalerie française. En effet, ils avaient la Lys à dos et se trouvaient de ce côté à l'abri de toute attaque : leur droite s'appuyait sur les retranchements de la ville; tandis que leur front et leur gauche étaient protégés par le ruisseau de Groningue, qui, partant de Courtrai, s'étend assez loin dans la campagne, puis forme un coude pour s'aller jeter dans la Lys. Des prairies marécageuses règnent le long de ce fossé, devant lequel, à deux portées d'arc, s'en trouve un autre appelé le Neerlander et qui fait le même circuit que le premier. Ce double obstacle devait rendre la manœuvre des chevaux très-difficile.

Le soleil levant fit voir aux Flamands la chevalerie française en ordre de bataille, les étendards flottants, les chevaux caparaçonnés. Les troupes ennemies étaient disposées en trois grands corps d'armée, car Robert d'Artois avait alors changé ses dispositions. Le moment décisif approchait : un grand silence et un ordre parfait régnaient parmi les soixante mille hommes sur la valeur desquels reposait le salut de la Flandre. Ce n'était plus cette multitude confuse et indisciplinée se livrant au sein des villes à la fougue de ses emportements; mais une grande réunion d'hommes venus volontairement, sous l'influence d'une même pensée, et résolus, avec le calme du dévouement et de la force, à vivre libres ou à mourir. Tous étaient bien armés, les uns de lances, les autres de longues épées ou de masses hérissées de pointes de fer, qu'ils appelaient ironiquement *godendagen* ou *bonjours*. Rangés sous leurs bannières respectives, impassibles et appuyés sur leurs instruments de combat, ils se confessèrent comme ils purent à des moines qui, en grand nombre, avaient voulu suivre leurs compatriotes et parcouraient les lignes. Un prêtre éleva le saint viatique en face de toute l'armée; et chacun alors, pour montrer le désir qu'il avait de participer à la sainte communion, se baissa dans un religieux recueillement et porta vers ses lèvres un peu de cette terre de la patrie, pour laquelle il allait répandre son sang.

En ce moment un brouillard sortant des marais obscurcit la clarté du soleil et déroba les deux armées à la vue l'une de l'autre. Gui de Namur, son neveu Guillaume et les principaux chefs flamands seuls à cheval, car tous les destriers avaient été mis de côté comme inutiles, parcoururent les rangs : « Le soleil se cache, disait Gui; tant mieux, il ne nous gênera pas. Bonnes gens, voici bientôt l'heure. Les rangs toujours serrés et l'œil devant soi. Frappons alors à grands coups! Pas de prisonniers, pas de butin; la mort sur-le-champ pour quiconque désobéit à cet ordre: c'est notre pays qu'il convient de conquérir; ce sont nos foyers, nos femmes, nos enfants qu'il faut sauver; ce sont nos seigneurs, depuis si long-temps misérables dans les prisons de France, qu'il faut venger! Il ne s'agit pas de songer à autre chose. Ces gens-là, mes bons amis, vont nous attaquer comme des loups, défendons-nous comme des loups. Par saint George, j'ai bon espoir!· voyez ces corbeaux qui voltigent au-dessus de leurs têtes : on dit que depuis douze jours pas un de leurs mille et mille chevaux n'a henni. Comment voulez-vous que Dieu protége ceux que notre saint père le pape vient d'excommunier? Allons, courage, vous tous mes braves compagnons, et n'oublions pas le noble cri de nos aïeux : « Flandre au lion! » — Soixante mille voix répétèrent d'un seul élan : Flandre au lion !

Gui et Guillaume, afin de redoubler encore l'ardeur de leurs troupes, créèrent sur le front de l'armée plusieurs nouveaux chevaliers, en tête desquels on remarquait les deux Brugeois fameux qui avaient les premiers soulevé la Flandre: le tisserand Konynck et le boucher Breydel.

Cependant le comte d'Artois vint à cheval, en compagnie du connétable Raoul de Nesle et de plusieurs seigneurs, reconnaître la position des Flamands. Il les trouva formés en un seul corps long et épais et retranchés derrière le ruisseau de Groningue, tandis que leurs archers garnissaient en avant le ruisseau du Neerlander. On n'apercevait pas chez eux ces magnifiques armures qui luisaient en si grand nombre dans l'armée française : c'était une masse compacte, d'un aspect sévère et imposant, comme un mur de fer, derrière lequel s'abritaient des gens vigoureux et forts, couverts de justaucorps de buffle, et n'ayant d'autres signes distinctifs que les bannières des châtellenies, des villes et des métiers. Il ne s'y trouvait pas un seul cheval : les chefs eux-mêmes avaient envoyé leurs palefois à Courtrai. Robert d'Artois, en considérant les deux armées, ne put s'empêcher de témoigner un orgueilleux dédain pour les Flamands : il s'indignait de voir sa brillante chevalerie obligée d'en venir aux mains avec de si pauvres gens; mais le connétable hocha la tête, pensant en lui-même que ces pauvres gens pourraient bien avoir les bras aussi solides que le cœur. Les sires de Barlas, de Piémont et de Mantoue, vieux guerriers très-expérimentés et capitaines des compagnies étrangères d'archers que le roi avait prises à sa solde, s'approchèrent du connétable : « Pour Dieu, beau sire, lui dirent-ils, permettez-nous d'engager la bataille avec notre cavalerie légère, habituée à escarmoucher et à charger de concert avec nos archers et gens de pied. Nous couperions les Flamands du côté de la ville, et, les attaquant sur plusieurs points à la fois, nous leur donnerions de la besogne jusqu'au soir. Vous savez que ces gens-là mangent et boivent toute la journée, c'est leur habitude; quand ils auront faim ils lâcheront pied, vous alors avec la chevalerie tomberez sur eux et pas un n'échappera. Ce serait grande folie que de faire embourber la fleur de la noblesse à travers les fossés et marécages, et l'exposer à trébucher en arrivant sur ce ramassis de vilains. » Le connétable goûta fort cet avis, il en parla au comte d'Artois; mais celui-ci se fâcha de ce qu'on prétendait empêcher les chevaliers, en selle et tout armés, de se mouvoir, et n'en voulut plus entendre un mot. Raoul de Nesle et les seigneurs étrangers se retirèrent déplorant l'obstination du comte.

A sept heures du matin, les Français n'étaient plus qu'à deux traits de flèche devant les archers flamands postés le long du Neerlander. Robert d'Artois fit sonner la charge, un détachement de chevaliers se précipita vers le fossé; il était plus large qu'on ne le pensait et en outre des plus fangeux. Les chevaux ne purent le franchir et restèrent engagés dans la boue jusqu'aux arçons (1), les archers alors

---

(1)   Et vindrent privés et estranges
Sus un long fossé plein de fanges,
Où touz chevaus qui si férissent
De plaine venue chéissent
Jusques aux arçons de la selle.
— Guill. Guiart, *Royaux lignages*, éd. Buchon, v. 6029.

fondirent à coups de flèches sur les cavaliers ; pas un n'échappa. « Sire, cria le connétable au comte, il y a des hommes et des bêtes morts dans le fossé, il n'est pas un cheval de bataille qui veuille maintenant le passer et qui ne recule effrayé ; pour l'amour de Dieu, changez votre plan de combat : simulons une retraite ; les Flamands nous suivront au delà de ces ruisseaux, et alors nous en aurons beau jeu (1). » — « Par le diable, reprit le comte d'Artois pâlissant de colère, voilà un conseil de lombard ! avez-vous peur de ces loups, ou plutôt n'auriez-vous pas de leur poil ? » Il faisait allusion au mariage de la fille du connétable avec Guillaume de Termonde, second fils du comte de Flandre, Cette brutale suspicion fut très-sensible au vieux Raoul de Nesle. « Cher sire, répondit-il, si vous voulez seulement me suivre au milieu des ennemis, je vous mènerai si avant que vous n'en reviendrez plus ! » La cavalerie s'ébranla et le passage s'effectua enfin sur divers points, mais avec de grandes pertes. Il fallut la rallier et la remettre en ordre. Pendant ce temps-là, les arbalétriers avaient trouvé moyen de traverser le premier ruisseau : ils vinrent en ordre très-serré, sous le commandement du sire de Barlas, couvrir la cavalerie dans la plaine ; et comme les archers flamands se repliaient sur leur corps de bataille, derrière le ruisseau de Groningue, ils leur décochèrent une telle quantité de carreaux que le ciel en était obscurci (2). Les archers ripos-

(1) « Et s'il ossent à nous passer
» L'espace d'un arpent de terre,
» Vous verrez jà biau fait de guerre. »
— *Ibid.*, v. 6048

(2) Vers leur ennemi aler lessent
Quarriaus, desquiex la flote brille

taient tout en continuant leur retraite; leurs flèches venant à diminuer, ils hâtèrent le mouvement. Aussitôt les Français, jetant leurs arbalètes et se couvrant de leurs boucliers, se disposent à les poursuivre avec impétuosité, l'épée dans les reins, quelques-uns même s'étaient déjà élancés au delà du ruisseau de Groningue. Les barons trépignaient de voir que la bataille allait s'engager sans eux : « Seigneur, dit le sire de Valepayelle au comte d'Artois, ces vilains feront tant qu'ils remporteront l'honneur de la journée ; pour ne point nous battre, il vaudrait tout autant nous en aller (1). »
— « Vous avez par Dieu raison, beau sire ; — allons ! Montjoie et Saint-Denis! en avant (2) ! »

Deux corps d'armée s'élancent ; le troisième, commandé par le comte de Saint-Pol, devait former la réserve. Les chevaliers, dédaignant de se détourner, se meuvent à travers la masse de leurs propres gens de pied, l'entr'ouvrent, écrasent des hommes par centaines, et, après avoir mis un effroyable désordre dans les rangs, arrivent devant le ruisseau de Groningue et les Flamands (3). Alors commence une scène

Plus espessement que grésille.
— *Ibid.*, v. 6104.

(1) « Sire, cil vilain tant feront
» Que l'onneur en emporteront ;
» Et s'il metent à fin la guerre
» Que sont li noble venu querre! »
— *Ibid.*, v. 6133.

(2) « Mouvez! » dist li quens ; et cil broche.
— *Ibid.*, v. 6139.

(3) Parmi les piétons se flatissent
Qu'à force de destriers entr'euvrent,
De leurs meismes le champ œuvrent
Et merveilleus nombre en estraignent.
— *Ibid.*, v. 6142.

terrible ; c'est à qui traversera le fossé : les premiers qui avancent trébuchent pêle-mêle avec leurs montures, d'autres suivent et ont le même sort. Le fossé se comble d'hommes et de chevaux criant et se débattant (1); ce spectacle n'arrête point le gros de l'armée, c'est un pont tout formé : l'on passe dessus. Les Flamands n'avaient pas bougé : les rangs serrés et le fer des lances en avant, ils reçoivent le choc intrépidement ; leur ligne est percée en quelques endroits, mais une multitude d'hommes et de chevaux avaient succombé. A l'instant où se donnait cette charge, une mouette de mer au plumage noir vint voltiger au-dessus des Français. « Amis, la victoire est à nous, s'écria Gui de Namur transporté de joie et montrant la mouette, je ne voudrais pas pour mille livres de gros que cet oiseau funèbre eût plané sur nos têtes. » Cet incident fit une grande impression sur l'esprit superstitieux des Flamands et les remplit d'une nouvelle ardeur. La mêlée devint bientôt générale. A l'impétuosité désordonnée de la chevalerie française, les Flamands opposaient un sang-froid mortel ; tous leurs coups portaient et souvent avec tant de force sur les armures de fer des ennemis que lances et massues se fendaient jusqu'aux poignées. La terre était jonchée de morts et de blessés ; l'air, obscurci par le brouillard et des nuages de poussière retentissait du bruit des armes et d'affreux gémissements (2).

(1)   Pour passer i s'entre-confondent;
        Destriers chiéent, destriers afondent;
        Li plus droit i deviennent courbe ;
        Chevaliers versent en la bourbe.
                — *Ibid.*, v. 6189.

(2) Commissum est prælium cum horribili fragore et tumultu bellico et mortibus multorum. — *Monachus Gand.*, 391.

Les princes et les barons flamands, à pied, en tête de leurs gens, donnaient partout l'exemple du plus brillant courage. Après le passage du fossé, Gui de Namur se vit attaquer avec une fureur sans égale : accablés par le nombre, son corps de bataille et une partie de son aile gauche furent peu à peu refoulés jusque vers l'abbaye de Groningue dans l'angle formé par la jonction du ruisseau de la Lys. Plusieurs de ses hommes se sauvèrent même effrayés le long de la rivière, où quelques-uns se noyèrent en voulant s'échapper ; d'autres s'enfuirent vers la ville, mais les Yprois postés devant la citadelle les ramenèrent à coups de traits qui en tuèrent bon nombre. Le comte implora, dit-on, en ce moment critique l'assistance de Notre-Dame de Groningue, tout en ralliant les siens de la voix et du geste. La troupe qui l'entourait s'éclaircissait de plus en plus. Cependant l'étendard flamand flottait encore : le brave qui le portait, Soyer Loncke, quoique abattu plusieurs fois, s'était toujours relevé, agitant le lion de Flandre au-dessus de la tête de son noble seigneur. Bauduin de Papenrode, vicomte d'Alost, armé d'une énorme massue, se battait au plus fort de la mêlée, côte à côte avec son ami le sire de Renesse ; tous les deux aperçurent la détresse du comte, s'élancèrent à son secours, suivis d'une poignée de Flamands, et rétablirent le combat ; qui devint alors aussi terrible en ce lieu qu'il l'était un peu plus loin, où Guillaume de Juliers faillit également être écrasé par le choc effrayant de l'ennemi. Godefroi de Brabant s'était enfoncé dans les premiers rangs de l'armée flamande avec une telle rage que Guillaume et son porte-bannière avaient été jetés rudement à terre ; ils se relevèrent aussitôt, et Guillaume reprit si vivement l'offensive que Godefroi et son cheval tombèrent percés de mille coups. Un javelot pesant, lancé à toute volée contre Guillaume de Juliers, rebondit sur son haubert, et ne l'ébranla point. Ceux du Franc de Bruges semblaient faiblir ; Guillaume et le sire de Renesse, revenus près de là, les ramenèrent à la charge au cri de : Flandre au lion ! En peu d'instants l'action redevint acharnée sur ce point. Le connétable Raoul de Nesle et son frère s'y portèrent et furent bientôt couverts de sang et de blessures. Jean Borluut et quelques Flamands, qui connaissaient et estimaient le connétable, lui crièrent de se rendre ; mais le féal et valeureux guerrier se rappela à cette heure suprême la parole du comte d'Artois. Il ne voulut point survivre et périt avec son frère. Guillaume de Juliers combattait avec une animation si frénétique que le sang lui jaillissait des narines. Un de ses écuyers, Jean le Flamand, s'en aperçoit, lui délace sa cotte d'armes pour lui donner le temps de reprendre haleine, et se précipite au milieu des Français en criant : « Voici encore Guillaume de Juliers !... » Le porte-bannière de ce prince, terrassé cinq fois, se releva cinq fois, tenant et agitant son étendard, qu'il ne lâcha point. Jamais on ne vit pareil carnage : les cadavres s'amoncelaient sous les coups des Flamands. Les plus grands seigneurs de France, entourés et abattus par les godendags, expiraient de cruelle façon. Le gouverneur de Flandre, Jacques de Châtillon, périt en ces lieux égorgé par un de ces vilains qu'il se plaisait tant jadis à tyranniser ; son ami, le chancelier Pierre Flotte, cria en vain merci, il devait subir un sort pareil.

A neuf heures le massacre continuait. Les rangs de la chevalerie rompus et dispersés s'éclaircissaient de plus en plus ; les arbalétriers, les archers étaient à la débandade, et partout les Flamands résistaient unis, serrés, implacables : la victoire se déclarait pour eux. Le comte d'Artois, transporté de rage et de désespoir, ne put rester simple spectateur de ce désastre. Jusque-là il s'était tenu de l'autre côté du ruisseau avec un groupe de chevaliers d'élite, croyant qu'il ne fallait pas tant de nobles gens pour écraser ce qu'il appelait une bande de loups. Il donne de l'éperon à son cheval, et, suivi de tout son monde, s'élance à l'autre bord du fossé et pénètre au milieu du théâtre funèbre où il devait jouer un sanglant et dernier rôle. Parvenu par bonds impétueux au-dessus des morts et des mourants jusqu'à l'étendard de Flandre, le comte l'avait saisi et le secouait violemment pour s'en emparer tandis que les haches et les massues retombaient sur lui à coups redoublés. Il en arrache un lambeau, mais la secousse lui fait perdre un étrier : il reste en selle néanmoins et continue à se battre ; son cheval est blessé, lui-même est inondé de sueur et de sang (1). Il y avait parmi les Flamands un homme qu'on voyait depuis le commencement de l'action déployer au-dessus de tous ses compatriotes le plus indomptable courage, la plus féroce énergie : c'était un frère-lai de l'abbaye de Ter Doest, aux environs de Bruges ; il s'appelait Guillaume van Saeftingen. Lorsque Jean de Renesse, seigneur de son village, partit pour combattre les Français, Guillaume travaillait dans la campagne à la récolte de ses foins ; on vint lui dire que l'ennemi s'avançait vers Courtrai, et qu'il n'y avait plus de temps à perdre : aussitôt il détèle les deux juments de son

(1) Là le voit on si remuant,
Que l'yaue qu'il va tressuant
Jusques à son esperon bat :
Vigueureusement se conbat...
— Guill. Guiart, v. 6199.

chariot, en vend une pour quelque argent, une épée et un godendag, monte sur l'autre et court vers le champ de bataille en compagnie d'un carme de ses amis, qu'un brûlant patriotisme avait également entraîné. Guillaume n'eut pas plutôt aperçu l'écusson du comte d'Artois que d'un bras vigoureux il écarte la presse des hommes d'armes, arrive devant le prince et lui allonge sa massue dans la poitrine ; un second coup sur la tête du cheval fait tomber l'animal, qui roule à terre avec son noble maître. Robert d'Artois, les bras étendus et d'une voix défaillante, demande s'il ne se trouve pas là un chevalier auquel il pût rendre son épée. On lui répond brusquement qu'on n'entend pas le français, et qu'il est défendu de faire des prisonniers. On l'entoure, on le presse, on le frappe et il expire. Un boucher de Bruges, qui déjà venait de lui trancher le bras d'un seul coup de hache, lui tira la langue, la lui coupa, et après la bataille fit hommage à Jean Van der Marct de ce dégoûtant trophée.

La mort du comte d'Artois et la prise de son étendard par le chevalier Hugues Buttermann, d'Arckel, enleva tout courage aux Français. Ce fut alors une véritable boucherie. Les Flamands se jetèrent avec une furie nouvelle sur ce qui restait de chevaliers au milieu d'eux ; hommes et chevaux tombaient aux cris mille fois répétés de : Flandre au lion ! et venaient grossir les monts de cadavres dont la plaine était couverte. Cependant la réserve, commandée par Gui de Saint-Pol, n'avait pas encore donné. Ce prince, immobile et terrifié, regardait, les yeux hagards, l'épouvantable drame qui se déroulait sur l'autre rive du fossé et ne bougeait pas. Un de ses hommes d'armes nommé Le Brun s'avança vers lui, et lui montrant le lieu d'extermination : « Lâche que tu es, lui dit-il, venge ton frère ou meurs comme il est mort! » Gui ne répondit point et s'enfuit entraînant beaucoup de nobles sur ses pas. Le Brun rallia les comtes Robert IV de Boulogne, Jean I.er de Dammartin, Robert V de Clermont.et Louis son fils, ainsi que les chevaliers français ou hainuyers qui avaient échappé au massacre et repassé le ruisseau de Groningue. Cette troupe s'avança en bel ordre de bataille vers les longues prairies pour tomber sur l'aile gauche des Flamands, tenter un dernier effort et sauver les débris fuyants de l'armée française. Mais ce mouvement avait été prévu ; Gui de Namur avec la gauche et Guillaume de Juliers avec la droite de leurs troupes en bon ordre et toutes bannières au vent, firent une conversion qui enveloppa la valeureuse phalange. Elle fut écrasée comme le reste; et dans la mêlée les foulons de Bruges ayant trouvé le sire de Bourbourg, un des principaux léliaerts, lui ouvrirent le corps depuis le ventre jusqu'à la tête.

Grand nombre de nobles brabançons, échappés à cet immense carnage, couraient à pied à travers les Flamands, criant *Vlaenderen den Leeuw !* pour sauver leurs têtes. On les reconnut bientôt à leurs armoiries, et le comte Gui les fit massacrer sur l'heure même dans un champ qui s'appela dès-lors et s'appelle encore aujourd'hui les prairies amères (*Bitter-meersch*) ou les prairies sanglantes (*Bloedmeersch*).

Pendant tout le jour on poursuivit les fuyards à travers champs et sur toutes les routes environnantes jusqu'aux portes de Lille et de Tournai. Beaucoup périrent encore. Sur le lieu du combat, la nuit, à la lueur des torches on acheva les blessés, on dépouilla les morts et un immense butin fut le résultat de ces barbares investigations. La citadelle de

Courtrai restait au pouvoir des Français : ceux-ci, durant la bataille, avaient cherché à faire diversion, tantôt en essayant des sorties repoussées chaque fois par les gens d'Ypres, tantôt en brûlant les plus grandes et les plus belles maisons de la ville; bientôt ils se rendirent et eurent la vie sauve, car on était rassasié de sang.

Ainsi fut détruite cette magnifique armée avec laquelle le roi de France s'était flatté d'anéantir la puissance flamande. Sept mille cavaliers parmi lesquels on comptait soixante-trois princes, ducs et comtes, près de sept cents seigneurs baronnets et onze cents nobles, enfin vingt mille hommes de pied au moins se trouvaient couchés dans la plaine de Courtrai; et, comme le dit un historien flamand, ce qui naguère faisait la gloire et l'orgueil des Français n'était plus que du fumier, ne formait plus que la vile pâture des vers (1). Sept cents éperons d'or ramassés sur le champ de bataille furent appendus comme monuments de la victoire aux voûtes de l'église Notre-Dame de Courtrai.

(1) Meyer, ad. ann. MCCCII.

VII

GUI DE DAMPIERRE.

1302 — 1304

Réjouissances en Flandre à cause de la bataille de Courtrai. — Reprise des hostilités. — Siége de Lille. — Reddition de Lille et de Douai. — Courses et pillages en Artois. — Capitulation des châteaux de Cassel et de Tenremonde. — Dispositions du roi de France pour recommencer la guerre. — Il marche de nouveau contre la Flandre. — Son départ subit et imprévu. — Cause singulière de cette retraite. — Incidents divers. — Prise de Lessines par les Flamands. — Guillaume de Juliers provoque Gauthier de Châtillon, connétable de France. — Tentative malheureuse de Guillaume contre Saint-Omer. — Scandaleuse conduite de ce prince. — Expédition en Zélande. — Siége de Zirickzée. — Arrivée en Flandre de Philippe de Chieti. — Réorganisation de l'armée. — Échec des Flamands près de Saint-Omer. — Prise et sac de Térouane. — Nouvelles dévastations en Artois. — Siége de Tournai. — Dévouement de François de Staples. — Trêve entre le roi de France et les Flamands. — Délivrance momentanée du comte Gui de Dampierre. — Il revient en Flandre et se retire au château de Winendale. — Sa *dernière devise*. — Seconde expédition de Gui de Namur en Zélande. — Avantages remportés par les Flamands. — Reprise du siége de Zirickzée. — Conquête de la Hollande méridionale. — Expiration de la trêve avec la France. — Le comte de Flandre retourne en prison. — Philippe-le-Bel s'avance pour la cinquième fois à main armée contre la Flandre. — Escarmouches aux frontières d'Artois. — Le roi s'avance vers Tournai. — Philippe de Chieti et l'armée flamande se portent dans la même direction. — La flotte française aux ordres de l'amiral Reynier Grimaldi cingle vers la Zélande. — Ardeur intempestive de Gui de Namur. — Il se fait vaincre sur mer par l'amiral, et tombe en son pouvoir. — Bataille de Mons-en-Pevèle. — Mort du comte Gui.

La bataille de Courtrai fut pour les Flamands une éclatante revanche de celle de Bouvines. Autant la joie avait été grande en France lors du retour triomphal de Philippe-

Auguste, autant la douleur était maintenant générale en voyant arriver les faibles débris d'une armée si nombreuse et si belle à son départ. Jamais tant de nobles personnages n'avaient péri en une seule bataille, et il n'existait pas dans tout le royaume une seule famille qui n'eût à pleurer la perte de quelqu'un de ses membres. En Flandre, au contraire, l'espérance et le courage remplacèrent l'abattement et le deuil. Partout éclatèrent des témoignages publics d'allégresse ; partout on rendit des actions de grâce au ciel, qui venait de sauver la patrie d'une ruine imminente. A Courtrai, cet heureux événement fut célébré par des réjouissances dont le souvenir s'est perpétué jusqu'à notre temps dans une fête populaire appelée *Vergaederdagen* (le jour du rassemblement). Vers le milieu du mois de juillet, les hommes et les femmes du peuple vont par la ville demandant de porte en porte les vieux habits, qu'ils revendent ensuite, comme leurs aïeux avaient fait autrefois des riches vêtements arrachés aux cadavres des nobles français ; puis, un joueur de violon à leur tête, ils se rendent processionnellement sur le Pottelberg, où ils passent la journée à s'enivrer de bière et de genièvre. Une chapelle dédiée à Notre-Dame de Groningue s'élève à peu de distance de la ville, sur le lieu même où s'est livrée la bataille ; à la voûte est suspendu un éperon doré de chevalier, sur l'autel est placée une image miraculeuse de la Vierge de Groningue, et on lit, inscrits en lettres d'or, les noms des principaux chefs français tués dans cette sanglante journée. L'enthousiasme des Brugeois fut à son comble quand ils apprirent la victoire remportée par leurs compatriotes. On chanta des *Te Deum* dans toutes les églises, et ce ne fut pendant plusieurs jours que chants de triomphe et que fêtes. Durant des siècles un pompeux anniversaire fut célébré à Bruges le 11 mai, jour de Saint-Benoît. A Gand, où régnait encore la domination française, la multitude, dès le lendemain de la bataille, se souleva comme un seul homme, se répandit dans les rues, renversa, foula aux pieds la bannière et les armoiries du roi et y substitua le lion national. Les gens du lis furent égorgés, emprisonnés, mis en fuite (1). Plusieurs se rapprochèrent en tremblant des fils du comte ; et la ville, par une députation suppliante, offrit sa soumission, que l'on accueillit avec bonté.

Mais la guerre n'était pas finie : elle allait même recommencer bientôt avec une activité nouvelle, car la colère du roi croissait à l'égal des résistances qu'elle éprouvait ; et les forces de la France étaient loin de se trouver épuisées. D'ailleurs les principales villes de la Flandre wallonne étaient encore gardées par les troupes de Philippe-le-Bel. Le quatorzième jour après la victoire, Jean, comte de Namur, fils aîné du second lit du comte Gui, vint en Flandre joindre ses efforts à ceux de son frère Gui et de son neveu l'intrépide Guillaume de Juliers afin d'achever la délivrance du pays. On lui donna le commandement de l'armée ; et, en compagnie des princes, il conduisit vers la fin de juin devant Lille les milices de Gand et d'Ypres avec celles de Waes et d'Alost, qui n'avaient point concouru aux précédentes affaires. Les gens de Bruges et de Courtrai furent laissés chez eux pour prendre un peu de repos ; car ils avaient fait de grandes dépenses et essuyé des pertes

---

(1) Die crastinâ... tota villa attonita de rumore crescente signa bellica Guidonis et Wilhelmi sequebatur, signis regis in terram dejectis. Aliqui de liliardis occisi sunt et aliqui capti, multi de villâ effugati. — *Monachus Gand.*, 392.

considérables dans la rude campagne qui venait de se terminer si glorieusement. Lille et sa citadelle furent aussitôt investies et vivement assiégées. Les plus ardents à l'attaque étaient les anciens partisans du lis qui voulaient se faire pardonner et reconquérir les bonnes grâces de leur seigneur(1). Dès les premiers jours, les assiégés avaient recouru au roi de France; le 16 juillet il leur répondit de Vincennes, leur promettant des secours et les exhortant à tenir bon (2). Mais les assauts devenaient de plus en plus violents et multipliés; le peuple, favorable au comte, menaçait à chaque instant de se révolter et d'ouvrir les portes. Les principaux de la ville, presque tous léliaerts, et la garnison française eurent peur et entrèrent en pourparlers avec Jean de Namur. On convint que si dans un mois le roi n'envoyait pas de secours la ville et le château se rendraient à condition que tous ceux qui en voudraient sortir auraient la vie sauve, la liberté de leurs personnes et de tous leurs biens. On n'attendit même pas l'expiration du délai pour conclure la capitulation, qui fut signée le 6 août (3). Alors Jean de Namur et les Flamands prirent possession de la ville, à la grande joie des habitants débarrassés de la domination étrangère qui depuis cinq ans pesait sur eux. On marcha ensuite vers Douai. Les partisans du lis n'y étaient pas nombreux, et, comme à Lille, le peuple n'aspirait qu'à rentrer sous l'obéissance de son souverain légi-

---

(1) In quâ oppugnatione strenuè se habebant liliardi, qui in Flandriâ remanserant; itâ enim eos oportebat, si gratiam principum habere vellent. — *Monachus Gandavensis*, 393.

(2) *Archives de la ville de Lille; registre aux titres K L M, f° II.*

(3) Ibid. *original en parch. scellé; et registre aux titres G H I, f° 91.*

time (1). A peine le comte fut-il arrivé sous les murs que les Douaisiens proposèrent et demandèrent les mêmes conditions que pour Lille. On les leur accorda; et le comte, maître de toute cette partie de la Flandre, transporta son camp à deux lieues sud-ouest de Douai, en face du village de Brebières et près de ce fossé de Boulenrieu dont nous avons déjà parlé et qui servait de défense et de limite à la Flandre du côté de l'Artois. De ce poste les Flamands désolèrent l'Artois et y causèrent beaucoup de dommages, au grand déplaisir de leurs chefs; mais il était fort difficile de maintenir ces gens des communes que l'amour de la patrie pouvait bien un instant arracher à leurs foyers, mais qui ne restaient sous les drapeaux que dans l'espoir de butiner et s'enrichir. Ils pillèrent Harnes, Hennin-Liétard et quantité d'autres lieux. Jean de Namur ne tarda pas à congédier une partie de ces gens indisciplinés et ne garda près de lui que les chefs des villes et les soudoyers aguerris et tranquilles. Le château de Cassel, contre lequel les tentatives avaient été jusque-là infructueuses, se rendit peu de temps après, mais la redoutable forteresse de Tenremonde résista. Elle était défendue par Godefroi de Vierzon, qui avait, dit-on, des vues d'ambition personnelle sur Tenremonde, les pays de Waes et d'Alost et même sur le Brabant; mais la journée de Courtrai avait confondu les projets du sire de Vierzon. Enfin l'hiver suivant, après un siége long et dispendieux, les gens du pays de Waes, que la garnison française incommodait extrêmement, la forcèrent à capituler. Cependant le roi de France avait résolu de reconquérir en personne les avantages que les derniers événements lui

(1) Villa autem Duacensis favebat ei magis quàm regi, exceptis paucis liliardis. — *Mon. Gandav.*, 393.

avaient fait perdre. Privé de la majeure partie de sa noblesse anéantie dans la plaine de Groningue, il manquait en outre d'argent. Ce fut alors qu'il frappa de la fausse monnaie ou en altéra les coins, au détriment et à la ruine des commerçants de son royaume et de l'étranger. Les gens de toute condition dans chaque province soumise à la juridiction royale furent grevés de la maltôte et des impôts les plus lourds. Déjà l'année précédente, au mois d'août, il avait enjoint à ses sujets de porter la moitié au moins de leur vaisselle à la Monnaie pour en recevoir le prix, sur le pied de 4 livres 15 sols le marc de Paris. Au mois de mars suivant une nouvelle ordonnance força quiconque possédait 100 livres de revenus en terre, de verser au trésor 20 livres tournois; ceux qui avaient en meubles la valeur de 500 livres devaient payer 25 livres parisis. Au mois d'août 1303, les biens du clergé furent frappés de la décime et de la demi-décime; enfin, en octobre de la même année, tous les habitants du royaume indistinctement, nobles, clercs, non nobles, se virent contraints de contribuer à l'équipement d'un nombre déterminé de gens d'armes; chacun dans la proportion de sa fortune (1).

A l'aide de ces extorsions, Philippe-le-Bel trouva moyen de rassembler et d'entretenir une armée de quatre-vingt mille hommes dont vingt mille cavaliers. Il avait, assure-t-on, convoqué le ban et l'arrière-ban de toutes les milices des villes jusqu'à une distance de cent lieues des frontières flamandes (2); mais ce que l'argent du roi n'avait pu remplacer, c'était cette brillante chevalerie qui, devant

---

(1) *Ordonnances des rois de France*, I, 367, 369, 382, 408.

(2) Convocaverat enim fere omnes communitates regni sui, quæ propè Flandriam erant per distantiam centum milliarum. — *Mon. Gand.*, 394.

Courtrai, avait disparu comme dans un tourbillon. On remarquait néanmoins dans son escorte de hauts et puissants personnages, tels que Louis, le jeune fils du monarque, qui n'avait alors que treize ans et se montrait déjà impatient de gagner ses éperons ; Charles, comte de Valois, et Louis, comte d'Évreux, frères du roi ; Pierre, vicomte de Léon, troisième fils de Jean II, duc de Bretagne ; Robert II, duc de Bourgogne ; Robert, fils aîné du comte de Dreux ; Gui, comte de Saint-Pol ; Othon, comte de Bourgogne ; Amédée, comte de Savoie ; Humbert de La Tour-du-Pin, dauphin de Viennois ; Ferri III, duc de Lorraine ; Jean V, comte de Vendôme ; Robert VI, comte de Boulogne et d'Auvergne ; le comte de Roucy, Jean IV ; le comte de Ligny, le comte d'Auxerre, le comte Robert de Clermont et Louis son fils ; Gautier de Châtillon, connétable de Flandre ; Miles de Noyers et Fouques de Merle, nouveaux maréchaux, et une infinité d'autres. Le roi voulait commencer les opérations par le siége de Douai. A cet effet il vint établir son camp à deux petites lieues de cette ville, près de Vitry, sur les terres d'Artois. On n'avait pas en Flandre attendu l'approche de cette formidable armée pour se disposer à lui disputer le terrain. Jean et Gui de Namur et Guillaume de Juliers avec Jean de Kuick, le templier Guillaume de Bornem, le fameux Pierre Konynck et Jean d'Escornaix, maréchal ou maître de la milice, suivis de tous les Flamands en état de porter les armes, dressèrent leurs tentes près du Boulenrieu, à l'endroit qu'ils avaient déjà occupé vis-à-vis Brebières. Ils ne se trouvaient qu'à une très-petite distance de l'armée royale, laquelle se tenait en ce moment divisée en trois corps.

Enhardis par la victoire de Courtrai et les succès plus

récents qu'ils avaient obtenus, les Flamands étaient pleins de force et de résolution. Ils se seraient fait tous exterminer jusqu'au dernier plutôt que de laisser l'armée française pénétrer de nouveau sur leur territoire; mais ils ne voulaient pas l'aller attaquer et engager le combat sans y être forcés, car ils craignaient que, si le roi était battu derechef, il ne fît tomber alors le poids de son exaspération sur le comte Gui et les princes retenus captifs en France (1). D'un autre côté, les Français avaient encore présente à la mémoire l'effroyable boucherie du champ de Groningue; ils ne paraissaient pas très-désireux d'en venir aux mains avec ces hommes que leur imagination effrayée regardait comme indomptables (2). Les deux grandes armées restèrent là longtemps en présence, non sans des frais énormes; surtout pour le roi, dont l'immense cavalerie devait être d'un entretien ruineux. Voyant que ces délais n'aboutissaient à aucun résultat, Jean de Namur, qui, en sa qualité d'aîné, commandait en chef, envoya des hérauts dans le camp royal pour demander la paix ou une trêve. Des pourparlers s'engagèrent, les conférences se succédaient; mais on ne terminait rien. Philippe-le-Bel traînait à dessein les choses en longueur. Il savait les troupes flamandes composées en majeure partie de pauvres gens des villes qui n'aimaient pas à rester long-temps hors de chez eux; et il espérait qu'en temporisant les forces de ses ennemis se désorganiseraient et s'affaibliraient peu à peu. Il y eut effective-

(1) Timebant etiam quòd si eum invasissent et superassent vel effugassent, Franci in impetu iræ patrem suum et fratres occidissent. — *Ibid.*

(2) Rex igitur Flandrenses invadere non audebat, videns suos corde pavidos et, propter gravem eventum belli Curtracensis, Flamingorum occursum horribiliter pertimescentes. — *Ibid.*

ment des murmures, et plusieurs bandes menacèrent de s'en aller si l'on ne se battait pas. Mais les chefs, à force de belles paroles et de promesses, calmèrent ces impatiences. Le fourrage manquant devant Brebières, on fit un mouvement rétrograde vers Flines-lez-Marchiennes, dont les environs étaient abondamment pourvus de vivres pour les hommes et les chevaux. Là un nouveau dissentiment faillit compromettre le sort de l'armée. Le jeune et bouillant Guillaume de Juliers voulait à toutes forces aborder l'ennemi et en finir. La plupart des gens d'armes goûtaient cet avis et il fut sur le point de prévaloir. « J'ai vu, dit un moine de Gand, spectateur historien et peut-être acteur des guerres de ce temps-là; j'ai vu le pont destiné à faire passer à l'armée la rivière de la Scarpe, qui vient de Douai à Flines. Il était jeté sur cinq bateaux et avait trente pieds de large; mais l'avis de Jean, de Gui et d'autres hommes experts et prudents prévalut (1). » Pourtant les entrevues pour la paix se continuaient. Dans l'une d'elles le comte d'Évreux demanda, au nom du roi, qu'on lui livrât les chefs de la conspiration de Bruges. « Nous n'en livrerons pas un seul, répondirent les princes; d'ailleurs vous pouvez aller dire au roi que nous sommes prêts à nous battre. » Quand Philippe-le-Bel connut cette réponse, il demeura pensif; et peu de jours après on apprit que par une belle nuit il avait fait lever son camp et avait précipitamment regagné Paris. Cette retraite étonna tout le monde et l'on n'en sut jamais le véritable motif. On ne peut supposer, comme l'insinue un historien flamand,

(1) « Undè et ego vidi pontem quemdam factum supra naves quinque, stratum ad latitudinem circiter triginta pedum, ut per eum exercitus fluvium quemdam, qui venit de Duaco versùs Felines, pertransiret; sed Johannes et Guido et plures alii prudentes et experti, hoc nolentes, prævaluerunt. — *Ibid.*, 395.

que la peur seule ait mis le roi en fuite (1). En admettant
que les hommes d'armes français n'eussent pas été très-désireux en ce moment-là d'en venir aux mains avec les vainqueurs de Courtrai, le roi pouvait au moins profiter de la
présence d'une armée formidable et qui lui avait coûté tant
d'argent pour obtenir quelques conditions de paix ; il pouvait aussi traiter d'une trêve, renvoyer une partie de ses
troupes, cantonner l'autre en Artois et en Hainaut. Comment donc expliquer ce brusque départ ? Grand nombre de
chroniqueurs contemporains ou à peu près lui donnent une
cause assez romanesque, mais qui n'est pas dépourvue de
toute vraisemblance. Voici comment un d'eux la raconte.
« Quand les Flamands furent avertis que le roi de
France faisait la plus grande assemblée que jamais il n'eût
faite pour venir sur eux à main armée, ils convinrent d'envoyer vers le roi d'Angleterre le prier en cette grande
besogne de vouloir bien les aider à l'encontre du roi de France.
Bien lui firent remontrer que, considéré l'amour et l'alliance
que Angleterre et Flandre avoient de long temps ensemble
à cause de la marchandise, les deux pays étoient tenus de
se concerter l'un l'autre en toutes leurs affaires ; que, s'il
n'apportoit remède à ce grand méchef, tout le pays étoit en
péril d'être pillé, brûlé et détruit. Aussitôt que le roi
Édouard eut ouï et entendu les messagers ou ambassadeurs
que le comté et les bonnes villes de Flandre lui avoient envoyés, il réfléchit un moment ; puis leur dit : « Beaux sei-
» gneurs, vous reviendrez demain par devers moi et me
» rappellerez votre besogne ; laquelle, comme j'entends, de-
» mande brève expédition. » De cette réponse furent les
ambassadeurs tout réconfortés, d'autant plus que le roi

---

(1) Meyer, *Annales rerum Fland. ad ann.* 1307.

Édouard leur avoit fait bon visage. Ils s'en retournèrent à leur hôtel, et le lendemain ils revinrent près du roi ; mais ils ne purent lui parler ce jour-là ni le suivant. Le roi le faisoit avec intention. Les Flamands, qui ardemment poursuivoient une réponse, étoient fort ébahis. Cependant la reine d'Angleterre, qui étoit sœur au roi de France, et qui volontiers s'inquiétoit de toutes les nouvelles pour en écrire à son frère, fit enquérir ce que ces envoyés alloient demandant et d'où ils étoient ; mais elle n'en pouvoit rien savoir et s'en trouvoit très-intriguée : car elle les avoit vus parler au roi ; et ils n'étoient pas habillés comme de nobles hommes, mais comme de simples bourgeois et marchands. — Quand il sembla bon au roi Édouard, ce prince fit venir les ambassadeurs et leur dit : « Beaux amis, j'ai pourvu à votre pé-
» tition et requête tellement que bientôt vous et toute Flan-
» dre en serez grandement secourus. » Puis il ajouta :
« Recommandez-moi à mes bons voisins de Flandre, et
» qu'ils ne soient inquiets de rien ; car dans l'occasion ne
» leur pourrois faillir, ce dont ils s'apercevront en temps et
» lieu. » Lors lesdits bourgeois rentrèrent à leurs logis ; et le lendemain de bon matin ils partirent et retournèrent en Flandre, où ils racontèrent comment ils avoient exploité. — Or le roi Édouard, une fois les Flamands en allés, entra dans la chambre de la reine et fit semblant d'être durement courroucé. La reine, le voyant chagrin et pensif, s'en vint à lui : « Cher sire, lui dit-elle, pour Dieu ! que vous est-il ad-
» venu ? Il m'est avis que vous avez quelque grand
» déplaisir au cœur. S'il en est ainsi, que ne me le dites-
» vous ? — Certes, madame, répondit le roi, ce n'est pas
» merveille si j'ai le cœur dolent. — Hà ! ha ! cher sire, fit
» la reine, découvrez-vous à moi ; vous en aurez le cœur plus

» allégé. » Le roi Édouard, qui subtil étoit, s'y refusa un petit pour mieux parvenir à son intention ; enfin il lui dit : « Sachez, madame, que je ne veux vous rien celer au monde, » et surtout le mortel déplaisir que je porte en moi ; pour » l'amour de vous je vous le confierai, mais à condition que » vous me promettrez de ne le jamais dire à personne. » La reine le lui promit, mais le roi savoit bien qu'elle feroit tout le contraire. « Madame, dit le roi, le roi votre frère a » fait un grand mandement de gens d'armes pour aller » Flandre détruire ; mais il se va perdre et bouter en la » gueule des loups, si déjà il n'y est. Quand il sera dans le » pays et qu'il pensera être le mieux accompagné et assisté, » il se trouvera déçu; car ses princes l'ont vendu et le livre- » ront aux Flamands, qui l'ont acheté à bons deniers comp- » tants. Cela est si vrai que ces étrangers que vous avez ici » vus sont des Flamands à moi envoyés par leurs compa- » triotes pour me prier que je leur veuille prêter par deçà » la mer quelque fort château afin d'y tenir et garder pri- » sonnier le roi votre frère, qu'on leur doit livrer à la pre- » mière bataille qu'ils auront contre les Français. Par amour » pour vous j'ai repoussé cette demande. » Lorsque le roi Édouard eut ainsi parlé, il manda ses chevaux et dit à la reine qu'il vouloit aller s'ébattre aux champs. Or il savoit bien que la reine agiroit comme il le désiroit. En effet, à peine le roi fut-il parti que la reine, qui n'avoit pas le cœur en paix, appela un sien secret conseiller et lui fit écrire une lettre adressée au roi son frère et contenant tout ce que son seigneur lui avoit raconté. Les lettres closes, elle les bailla à un féal messager auquel elle recommanda de faire toute diligence et de ne s'arrêter ni jour ni nuit tant qu'il fût arrivé au camp du roi de France. Le messager vint à Douvres, passa la mer, prit terre à Boulogne, et demanda où il pourroit trouver le roi Philippe-le-Bel; on lui certifia que le prince étoit entre Arras et Mons-en-Pevèle. Le messager se mit en route et rencontra le roi et sa grande armée là où on lui avoit indiqué. Philippe tenoit conseil s'il n'iroit pas le lendemain mettre le siége devant Lille, ou combattre les Flamands qui étoient aux champs à deux lieues de là. L'Anglois entra en la tente du roi, qu'il salua humblement, ainsi que les princes et barons, puis il le tira à part, et lui baillant ses lettres, il lui dit, de par la reine sa sœur, que pour Dieu il les lût secrètement. Quand le roi l'eut fait, il fut grandement émerveillé; et il se souvint alors que le jour précédent il avoit envoyé devers les Flamands pour traiter, et que ceux-ci avoient fièrement repoussé les conditions et répondu qu'ils vouloient se battre. Aussitôt il se prit à réfléchir, et mandant les hommes de son conseil : « Seigneurs, » leur dit-il, je m'en retourne en France plus vite que je » ne pensois (1). »

Cette singulière retraite du roi de France ne put s'effectuer avec tant de promptitude que les Flamands n'eussent le loisir d'atteindre les derrières de l'armée et de tuer tous les traînards. Ils firent beaucoup de butin, car l'ennemi laissait en route une grande quantité de tonneaux de vins et des victuailles de toute espèce, et avant de rentrer en Flandre ils brûlèrent une seconde fois Harnes et Hennin-Liétard. Ainsi la campagne s'était effectuée sans paix, ni trêve, ni bataille, ce qui ne se voyait pas souvent. Avant

(1) *Chronique de Flandre*, msc. du roi, n° 8380, f° CXXXII. Voir aussi: *Ægidii li Muisis chron.*; éd. de Smet, 197. — Msc. de la bibl. de Lille, C. P., 34, f° 9 v°. — *Chr. de Jehan li Tartiers*, f° 9. — *Chron. de Flandre* publiée par Denis Sauvage, p. 91 et *aliàs*.

de congédier les milices, on alla faire une démonstration contre Tournai. Cette ville anciennement libre aurait dû conserver la neutralité; loin de là, elle exerçait de continuelles hostilités sur le territoire flamand : car elle était fort attachée au roi de France, qui l'avait prise sous sa protection et y entretenait des gens d'armes. On la punit en lançant contre ses édifices une multitude de projectiles qui firent beaucoup de mal. Mais on ne devait pas songer à s'en emparer d'un coup de main. Un siége en règle présentait des difficultés et aurait pris beaucoup de temps; or l'été finissait; on était au mois d'octobre; les gens des communes épuisés de force et d'argent avaient hâte de rentrer chez eux (1).

Durant l'hiver, les garnisons françaises des villes frontières désolèrent la contrée par de fréquentes incursions. Le roi les avait renforcées afin de faire le plus de mal possible aux Flamands. Ainsi à Saint-Omer, où se tenaient déjà Bertrand de Marcquignol, Jacques de Bayonne et les deux nouveaux maréchaux Miles de Noyers et Fouques de Merle, il envoya Othon, comte de Bourgogne, grand homme de guerre et gendre de Robert d'Artois tué à Courtrai. Pour encourager Othon, il voulut qu'il succédât au comté d'Artois du chef de sa femme, nonobstant le droit et les réclamations du jeune Robert, fils de ce Philippe d'Artois mort avant son père à la journée de Furnes. Il mit à Calais Odard de Maubuisson; à Béthune Robert Bruneau, sire de Saint-Venant; à Lens Jean, châtelain du lieu, et fournit à chacun d'eux des subsides d'hommes et d'argent.

(1) Bellico tumultu lassati ac expensis maximis per totam æstatem prægravati eam reliquerunt, in tabernacula sua revertentes. — *Monachus Gandavensis*, 395.

En représaille de ces agressions des Français, les Flamands faisaient des courses en Artois. Un corps nombreux de ces derniers occupait l'église fortifiée de Buysscheure à trois lieues ouest de Cassel. Les chevaliers et la garnison de Saint-Omer les auraient volontiers chassés de cette position; mais ils n'y réussirent point et durent se contenter de brûler tous les environs jusqu'au mont Cassel. Une rencontre eut lieu sur les hauteurs de Ballimberghe et l'on se battit avec fureur. Circonvenus et inférieurs en nombre, les Flamands eurent le dessous; ils seraient tous restés sur le champ de bataille sans l'approche du soir, qui permit à plusieurs d'échapper. On compta néanmoins deux mille morts, mais Othon de Bourgogne fut blessé de manière à ne plus pouvoir porter les armes. Il expira peu de temps après à Melun, où il s'était fait transporter.

Les Flamands eurent bientôt une revanche. La garnison française de Lens, sous les ordres de Libert de Beauffremont, d'Hubert de Beaujeu et du sire de Vaucouleurs, s'était mise en marche pour attaquer La Bassée, dont l'église était très-forte et bien gardée. En sortant du village de Vendin, où s'était conclu le fameux traité de 1225, elle rencontra une troupe flamande, et une lutte très-vive et très-meurtrière s'engagea incontinent. Enveloppés de tous côtés par les Flamands, qui se déployèrent en bon ordre et avec habileté, les Français eurent à peine une issue pour échapper. On en tua un grand nombre, entre autres les sires de Vaucouleurs et de Vendin : Libert de Beauffremont reçut une blessure si grave qu'il mourut en arrivant à Arras. On l'inhuma chez les Frères-Mineurs.

Dans la Flandre wallonne, les rigueurs de l'hiver n'avaient pas non plus arrêté les hostilités. Le gouverneur de

Lille, Siger le Courtraisien, noble et valeureux chevalier, ne laissait aucun répit aux gens de Tournai. Le territoire de la ville était sans cesse ravagé, les routes et les canaux interceptés, de manière qu'on ne pouvait plus y vivre. Les Tournaisiens eurent recours à Jacques de Bayonne, lieutenant du connétable à Saint-Omer, et ce seigneur leur dépêcha Fouques de Merle avec cinq cents chevaliers; ce qui n'empêcha point Siger de continuer ses excursions. Un jour le sire de Merle alla se mettre en embuscade aux environs de Tournai. Comme à l'ordinaire, la garnison de Lille vint escarmoucher jusqu'aux portes de la ville. Le maréchal prit les Flamands à dos, tandis que les Tournaisiens les recevaient chaudement du haut de leurs murailles. Les Lillois se défendirent avec courage, mais ils reçurent un rude échec, et il y eut cinquante nobles et riches citoyens tués ou faits prisonniers. Fouques de Merle séjourna tout le reste de l'hiver à Tournai, en compagnie de Michel de Ligne, maréchal de Hainaut.

L'armée flamande fut, au commencement de mars, remise sur pied par Jean et Gui de Namur et Guillaume de Juliers. Elle était divisée en deux grands corps. Le premier, presque entièrement composé de Gantois et de Brugeois, commença les opérations sous la conduite de Jean et de Gui et assiégea Lessines, petite ville très-fortifiée, depuis longtemps sujet de querelles entre la Flandre et le Hainaut, qui s'en disputaient la mouvance. Arnoul d'Audenarde la tenait du comte de Flandre : le comte de Hainaut enleva par surprise le sire d'Audenarde, s'empara de Lessines, et de ce poste fit beaucoup de mal aux gens d'Audenarde et de Grammont. C'est pour cette raison que les Flamands, désireux de reprendre Lessines, y concentrèrent une partie de leurs forces, et l'attaquèrent vigoureusement. Jean de Hainaut ne jugea pas à propos de se risquer en bataille rangée contre les Flamands, et Lessines fut bien obligée de se rendre. Elle fut mise au pillage et brûlée ensuite. Les portes furent enlevées, les tours et les murailles ruinées de fond en comble, de façon qu'on n'eût plus rien à craindre de ce côté (1).

Dans l'intervalle, Guillaume de Juliers, à la tête des milices d'Ypres, de Furnes, de Bergues, Cassel et autres villes de la Flandre occidentale, se tenait aux confins de l'Artois pour s'opposer aux tentatives des garnisons françaises de Saint-Omer, Lens, Béthune et Calais. Gauthier de Châtillon, connétable de France, venait d'arriver à Saint-Omer. Guillaume de Juliers lui envoya deux cordeliers porteurs d'une lettre conçue en ces termes : « Guillaume de Juliers, petit-fils du comte de Flandre, au seigneur Châtillon, cousin du roi de France. — Comme nous savons que vous venez sur notre terre pour brûler les pauvres gens quand nous ne sommes pas là, nous vous mandons de vouloir bien abréger la besogne en essayant d'entrer tout de suite en Flandre ; alors, ou nous vous ferons place ou nous envahirons nous-mêmes votre pays (2). » Le connétable reçut fort bien les messagers, et leur dit qu'il ne pouvait donner de réponse à cet égard ; que chacun agirait suivant son inspiration et celle de Dieu. Guillaume résolut alors de

---

(1) Domus autem omnes feræ... concrematæ sunt et omnia bona prædata, portæ etiam et turres et muri ità confracti, quòd nunquam Flamingis nocere poterit. — *Mon. Gand.*, 396.

(2) « Si vous mandons si vous voulez les besoignes abregier ; si venez en nostre terre briesmement : nous livrerons place ou nous venrons en la vostre. » — *Chron. de Fl., mss du roi*, n° 8380, f° *CXXXIX*.

tenter le siége de Saint-Omer. Il aurait dû réfléchir avant d'aborder une entreprise aussi périlleuse ; car la ville était très-forte, remplie de défenseurs aguerris et de munitions considérables : mais il n'écouta que son bouillant courage, et fixa le rendez-vous général de ses troupes à Cassel. On était au temps pascal; le lundi de la semaine sainte un corps de Flamands prit position à Scoudebruc, vivier de Clair-Marais, situé à mi-route de Cassel et Saint-Omer. Le jeudi suivant au matin les Yprois, tous revêtus d'un uniforme vert, marchèrent sur Arques et incendièrent le bourg de Saint-Bertin, d'où les Français s'étaient hâtés de déloger pour se replier sur Saint-Omer. Il y avait peu d'ordre dans l'arrangement des troupes flamandes ; elles marchaient séparées et confusément : ainsi les gens de Bergues se tenaient éloignés de ceux d'Ypres à une distance de trois cents pas, et le chef, Guillaume de Juliers, demeuré aux environs de Cassel avec les milices de cette ville et celles de Furnes, était encore au lit ou au bain tandis que le premier détachement se trouvait sous les murs de Saint-Omer (1). Huit cents cavaliers, la plupart nobles flamands partisans du lis, s'étaient cachés dans une forêt voisine d'Arques : ils débouchèrent à l'improviste et, tombant sur un des détachements épars des troupes de Guillaume, lui tuèrent environ mille hommes, en grande partie toutefois goujats, charretiers et gens au service de l'armée. Informé de cet échec, Guillaume court à toute bride vers Arques. Sa cavalerie étant fort peu de chose en comparaison de celle de l'ennemi, il fait mettre pied à terre à tout le monde, adopte un ordre de bataille

---

(1) ... Et Wilhelmus qui adhuc cum Furnensibus et Casletensibus juxta Casletum dicitur dormisse vel sudasse. — *Mon. Gand.*, 397.

circulaire, se place au centre et attend l'attaque. On s'observa pendant deux heures; depuis la journée de Courtrai les Français n'étaient plus très-soucieux d'aborder les Flamands en plaine (1), et redoutaient surtout les godendags que ceux-ci maniaient avec beaucoup de dextérité. Il n'y eût point de combat général, mais quelques petites actions particulières. Ainsi un cavalier approchait-il du cercle compacte où les Flamands se tenaient serrés le fer en main, il était aussitôt abattu; de même si un de ces derniers s'avisait de s'écarter un peu des rangs on le tuait sur place d'un coup d'arbalète. Le jeune sire de Juliers resta campé aux alentours de Saint-Omer jusqu'à ce que tous les contingents de la Flandre maritime fussent venus rejoindre son armée, qui se trouva dès lors forte de plus de trente mille hommes. Guillaume ne doutait de rien; fier de ces nombreux hommes de guerre qui se pressaient autour de lui, il disait à qui voulait l'entendre qu'avant peu il enlèverait le corps de son frère enterré chez les Franciscains de Saint-Omer. Il avait en outre près de sa personne plusieurs braves et fidèles seigneurs, tels que Guillaume de Neele, Thierry de Hondschoote, Henri de Lonchy et Jean de Kuyck, dont le dévouement à la cause flamande ne se démentait pas.

La forteresse d'Arques fut d'abord entourée et pressée; puis, pour harceler la garnison de Saint-Omer, on fit des courses jusque sous les murs de cette ville. Les dispositions y avaient été habilement prises par les chefs français afin de faire diversion sur l'armée flamande, et de prévenir les résultats toujours désastreux d'un siége. Les habitants re-

---

(1) Post bellum enim Curtracense nunquàm Franci ausi sunt, nec eques nec pedes, Flamingos semper pedes pugnantes insimul cum totâ acie impugnare. — *Ibid.*

çurent l'ordre de s'armer pour garder la ville, et deux divisions furent formées, dont l'une destinée à secourir les assiégés dans Arques, et l'autre à s'embusquer dans les bois voisins. Le premier de ces détachements vint d'abord engager le combat près de la forteresse. Les Flamands ripostèrent avec courage, il y eut des tués de part et d'autre, et le succès se balançait, lorsque tout à coup les cavaliers cachés derrière les taillis arrivèrent au galop, sous la conduite des sires de Marquillies, de Neuville et de Saint-Venant, et tombèrent à dos sur les Flamands. Surpris, ébranlés par cette double charge, les assiégeants furent bientôt rompus, et il en fut fait un grand carnage. On se porta ensuite sur les gens de Furnes, de Bergues et du Franc, stationnés près de Blandecques, village à une lieue sud-est de Saint-Omer. Ils tinrent bon un moment; mais, forcés enfin de plier sous les chocs répétés de la cavalerie, ils coururent vers le Fossé-Neuf, où il en périt un grand nombre. Au pont d'Arques, sur le fleuve de l'Aa, l'action fut aussi très-meurtrière pour les Flamands. Refoulés en masse sur ce pont, le poids fit rompre les supports et en un instant tout s'effondra dans la rivière. Beaucoup de gens furent écrasés ou noyés au milieu de cette effroyable confusion. La journée coûta bien trois mille hommes aux Flamands; et si la forêt de Rutholt n'avait pas été là pour servir de refuge aux débris de l'armée, les pertes eussent été plus considérables encore. On attribua ce désastre au jeune Guillaume de Juliers, dont la fougue belliqueuse n'était point dirigée par la prudence et la raison. Et puis, disait-on, la façon de vivre fort peu édifiante de ce prêtre-guerrier devait bien aussi allumer le courroux céleste. En effet, Guillaume s'abandonnait au plaisir sans aucun frein. Il n'avait pour amis et conseillers que des gens vicieux et débauchés ; traînait avec lui des devins, des nécromans et des jongleurs de toute sorte : lorsqu'il n'était point occupé à les consulter, il conjurait les démons (1), se complaisait à entendre réciter les satires licencieuses du trouvère Rutebeuf, ou à psalmodier quelque graveleuse complainte d'Audefoi-le-Bâtard ou d'Adam-le-Bossu. Tout cela était d'autant plus scandaleux qu'on se trouvait alors au saint temps pascal ; ce dont le prévôt de l'église de Maestricht ne paraissait pas se douter le moins du monde. Le lendemain de l'affaire d'Arques, qui était le Vendredi-Saint, Guillaume de Juliers fit enterrer tous ses morts pour éviter l'infection de l'air et rentra dans Cassel jurant et maugréant d'avoir été battu. Ainsi se termina cette année de combats pendant laquelle il fut répandu tant de sang et tant de larmes, mais où la Flandre en définitive s'était relevée du coup fatal dont le roi de France avait prétendu l'abattre.

La guerre changea de théâtre au commencement de 1303. L'on sait que Béatrix, l'une des filles de Gui de Dampierre, avait épousé Florent, comte de Hollande, fils de l'empereur Guillaume, tué par les Frisons. Le 28 juin 1296, comme Florent chassait au faucon près de Muyderberg, trois seigneurs de la maison qui chevauchaient à ses côtés, Herman, Gérard et Gilbert de Velsen, se jetèrent sur lui l'épée à la main et le massacrèrent. Les uns disent que le comte avait irrité ces barons en leur enlevant quelques terres ; d'autres, qu'il s'était permis un outrage sur la femme

---

(1) Dæmones adjuravit et consuluit, libidini vacavit, magorum, incantatorum et flagitiosissimorum hominum servitio et consilio et amicitiâ utebatur... undè, ut videtur, justo Dei judicio, nunquàm post bellum curtracense in aliquo bello vel negotio benè prosperabatur. — *Mon. Gand.*, 396

de Gérard de Velsen. Jean, fils de Florent et de Béatrix, venait d'épouser Élisabeth, fille du roi Édouard, et se trouvait en Angleterre à la mort de son père. On le rappela sur-le-champ ; et, comme il n'avait que quatorze ans, son beau-père et son aïeul Gui lui firent donner pour tuteur Vulfard de Borseele, sire de Veere, homme sûr et dévoué. Cela déplut au comte de Hainaut, qui, naguère, avait conclu un traité d'alliance avec le roi de France et avec Florent contre la Flandre; car Vulfard n'était point disposé à faire la guerre à ce pays, et montrait même sa prédilection pour les Flamands et pour leur comte. Soit qu'il agît de son propre mouvement ou à l'instigation de Philippe-le-Bel, dont l'or excitait des ennemis au comte de Flandre jusque dans sa propre famille (1), Jean d'Avesnes envoya des assassins qui poignardèrent le sire de Borseele; puis il accourut lui-même en Hollande et s'empara de la tutelle. Il était le plus proche héritier de Jean par sa mère Alise, tante de Florent. Il exerça sur le jeune prince et sur son épouse la plus étroite surveillance, tellement qu'ils se trouvaient comme prisonniers dans leur hôtel; et bientôt, s'il faut en croire un historien de l'époque, Jean mourut d'une maladie qui pouvait donner à penser qu'on l'avait empoisonné (2). Le comte de Hainaut lui succéda, non sans une vive opposition des parents et amis de Vulfard; entre autres de Jean de Renesse, dont les guerres de Flandre et la bataille de Courtrai rendirent bientôt le nom célèbre. Ils recoururent à l'empereur Albert, auquel, suivant eux, le comté de Hollande devait revenir : car,

(1) Florentius... adhæsit et alligatus est regi Franciæ, pecuniâ conductus, à comite Hannoniæ. — *Ibid.*, 399.

(2) ... Et, ut dicitur et multis videtur, postmodùm ipsum intoxicavit (mortuus est enim non multo post tempore fluxu ventris). — *Ibid.*, 398.

d'après la loi et la coutume qui régissaient ce pays et d'autres relevant de l'empire ; lorsque le titulaire d'un fief mourait sans enfants, ce fief retournait par dévolution au suzerain (1). L'empereur, qui tenait à ne point se brouiller avec Philippe-le-Bel, ne parut pas attacher grande importance à cette affaire et laissa Jean d'Avesnes occuper la Hollande : alors le prince exila Renesse et ses adhérents, qui se réfugièrent en Flandre, servirent activement la cause du comte Gui, et prêchèrent ensuite avec succès une expédition en Zélande lorsque la Flandre fut délivrée de l'invasion française.

On sait que la Zélande était un fief relevant des souverains flamands. La même raison qui faisait que la Hollande devait retourner à l'empereur attribuait donc la Zélande au comte Gui. Peu avant sa captivité, ce prince, prétendant que la terre laissée vacante par la mort de Jean lui était dévolue par droit et coutume, en fit don à son fils Gui de Namur. Mais il s'agissait de la conquérir, puisque le comte de Hainaut en avait pris possession. Tel était le motif de la guerre. Aussi, dès la retraite de Philippe-le-Bel, les princes avaient-ils songé à mettre ce projet à exécution et pris leurs mesures en conséquence. Les exilés hollandais les encourageaient vivement, comme nous l'avons dit, et leur étaient d'un grand secours. Ce fut le 22 avril que Gui et Jean de Namur, ayant équipé une flotte nombreuse, partirent de Bruges et se dirigèrent vers l'île de Cadsant à l'embouchure de l'Escaut occidental. D'un autre côté, Guillaume, fils du comte de Hainaut, s'embarquait en même temps pour la

---

(1) Et lex sit ac communis consuetudo in comitatu Hollandiæ, quòd quandocumque aliquis nobilis et ingenitus sine herede de carne propriâ moritur, etiamsi habeat fratres, bona sua feodalia ad dominum superiorem... revolvuntur. — *Ibid.*

Hollande à Calais ; car le duc de Brabant, allié de la Flandre, lui avait interdit le passage sur son territoire. Les Flamands descendus à Cadsant s'occupaient de leurs préparatifs de conquête, lorsque Guillaume, favorisé par les vents et la marée, arrive à l'improviste et fond sur eux au moment où ils s'y attendaient le moins. Ils firent cependant bonne contenance ; mais, comme ils n'étaient point en ordre de bataille, on leur tua du monde. Guillaume ne profita pas des avantages de sa position, et content de ce premier échec porté à ses ennemis poursuivit sa route vers la Hollande. Gui de Namur, courroucé de cette attaque, reprend aussitôt la mer avec ses gens, gagne de vitesse la flotte hollandaise, et le 25 avril jette l'ancre devant la petite ville de Veere, chef-lieu de la seigneurie de Vulfard de Borseele, dans l'île de Walcheren. Apercevant Gui entouré des enfants du tuteur assassiné, les habitants tuent le bailli que le comte de Hainaut leur avait imposé, ouvrent leurs portes et tendent les bras aux Flamands comme à des libérateurs (1).

Cependant l'ennemi ne tarde pas à arriver. Gui avec les siens prenait un peu de repos et de nourriture. Tous se lèvent, s'arment et, à l'instant où l'on débarque, un combat furieux s'engage sur la plate-forme et les côtés de la digue. Guillaume est enfin repoussé après avoir perdu beaucoup de monde. Il se réfugie dans le bourg d'Armuyden près de Middelbourg. Les Flamands l'y poursuivent et le sang coule encore à flots des deux côtés. Battu une seconde fois, Guillaume s'enfuit jusqu'à Ziericksee dans l'île de Schouwen. Un autre engagement eut lieu sur la digue, non loin de Veere, entre un détachement hollandais et les gens de Bruges. Ces

---

(1) Videntes autem illi de Veere domicellos suos, alacriter eos receperunt, ballivum, qui erat ibi ex parte comitis, occidentes. — *Ibid.*, 400.

derniers eurent aussi l'avantage et restèrent maîtres du terrain. L'animosité était si grande entre les deux peuples, qui, voisins et parlant à peu près le même langage, devaient être plutôt amis et frères, que les Brugeois laissèrent se noyer les Hollandais tombés du haut de la digue dans l'Océan durant l'action et tendant des mains suppliantes en implorant secours. Ils les empêchèrent même de regagner la rive. Il y en eut environ deux cents tués ou submergés (1). Pour remporter de tels avantages, Gui de Namur n'avait pourtant que trois mille Flamands, quatre-vingts Zélandais partisans de la famille de Borseele, et quelques arbalétriers. Son frère Jean de Namur, parti après lui, ne put, à son grand regret, assister à ces affaires : il était retenu au large par les vents contraires. Il parvint néanmoins à prendre terre; et toutes les troupes réunies allèrent assiéger Guillaume dans Ziericksee. Le siége ne fut pas heureux pour les Flamands, malgré l'ardeur qu'ils mettaient dans les assauts. Leurs arcs, leurs frondes, leurs machines de guerre n'empêchèrent pas les assiégés de tenir bon, de faire même une sortie vigoureuse et de leur tuer grand nombre d'hommes. Les princes alors tournèrent leurs efforts contre Middelbourg, capitale de l'île de Walcheren. Cette tentative réussit mieux que la précédente, et la ville se rendit au bout de huit ou dix jours à condition que Guillaume pourrait se retirer sain et sauf avec tous ceux qui voudraient le suivre. Gui le conduisit même avec ses navires jusqu'à Ziericksee. De longs pourparlers s'établirent ensuite entre Jean d'Avesnes, comte de Hollande, et Gui, seigneur de Zélande. Il fut enfin convenu que chacun pos-

---

(1) .. Hostesque suos qui in aquam ceciderant, submergi coegerunt et fugientes cædendo insecuti sunt. — *Ibid.*, 401.

séderait paisiblement sa terre respective pendant une trêve qui devait durer du 1er juin au mois d'avril de l'année suivante.

Peu de jours après la conclusion de cette trêve Philippe, dernier fils du premier mariage du comte Gui, arriva en Flandre avec sa femme Mathilde de Courtenay, qu'il avait épousée en Italie. C'était un chevalier remarquable par sa belle prestance et plus encore par la valeur et l'expérience militaire (1) dont il avait donné des preuves en Sicile et en Toscane sous le roi Charles, qui, pour le récompenser, le gratifia des terres de Chieti dans l'Abbruze citérieure et de Lorette dans l'État de l'Église. Il abandonna tous ces avantages et la magnifique position dont il jouissait en Italie, afin de pouvoir, libre d'engagements, venir au secours de son pays et de sa famille; aussi les Flamands l'accueillirent-ils avec une vive sympathie; et ses frères d'un commun accord lui déférèrent la suprême autorité, que sa qualité d'aîné et ses illustres antécédents lui méritaient. Au commencement de juillet, Philippe, Jean, Gui et Guillaume de Juliers rassemblèrent une armée nouvelle dont on porte le chiffre à cinquante mille hommes environ. Toutes les milices de la Flandre furent convoquées à Cassel et s'y rendirent nombreuses et animées d'un grand courage; car la haute réputation de Philippe de Chieti et ses exploits lointains donnaient une impulsion nouvelle au patriotisme des Flamands, qui se vantaient, si on les laissait faire, d'aller jusqu'à Compiègne délivrer leur vieux seigneur. A la nouvelle de ces apprêts le connétable Gauthier de Châtillon concentra vers Saint-Omer les garnisons de Térouane, d'Ar-

---

(1) Miles fortis et imperterritus corde... — *Ibid.*, 402.

ras, de Béthune, Lens, Calais, Tournai et d'autres villes de l'Artois, et vint lui-même devant cette place avec un renfort nombreux de gens de pied et trois mille cavaliers français. Les Flamands se mirent en marche pour Saint-Omer, quartier général de leurs ennemis. Il leur importait beaucoup de repousser et de détruire ce rassemblement de troupes, qui, placé à petite distance des frontières de la Flandre maritime, pouvait y pénétrer et ressaisir les positions qu'on avait perdues l'année précédente par suite de la journée de Courtrai. L'armée flamande était, comme nous l'avons dit, remplie d'ardeur ; malheureusement elle renfermait dans son sein beaucoup de gens plus avides de piller que de se battre et rebelles à toute discipline (1). Ils se portaient sans cesse en avant ou marchaient à la débandade, sans qu'on pût les retenir. C'est ainsi qu'un corps entier, sous la conduite de Henri Alaman et Brigand de Bernières, passa la rivière de l'Aa contre la défense de ceux-ci, fondit sur Arques, dont il s'empara, et poursuivit ensuite jusqu'à la Maladrerie les Français, qui se virent forcés de rentrer à Saint-Omer, attendu qu'ils n'étaient pas en nombre. Le maréchal Miles de Noyers et Pierre-le-Courtriseaux, commandant des arbalétriers, sortirent aussitôt de la ville avec une bonne troupe et tombèrent sur les pillards, qui alors n'eurent rien de plus pressé que de battre en retraite ; mais on avait coupé derrière eux le pont sur l'Aa, et, quand ils y arrivèrent en déroute, on égorgea tous ceux qui n'avaient pu traverser la rivière à la nage : plusieurs aussi périrent noyés. On dit que la perte s'éleva bien à six cents hommes.

---

(1) Quidam Flamingi magis intendentes prædæ quàm pugnæ, incautè et inordinatè et contra præceptum suorum principum... — *Ibid.*

Pierre-le-Courtriseaux et son fils, emportés tous les deux par leur fougue, franchissent l'Aa pour exterminer un reste de fuyards; mais un corps flamand stationnait près de là : il accourt, le père et le fils sont entourés et tués. Ce fut un grand sujet de désolation pour les Français, qui leur firent de belles funérailles dans l'église du Saint-Sépulcre à Saint-Omer. Le lendemain de cet engagement téméraire, comme les avant-gardes flamandes allaient escarmoucher jusque sous les murs de la ville, Jacques de Bayonne sortit, les refoula et alla se ranger en bataille le long du fleuve, où il resta jusqu'à midi pour y attendre l'ennemi. Les Flamands ne firent leurs dispositions de combat que le jour suivant, qui était un dimanche. Ils se formèrent en trois grands corps, tandis que les Français organisaient six divisions en dehors de Saint-Omer : la première était sous les ordres de Miles de Noyers ; Bertrand de Marcquignol dirigeait la seconde, Jacques de Bayonne la troisième, Morel de Fiennes la quatrième, le connétable la cinquième, où se trouvaient la plupart des nobles ; le sire de Saint-Venant la sixième, où étaient les Artésiens, les Flamands léliaerts, et les Italiens mercenaires amenés de Térouane par un certain Castelluccio, qui devint plus tard général en Lombardie. Les armées furent en présence sur les deux rives opposées de l'Aa depuis le matin jusqu'à midi. Les Flamands demandaient la bataille à grands cris; mais le connétable paraissait ne pas désirer d'en venir aux mains, quoiqu'il eût avec lui huit mille cavaliers et trente mille hommes de pied. C'était un homme réfléchi, qui avait assisté et payé de sa personne à la journée de Courtrai ; et il ne se souciait pas de compromettre l'existence de l'armée confiée à son commandement. D'un autre côté il redoutait de se voir assiéger dans

Saint-Omer, car il ne se fiait guère aux habitants (1); la ville d'ailleurs n'aurait pu fournir à l'entretien de troupes aussi considérables. Il prit donc le parti de se retirer et de laisser la campagne aux ennemis. Mais lui et les siens devaient beaucoup d'argent aux bourgeois de Saint-Omer et un nombreux attirail de guerre restait dans la ville. Pour le soustraire à ses créanciers, il feignit de vouloir engager sur-le-champ la bataille; et sous ce prétexte trompeur il fit sortir les armes, les chariots et tout le matériel, qu'il dirigea incontinent sur Arras avec son infanterie (2) : lui-même faisant volte-face suivit bientôt avec ses cavaliers à la grande stupéfaction des Flamands, qui, ne songeant pas d'abord à une retraite, mais à une conversion stratégique, ne se mirent pas en peine de poursuivre cette armée qu'ils eussent peut-être taillée en pièces. Les sires de Fiennes et de Marcquignol ne voulurent point accompagner le connétable, dont le départ ressemblait tant à une fuite : ils rentrèrent à Saint-Omer pour partager le sort des habitants. Plusieurs chevaliers français et autres étaient aussi demeurés dans la ville, où l'on prit sans délai des mesures de résistance. Thibaut de Chepoy, qui devint par la suite amiral et grand-arbalétrier de France, se chargea de défendre la porte de Boulogne avec une partie de la milice bourgeoise ; Morel de Fiennes, celle de Térouane; Ponce de Vissac, chevalier auvergnat, celle du Bruille ou d'Aire; Jean d'Haveskerque, un des principaux léliaerts, celle du Haut-Pont.

(1) Non benè confidens de communitate villæ, nolensque in eâ obsideri. — *Ibid.*, 403.

(2) Cum omnibus paramentis bellicis villam egressus est, non relinquens in eâ currum nec currucam, dans intelligere illis de villa, quibus ipse et suis in multis debitis erant obligati, quòd vellet cum Flandrensibus præliari. — *Ibid.*

Des corps-de-garde avaient été soigneusement crénelés et armés sur les tours de l'enceinte. A l'approche des ennemis, les faubourgs furent incendiés. Soit que les Flamands ne possédassent point des moyens d'attaque assez énergiques, ou que les dispositions de défense leur aient paru trop redoutables, soit, comme le dit un de leurs historiens, qu'ils n'eussent jamais eu de haine contre les Audomarois, leurs voisins et du même sang qu'eux (1), toujours est-il qu'ils demeurèrent huit jours sous la place sans tenter la moindre agression. Au bout de ce temps ils dirigèrent toutes leurs forces sur Térouane gardée par deux cents cavaliers et quinze cents hommes de pied, la plupart Italiens, et pendant douze heures livrèrent un rude assaut à cette ville, qui n'avait point encore de murailles en pierre mais seulement une ceinture de remparts de terre et de fossés profonds (2). Les assiégés se défendirent à peine. L'investissement n'étant pas complet, ils s'enfuirent par la porte d'Aire et, ayant passé la Lys, rompirent le pont derrière eux tandisque les Flamands, faisant irruption dans la ville, mettaient tout à feu et à sang; ils n'épargnèrent même pas l'église de Notre-Dame, qui fut alors brûlée de fond en comble. Quand Térouane ne fut plus qu'un monceau de cendres et de ruines, les Flamands allèrent piller et incendier Lillers, La Bassée et Lens. Durant cinq jours ils parcoururent l'Artois en ravageant tout sur leur passage. Les donjons, les maisons de plaisance des nobles et quatre-vingts villages qui ne tentaient aucune résistance sont détruits par le fer

---

(1) Non enim Odomarones vicinos ac consanguineos suos magnoperè petebant nec oderant. — Meyer, *Ann. rerum Flandic.* ad ann. 1303.

(2) Nullo adhuc muro lapideo, sed altis duntaxat fossis et aggeribus terreis vallisque cinctam. — *Ibid.*

et les flammes avec toutes les mossons : les arbres fruitiers sont même coupés et arrachés. Rien n'égalait la fureur des Flamands à exercer ces dévastations, représailles de celles que les Français avaient naguère accomplies dans la Flandre maritime (1).

La garnison royale de Tournai continuait à nuire considérablement aux Lillois. A la demande de ceux-ci l'armée dévastatrice se porta devant l'antique et forte cité, et cette fois en fit sérieusement le siége. Chaque jour les machines de guerre battaient les murailles ou lançaient en l'air des milliers de projectiles, tandis que des détachements désolaient le pays aux environs jusque sur les terres de France et en Hainaut; car la trêve pour la Hollande, la Zélande et la mer ne comprenait pas le Hainaut. Un jour les assiégeants forcent une des portes, égorgent les hommes de garde, et commencent à pénétrer dans la ville ; elle eût été prise sans l'héroïque dévouement de François de Staples. C'était un écuyer flamand, du parti des léliaerts, à la solde du roi. Il s'amusait avec douze de ses compagnons dans une taverne au vin, quand il entend une grande clameur; il sort et aperçoit la foule des habitants se sauvant vers le marché devant une troupe de Flamands qui longeaient la rue. Il se précipite sur ses armes; ses amis l'imitent, et tous, l'épée à la main, se jettent en tête des Flamands, qu'ils arrêtent par leur audace. La multitude, à cette vue, reprend courage, elle accourt en masse et les envahisseurs sont repoussés en dehors des murs (2).

(1) Circiter LXXX villas campestres, cum pulcherrimis hospitiis et mansionibus multorum nobilium... hostili more incendentes, arbores fructiferas præcidentes, blada et omnia terræ nascentia... conculcantes et destruentes. — *Ibid.*, 403.

(2) Incontinent icelluy Franchois sailly avant à tous ses compaignons et s'en

Le siége durait depuis six semaines, lorsque Philippe-le-Bel vint à Péronne suivi d'une puissante armée. De son côté, le comte de Hainaut avait préparé la sienne; mais le roi n'avança point en Flandre : il ne pouvait se résoudre à tenter le sort des armes pour faire lever le siége de Tournai ou pour ravitailler la place, qui cependant en avait grand besoin; car déjà elle manquait de vivres et de munitions. Il essaya la voie des négociations; et, par ses ordres, Amédée, comte de Savoie, vint au camp des Flamands proposer une trêve, qui fut acceptée. On commençait à se fatiguer de la guerre : les princes craignaient toujours ou de voir la Flandre envahie de nouveau, ou, s'ils remportaient une nouvelle victoire, de voir le roi de France faire expier ce revers à leur père, leurs frères et tant d'illustres prisonniers dont on avait hâte de briser les fers. La trêve devait durer jusqu'au 1er mai de l'année suivante, et il fut convenu que le comte, en donnant sa parole et des otages, sortirait de captivité pour tout le temps de l'armistice, reviendrait en Flandre et y travaillerait de concert avec les siens à conclure un traité de paix. Une honorable pacification eût été, en effet, ce que la famille du comte et les Flamands pouvaient désirer le plus; et dans l'espoir de l'obtenir ils firent le sacrifice de Tournai, qui allait tomber entre leurs mains : on déposa les armes et encore une fois chacun rentra dans ses foyers.

Peu de jours après, Gui de Dampierre arriva en Flandre. Ses fils, Robert et Guillaume, étaient demeurés en prison pour lui. Sa venue excita partout les transports d'une joie

---

alla combattre iceulx Flamens, et tellement les envahy que par force il les fist reculer jusques hors de la porte au moyen du bon secours que il eust.— *Chrón. de Fl., f° XLIII.*

bien vive. On ne pouvait considérer sans attendrissement ce prince éprouvé par tant d'infortunes, et que la mort semblait avoir épargné pour le laisser souffrir plus long-temps. Entouré de ses enfants et petits-enfants, il traversa les villes au milieu des témoignages de la plus touchante vénération (1). On oubliait ses fautes pour ne songer qu'à ses malheurs ; et les larmes de joie et les acclamations universelles du peuple durent lui prouver que le sentiment national des Flamands, un instant affaibli, avait reconquis son empire dans tous les cœurs.

Les infirmités de l'âge ne lui permettant plus de s'occuper des soins du gouvernement, le comte en laissa tout le poids à ses fils et se choisit une agréable et tranquille résidence à son château de Winendale pour attendre le moment où il irait reprendre ses fers si la paix ne pouvait se conclure à l'expiration de la trêve. Dès les premiers jours de son arrivée en Flandre le noble vieillard dicta ses volontés suprêmes et, comme il le dit lui-même, sa *dernière devise*, car il sentait approcher l'heure de sa mort. Déjà il avait fait un testament en 1298 ; mais depuis lors il s'était opéré bien des changements dans sa position et dans celle des personnes qui, à divers titres, étaient nommées dans ce premier acte. Son ami le chevalier Geoffroy de Ranzières et Jacques de Donze, prévôt de Notre-Dame de Bruges, ses exécuteurs testamentaires, n'existaient même plus. Comme sa mère la comtesse Marguerite, Gui se montra magnifique dans ses donations. Il n'est pas une église, un monastère, un établissement charitable en Flandre qui

(1) Qui à filiis suis et nepote, per villas Flandriæ circumvectus, et omni populo, plurimis præ gandio lacrymantibus, cum magnâ lætitiâ est receptus. — *Ibid.*, 404.

n'eut part à ses bienfaits, et sa générosité prévoyante ne laissa dans l'oubli aucun de ses serviteurs. Tous, jusqu'aux plus petits, furent récompensés dignement (1). Cependant Philippe de Chiéti, à qui l'autorité suprême était confiée en sa qualité d'aîné, se porta vers les frontières de France, à Lille et à Douai, Jean de Namur à Gand, Gui à Bruges, Guillaume de Juliers à Ypres. Ce jeune et fougueux prélat, plus préoccupé des choses de la terre que des choses du ciel, ne se contentait point d'être prévôt de Maestricht, chanoine de Liége et de Cologne : l'archevêque de Cologne étant venu à mourir durant l'armistice, il se fit élire en sa place et envoya chercher à Rome la confirmation de cette élection. D'un autre côté Gui de Namur ne négligeait pas non plus ses intérêts particuliers et rêvait toujours la conquête de la Hollande, pour laquelle il avait déjà une fois détourné une partie des forces flamandes. A peine les hostilités avec la France furent-elles suspendues, qu'il fit de nouveaux préparatifs d'expédition. Ses frères l'en blâmaient, lui remontrant que la Flandre avait besoin du concours de tous ses enfants; qu'il ne devait pas ainsi sacrifier le sort de la patrie à son ambition personnelle : Gui persista, disant que son père lui avait donné la Zélande à condition qu'il s'en emparerait par les armes et qu'il ne voulait pas faillir à cette noble mission. Dès le 1ᵉʳ février, il s'empressa de dénoncer la rupture de la trêve de Hollande entre le comte de Hainaut et lui; puis à la mi-mars, ayant terminé tous ses apprêts, il passa dans l'île de Walcheren et alla bientôt après assiéger de nouveau Ziericksée, qui, une première fois, avait résisté à ses efforts. Jean d'Avesnes s'était

---

(1) *Archives de Flandre*, acte du 4 mai 1304, *original scellé.*

hâté de lever deux armées en Hainaut et en Hollande pour les opposer aux Flamands. Gui, évêque d'Utrecht, frère du comte de Hainaut, commandait l'une ; Guillaume, son fils, dirigeait l'autre. Débarqués le 20 mars à l'île de Duyveland, ils longeaient la côte vers le soir, se portant à marche forcée sur Ziericksée, quand ils se virent tout à coup impétueusement attaqués par Florent de Borseele et par Jean de Renesse embusqués sur ce point avec une forte troupe de Flamands et de Zélandais exilés et appelés Borséeliens à cause du parti qu'ils avaient embrassé. Ils furent mis dans une déroute complète et perdirent trois mille hommes tués ou noyés. Les vaisseaux et les bagages tombèrent au pouvoir des vainqueurs, qui en outre prirent l'évêque Gui. Florent de Borseele l'envoya sur-le-champ à Gui de Namur, et ce prince le fit conduire sous bonne escorte au comte de Flandre en son château de Winendale. Guillaume de Hainaut échappa comme par miracle et courut en Hainaut raconter ce désastre à son père. Le lendemain, samedi des Rameaux, Gui de Namur investit Ziericksée. Mais cette ville était si forte et si bien défendue par Witton de Hamsted, bâtard du comte Florent V, qu'au bout de quelques jours passés en tentatives infructueuses le siége fut abandonné. Gui passa la Meuse avec toute son armée et envahit la Hollande méridionale, qui se soumit tout entière avec ses cités municipales, ses forteresses et ses campagnes : Harlem seul refusa d'ouvrir ses portes. Quand il eut mis de l'ordre dans sa conquête et réglé l'administration des villes principales, telles que Leyde, Delft et Utrecht, le prince flamand revint pour la troisième fois devant Ziericksée, espérant que le bruit de ses succès détruirait l'obstination des assiégés. Mais il s'était grandement abusé. Il eut beau employer tout ce que l'art de la guerre fournissait de moyens à cette époque pour réduire les places, il n'en vint point à bout; et ses machines furent brûlées par des flèches enflammées, lancées des murailles. Il y perdit plus de dix-huit cents hommes.

Philippe-le-Bel avait mis à profit l'intervalle de la trêve pour amasser de l'argent de tous côtés et le répandre à pleines mains en Allemagne, en Italie, en Espagne, en France, afin de lever des troupes, d'équiper des vaisseaux et de recommencer contre la Flandre une guerre d'extermination (1). La situation des esprits et la marche des événements n'avaient pas rendu la paix praticable, bien que le vieux comte et ses enfants l'eussent ardemment désirée. D'ailleurs Philippe-le-Bel ne la voulait pas, et il n'avait proposé la trêve que pour faire lever le siége de Tournai et gagner du temps.

A la fin d'avril, et avant l'expiration de la trêve, le comte Gui dut, suivant sa promesse, s'acheminer de nouveau vers la terre d'exil, vers la prison où il devait passer le peu de jours qui lui restaient à vivre. Il embrassa ses enfants et partit le cœur navré d'une profonde tristesse. Forcer un vieillard de plus de quatre-vingts ans, infirme, au bord du tombeau, inoffensif comme un petit enfant, à reprendre des fers qu'il a si long-temps portés, l'arracher au lieu natal, l'empêcher d'exhaler en paix son dernier soupir au milieu de sa famille et de son peuple, c'est là un de ces actes de froide diplomatie dont l'historien est forcé de blâmer l'excessive et inutile rigueur.

---

(1) Copiosè thesaurum suum effundens, misit nuntios per totam Alemanniam, Italiam et Hispaniam, viros bellicosos conducens. — *Mon. Gand.*, 405.

Ce fut dans les premiers jours de juillet de l'année 1304 que le roi de France descendit pour la cinquième fois en Flandre, amenant des troupes innombrables recrutées dans tous les pays. « On ne saurait trop s'émerveiller, dit l'historien flamand Jacques Meyer, qu'il lui fallût tant de secours étrangers contre une seule et mince nation, isolée, sans aide du dehors pour résister à sa tyrannie; et elle n'avait cependant pas à se défendre contre un seul, car en même temps elle distrayait une partie de ses forces pour soutenir une rude guerre en Hollande, plusieurs de ses enfants languissaient captifs en France, et un grand nombre, chose déplorable! tenaient à la faction des lis, et, parjures à la patrie, l'avaient abandonnée. Nous l'avons déjà dit, et cette situation le prouve suffisamment, la Flandre n'aurait eu rien à redouter de la puissance française, si la concorde avait régné chez elle (1). »

Comme Philippe-Auguste lors de sa première invasion, Philippe-le-Bel voulut attaquer la Flandre par terre et par mer tout à la fois. Ainsi, tandis que lui-même se dirigeait vers cette contrée qu'il avait résolu d'anéantir, une flotte composée de quelques grands vaisseaux et d'une multitude de galères en infestait les côtes. Elle était montée par des soldats nombreux, aguerris, que commandait le Génois Reynier Grimaldi, amiral de France, le plus habile homme de mer de ce temps-là. Le péril était imminent : les Flamands le savaient et se hâtaient de prendre partout les armes, de garnir les villes et de préparer les mesures d'une énergique défense. Philippe de Chiéti rassembla à Courtrai les quatre principales milices du pays : celles de Bruges,

---

(1) Meyer, *Ann. rerum Fland.*, ad ann. M CCC IIII.

de Gand, d'Ypres et de Courtrai ; Guillaume de Juliers prit position à Cassel et dans les environs pour contenir les garnisons de Saint-Omer, Calais, Béthune et autres places d'Artois ; les gens d'Alost, de Waes et des Quatre-Métiers se chargèrent de garder les frontières contre ceux du Hainaut ; et Henri, le plus jeune des fils du comte, alla s'enfermer dans Douai. On sait que Gui et Jean de Namur étaient alors en Zélande.

Une patriotique exaltation régnait parmi les Flamands. Sans avoir recherché la guerre, ils attendaient impatiemment l'heure de se mesurer de nouveau avec l'ennemi acharné qui depuis si long-temps méditait leur extermination. Les Gantois et les Brugeois se disputèrent à qui marcheraient les premiers contre le roi; les uns et les autres aspiraient aux honneurs de l'avant-garde, et cette querelle devint sérieuse (1). Philippe de Chiéti dut, pour l'assoupir, interposer sa médiation ; mais les retards qu'elle causa empêchèrent l'armée flamande d'arriver aux frontières d'Artois pour l'expiration de la trêve, et le roi de France eut le loisir de pousser un fort détachement par un étroit défilé qui existait près de Pont-à-Vendin au milieu des marais. Cette troupe saccagea le village de Vendin, n'épargna ni hommes, ni femmes, ni enfants, et emmena un butin considérable. Philippe de Chiéti n'était qu'à deux ou trois lieues de là ; il n'eut pas plutôt connu ce désastre qu'il prit les devants avec une poignée de cavaliers, repoussa les Français et laissa un poste pour garder le passage. Toute l'armée ar-

---

(1) Facta est autem aliqualis dissensio inter Brugenses et Gandenses in exercitu Flandrensi de præcedendo in motu exercitûs et in bello, quod sperabant habere cum rege ; ambo enim præcedere volebant. — *Mon. Gand.*, 406.

riva bientôt après, et Philippe la campa de manière à mettre des marais et des fossés entre elle et les Français. Les défilés étaient défendus par des postes solides qui journellement se trouvaient exposés aux escarmouches de l'ennemi. Il s'y passa de part et d'autre de beaux faits d'armes.

Un jour, le sire de Joinville, l'un des fils de l'historien de saint Louis, vint se jeter impétueusement avec quelques autres chevaliers contre un passage occupé par les Brugeois; une rude action s'engage : Joinville, noble et valeureux guerrier, lutte avec acharnement ; mais on l'entoure, il est jeté à bas de cheval et meurt percé de mille coups. Aucun de ses compagnons n'échappa. Les Gantois stationnés près de là se piquent alors d'émulation, et pour prouver qu'ils ont autant de courage que leurs voisins ils franchissent, sans prendre l'ordre des chefs, le défilé confié à leur garde et lancent en avant leurs arbalétriers pour exciter les Français. A cette vue les gens de Bruges, qui ne veulent pas rester en arrière, se précipitent sur le territoire artésien, et les autres milices des villes suivent à leur tour ; mais la nuit avançait, on n'y voyait plus, et c'est ce qui empêcha la bataille. On s'y prépara des deux côtés pour le lendemain matin. La division française ne se trouva point sans doute en force ; car à peine sa ligne était-elle formée qu'on aperçut les bagages et le matériel prendre le chemin d'Arras, et les Français eux-mêmes faire volte-face en bon ordre et s'en aller. La campagne fut alors à la disposition des Flamands : ils s'y répandirent brûlant les tours et les palissades de bois plantées en travers des routes. Plusieurs châteaux furent pillés, on mit le feu aux faubourgs de Lens ; et un butin considérable fut le résultat de cette expédition qui s'opéra sans résistance aucune (1). En revenant, ils assiégèrent La Bassée, que les Français avaient pourvue d'hommes et de munitions, et s'en emparèrent.

Le 15 juillet, le roi de France arriva de sa personne à Arras avec le gros de son armée ; pendant que l'amiral Reynier Grimaldi cinglait vers la Zélande pour combattre les forces navales de Gui de Namur et forcer le prince à lever le siége de Ziericksée, qu'il tenait toujours investie. C'était une des conditions de l'alliance conclue avec le comte de Hainaut. Philippe-le-Bel espérait aussi qu'après avoir détruit une partie de la puissance flamande il ruinerait l'autre plus facilement. Du reste les opérations devaient être simultanées. L'intervalle qui sépare Arras de Lille est en plusieurs endroits couvert de marécages et de défilés malaisés et impraticables au développement d'une grande armée. Quoique ce fût le chemin le plus court pour pénétrer en Flandre, Philippe-le-Bel ne le prit pas et fit une marche oblique afin d'arriver par Douai et Tournai. En passant, il essaya un coup de main contre la première de ces villes; mais Henri de Flandre se tenait sur ses gardes et se défendit bravement. Le roi ne s'y arrêta pas plus long-temps et, après avoir eu quelques hommes tués, il poursuivit sa route lentement, péniblement, avec des frais énormes et une extrême pénurie de subsistances pour sa nombreuse cavalerie. De son côté, Philippe de Chiéti ne perdait pas de vue la marche de l'armée royale. Il manœuvrait avec habileté sur son flanc, à petite distance, se maintenant sur le territoire

---

(1) ... Turres multas ligneas, quas pauci super passagia fecerant, incenderunt, turres etiam aliquas lapideas destruxerunt... suburbium etiam Lendinense satis magnum concremantes, nulloque comparente, qui eis resisteret — *Ibid.*, 407.

flamand, empêchant les Français d'y faire une trouée, plaçant toujours entre eux et lui une rivière, un marais, quelque accident de terrain (1). Arrivé à Tournai, le roi s'y reposa quelques jours; tandis que les Flamands, à cause de l'abondance des fourrages, s'établissaient dans la plaine fameuse de Bouvines, où ils purent trouver, blanchissant encore à l'air, les ossements de leurs aïeux.

Sur ces entrefaites, l'armée navale commandée par Grimaldi avait opéré sa jonction avec la flotte que, pendant la maladie de son père Jean d'Avesnes, Guillaume de Hollande avait équiquée et garnie de soudoyers français, hollandais, frisons et hainuyers. L'amiral se trouvait donc en tête de forces maritimes imposantes. Ce n'est pas que Gui de Namur n'eût également à sa disposition de nombreux navires, il possédait même à lui seul plus de petits bâtiments que ses ennemis; mais ces derniers en avaient plus de grands (2) : aussi fut-il décidé dans un conseil de guerre que Gui éviterait de livrer bataille en pleine mer; qu'il tiendrait sa flotte aux environs de Ziericksée et continuerait le siége de cette ville jusqu'à ce qu'on essayât de le lui faire lever par une attaque de terre ou de mer, qu'alors il serait temps de combattre. Ce plan fut adopté et Gui promit de s'y conformer. Jean de Namur, qui n'était pas indispensable en Zélande, revint auprès de Philippe de Chiéti; il y fut bientôt rejoint par son neveu Robert de Nevers, fils du comte Robert captif, qui, laissant son frère Louis dans le Nivernais et abandonnant les seigneu-

---

(1) Philippo semper cum exercitu suo juxta ipsum infra Flandriæ limites... diviso tamen ab eo per fluvium aliquem vel per paludes. — *Ibid.*, 408.

(2) Habebant enim plures magnas naves et fortes, licet Guido haberet plures minores. — *Ibid.*, 409.

ries qu'il possédait en France sous la juridiction royale, accourait unir ses efforts à ceux de sa famille (1).

On était donc en Flandre sur le qui vive. Un engagement très-meurtrier pour les gens de Bourbourg avait eu lieu entre ceux-ci et une troupe de cavalerie de la garnison de Saint-Omer. Aux environs de Tournai, les deux armées s'épiaient, s'observaient, et l'on s'attendait d'un moment à l'autre à voir le roi de France prendre une résolution : l'on ne comprenait pas pourquoi il temporisait tant; mais Philippe-le-Bel avait ses raisons pour agir ainsi. Il voulait connaître d'abord le résultat de l'expédition de Zélande; s'il ne lui avait pas été favorable, il est douteux qu'il eût poursuivi la guerre. Il fut bientôt rassuré à cet égard.

L'amiral Grimaldi arrivé dans les eaux de Zélande manœuvrait en vue de Zierickséé, s'approchant souvent de la ville et de l'armée, cherchant par tous les moyens possibles à engager un combat naval. Fidèle aux dispositions approuvées, Guî ne bougea point d'abord et resta au siége. Sa flotte était en sûreté, Grimaldi ne pouvait l'aborder; ni même nuire aux troupes assiégeantes, à moins de débarquer. Il se serait bien gardé de le faire; car il eût de la sorte perdu toute sa supériorité, attendu que sur terre les forces de Gui étaient beaucoup plus considérables que les siennes. D'ailleurs un débarquement était chose à peu près impossible. C'est ce que le brave Jean de Renesse ne cessait d'écrire d'Utrecht au comte Gui, le conjurant de rester en place, lui démontrant qu'il n'y avait rien à craindre de la flotte ennemie, et qu'il y avait tout à gagner à la laisser là où elle

---

(1) Relicto fratre suo Ludovico in comitatu suo, cum omnibus quæ in Franciâ habebat dimissis. — *Ibid.*

était (1). Le sire de Renesse connaissait parfaitement ces parages ; lui-même était un habile marin, un homme prudent et expérimenté en toutes choses. Le comte aurait bien fait de suivre ses conseils; malheureusement cette belle flotte qu'il avait sans cesse devant les yeux excitait sa convoitise : il lui semblait que ce serait une bien grande gloire que de vaincre cet illustre amiral Grimaldi dont on racontait partout les merveilleuses prouesses sur les côtes d'Italie, d'Espagne et de France. Enfin, il se laissa entraîner par un violent désir de le combattre. Le 10 août, après avoir laissé quelque infanterie à la garde du siége, il monte à bord avec son armée, et vers le soir il profite de la marée pour faire toutes voiles sur l'ennemi. Les gros bâtiments étaient attachés ensemble avec d'énormes câbles et portaient les hommes les plus aguerris ; tous armés de pied en cap sur le pont et dans les haubans, où se trouvaient à profusion des flèches, des carreaux, des dards et mille autres projectiles. Les galères ou bateaux à rames étaient également chargés de combattants déterminés, et se déployaient au large pour harceler l'ennemi. La bataille s'engagea au déclin du soleil avec un acharnement terrible : les cris, les éclats des trompettes, le bruissement du vent et des flots, le craquement tumultueux des navires qui s'entrechoquaient formaient une si prodigieuse clameur qu'on l'entendait, dit-on, à trois lieues au loin (2). Une multitude de gens périrent des deux côtés et les ténèbres de la nuit mirent seules fin au

---

(1) Hoc illud sæpius Guidoni scripsit strenuus miles Johannes de *Renisse*, qui ex parte ipsius tenuit trajectum. — *Ibid.*

(2) Hic fragor, clangor, sonitus, strepitus, clamor fremitusque tantùm invaluisse narratur, ut per tria nostratia milia exaudiretur. — J. Meyer, *ad ann. MCCC IIII.*

carnage ; puis la mer se retira bientôt, et laissa les deux
flottes échouées dans la vase à proximité l'une de l'autre.
A l'aube du jour, lorsque la mer monta, on vit les vaisseaux de l'amiral unis par des chaînes de fer, comme ils
étaient durant le combat ; les gros navires de Gui au contraire flottaient dispersés à l'aventure. Grimaldi avait pendant la nuit fait couper les câbles (1). La position était
perdue pour les Flamands : la lutte recommence néanmoins,
mais sans unité, sans direction ; le découragement et le désordre se mettent bientôt dans la flotte de Gui. Tandis qu'un
grand nombre de ses navires se sauvent, il reste et veut
résister jusqu'au bout. En vain le sire d'Axel, homme âgé
et prudent, l'exhortait-il à chercher son salut dans la fuite,
lui remontrant que tout effort serait insensé ; il ne voulut
rien écouter. Se défendant en désespéré, il tomba au pouvoir de l'amiral ; celui-ci l'envoya au roi de France par la voie
de Calais. Quand les gens laissés au siége virent la catastrophe, ils coururent vers la mer dans un coin de l'île où se
trouvaient quelques bateaux. Ils s'y jetèrent avec préci-
pitation et à l'envi ; mais il resta trois mille Flamands
auxquels Gui n'avait laissé ni tentes pour s'abriter, ni vivres pour se nourrir. Ceux-ci furent prisonniers. Peu de
temps après, Jean de Renesse périt misérablement. Comme
l'ennemi approchait d'Utrecht, il prit une barque pour lui
échapper en franchissant le Lech avec les siens ; trop sur-
chargé, ce batelet coula et Renesse fut noyé.

Tels furent les désastres que l'imprévoyante ardeur de
Gui de Namur occasionna. La nouvelle en vint rapidement

(1) Ecce apparuerunt naves magnæ Guidonis, omnes divisæ, hac illacque
vagantes, funibus, quibus colligatæ erant, proditiosè, nescitur à quibus, præci-
sis. — *Mon. Gand.*, 410.

aux oreilles du roi et il la connaissait avant qu'on en sût rien en Flandre; il résolut d'en tirer parti et le moment était propice, car, le troisième jour après la déroute, les Flamands s'étaient rapprochés du camp français et provoquaient l'ennemi au combat. Un court espace séparait seul les deux armées rangées en bataille, et les arbalétriers commençaient déjà à se lancer leurs traits. Le rusé monarque envoie sans tarder des hérauts pour demander une conférence et traiter de la paix. On ne pouvait penser que Philippe-le-Bel voulût seulement gagner du temps; c'était là cependant tout ce qu'il désirait, afin qu'avant la bataille les Flamands apprissent le funeste événement. Il espérait les voir alors découragés et prêts à subir la loi. Des pourparlers s'engagent : les gens des communes disent qu'ils ne demandent pas mieux que de déposer les armes sauves la vie et les antiques libertés de la patrie (1). Ils promettent d'élever cent chapelles expiatoires et d'y fonder des messes à perpétuité pour les victimes de la première révolte de Bruges. Le roi demandait plusieurs villes, une somme énorme et grand nombre de Flamands pour en faire justice. Il savait bien que ces exigences seraient repoussées avec dédain, et c'est pour cela qu'il les mettait en avant. Bref un armistice fut conclu pour le jeudi, le vendredi et le samedi; le samedi était le jour de l'Assomption de la sainte Vierge. Les conseillers du roi dirent astucieusement aux gens de Flandre que le monarque, en raison de la solennité, se montrerait peut-être plus accommodant, et que l'interces-

---

(1) Pacem cupientes sed dolum timentes responderunt se libentissimè cum rege pacem habere velle, salvâ vitâ et membris, et libertatibus antiquis terræ suæ. — *Ibid.*, 413.

sion de Notre-Dame rendrait la conclusion de la paix plus facile (1).

Dans l'intervalle, les Flamands apprirent la défaite de Zierickseé; elle les attrista, mais n'abattit point leur courage ainsi que le roi l'avait espéré. Les hésitations de Philippe-le-Bel ne leur avaient pas échappé. Dès le lundi de grand matin le monarque avait quitté la position qu'il occupait à Mons-en-Pevèle sur la droite du chemin de Lille à Douai, pour se rapprocher un peu de cette dernière ville vers le village de Faumont. Ils suivirent ce mouvement, s'établirent sur la colline abandonnée par l'armée royale, et résolurent de livrer bataille le lendemain mercredi 18 août.

Le soleil n'était pas encore levé que déjà les Flamands, pleins de résolution et très-désireux d'en venir à une action décisive, faisaient leurs préparatifs de combat. Comme à Courtrai, tous ceux qui avaient des chevaux les quittèrent et se mirent à pied; outre qu'ils aimaient mieux guerroyer de cette façon, ils avaient encore un autre motif pour se défaire de leurs montures : s'il faut en croire un homme qui assistait à cette bataille, ils ne se fiaient guère aux nobles qui se trouvaient dans leurs rangs (2). En forçant les chevaliers et écuyers à se battre à pied comme eux, ils n'avaient pas à craindre qu'ils fissent volte-face aussi facilement. Le corps de bataille s'étendait sur une seule ligne longue et profonde. A droite étaient les gens de Bruges commandés par Philippe de Chiéti; à gauche ceux de Gand,

---

(1) ... Dicentes mendosè regem valdè voluntarium ad pacem cum ipsis componendam, simulque allegantes beatæ Virginis suffragium ad dictum negotium adfuturum. — *Ibid.*

(2) Non enim vulgares de omnibus nobilibus suis et equitibus confidebant. — *Ibid.*, 414.

que dirigeait Jean de Namur : au centre les milices de Lille, d'Ypres et de Courtrai, en tête desquelles figuraient Robert de Flandre et Guillaume de Juliers, le belliqueux prélat. Derrière cette ligne on avait étendu en forme de rempart, pour n'être point pris à dos par la cavalerie française, une grande enceinte circulaire composée des innombrables chariots et fourgons de l'armée liés ensemble et dégarnis chacun d'une de leurs roues. A six heures du matin, l'ennemi s'approchant dans la plaine, les arbalétriers commencèrent à échanger des traits. Bientôt la cavalerie française s'ébranla au galop et arriva sur le front gauche de l'armée flamande. Serré en masse et les lances en arrêt, il tint bon et ne fut pas entamé. Les arbalétriers gantois, avec un sang-froid et une intrépidité admirables, coupèrent la corde de leurs arbalètes et se mirent à frapper violemment les chevaux aux jambes. Les Brugeois, qui n'avaient pas démonté leurs armes, firent une légère conversion et lancèrent une grêle de flèches sur la cavalerie ; elle fut obligée de céder devant cette rude et double agression, et se replia en arrière. Il y eut alors un temps d'arrêt pendant lequel les deux armées s'observèrent. En ce moment le soleil montait à l'horizon, le brouillard du matin commençait à se dissiper et la chaleur devenait très-forte. Le roi de France, désespérant de pouvoir entamer avec ses escadrons la ligne compacte des Flamands, avait donné l'ordre d'attendre qu'elle se rompît d'elle-même par quelque attaque irréfléchie. Plus sensée qu'elle ne l'avait été à Courtrai, la chevalerie cette fois se tenait à distance ; remplie de courage et d'ardeur à la vérité, mais épiant l'occasion de charger avec succès. Les chefs flamands appréciaient bien cette tactique, et de leur côté recommandaient de serrer les rangs et de conserver l'ordre de bataille.

Seulement, comme on ne pouvait rester toujours ainsi à se regarder sans rien faire, des groupes d'arbalétriers de dix, vingt, trente et quarante hommes se détachaient de la ligne, se portaient en avant, à droite ou à gauche, tiraient sur l'ennemi et l'incommodaient beaucoup. Quand ils étaient fatigués, ils rentraient dans le corps de bataille et d'autres leur succédaient. Pour mettre fin à ces escarmouches meurtrières le roi fit lâcher contre les arbalétriers les Espagnols qu'il avait à sa solde et qu'on appelait *Bidaus*, race petite, agile, fort adroite à manier l'arc et la fronde. On tirailla des deux côtés avec une merveilleuse adresse, mais les deux grandes lignes restaient immobiles; les Français amenèrent alors sur leur front une sorte de baliste et se mirent à lancer une grêle de pierres de la grosseur du poing qui faisaient des blessures graves aux Flamands, que ne protégeaient point des armures de fer. Les gens d'Ypres étaient surtout fort incommodés de ces projectiles, car la machine se trouvait devant eux et à petite distance. N'y pouvant plus tenir, ils se précipitent en colonne serrée sur la baliste, la brisent en mille pièces et rentrent ensuite dans le rang, n'ayant perdu que très-peu de monde.

Une grande partie de la matinée se passa de la sorte en luttes partielles et sans conséquence. Le roi fit demander de nouveau si l'on voulait conférer de la paix. Les Flamands n'auraient pas été fâchés de voir se terminer cette guerre longue et désastreuse; mais ils voulaient avant tout sauver leur indépendance. Les flots de sang qu'ils avaient répandus jusqu'alors, ceux qu'ils étaient prêts à répandre encore leur semblaient mériter des conditions honorables de capitulation. Ils acceptèrent. Mais Philippe-le-Bel n'avait pas, lui, un véritable désir de transiger. Fidèle à son système de ruse et de tromperie, c'était un nouveau guet-apens qu'il méditait. Tandis que les hérauts proclamaient une suspension d'hostilités durant la conférence, le roi faisait filer un détachement de cavalerie appuyé d'un corps d'arbalétriers sur le versant du mont vers la droite, et un autre détachement non moins considérable vers la gauche, afin d'envelopper les Flamands. Au même moment et pour détourner l'attention de ces derniers, un chevalier bien armé, monté sur un superbe coursier et portant la cotte d'armes du duc de Savoie, se présenta devant eux criant : « La paix ! la paix (1) ! » Mais les Flamands s'étaient aperçus de la ruse des Français ; ils mirent aussitôt le chevalier en pièces : ils étaient transportés de fureur et ils ne regrettaient qu'une chose, c'était que l'homme d'armes qu'ils venaient d'égorger ne fût pas réellement le duc de Savoie. Quant à la paix, il n'en pouvait plus être question.

Cependant la cavalerie envoyée par le roi vers la gauche avait tourné le mont, et était parvenue à l'endroit où les Flamands avaient laissé leurs bagages, leurs tentes, leurs bêtes de somme et les chevaux des gentilshommes. Les charretiers et les gens de garde, incapables de résister, s'enfuirent vers Lille, et ce riche butin tomba au pouvoir de l'ennemi. A la droite, l'autre détachement poussa une troupe de quarante hommes déterminés entre l'enceinte de chariots et la ligne flamande afin d'ouvrir celle-ci et de donner accès à la cavalerie pour charger à dos. Mais, avant que ce mouvement eût pu s'opérer, les Flamands s'étaient retournés vivement, et, tombant avec fureur sur la colonne

---

(1) Venit autem quidam eques... cum fortissimo equo et optimè armatus, signis bellicis comitis ornatus Sabaudiæ, clamans dolosè : « Pax ! pax ! » — *Ibid.*, 415.

l'avaient taillée en pièces. Le gros de la troupe n'essaya pas la charge et galopa vers le côté du mont pour prendre sa part du butin qu'on venait d'y faire.

La journée s'avançait et la chaleur devenait de plus en plus suffocante. Aucun grand choc n'avait encore été donné; et néanmoins on voyait la terre jonchée d'une multitude de morts et de mourants. Beaucoup avaient péri dans les escarmouches, beaucoup aussi gisaient abattus par la chaleur et la fatigue. L'aile gauche des Flamands était surtout excédée, car les Gantois avaient pris part à chaque affaire avec la plus vive ardeur. Jean de Namur, qui les commandait et qui lui-même était d'une constitution grêle et faible, dépêcha vers ses frères pour les avertir que de son côté l'on ne pourrait bientôt plus tenir et pour leur demander ce qu'il devait faire. Il fut alors décidé que l'on tenterait sur l'ennemi une charge générale aussi impétueuse qu'il serait possible. Le soleil était sur son déclin : il fallait en finir. Chacun se signe avec dévotion, et, au même instant, on se précipite en poussant d'effroyables clameurs. Les champs, qui se trouvaient entrecoupés de fossés, devinrent aussitôt le théâtre d'une horrible confusion. Effrayés de l'agression inattendue des Flamands, grand nombre de chevaliers se jetèrent de droite et de gauche dans les fondrières et y périrent écrasés sous leurs montures comme à Courtrai. Les Flamands, poussés par une aveugle fureur, tombaient et se roulaient avec leurs ennemis; et le sang coulait à flots, et les cadavres s'entassaient sur les cadavres, et les mourants se tordaient en désespérés au milieu de cette fange et de ce pêle-mêle affreux. Jean de Namur et Henri son frère, jeune homme d'un tempérament délicat (1), et qui le même jour était arrivé de Douai amenant deux cents chevaux, rallièrent beaucoup de Flamands, surtout d'Ypres, de Courtrai et de Gand; mais ils étaient accablés de chaleur, de soif, de lassitude, déchirés de blessures. Impuissants à porter leurs armes et démoralisés, ils coururent vers Lille à la débandade, du côté où la campagne était dégarnie, et les princes s'enfuirent avec eux.

La lutte n'était pas finie. Philippe, Guillaume et Robert, à la tête des Brugeois et du corps d'armée qui avait le moins souffert, la continuaient avec un acharnement désespéré contre la chevalerie française, au milieu de laquelle le roi, monté sur un haut destrier et une masse de fer à la main, combattait valeureusement (2). Une troupe compacte de Flamands arriva jusqu'au monarque par une charge terrible, blessa son cheval et le précipita lui-même à terre (3). Ses valets lui avaient par précaution enlevé son hoqueton semé de fleurs de lis : on ne le reconnut point; sans quoi il eût été massacré sur le coup. Les deux frères Gentiens de Paris, ses écuyers, mirent aussitôt pied à terre et, malgré le poids de son corps et de son armure, le relevèrent pour le monter sur un de leurs chevaux. Philippe se remettait en selle; et les deux braves écuyers tenaient encore le frein du destrier royal, lorsqu'une seconde colonne, fondant avec rage,

---

(1) Non enim erat corpore fortis, sed gracilis raræque complexionis. — *Ibid.*, 417.

(2) Le noble et vaillant roy estoit monté sur un hault destrier, et tenoit une mace de fer à une main. — *Chron. de Fl.*, f° *CXLIIII*.

(3) Quem unus magnus cuneus Flandrensis crudeliter invadens... suprà psum viriliter et nobiliter se tenentem, ut sui et etiam Flandrenses hostes sui testantur et resistentem... confosso sub ipso dextrario suo, ad terram prostravit. — *Mon. Gandav.*, 417.

les écrase à l'instant (1). Quant au roi, étourdi de sa chute et du fracas dont il était entouré, il ne pouvait manier sa nouvelle monture, qui, vigoureuse et fringante, se cabrait dans la mêlée. Il allait infailliblement périr ; mais, par un hasard providentiel, un scudoyer flamand blesse le roi et son cheval avec une longue pique. L'animal sentant l'aiguillon se dresse, puis d'un grand bond fend la presse, et entraîne son cavalier malgré lui à la suite d'autres chevaux. Au même moment l'oriflamme était mise en lambeaux par les Flamands, et le sire Anselme de Chevreuse, qui la portait, tombait mort à terre serrant encore un morceau de la hampe du fameux étendard entre ses bras (2). « Je pense que ce jour-là, dit un historien flamand, Dieu dans sa miséricorde eut non-seulement pitié du roi, mais aussi de notre Flandre ; à qui de bien plus grandes calamités étaient réservées, si le roi de France avait succombé (3). »

Le soleil était couché et le crépuscule étendait ses ombres sur la plaine, théâtre du plus incroyable désordre qu'on eût jamais vu. Aucune des deux armées ne restait maîtresse du champ de bataille : désorganisées l'une et l'autre, mises en déroute sur plusieurs points, elles continuaient cependant à lutter çà et là, mais il régnait une telle confusion que l'on ne savait plus ce qu'on faisait. La chevalerie française se trouvait éparse et tellement éperdue qu'une troupe flamande pénétrant dans le camp des Français et

---

(1) Incontinent les Flamens eurent occis deux jeunes bourgois de Paris appelés les Gentiens qui à son frain estoient. — *Chron. de Fl.*, f° *CXLIIII*.

(2) Bajulus cujusdam vexilli quod Franci vocant *oliflamma*, de quo plurimùm solebant confidere et de eo multa fabulosa enarrare, ipsumque à Flandrensibus est in frusta concissum vel diruptum. — *Mon. Gandav.*, 418.

(3) J. Meyer *ad ann.* M CCCIII.

jusqu'à la tente du roi, s'empara de quelques bagages et du souper encore tout dressé sur la table (1). On était au lendemain de la pleine lune. Quand cet astre se leva, on put enfin se reconnaître de part et d'autre. Du côté des Français quelques bataillons se reformèrent à l'écart. Les Flamands ne jugèrent pas à propos de s'exposer à une nouvelle lutte. Ils étaient harassés de fatigue, rassasiés de carnage, avides de repos et de nourriture; ils rétrogradèrent lentement vers Mons-en-Pevèle, où ils eurent le courage de sonner des fanfares comme s'ils avaient gagné la victoire. Leurs tentes, leurs approvisionnements avaient été pillés; ils ne trouvèrent plus de quoi se loger et se nourrir et prirent le chemin de Lille, par lequel une partie de leurs compatriotes s'étaient déjà sauvés. Tandis que cette retraite s'effectuait, les Français armés de torches, de flambeaux, et ne songeant plus à se battre, parcouraient les champs pour reconnaître et enlever leurs morts.

Telle fut cette bataille de Mons-en-Pevèle, qui, en définitive, ne fut gagnée pour personne. Désastreuse pour les deux partis, elle n'eut pas de résultat décisif et n'empêcha point les Flamands de reparaître bientôt en armes plus nombreux peut-être qu'ils ne l'avaient jamais été, comme on le verra tout à l'heure. Le roi eut à regretter la mort de plusieurs personnages marquants, tels que Guillaume de Châlons, comte d'Auxerre et de Tonnerre, neveu du duc de Bourgogne; Hugues de Bouville, son chambellan et conseiller intime; le sire de Chevreuse; les deux Gentiens, dont le dévouement lui sauva la vie. Dix-huit barons et près de trois cents chevaliers d'un ordre inférieur périrent aussi

(1) Commeatumque ac cœnam regiam relictam rapuerunt. — *Ibid.*

dans cette journée avec une multitude de gens d'armes tués, écrasés ou étouffés par la chaleur. Mais la perte des Flamands fut plus considérable encore : ils eurent environ quatre mille hommes tués ; et près de la moitié de leur armée avait reçu des blessures plus ou moins graves (1). Ce qu'ils déplorèrent le plus dans cette journée, fut la disparition de Guillaume de Juliers. On ne sut jamais bien de quelle manière ni en quel endroit il était mort. Vers le soir il était encore sain et sauf ; et il est probable qu'il périt étouffé ou par quelque autre accident, car son grand cœur, dit un contemporain, battait dans un faible corps (2). Néanmoins, comme on ne retrouva aucun vestige de ses armes ou de son cadavre, le vulgaire pensa qu'il avait été enlevé par magie, science dans laquelle il passait pour être fort habile, et qu'il reviendrait secourir sa patrie dans un temps où il lui serait plus utile encore (3). On alla jusqu'à désigner le nécromant qui lui avait enseigné l'art de se rendre invisible dans les plus grands dangers. Cet homme, saisi à Bruxelles par ordre du duc de Brabant, fut mis à la question ; puis on lui brisa les bras et les jambes et on l'attacha sur une roue élevée, où il resta long-temps pour le peuple un objet de dégoût et d'effroi (4). Parmi les bruits contradictoires et plus ou moins merveilleux qu'on fit courir sur le trépas de Guillaume, un chroniqueur donne comme certain que ce jeune prince et ses compagnons d'armes, après s'être vaillamment

(1) Ferè media pars Flamingorum tàm corum qui cum Johanne recesserunt quàm eorum qui regem fugarunt, vulnerati sunt vel graviter læsi. — *Mon. Gandav.*, 420.

(2) Erat enim tenuis complexionis, licet esset animosus. — *Ibid.*, 419.

(3) Ipsum affirmabant ablatum et in posterum, tempore suo competenti, quandò ipsi in majori essent belli periculo, rediturum. — *Ibid.*

(4) *Ibid.*, 420.

battus durant tout le jour, harassés de chaleur, exténués de lassitude, se déchaussèrent nu-pieds, se mirent dans la bouche les pommeaux de leurs épées pour étancher leur soif, et attendirent ainsi la mort (1).

Toute l'armée Flamande s'était ralliée à Lille. Le lendemain de la bataille, les milices de la Flandre tudesque retournèrent chez elles sous la conduite de Jean de Namur et de Robert de Nevers. Philippe de Chiéti resta dans la ville, avec une forte garnison et de nombreux approvisionnements; car il s'attendait à voir Lille assiégée par le roi de France. Et en effet l'armée royale ne tarda pas à s'approcher. Quant à Philippe-le-Bel, il était allé prendre quelques jours de repos à Arras pour y panser sa blessure et expédier l'ordre de lever en France de nouvelles troupes. Le 14 septembre Lille était complétement investie. Alors les chefs de l'armée y firent répandre une proclamation par laquelle tous chevaliers, écuyers, dames, damoiselles, francs hommes, leurs enfants et tous autres manants de la ville et châtellenie de Lille qui voudraient rester chez eux après la prise de la ville ou y revenir dans la quinzaine, auraient la permission d'y demeurer paisiblement et conserveraient leurs lois, usages, coutumes, franchises, priviléges, corps, membres, biens et héritages généralement quelconques (2).

Le roi guéri de sa blessure vint devant Lille, qui jusquelà résistait aux efforts des assiégeants. Cependant il y avait dans la ville un parti nombreux de léliaerts qui pratiquait

---

(1) A dont le comte Guillaume de Julliers se deschaussa tout nuds piés, et tous ses gens aussi, et boutèrent les pommeaulx de leurs espées en leur bouche pour leur soif estanchier, et ainsi attendirent la mort. — *Chron. de Fl.*, f° CXLIIII, v°.

(2) *Archives de Flandre, cahier en papier.*

secrètement les bourgeois. Philippe de Chiéti le savait et, quoique solidement établi dans le château, il ne se flattait pas de tenir long-temps la place attaquée au dehors par une puissante armée et travaillée à l'intérieur par les partisans de la domination française. Des plaintes et des murmures sur la longueur du siége et le manque prochain de vivres se firent bientôt entendre. Informé de cet état de choses, le roi proposa une capitulation. Philippe en accepta les clauses et promit de se rendre, si avant le 1er octobre il ne recevait pas de secours (1). Les attaques furent alors suspendues, mais Philippe-le-Bel n'abandonna pas le siége. De nouvelles troupes venaient tous les jours renforcer son armée; il serra Lille plus vivement que jamais, comptant bien s'en rendre maître sans coup férir et ne pouvant croire que les Flamands se relevassent sitôt du rude échec qu'ils avaient essuyé à Mons-en-Pevèle.

Mais ceux-ci, loin d'être abattus, se montraient au contraire animés d'une nouvelle ardeur. « Nous n'avons point été vaincus à Mons-en-Pevèle, disaient-ils, mais tout au plus mystifiés et surpris : la chose est notoire (2). » Un grand mouvement s'opérait dans la Flandre tudesque et tout le monde y reprenait les armes à la voix de Jean de Namur et de Robert. Les princes avaient planté leur étendard sous les murs de Courtrai et dans la plaine glorieuse de Groningue. Les Flamands y accoururent en foule, car cette fois encore il s'agissait de l'indépendance de la patrie. « Le cours de la justice est suspendu, dit un historien, les tavernes se ferment, les ateliers chôment à l'exception de ceux où l'on

---

(1) *Arch. de la ville de Lille, registre aux titres A B C, f° 114.*

(2) « Non se victos pugnâ fabulabant, vel si victos, non virtute, sed per dolum et ludificatione, ut omnibus erat notum. » — Meyer ad ann. *M CCCIIII.*

forge des armes, tous travaux sont interrompus, les études cessent, les arts se taisent, on désire, on veut des armes, on s'en empare et l'on court à l'ennemi! Une armée plus nombreuse que toutes les précédentes s'assemble et se compte devant Courtrai; chacun s'était enrôlé volontairement et avait fait le serment solennel de ne rentrer dans ses foyers qu'avec la paix ou la victoire (1). »

On vint annoncer ces immenses apprêts de guerre à Philippe-le-Bel. Pour éviter une surprise, il fit sans délai couvrir son camp par des retranchements profonds du côté où les Flamands devaient arriver. Le 27 septembre, trois jours avant l'expiration du délai fixé pour la capitulation, ceux-ci vinrent camper sur les bords de la Deule, à deux lieues environ de l'armée royale. Jean de Namur dépêcha sur-le-champ un héraut d'armes au roi de France pour le défier à la bataille, ce qui lui fit grand honneur. Le roi ne répondit pas et donna l'ordre de transporter le camp de la porte d'Ypres, où il était, à celle de Tournai, située à l'autre extrémité de la ville. Philippe-le-Bel monta à cheval et, accompagné de quelques seigneurs, s'en alla, sur une colline, reconnaître la position de l'ennemi. Alors il aperçut au loin une multitude de tentes couvertes en drap rouge, blanc ou noir; d'innombrables huttes formées de branchages, de feuilles et de chaume s'étendaient sur les rives de la Deule et dans la campagne. L'œil ne pouvait embrasser la ligne de chariots et de fourgons qui, suivant la coutume, se déployait en forme de rempart sur toute la lisière du camp. Le monarque se retourna stupéfait vers son escorte : « En vérité, beaux sires, je crois qu'il pleut des Flamands! » s'écria-t-il (2).

(1) Meyer *ad ann.* M CCCIIII.
(2) « Oh! videtur mihi, quod fluit hic et pluit Flamingos. » — *Chronicon comitum Flandriæ* ap. *Corpus chron. Fl.*, éd. de Smet, I, 172.

Alors il mit en campagne ses espions les plus habiles, afin de connaître les dispositions de l'ennemi. Ils lui rapportèrent que les Flamands étaient résolus de combattre la nuit prochaine, pendant l'obscurité, afin d'être moins facilement enveloppés par la cavalerie; qu'ils avaient juré entre eux de vaincre ou de mourir, voulant mettre fin à une guerre qui durait depuis huit ans; qu'ils étaient décidés à ne plus temporiser comme à Mons-en-Pevèle, mais à fondre impétueusement sur les Français après s'être recommandés à Dieu. Le roi réunit ses conseillers et leur fit part des résolutions du peuple flamand. Divers plans de bataille furent proposés; mais des gens sensés firent observer qu'il valait mieux chercher à négocier et à amuser les Flamands. « Ce serait mettre le roi et le royaume dans un grand péril que d'exposer l'armée à un combat nocturne, disaient-ils : nous avons vu ce qui s'est passé à Courtrai; les Flamands exaspérés sont comme des bêtes féroces. Toute victoire est chanceuse, et, en supposant que nous battions cette canaille, ce ne sera jamais qu'au prix du sang de quelques chefs illustres. » Cet avis, qui était aussi celui du roi, prévalut; et sans retard Robert comte d'Évreux, Robert duc de Bourgogne et chambrier de France, Amédée comte de Savoie et Jean comte de Dreux furent chargés de donner et de prendre trêve avec les Flamands (1). Ceux-ci répondirent qu'ils désiraient entrer en pourparlers, qu'ils n'avaient jamais demandé autre chose qu'une paix honorable et que, si on la leur proposait, ils retourneraient bien volontiers chez eux; autrement ils avaient fait le serment de mourir jusqu'au dernier pour sauver la Flandre. L'intention du roi était d'éviter la bataille à tout

(1) *Archives de Flandre*, 8e cartul. de Fl., pièce 172.

prix et d'amener le licenciement de l'armée flamande. Des propositions de paix, auxquelles présidait de la part de Philippe une pensée perfide, furent aussitôt mises par écrit. — Les Flamands, disait ce projet, conserveront leurs franchises; leurs vies, corps, priviléges et forteresses leur sont également garantis. — Le comte de Flandre recouvrera son comté en entier. — Les prisonniers de part et d'autre seront délivrés sans rançon. — Le peuple payera au roi, pour toute amende, une somme qui ne pourra dépasser 80,000 livres. — Pour garantie et jusqu'à parfait payement, les villes de Lille et Douai resteront comme gage en la main du roi. — Huit arbitres, quatre du côté du roi, quatre du côté des Flamands, seront chargés des détails d'exécution. »

Ce traité était trop avantageux pour n'être point accepté avec empressement. On n'avait pas prévu le piége, et les Flamands avaient une telle confiance en eux-mêmes qu'ils firent de sérieuses difficultés au sujet des villes laissées en gage. Ils passèrent outre cependant, enchantés d'avoir enfin conquis cette paix tant désirée et rouvert aux nobles captifs les portes de la patrie. Dans leur joie ils oublièrent de prendre des sûretés comme le roi en avait pris et d'opérer la conclusion définitive du traité; faute immense et qu'on eut bientôt à déplorer amèrement. Les princes flamands auraient dû se rappeler combien de fois ils avaient été dupés de l'astuce du roi, et montrer plus de circonspection; mais il semble qu'en ce moment ils furent éblouis, aveuglés par le bonheur inattendu que la fortune jetait devant eux.

Après le coucher du soleil, les hérauts proclamèrent la paix dans les deux camps. Le lendemain matin Philippe de Chiéti consommait l'imprudente évacuation de Lille, dont le roi se mettait en possession, et les troupes flamandes reprenaient le chemin de leurs foyers en remplissant l'air de cris d'allégresse. La Flandre n'avait plus d'armée! Le roi de France venait de gagner la bataille sans tirer l'épée. De retour à Paris, il éleva une belle statue à la Vierge en souvenance du péril de mort auquel il avait si miraculeusement échappé à Mons-en-Pevèle.

Bien qu'une trêve existât et qu'on n'eût plus à craindre d'hostilités, il fallait s'occuper de la réalisation du projet de paix. D'ailleurs on désirait ardemment voir finir la captivité des princes. Huit commissaires furent nommés, ainsi qu'il était convenu, pour formuler les conditions du traité sur les bases fixées par le roi, quatre par ledit roi et quatre par les seigneurs, les bonnes villes et les gens de Flandre. Les négociateurs français étaient les personnages qui précédemment avaient conclu la trêve; ceux de Flandre, Gérard sire de Sotteghem, Jean de Kuyck, Jean de Gavre et Gérard de Moor. Des conférences eurent lieu; mais du côté de la France on paraissait prendre plaisir à les prolonger et à différer une solution. Les demandes du roi variaient de nature et n'étaient déjà plus les mêmes que les premières. Ce ne fut que le 16 janvier suivant que les arbitres s'entendirent enfin sur les clauses du traité. — L'on devait donner au roi 20,000 livres de rente assignées sur le comté de Rhetel ou ailleurs et 400,000 qui seraient payées en argent pendant quatre ans ou 1,200,000 payables en douze ans à son choix. — Six cents hommes d'armes lui seront fournis pour le servir pendant un an aux dépens de la Flandre partout où il le jugera convenable. — Il pourra punir par voyages ou pèlerinages deux mille personnes de la ville et du terroir de Bruges qui lui paraîtront les plus coupables, savoir-mille au delà des mers et mille en deçà. — Moyennant ce, les villes et habitants de la Flandre recouvreront leurs seigneurs : savoir le comte de Flandre et messeigneurs Robert, Guillaume et Gui; ils seront dans l'hommage du roi comme avant la guerre, et les villes et habitants conserveront leurs franchises. — Les villes et les gentilshommes du pays promettront de ne jamais rien faire contre le roi et de ne pas manquer à l'obéissance qu'ils doivent à lui et à ses successeurs. — Tous les habitants reprendront les héritages qu'ils possédaient avant la guerre; toutes prisons seront vidées et tous méfaits pardonnés (1).

Telle était la substance du traité. Soit que le roi de France en ait encore retardé l'exécution, soit que les Flamands eussent refusé de souscrire à des clauses si différentes de celles qu'on avait d'abord promises, toujours est-il que les choses restèrent dans le même état. En conséquence la trêve fut, le 11 février, prolongée jusqu'au 24 juin, jour de la Nativité de saint Jean-Baptiste (2). Dans cet intervalle le comte Gui, âgé de quatre-vingts ans, expira au château de Pontoise, où on l'avait récemment transféré.

---

(1) *Arch. de Fl. Rouleau de 22 bandes de parchemin, pièce* 2.
(2) *Ibid., pièces* 10 *et* 11.

VIII

ROBERT DE BÉTHUNE.

1304 — 1322

Nouvelles exigences du roi. — Traité d'Athies-sur-Orge. — Robert de Béthune sort de prison et prête hommage à Philippe-le-Bel. — Les Flamands refusent de ratifier le traité. — Leur mécontentement contre Robert. — Mort de Philippine de Flandre. — Tentatives infructueuses pour renouer la paix. — Troubles à Bruges. — Modifications au traité de paix. — Il est enfin accepté, et la tranquillité se rétablit en Flandre. — Tableau de la situation commerciale et industrielle de la Flandre au commencement du quatorzième siecle. — La Hanse de Londres. — Chambre d'assurances à Bruges pour les marchandises. — Traité de commerce avec la Norvége. — Expiration de la trêve avec le Hainaut. — Appréhensions de guerre. — Entrevue de Tournai. — Accommodement entre les deux comtes. — Guillaume de Hainaut prête serment de vassalité au comte de Flandre pour la Zélande. — Intrigues d'Enguerrand de Marigny au sujet des villes de Lille, Douai et Orchies, engagées au roi. — Il surprend par une ruse la renonciation définitive desdites villes à Robert de Béthune. — Colère de ce dernier. — Il prétend la convention nulle et s'emporte contre le roi. — Le parlement de Paris confisque les domaines du comte. — Préparatifs de guerre. — Manifeste du roi adressé aux Flamands. — Excommunication lancée sur la Flandre. — Révolte de Louis de Nevers, fils aîné de Robert de Béthune, contre le roi. — Mort de Philippe-le-Bel. — Louis X porte la guerre en Flandre. — Désastre de l'armée française inondée et embourbée aux environs de Courtrai. — Philippe-le-Long, régent de France, adoucit les conditions imposées aux Flamands pour la paix. — Obstination de ceux-ci et du comte à ne les pas vouloir agréer. — Reprise des hostilités. — Trêve. — Le pape Jean XXII intervient entre les Flamands et le roi. — Les Flamands repoussent cet arbitrage. — Mécontentement du pape. — Il jette l'interdit sur la Flandre. — Impression que cette mesure produit dans le pays. — Robert de Béthune s'efforce de la détruire. — Mariage de Louis, fils de Louis de Nevers, avec la fille de Philippe-le-Long. — Nouvel armistice. — Les villes de Lille, Douai et Orchies sont enfin abandonnées au roi. — Règlement relatif à la succession au comté de Flandre. — Discorde dans la famille du comte. — Mauvaise conduite de Louis de Nevers. — On l'accuse d'avoir voulu empoisonner son père. —Il se justifie et demande pardon au comte, qui lui fait grâce et le réhabilite solennellement. — Mort de Louis de Nevers et de Robert de Béthune.

Robert de Béthune, ses frères, sa sœur Philippine et les principaux seigneurs flamands étaient toujours au pouvoir du roi de France. La trêve du 24 septembre et les propositions de paix du 16 janvier n'avaient eu qu'un but, le licenciement de l'armée flamande ; ce but se trouvant atteint, les exigences de Philippe-le-Bel dépassèrent toute mesure. Il ne voulait plus relâcher ses prisonniers que sous la condition de signer une transaction beaucoup plus dure que la première ; et la Flandre se vit encore une fois la dupe de nouvelles perfidies. Le 5 juin 1305 des conférences se tinrent à Athies-sur-Orge ; le roi, qui savait les Flamands désarmés et ne se contentait plus des avantages que lui-même avait naguère réclamés, éleva par l'organe de ses commissaires des prétentions énormes. Sans rien rabattre du précédent traité, il demandait en outre que les fortifications des cinq bonnes villes de Flandre, savoir, Douai, Lille, Ypres, Bruges et Gand, fussent détruites à perpépuité. — Robert de Béthune, ses frères, les nobles, bonnes villes et gens de Flandre devaient faire serment de ne jamais s'allier avec les ennemis du roi et de ne leur donner aucune assistance. En cas de contravention, les biens des princes seraient confisqués au profit du roi et de ses successeurs. — Tous les habitants de la Flandre, nobles ou non nobles, depuis l'âge de 14 ans, devront venir à Amiens faire le serment d'entretenir le traité ; tous les cinq ans et à toujours on renouvellera ce serment au roi ou à ses successeurs. — Outre les châteaux et châtellenies de Lille, Douai et Béthune, que le roi tient déjà, Robert de Flandre lui remettra les châteaux de Cassel et de Courtrai, jusqu'à ce que les 20,000 livres de rente aient été bien assignées, les fortifications des cinq grandes villes abattues et les Brugeois en chemin pour leurs pèlerinages (1). — Il y avait encore plusieurs clauses non moins exorbitantes et dont le détail serait trop long. Robert de Béthune et les princes avaient si grande hâte d'être enfin délivrés de leur longue captivité et de rentrer dans leur patrie qu'ils signèrent ce traité. On leur ouvrit alors les portes des donjons où ils étaient enfermés. Le nouveau comte fut aussitôt reçu à rendre hommage en la forme suivante. Le roi était sur son trône, entouré des princes du sang et des pairs du royaume. Robert de Béthune, la tête découverte, s'avança vers lui et mit un genou en terre. Le monarque plaça ses deux mains entre celles du comte et le chancelier de France s'adressant à ce dernier lui dit : « Sire, vous devenez homme-lige du roi, votre souverain seigneur, en raison de la pairie, du comté de Flandre et de tout ce que vous levez et tenez de la couronne de France. Promettez lui foi, hommage et service contre tous jusqu'à la mort. » — « Oui, sire, je le promets ainsi. » Le comte se leva, baisa le roi en la joue et ne donna rien pour relief; mais les hérauts et les sergents à manche du roi prirent, suivant l'usage, la robe qu'il portait sur lui, son chaperon, son bonnet, sa ceinture, sa bourse, son épée et se les partagèrent entre eux (2).

(1) *Arch. de Fl. Rouleau de 22 bandes de parchemin, pièce 6.* — Impr. par extrait dans les *Chroniques d'Oudegherst*, ch. 141; dans le *Recueil des Traités de paix de Moetjens*, édit. de 1700, I, 130; et dans le *Corps diplomatique de Dumont*, I, 341.

(2) Oudegherst, *Annales de Flandre*, II, 515.

Quand la cérémonie fut achevée, Robert de Béthune revint en Flandre apportant le corps de son père, qu'on avait renfermé dans un cercueil de plomb, et il le fit pompeusement inhumer à l'abbaye de Flines à côté des restes mortels de Marguerite de Constantinople. Le comte fut très-mal accueilli de ses sujets. Partout dans les villes et dans les campagnes, des murmures et des cris d'indignation s'élevaient contre l'odieux traité que les princes avaient souscrit; et le peuple disait qu'il n'y donnerait jamais sa sanction. Les commissaires flamands n'osèrent ni le publier ni le mettre à exécution, car ils eussent été sur-le-champ massacrés. « Nous ne leur avons pas donné, s'écriaient les bourgeois, la mission de conclure un tel traité. N'était-ce pas assez d'une amende de 80,000 écus? Ce ne sont pas là les conditions du traité de Lille dont nous avons bonne copie bien et dûment scellée. Les Français sont une race trompeuse, perfide et foi-mentie. Il est clair comme le jour que, ne pouvant soutenir le choc de notre armée, ils ont voulu la dissoudre par la ruse. Mieux vaudrait livrer encore sept combats et mourir vaillamment que d'accepter ces nouvelles conditions, qui seraient notre ruine et servitude. Qu'avons-nous fait même pour être enlevés à nos foyers et envoyés à nos bourreaux au delà des mers? et l'on voudrait en outre renverser les vieux remparts de nos cités ! Est-ce donc méfaire que de repousser par une guerre loyale l'insupportable tyrannie de nos ennemis et soustraire au joug nos femmes et nos enfants? C'est à d'autres que nous qu'il faut imposer des tributs honteux. Il n'y a point si petit Flamand qui accepte leur odieuse servitude. Que si le beau roi de France, roi frauduleux et violateur de sa parole, est amoureux de combattre, qu'il descende au pays; il trouvera à qui parler.

Non, non, point d'autre paix que le traité de Lille, quand même Robert et sa noblesse, ennuyés de leur prison, l'auraient signée cent fois (1)! »

Telles étaient les dispositions de la multitude ; ce qui donna naissance à des débats pleins d'aigreur et de haine, à de longues discussions dont le résultat fut en définitive de séparer la cause du prince d'avec celle du peuple. Jusqu'à Gui de Dampierre, malgré des dissensions momentanées, cette cause s'était toujours confondue dans un sentiment profond de nationalité. Bientôt nous verrons les successeurs de ce prince offrir au monde l'étrange spectacle d'une alliance avec la France contre leurs propres sujets. Mais jusque-là les événements transitoires qui servent à expliquer ce changement remarquable doivent recevoir le développement qu'ils comportent.

La princesse Philippine de Flandre, cause première et bien innocente des malheurs que sa famille et sa patrie subissaient depuis si long-temps, mourut en 1306. Il y avait dix ans que le roi de France la retenait de crainte que les Flamands ne la mariassent au prince de Galles, ainsi qu'il avait été jadis convenu. On dit que cette pauvre enfant, désespérée de voir tout le monde, hormis elle, rendu à la liberté, expira de langueur et de tristesse ; quelques auteurs avancent même que le poison aurait abrégé sa vie (2). Quoi qu'il en soit cette mort fit impression en Flandre, où la haine contre la France s'invétérait tous les jours. La paix semblait de plus en plus impraticable. Cependant Philippe-

---

(1) *V.* Meyer *ad ann. MCCC V.*

(2) Gallici scriptores tristitiâ ac mœrore animi decessisse referunt... Alii verò tradunt per inimicos domûs Flandriæ toxicum illi datum. — Meyer *ad ann. MCCC VI.*

le-Bel se trouvait dans une grande pénurie d'argent et ne cherchait pas à recommencer la guerre. La Flandre, de son côté, n'aurait pas demandé mieux que de se reposer après tant de luttes ; mais elle voulait avant tout sauvegarder son indépendance et mettait beaucoup d'opiniâtreté à repousser les exigences du roi. Chaque ville s'était imposée pour soutenir une nouvelle guerre, s'il le fallait : l'argent abondait de toutes parts ; Gand avait offert des sommes énormes (1).

Dans l'année 1307, le pape Clément, successeur de Boniface VIII, vint à Poitiers pour conférer avec le roi de France sur les affaires de l'Église. Le comte Robert fut convié à cette réunion, dans l'espoir que l'intervention du pape rendrait la paix plus facile. Mais le roi semblait prendre plaisir à en éloigner la conclusion. Frustré de l'espoir de joindre la Flandre entière à ses domaines, il voulait qu'au moins les guerres ruineuses qu'il avait entreprises à cet effet ne demeurassent point sans fruit. Ses prétentions allaient toujours en augmentant, et il ne se bornait même plus au traité de 1305 : il exigeait maintenant que les villes de Lille, Douai Orchies lui fussent cédées en possession définitive. Le comte n'était pas plus disposé que ses sujets à accéder à cette nouvelle demande ; il refusa et revint en Flandre, où les esprits étaient toujours dans les mêmes dispositions. Si Philippe eût été en état de recommencer les hostilités, il eût trouvé la Flandre prête à résister à ses armes ; et c'est dans son propre sein que cette terre féconde et valeureuse aurait puisé toutes ses forces, car elle ne possédait plus alors d'alliés capables de la secourir efficacement. L'empereur Al-

---

(1) *Ibid.*

bert inclinait bien en secret pour les Flamands, comme il le fit voir en accordant l'investiture des terres impériales à Robert avant même que ce prince lui fût allé porter son hommage ; mais ce n'était là qu'une prédilection stérile, et l'empereur n'aurait pas osé lui sacrifier l'amitié du roi. D'autre part, l'alliance anglaise devait être considérée comme entièrement rompue. Déjà nous avons vu Philippe marier sa sœur Marguerite à Édouard Ier ; bientôt il réussit à faire épouser sa fille Isabelle à Édouard II, auquel deux princesses flamandes avaient été naguère fiancées. Ce mariage d'Isabelle devait être un jour fatal à la France : c'est du chef de cette femme qu'Édouard III prétendit avoir des droits sur le royaume des fleurs de lis ; et elle fut la cause première des guerres longues et sanglantes, des éternelles rivalités qui depuis divisèrent les deux pays. Si la jalouse politique de Philippe-le-Bel n'eût pas empêché une des filles de Gui de s'asseoir sur le trône d'Angleterre, tous ces malheurs n'auraient point accablé la France.

Les quatre arbitres nommés par les Flamands pour régler les conditions de la paix n'avancèrent nullement les affaires, empêchés qu'ils étaient par l'obstination qu'on mettait de part et d'autre à ne céder en rien. Jean de Kuyck mourut après avoir assisté à deux conférences seulement. Gérard de Moor, homme de sagesse et d'expérience, refusa de s'occuper plus long-temps des négociations quand il vit que tous ses efforts n'aboutiraient à aucun résultat. Gérard de Sotteghem et Jean de Gavre restèrent donc seuls chargés de cette importante mission. Malheureusement le peuple ne les aimait pas. Leur qualité de nobles les rendait odieux et suspects : on se défiait d'eux depuis qu'ils avaient souscrit à des conditions que les villes avaient dû repousser avec dédain ; on leur reprochait leur trop grande familiarité avec certains nobles personnages de France, on allait jusqu'à dire qu'ils trahissaient (1). Cependant ils obtinrent du roi quelques concessions : ainsi Philippe promit de libérer les deux mille personnes de la ville et du territoire de Bruges qui devaient être exilées par lui, si les Flamands payaient aux termes convenus 300,000 livres de noirs petits tournois dont ils étaient redevables (2). Les Flamands ne donnèrent point leur assentiment. Le roi tenta un nouvel accord et manda le comte Robert à Paris avec les députés des villes de Bruges, Gand et Ypres. On ne s'entendit point davantage. Les villes voulaient qu'on ne leur parlât que du premier traité proposé au camp devant Lille : hors de là, pas de paix possible. Rien n'égalait leur ténacité. Le comte cherchait en vain à la fléchir par promesses et belles paroles ; on lui fermait la bouche et il se trouvait, disait-il, entre l'enclume et le marteau. Les Brugeois se montraient surtout intraitables; et cela s'explique par la position exceptionnelle qu'ils s'étaient faite en donnant le signal de l'insurrection. Pierre Konynck, Jean Breydel et les autres chefs du mouvement savaient fort bien que c'en était fait d'eux si la paix se concluait et si le calme venait à se rétablir : ils connaissaient assez le roi de France pour prévoir que leurs têtes seraient une des premières satisfactions qu'il exigerait. Aussi, loin de chercher à ramener la tranquillité, employaient-ils tous les moyens imaginables pour échauffer les têtes

---

(1) ... Multitudo suspectos habebat : miscebant enim cum Gallis frequentia de rebus omnibus colloquia, in quibus vix fieri potuit quin vel blandimentis vel fraudibus in præceps agerentur ; adeò ut Gallis antè Flandros favisse viderentur. — *Ibid.*

(2) *Archiv. de Fl.*, acte du 23 Juin 1308.

et susciter le courroux populaire non-seulement contre la
France mais encore contre leur seigneur, qui, selon les agitateurs, ne se montrait pas assez jaloux de l'honneur national.
Le comte Robert s'était par une dernière démarche convaincu
que le roi ne céderait point. Il désirait vivement en finir et
assurer le repos de la Flandre. Alors il se tourna vers les
grandes villes, les engageant, tantôt par prières, tantôt par
menaces, à consentir au traité de 1305. Il leur démontrait
que des guerres ruineuses allaient résulter encore de ce
conflit; qu'il valait mieux les prévenir en agréant les conditions du roi; que ces conditions n'étaient pas aussi humi-
liantes que certains brouillons voulaient le faire croire;
que du reste, en faisant preuve de bonne volonté, le roi les
adoucirait encore. Les gens d'Ypres et de Gand se soumirent d'assez bonne volonté à de telles raisons; mais les Brugeois les repoussèrent avec plus de force que jamais, disant
qu'ils aimeraient mieux mille fois mourir que de courber sous
le joug du roi de France un front qui ne s'abaissait devant
personne. Le comte partit pour Paris avec les représentants
des villes disposées à la paix. Il avait établi trois gouverneurs
extraordinaires, afin d'empêcher les désordres en son absence : c'étaient Guillaume de Neele, Philippe de Maldeghem et Gilles de Clercq. Ce dernier, issu de basse extrac-
tion, avait, par beaucoup de souplesse et une grande habileté
dans les affaires, gagné peu à peu la faveur du prince (1).
Quand il se vit investi d'un pouvoir absolu, il devint cruel
et arrogant. Afin de maintenir la tranquillité publique durant
les troubles occasionnés par cette guerre de huit ans, les
Flamands avaient imaginé de rétablir la loi du talion pour

---

(1) ... Ob ingenium et summam industriam ex humilitate ad alta à comiti-
bus evectus. — Meyer *ad ann.* M CCCVII.

la répression de certains crimes et délits. Le comte, à son retour en Flandre après sa captivité, déclara vouloir gouverner le pays comme avaient toujours fait ses ancêtres; et il en advint que la Flandre fut de nouveau en proie aux guerres privées, aux meurtres, aux vols à main armée et à tous les autres excès. Ainsi Gilles de Clercq, dont on vient de parler, et qui tenait un rang distingué à la cour du comte, fut mis à mort par son personnel ennemi, le boucher Jean Breydel, boucher d'hommes aussi bien que de bestiaux, dit Meyer. Ce fut là tout le profit que tira le comte Robert de l'abrogation d'une loi alors si utile. Vers la mi-mars, Robert de Flandre, fils puîné de Robert de Béthune, revint de Paris porteur d'un projet de paix proposé par le roi. Robert supplia les communes d'admettre enfin et de jurer ce traité modifié et mitigé : « Sans quoi, disait-il, bientôt nous y serons forcés, à notre grand dommage ». Toutes les villes, à l'exception de Bruges, accédèrent sans délai aux instances du jeune prince. Quant aux Brugeois, ils demandèrent huit jours pour en délibérer; et à l'expiration de ce terme il s'éleva entre eux de grands débats sur la réponse qu'on devait donner. Les nobles, les gens du lis et avec eux les bouchers et poissonniers voulaient la paix et se montraient disposés à la jurer telle qu'elle était formulée dans le projet; mais ils avaient de puissants adversaires dans les autres corps de métiers, surtout les tisserands, les foulons, les tondeurs de draps. Cette opposition formidable était dirigée par Pierre Konynck le chevalier tisserand, par Jean Breydel, et le foulon Jean Heyne. Tous ces gens, qui depuis long-temps étaient odieux au roi, aux Français et au léliaerts, savaient que plus que jamais c'était pour eux une question de vie ou de mort. Ils savaient bien aussi de quelle nature était le traité. Ce qui les irritait le plus dans les conditions dont le roi prétendait ne pas se départir, c'était que ce prince se fût réservé le droit de choisir ses otages et d'en fixer le nombre. Il était stipulé en outre que la moindre atteinte au traité serait punie d'une excommunication dont le coupable ne pourrait être absous que sous le bon plaisir du roi. « Jamais, répétaient-ils, nous ne nous soumettrons à des conditions aussi iniques; » et en même temps ce parti se disposait à prendre les armes. Si les nobles avaient pour eux les richesses et l'habileté politique, l'autre faction l'emportait de beaucoup par le nombre, la force, l'activité et la valeur. Elle résumait en elle le peuple tout entier. Bientôt tous les esprits sont frappés de terreur; les riches et leurs alliés les gens du lis, qui se rappelaient le massacre de 1301, sont dans des transes mortelles. Une guerre civile allait éclater et le sang inonder de nouveau les rues de Bruges. Les partisans de la paix s'inquiètent et se hâtent de dépêcher les plus sages d'entre eux pour aller porter à leurs adversaires des paroles de paix et de conciliation. On convient enfin, d'un commun accord, de déléguer quatre prud'hommes, qui se rendront auprès du roi et le supplieront de condescendre à des conditions moins rigoureuses. Cette détermination calma la fureur populaire. Les députés se mirent en route pour Paris le mercredi avant Pâques. A l'exemple de Bruges, les autres villes de Flandre se disposèrent à envoyer aussi leurs délégués. Par malheur le peuple et la noblesse avaient peine à s'entendre. Le peuple était toujours en grande défiance à l'égard des nobles et des riches; il ne voyait que confiscations, supplices et esclavages dans les projets de l'aristocratie (1). Quant au comte, il était disposé

---

(1) Omnes nobiles ac primarios locupletesque homines plebs valde suspe

à tout et même à sacrifier le bien-être du commun peuple, pourvu que le roi lui rendît ses villes de Lille, de Douai et d'Orchies. Chose étrange! ce prince se montrait maintenant plus favorable aux léliaerts et aux anciens déserteurs de sa cause qu'aux sujets dont la valeur énergique, dont le patriotisme infatigable l'avait délivré de prison avec sa noblesse et avait rendu au pays son antique indépendance. A la vue des malheurs que leur opiniâtreté allait renouveler, le roi, le comte, les seigneurs français et flamands convinrent de tempérer un peu la rigueur des premières résolutions. Après quelques conférences avec les députés des villes de Flandre, Philippe-le-Bel accorda, le 10 mai 1309, les modérations suivantes : — Toutes les offenses faites au roi, tant avant que depuis la paix, sont pardonnées. — La moitié de la rente perpétuelle et annuelle de 20,000 livres pourra être rachetée. — Les fortifications des villes de Gand, d'Ypres, de Douai et Lille resteront dans l'état où elles étaient, jusqu'à ce qu'il plaise au roi et à ses successeurs de les faire abattre. — Le roi déclare qu'il ne veut d'autres sûretés et cautions pour les sommes dues par les Flamands que celles qu'ils ont données. Il ajoute que la paix conclue anciennement entre le roi Philippe-Auguste, son prédécesseur, et les Flamands sera exécutée sauf ce qui y a été changé ou ajouté par le dernier traité; mais, pour plus grande sûreté, tous baillis, prévôts, chanceliers, conseillers et autres officiers du comte de Flandre seront obligés, avant d'entrer au service de ce dernier, de jurer sur les saints Évangiles qu'ils garde-

ctos habuit, eò videntes tendere omnia eorum consilia atque artes ut in graves multas et supplicia vilissimamque servitutem plebeios conficerent. — Meyer *ad ann.* M CCCIX.

ront la paix dans tout son contenu, etc., etc. (1). Les Flamands accueillirent ce nouveau traité, et la tranquillité fut momentanément rétablie. Il y eut néanmoins dans le pays de Waes quelques soulèvements contre les officiers du comte; mais ces désordres furent comprimés avec autant de promptitude que d'énergie. On bannit à perpétuité vingt-cinq d'entre les mécontents, cinq autres eurent les bras et les jambes brisés sur la roue.

Le comte Robert s'occupa, durant les loisirs de la paix, à mettre de l'ordre dans l'administration, dont la guerre et les troubles avaient en bien des endroits brisé les ressorts. Il rétablit les lois anciennes, dont on cherchait à ne plus suivre certaines dispositions, et reconstitua plusieurs offices, régla quelques différends et conflits de juridiction ; puis son attention se porta sur le commerce et l'industrie. C'était là en effet que résidait toute la vie, toute la force du pays. Déjà nous avons indiqué comme source de la prospérité flamande cette admirable fertilité du sol, ces ports nombreux et faciles, cet amour combiné du travail et du bien-être matériel, cet instinct de négoce enfin que les bouleversements politiques n'affaiblirent jamais. Au commencement du quatorzième siècle, les relations commerciales de la Flandre avaient pris un développement prodigieux. Depuis les croisades, on connaissait les côtes d'Espagne, d'Italie, d'Afrique et d'Orient ; et de ces contrées lointaines arrivaient déjà une infinité de produits livrés en échange des graines, des bestiaux, et surtout des riches étoffes que l'on fabriquait à Bruges, à Gand, à Ypres et à Lille. Les marchands de Venise, de Gênes, de Florence, de Pise, connus sous le nom de *lom-*

---

(1) *Arch. de Fl. Orig. parch. scellé.*

bards, favorisaient ces transactions en fréquentant les foires établies dans nos principales cités. Les foires célèbres de Champagne et de Brie formaient aussi un centre actif d'opérations et de trafic. Au nord, les Flamands négociaient avec toute l'Allemagne. Les marchands de la Basse-Saxe et de la Prusse, appelés *osterlins*, dont les rapports s'étendaient jusqu'en Russie, en Suède et en Norvége, trouvaient en Flandre une merveilleuse facilité d'échange, des capitaux abondants et des débouchés assurés vers les contrées méridionales, précieux avantage à une époque où la navigation encore imparfaite rendait les voyages de long cours si difficiles et si dangereux. Les navigateurs septentrionaux et méridionaux profitaient du port de Dam pour échanger leurs cargaisons ; et Bruges, située près de Dam, devenait comme le marché commun et l'entrepôt général de l'Europe. La Flandre possédait encore des comptoirs sur divers points des Iles-Britanniques : à Londres, à Winchester, à Saint-Yves en Cornouailles, à Berwick en Écosse ; et, tandis que l'Angleterre lui fournissait des laines en abondance, elle renvoyait des draps, des tapis et autres produits fabriqués dont elle tirait un lucre important. Nous avons vu qu'à diverses reprises les empereurs d'Allemagne, les rois de France et d'Angleterre avaient accordé des franchises et des immunités au commerce flamand. Son action était en outre régularisée par des lois et des tarifs établissant une juste réciprocité de garanties, et surtout par une association établie sur des bases larges et solides. A l'instar de ce qui existait pour les villes maritimes teutoniques connues sous le nom de villes hanséatiques, il existait entre les cités flamandes et quelques villes des provinces voisines une société de haut commerce appelée la Hanse de Londres. C'était une ligue à laquelle devait s'affilier tout homme qui voulait profiter des avantages et de la protection commune réservés à chacun de ses membres. Les marchands de Bruges et d'Ypres étaient à la tête de l'association. Le chef souverain se nommait le comte de la Hanse et devait être choisi dans la première de ces villes; Ypres avait seulement le droit d'élire le porte-enseigne de la Hanse. On pouvait se faire recevoir à Bruges et à Londres; mais ce n'était que par suite d'une délibération formelle, et il fallait alors verser dans la caisse de la ville de Bruges un droit d'entrée de 30 sous 3 deniers sterling : si l'on était fils d'un membre de la Hanse, le droit ne s'élevait qu'à 10 sous 3 deniers. Du reste tout le monde n'était pas apte à faire partie de cette association fameuse. Ainsi, d'après un article des statuts, tous artisans, tels que tisserands de toiles, foulons, tondeurs, charpentiers, faiseurs de souliers *qui travaillent avec une alène*, teinturiers qui teignent de leurs propres mains et ont les *ongles bleus*, batteurs de laine, chaudronniers *qui vont criant par les rues*, ouvriers de peaux d'agneaux et de petit-gris travaillant de leurs mains, marchands en détail de fromage, de beurre, de sel, de laine, enfin tous ceux qui vendaient à la livre, ne pouvaient devenir compagnons ou frères de la Hanse qu'après avoir abandonné leur métier et acquis leur franchise moyennant 1 marc d'or ou 10 marcs sterling. C'était principalement dans le négoce avec les Anglais qu'il devenait très-avantageux de faire partie de la ligue. Ainsi, entre autres dispositions, on trouve que si un Anglais refusait de payer un membre de la Hanse dont il serait le débiteur, s'il lui vendait de mauvaises marchandises ou s'il lui faisait un tort quelconque, les frères de la Hanse cessaient à l'instant même toutes relations avec lui. Dix-sept villes étaient unies dans ce pacte. C'étaient Châlons, Reims, Saint-Quentin, Cambrai, Lille, Ypres, Douai, Arras, Tournai, Péronne, Huy, Couvins, Valenciennes, Gand, Bruges, Saint-Omer, Montreuil-sur-Mer, Abbeville, Amiens, Beauvais, Dixmude, Bailleul, Poperingue et Orchies (1). On comprend combien une semblable institution devait accroître la force et le crédit du commerce flamand. Robert de Béthune établit à Bruges une chambre d'assurances où chacun pouvait faire assurer ses marchandises de tous risques et périls, de feu ou d'eau, moyennant une redevance proportionnée à la valeur desdites marchandises. Le commerce de la draperie était fort considérable à Ypres ; et il résultait de là que très-souvent il s'élevait des disputes entre les tisserands et leurs maîtres, soit sur la main-d'œuvre, soit sur les salaires. Pour remédier à ces inconvénients, le comte fit des règlements qui déterminèrent d'une façon plus stable les droits et les devoirs de chacun. L'année précédente, il avait conclu avec Hakin, roi de Norvége, un traité de commerce qui ouvrait aux Flamands la navigation de la Baltique et leur permettait de trafiquer directement avec les contrées du Nord (2).

La Flandre commençait à jouir des bienfaits d'une pacification qu'elle avait conquise au prix de tant de malheurs et de sang, lorsqu'une nouvelle appréhension de guerre vint forcer le comte à reprendre son armure et à convoquer ses milices. La trêve conclue avec le Hainaut en 1306 était expirée, et Guillaume-le-Bon avait mis son armée sur pied. Cette armée, toutefois, était loin d'égaler en nombre et en

(1) Les statuts de la Hanse de Londres reposent aux Archives de la ville de Lille, *Registre aux titres K L M, f°* 128.

2) *Archiv. de Fl.*, acte du 8 septembre 1308, copie en parch.

force celle du comte de Flandre, qui avait demandé au roi
et pris à sa solde une troupe de cavalerie française ; de plus,
tous les navires stationnés sur les côtes flamandes s'équipaient pour cingler vers la Hollande et la Zélande en même
temps que l'armée de terre se porterait en Hainaut. Guillaume ne se dissimula point son infériorité ; d'autant plus
que les Hollandais et les Zélandais avait refusé de lui envoyer des renforts, alléguant qu'ils auraient assez de besogne à défendre leur propre pays. Dans cette occurrence, il
fit proposer un arrangement ; et Robert de Béthune, voyant
son adversaire disposé à céder sur tous les points en litige,
lui accorda une entrevue à Tournai, dans les jardins du palais épiscopal, où les différends furent minutieusement réglés
par l'entremise de Robert de Flandre, seigneur d'Arleux et de
Montmirail, et de Jean de Hainaut, seigneur de Beaumont.
Entre autres choses il fut arrêté que Guillaume d'Avesnes
retiendrait les îles de Zélande, à la condition d'en rendre
hommage au comte de Flandre et de payer à Gui, frère de ce
dernier, le revenu desdites îles ; qu'il renoncerait aux terres
d'Alost, de Grammont, de Waes, des Quatre-Métiers et
de Bornehem ; qu'il rappellerait et recevrait en grâce tous
ceux qui avaient été naguère exilés de la Zélande pour
avoir soutenu le parti flamand lors de l'expédition du comte
Gui ; enfin, qu'il rendrait tous les biens confisqués au sujet de ladite guerre (1). C'étaient là de dures conditions,
mais le comte de Hainaut n'était pas dans une situation à se
montrer difficile. Il y accéda, non sans quelque peine assurément, et dut même faire sur-le-champ acte de vassalité au
sujet de la Zélande. Il vint donc en compagnie de ses officiers,

(1) *Arch. de Fl.*, or. parch.

mais désarmé et la tête nue, dans le camp flamand ; et là, en présence du comte Robert, il prêta le serment de foi et hommage, un genou en terre. C'était la première fois que les d'Avesnes s'humiliaient devant les Dampierre. Marguerite de Constantinople dut tressaillir dans sa tombe.

Depuis le traité avec la France, le comte Robert avait déjà payé cent vingt mille marcs pour rachat de la moitié des vingt mille livres de rente annuelle. En garantie des dix mille livres restant, le roi tenait les villes de Lille, de Douai et d'Orchies. Cette possession provisoire ne laissait pas que d'inquiéter les Flamands; car l'on soupçonnait le roi de vouloir réunir un jour la Flandre wallonne à son domaine. Cette crainte ne tarda pas à se réaliser ; et ce fut par une nouvelle ruse diplomatique que Philippe vint à bout de ses desseins. Enguerrand de Marigny, surintendant des finances et le plus intime conseiller du roi, vint trouver le comte et le circonvint de telle sorte, lui fascina l'esprit par de si belles promesses que Robert signa un acte de renonciation à la propriété des trois villes. Il est vrai que Marigny lui avait formellement promis que cette cession ne serait pas définitive et que, si le roi exigeait que momentanément ce gage lui appartînt, Robert pourrait bientôt revendiquer son droit de rachat; sans aucun doute, ajoutait-il, le roi rendrait les villes aussitôt que la rente serait acquittée. Le comte de Flandre aurait dû se rappeler combien de fois son père avait été victime de ruses de ce genre et les maux qu'une confiance aveugle peut engendrer. Il ne s'aperçut du piége que trop tard ; il voulut prétendre que la convention était de nulle valeur, qu'elle lui avait été surprise. On ne tint compte de ses allégations, et il entra dans une grande colère contre le roi et peut-être aussi contre lui-même. Il eut bientôt l'occasion de la manifester. Philippe-le-Bel venait d'achever à Paris un palais destiné à sa résidence ; voulant en célébrer l'inauguration d'une manière solennelle aux fêtes de Pentecôte, il y convia tous les grands vassaux de la couronne et entre autres le comte de Flandre. Robert ne se rendit point à cette invitation. Quelque temps après, une expédition ayant été préparée en France contre les musulmans, qui avaient envahi les îles Baléares, le roi écrivit au comte pour le prier de se joindre à cette croisade. Robert répondit qu'il n'était pas disposé à quitter son pays, où il avait assez de mal à maintenir le calme et la tranquillité ; que lorsque les choses seraient dans une situation plus prospère il verrait ce qu'il aurait à faire. Enfin le roi lui demanda de renouveler son hommage pour le comté de Flandre en exceptant les villes dont il avait abandonné la propriété et qui ne devaient plus faire partie du comté. C'était rouvrir la plaie. Robert refusa net. Le roi employa d'abord les moyens de conciliation : il avait ce qu'il voulait, n'en demandait pas davantage et cherchait à éviter la guerre. Par ses ordres Marigny et quelques conseillers se rendirent à Tournai, où le comte vint de son côté avec les députés des villes ; mais on ne put s'entendre. Robert de Béthune s'emporta même contre le roi, tint des propos injurieux à son égard, et quitta brusquement l'assemblée. Le comte de Flandre fut alors cité devant la cour des pairs et dédaigna de se soumettre à cette injonction, de sorte que le parlement, par un arrêt solennel, confisqua tous ses biens au profit de la couronne. Ainsi les choses s'envenimaient et la guerre était sur le point de renaître. En France l'on faisait de grandes levées d'hommes, et Robert de son côté se mettait en mesure de soutenir la lutte. Il fit publier dans tout le comté qu'il avait racheté les villes engagées au roi, que l'argent avait été remis à Marigny, et qu'il lui fallait ou les villes ou l'argent. En outre il se plaignait très-vivement de la conduite du roi et présentait sa propre injure comme une injure nationale. Il n'en était certes pas besoin pour exciter la haine déjà si profonde des Flamands contre Philippe-le-Bel. Pour répondre à de telles imputations, le roi publia un long manifeste contenant une série de plaintes de plusieurs natures; mais dans lequel il n'était pas le moins du monde question des villes de la Flandre française, véritable cause du débat. Philippe cherchait à se donner une apparence de raison, à expliquer les motifs de toute sa conduite; et surtout à jeter de l'odieux sur le comte Robert, en le présentant aux Flamands comme un despote. « Sachez bien, dit-il en terminant et s'adressant aux habitants et villes de Flandre, qu'en définitive c'est moi qui suis votre souverain et droiturier seigneur, obligé de faire rendre justice à chacun par le comte lui-même sur la plainte que le plus pauvre homme me pourrait porter. Je ne veux point me venger du comté à cause des infractions à la paix, mais faire connaître aux peuples que le comte n'a rien tenu de ce qu'il avait promis; qu'il a dérobé et employé à son propre usage les deniers publics destinés à solder les sommes que le pays de Flandre me devait. Le duc de Normandie et le comte de Toulouse ont perdu leurs terres en pareil cas, le comte de Flandre et ses prédécesseurs auraient bien mérité d'être châtiés de même; eux qui, pour se maintenir au pouvoir, ont toujours fait racheter leurs folies par leurs sujets, dont les uns ont été forcés de payer d'énormes sommes d'argent, d'autres justiciés, pendus, traînés et exilés hors du pays : témoin les deux mille personnes de Bruges et de la châtellenie qui eussent été dernièrement bannis si je ne leur avais fait grâce (1). »

Bientôt trois corps d'armée s'avancèrent vers les frontières de Flandre. L'archevêque de Reims et l'abbé de Saint-Denis vinrent à Saint-Omer et y firent convoquer une grande assemblée de prélats. Beaucoup d'évêques et d'abbés s'y rendirent; et là, dans une sorte de concile où tous les dignitaires ecclésiastiques figuraient avec les attributs de leurs fonctions et dans le costume de leurs ordres respectifs, le métropolitain prononça un long discours, terminé par une sentence d'excommunication contre tout le pays de Flandre. Peu de temps après, le cardinal Gocelin, légat du pape, et le surintendant Marigny, délégués par le roi, qui au fond redoutait la guerre, arrivèrent à Tournai et y négocièrent une trêve d'un an, qui fut prorogée à son expiration, car on espérait toujours arriver à un accommodement définitif. Dans l'intervalle on y travailla, mais sans succès. Le fils aîné du comte, Louis de Nevers, prince turbulent et emporté, formait à lui seul un obstacle insurmontable et s'était fait du roi un ennemi mortel. Dans les conférences pour la paix, il avait injurié Marigny et Philippe-le-Bel en termes plus violents encore que son père et de manière à ne pouvoir être pardonné. Sa colère, du reste, avait une cause toute personnelle; Louis, par son mariage avec Marie fille et héritière de Jacques comte de Nevers et de Rhetel, possédait ce double comté, et il s'était vu contraint jadis de le donner en garantie des 20,000 livres de rente dues au roi par le comte de Flandre. Le roi, en effet, comme on l'a vu plus haut, avait, outre les villes de la Flandre française, exigé Rhetel

(1) *Archiv. de Fl.*, acte du 15 octobre 1311, copie sur parch.

et Nevers en gage supplémentaire. La rente une fois acquittée en partie, le gage entier ne devait plus rester dans les mains du créancier. Mais Philippe-le-Bel, dès qu'il tenait une proie, ne la lâchait pas si facilement. En vain Louis réclama-t-il à plusieurs reprises, ainsi que son père l'avait fait pour les villes de Lille, Douai et Orchies ; ses doléances ne furent point écoutées : alors il entra dans une vive colère, brisa la foi qu'il devait au monarque, et conspira contre lui. Il commença par vouloir chasser les officiers que Philippe-le-Bel avait mis dans les comtés de Nevers et de Rhetel. Appréhendé au corps de ce chef, on l'enferma au château de Montlhéry sous la garde de deux chevaliers ; et il s'en échappa pour venir audacieusement habiter son hôtel à Paris, à la face même du roi. Deux sergents d'armes furent chargés de l'y garder à vue. Il trompa de nouveau leur vigilance et s'esquiva : refusant de se rendre à la cour, bien que le roi lui en eût donné l'ordre (1). Il paraîtrait aussi que déjà Louis de Nevers menait une conduite peu régulière et donnait des sujets de plaintes à sa femme. Cette princesse, pour faire cesser les désordres de son époux, avait été obligée d'aller à Paris et de s'adresser au monarque. Enfin la désunion commençait à se mettre entre Louis et le comte son père ; et aux difficultés politiques venaient se joindre, pour Robert de Béthune, des chagrins domestiques qui prirent bientôt un caractère plus grave.

L'espoir d'une paix ferme et stable s'évanouissait donc tout-à-fait sous l'influence des différentes causes dont on vient de parler. Les choses restèrent néanmoins dans cette situation précaire l'espace de deux ans, durant lesquels de

---

(1) *Archiv. de Fl.*, acte du 31 janvier 1312.

nouvelles négociations demeurèrent sans résultats. Le 24 novembre 1314, l'implacable persécuteur de Boniface VIII, des Templiers et des Flamands mourut à l'âge de 46 ans d'une maladie de langueur : « qui fut, dit un historien de l'époque, pour beaucoup de monde un grand sujet de surprise et de stupeur (1). » Cette mort ne changea point les destinées de la Flandre; car Louis X, dit le Hutin, fils de Philippe, jeune prince dont le surnom n'était que trop mérité, n'attendait que l'expiration de la trêve pour aller guerroyer dans ces plaines flamandes où dès son enfance on l'avait habitué à la vue du sang et du carnage. Nonobstant le traité conclu cinq ans auparavant avec le comte de Flandre, Guillaume de Hainaut lui fournit de nombreux hommes d'armes hainuyers, frisons et hollandais, et alla en personne combattre sous son étendard (2).

Robert de Béthune, avant que le roi fût aux frontières, alla mettre le siége devant Lille gardée par une garnison française. Il espérait l'emporter d'un coup de main et à l'aide des intelligences qu'il avait dans la place; mais l'armée s'approcha trop vite, et le comte dut se replier derrière la Lys du côté de Courtrai. Louis-le-Hutin entra, vers la mi-août, par l'Artois, et vint asseoir son camp dans la plaine qui s'étend entre Lillers et Hennin-Liétard. Lorsqu'il eut connu le mouvement de retraite des Flamands il en suivit la direction et fit prendre position à son armée au village de Bondues, presque à mi-chemin de Lille à Courtrai. Le

---

(1) Continuateur de Nangis, ann. 1314.

(2) *Arch. de Fl.*, 2ᵉ et 3ᵉ *Cartulaires de Hainaut*, pièces 38 et 166. — *V.* aussi un état des gages des chevaliers et gentilshommes de Hollande qui ont servi dans l'armée du comte de Hainaut contre le comte de Flandre.— *Rouleau de 5 bandes de parch. sous l'année* 1315.

comte de Flandre n'était pas loin, et une petite rivière le séparait seule de ses ennemis. Une action peut-être décisive ne devait pas tarder à s'engager, quand il survint tout à coup une pluie continue et si intense que la terre s'en trouva détrempée à tel point que l'armée française, postée dans un endroit assez marécageux, fut embourbée et hors d'état de se mouvoir. « C'étoit grande pitié et douleur, dit une vieille chronique, car les riches destriers gisoient dans l'eau jusqu'aux arçons, et les barons et chevaliers alloient dans la fange jusqu'aux genous et souvent se trouvoient mouillés jusqu'au nombril; les charrois sans très-grand danger ne pouvoient sortir des chemins tant ils étoient effondrés. Et quand les gentilshommes pensoient être au sec et au repos l'eau dégouttoit de tous côtés parmi les tentes sur eux et leurs bagages. Comme bien pouvez entendre, le roi de France, ses princes et toute son armée étoient fort tourmentés : d'autant plus que les Flamands, qui se tenoient si près d'eux, connoissant le pays et tous les passages, se boutoient chaque jour dans le camp; et on ne les pouvoit guère empêcher, car bonnement il étoit impossible, soit à pied, soit à cheval, de s'aider en nul sens. Le roi, qui voyoit le danger où lui et tant de hauts princes et barons s'étoient jetés, en avoit le cœur dolent. Il savoit que ses gens et chevaux mouroient de famine et de pauvreté. Alors on lui conseilla de partir. Il délogea en effet, et ses gens troussèrent leurs bagages tristement et se départirent en grande frayeur à qui mieux mieux. Là vit-on maint beau destrier s'effondre et cheoir dans la boue sans pouvoir se relever. Et sachez que les François qui premiers partoient et alloient devant n'attendoient pas les derniers. Ainsi le roi Louis de France abandonna le pays de Flandre à son très-grand dommage, quoique ce ne fût pas sans raison. Les Flamands, à l'aspect de cette retraite, se ruèrent vers le camp et y gagnèrent tentes, pavillons, joyaux d'or et d'argent et tant de bonnes armures que c'est merveilles à penser. Et puis ils se retirèrent à bel aise en leur lieu (1). »

Louis-le-Hutin n'eut pas le temps de prendre une revanche, car il mourut peu après cette malheureuse expédition. Il ne laissait point d'enfant mâle, et n'avait eu de son premier mariage qu'une fille, nommée Jeanne, qui devint par la suite reine de Navarre ; mais sa seconde épouse, Clémence de Hongrie, était enceinte lorsqu'il décéda. Dans l'incertitude si la reine accoucherait d'un prince ou d'une princesse, la régence fut déférée au frère du roi, Philippe-le-Long, comte de Poitiers. Clémence eut un fils, appelé Jean, qui ne vécut que cinq jours, et Philippe alors fut appelé au trône. Ces événements suspendirent les hostilités avec la Flandre : elles pouvaient néanmoins recommencer d'un moment à l'autre. Fatigués d'une guerre qui tour à tour reprise et abandonnée n'en durait pas moins depuis vingt ans, les Flamands auraient sans doute consenti à de grands sacrifices et se seraient peut-être alors montrés plus accommodants que le comte, lui-même dirigé qu'il était par un ressentiment personnel. Cependant ils ne l'engageaient point à céder les trois villes en litige, ils se contentaient de l'accabler de reproches et de rejeter sur lui les conséquences d'une faute qu'avec plus de prudence et d'habileté on eût facilement évitée. « Nous n'aurions pas été si maladroits que de nous fier aux promesses du roi et de ses conseillers, disaient les gens des bonnes villes ; il n'y a que les grands qui se laissent ainsi

---

(1) *Chron. de Flandre*, msc du roi, n° 8380, f° CLV v°.

circonvenir et cajoler (1). » Avant l'avénement de Philippe-le-Long, qui ne fut sacré que le 9 janvier 1317, des députés flamands se rendirent près de lui pour renouer les négociations. Sans adoucir beaucoup les clauses imposées par Philippe-le-Bel, le régent y apporta cependant quelques modifications à la prière du comte de Savoie, de Charles de Valois et de Louis d'Évreux. — Les Flamands devaient aller à Paris demander pardon au roi et avouer l'avoir offensé lui et ses prédécesseurs. — Le comte Robert se joindrait à la croisade contre les Arabes qui s'étaient emparés des îles Baléares. — Robert de Cassel, le plus jeune des fils du comte, ferait un pèlerinage à Saint-Jacques en Galice, un à Notre-Dame de Roquemadour, un à Notre-Dame de Vaubert, un à Saint-Gilles en Provence; s'il ne pouvait achever ces voyages en un an il en mettrait deux. — Les Flamands payeraient une amende de deux mille livres. — Lille, Douai et Orchies demeureraient à toujours à la France. — Le comte et sa femme seraient réintégrés dans leur dignité de pairs de France et ne pourraient en être privés que dans le cas où un jugement de la cour leur enlèverait leurs domaines. — Les anciens priviléges des villes de Flandre seraient renouvelés et confirmés. — La loi des magistrats de Gand instituée par Philippe-le-Bel serait conservée. — Le rachat des dix mille livres de rente restant et celui du pèlerinage des Brugeois devaient se faire en toute sincérité. — Les six cents hommes d'armes à envoyer au roi de France ne serviraient pas outre-mer. — Les Flamands, aussitôt la paix publiée, démoliraient le château de Courtrai, et les Français celui de Cassel; les matériaux du premier seraient en-

(1) Nobilitatem demulceri posse circumvenirique. — Meyer *ad annum* MCCCXVI.

voyés au roi, et cette forteresse ne pourrait jamais être reconstruite si ce n'est trois ans après que les murailles, portes et remparts de Gand, Bruges et Ypres auraient été abattus. — Le fils de Louis de Nevers succéderait à son aïeul Robert de Béthune par représentation, si Louis de Nevers mourait avant le comte. — Enfin, le débat existant entre la Flandre et le Hainaut serait remis à l'arbitrage du roi Philippe-le-Long. — Fait à Paris au mois de juin de l'année 1316 (1).

Quelques-unes de ces propositions parurent iniques aux Flamands et d'autres parfaitement ridicules, comme les nombreux pèlerinages imposés à Robert de Flandre. Ils n'y voulurent point souscrire; et le comte, pas plus que ses sujets, ne se montra disposé à les accepter. Il refusa même de se rendre à Paris pour en recevoir notification, et les hostilités recommencèrent bientôt. Sous prétexte que l'armistice ne comprenait point la mer, les Flamands s'emparèrent de quelques navires français. Les comtés de Nevers et de Rhetel furent occupés de nouveau par les gens d'armes de France; et un corps de troupes, envoyé par le régent à Saint-Omer, fit sous la conduite du sire de Marequigneul des courses sur les territoires de Bergues et de Cassel, où elles exercèrent de grands ravages. Sur ces entrefaites, Louis de Nevers négocia le mariage de sa fille avec le fils de Charles de Valois; et à cette occasion une nouvelle trêve fut conclue jusqu'à la Pentecôte : l'on décida en même temps que le conflit serait soumis au jugement du pape. A la fin de l'hiver, une députation alla de la part du roi et de celle du comte de Flandre trouver le souverain pontife à Avignon. Les Français vou-

---

(1) Meyer *ad ann.* MCCCXVI.

laient que la décision papale fût irrévocable et que l'on s'y soumît d'une manière absolue. De leur côté les Flamands prétendaient qu'ils n'étaient venus que pour prendre conseil de Jean XXII, se réservant de voir ensuite ce qu'ils auraient à faire ; de sorte que le voyage fut complétement inutile, et encore une fois les choses restèrent au même état. Les Flamands se défiaient d'un pape né Français ; ils craignaient qu'il ne sacrifiât leurs intérêts au profit de son propre pays. La trêve n'était pas encore expirée que le comte reprenait les armes et assiégeait les châteaux de Courtrai et de Cassel, qu'il força de capituler lorsqu'ils n'eurent plus ni vivres ni munitions. Un envoyé du roi vint alors traiter avec le comte afin que tout l'attirail du château de Cassel fût transporté à Saint-Omer et celui du château de Courtrai à Lille. On convint aussi que ces deux forteresses seraient démolies ; et cette proposition satisfit le comte, que des garnisons françaises au sein de son pays gênaient beaucoup. La trêve fut maintenue jusqu'à la Pentecôte. A cette époque le cardinal Gocelin, délégué par le pape, que la conduite des Flamands avait vivement mécontenté, se rendit à Paris et lança l'interdit sur toute la Flandre. Cette mesure, émanée du souverain pontife en personne, fit grande impression en Flandre ; et lorsque le comte manda ses milices à Cassel pour les opposer à Gautier de Châtillon et à Henri de Sully venus en Artois avec une cavalerie nombreuse, beaucoup de gens refusèrent de se rendre à cet appel ou ne marchèrent que malgré eux (1). On pensait qu'une armée frappée d'un semblable anathème ne saurait être victorieuse. Robert de Béthune s'efforça de rassurer ses gens et de détruire leurs

(1) Ægrè ac ferè inviti fecerunt ut venirent, ob timorem scilicet interdicti. — Meyer *ad. ann.* *MCCCXVII.*

scrupules. Dans les champs devant Cassel il fit étendre un drap vermeil sur un chariot, y monta et harangua les Flamands. Il leur insinua que l'Église et la religion soutenaient toujours la bonne cause, mettant ainsi en doute l'infaillibilité du pape. Puis ordonnant d'apporter un petit coffret de cuir, il en tira et leur montra des lettres, scellées du sceau de Philippe-Auguste, portant que le comte Baudouin, plus tard empereur d'Orient, avait, au moment de se croiser, mis en gage pour cent ans les villes d'Aire et de Saint-Omer moyennant une somme d'argent que le roi lui avait prêtée. « Or voici les cent ans écoulés, dit-il ; voyez si je n'ai pas un motif légitime de reprendre les armes et de chercher à ressaisir des villes qui aujourd'hui m'appartiennent selon droit et raison. » Ces assertions laissaient des doutes dans les esprits. Les uns croyaient, les autres affirmaient que ces lettres avaient été abrogées par des traités postérieurs (1). Les préparatifs de guerre furent toutefois suspendus par des conférences relatives au mariage de Louis fils de Louis de Nevers avec Marguerite fille de Philippe-le-Long. La sentence d'interdit fut même levée à cette occasion. L'alliance se conclut et l'armistice fut prolongé d'un an. De part et d'autre on ne demandait pas mieux que d'arriver à bonne composition ; mais le nœud restait à trancher et la cession des trois villes formait toujours le plus grand obstacle à l'accord des parties. Le comte n'en voulait pas entendre parler et se montrait sur ce point plus opiniâtre encore que ses sujets. Il y mettait une insistance que ni les injonctions du pape, ni les prières de ses conseillers, ni les démarches du roi ne pouvaient vaincre. Il se trouvait un soir

---

(1) *Chron. de Fl., f° CLXI.*

à Paris dans le conseil du roi, où on l'avait appelé pour délibérer derechef sur la paix. Quand on en vint à parler de la Flandre française il sortit furieux de la salle, gagna son hôtel, et montant à cheval reprit seul, la nuit, le chemin de son pays. Ses gens et les députés qui l'avaient accompagné en France se mirent à sa poursuite, l'atteignirent, et le ramenèrent à Paris, disant que, si le comte retournait en Flandre sans avoir rien conclu, on en jetterait la faute sur eux et qu'ils n'auraient bientôt plus de têtes à mettre dans leurs chaperons. Le comte vit bien alors qu'il fallait se rendre et expier le tort qu'il avait eu de se laisser jouer par Marigny. Lille, Douai et Orchies, avec leurs territoires si riches et si fertiles, demeurèrent enfin aux mains du roi, qui les avait tant convoités, et la paix fut le prix de ce sacrifice. Le mariage de Louis petit-fils du comte avec Marguerite de France fut célébré en grande pompe à Paris; et l'on s'occupa de régler, à ce sujet, l'ordre de succession au comté de Flandre, qui avait déjà été l'objet de dispositions dont nous avons parlé. L'avénement par représentation du jeune Louis de Nevers, à l'exclusion de son oncle Robert de Cassel, second fils du comte de Flandre, fut de nouveau confirmé, et Robert de Béthune rendit le 2 juin 1320, à Courtrai, une ordonnance qui déterminait les droits de chacun. « Je désire disait-il dans cet acte, avant mon trépas qui approche, assurer la paix à mon pays et pourvoir à la concorde et amitié qui doivent exister entre mes chers enfants (1). » Le vieux prince ajoutait sans doute tristement dans sa pensée : « et qui n'existent pas! » En effet, depuis plusieurs années, les plus fâcheux dissentiments régnaient dans cette

---

(1) *Arch. de Fl.*, acte du 25 novembre 1317, *or. parch. scellé.*

famille. La discorde s'était mise surtout entre Louis, fils aîné du comte, et son vieux père, au grand scandale de chacun.

Elle avait pour cause première les dispositions testamentaires faites en 1315 par le comte à l'égard de ses deux fils, Louis de Nevers et Robert de Flandre. En assignant, après sa mort, le comté de Flandre à l'aîné, Robert de Béthune l'avait chargé de fournir au puîné mille livrées de terre ; et, afin que cette donation fût plus explicite, il avait ensuite désigné les terres d'Alost, de Grammont, des Quatre-Métiers et de Waes comme devant former la part héréditaire de ce dernier. Louis de Nevers fit, à cette occasion, éclater son mécontentement contre son père et entra presque en révolte ouverte contre son autorité. C'était, comme nous l'avons dit, un prince d'un caractère fougueux, et qui entendait difficilement la raison. Ses emportements l'avaient brouillé avec Philippe-le-Bel, en rendant la paix impossible du vivant de ce prince. Maintenant c'était à sa propre famille qu'il s'en prenait, et, au lieu d'agir par voie de conciliation, il se conduisait au contraire de façon à irriter son père de plus en plus. En effet, outre qu'il se montrait rebelle et querelleur, il menait un train de vie très-peu exemplaire. Depuis long-temps il avait abandonné sa femme, qu'il rendait fort malheureuse, et traînait son existence déréglée tantôt d'un côté, tantôt d'un autre. Il était si mal famé qu'un jour Watier Maisières, bourgeois de Courtrai, battit sa femme Catherine, fille de Watier Krommeling, parce qu'elle avait reçu à jouer chez elle le comte de Nevers et sa compagnie. Louis fit comparaître devant lui cet honnête mari ; entre autres peines il le condamna sérieusement à faire un pèlerinage à Saint-Gilles en Provence, puis un autre à Saint-André en Écosse (1) : ce dont Catherine et ses joyeux amis durent être enchantés, eux qui désormais allaient avoir le champ libre.

Tout à coup un bruit sinistre courut en Flandre. On se disait que Louis de Nevers avait attenté à la vie de son père par le poison. Louis, qui se trouvait alors en Brabant, est arrêté par ordre du comte et traîné de prison en prison, de Viane à Bornehem, puis de Bornehem à Rupelmonde, où le gouverneur reçut l'ordre de faire trancher la tête au prisonnier. C'était, assurait-on, Robert de Flandre, frère puîné de Louis, qui avait obtenu cette condamnation. Au lieu d'obéir immédiatement, le gouverneur, qu'un tel ordre avait plongé dans une grande anxiété, se rend en toute hâte auprès du comte et le trouve en proie à une vive indignation contre son fils. Mais bientôt le vieillard rend grâce au gouverneur de sa prudence et de sa réserve; il réclame son concours pour connaître enfin la vérité de ce drame funeste. Louis de Nevers avait pour confesseur un certain frère Garnier : on imagina de lui donner la torture dans l'espoir qu'il révélerait les secrets de son pénitent. Frère Garnier ne laissa échapper aucune parole qui pût compromettre le jeune prince; et l'on se détermina enfin à relâcher ce dernier en lui faisant jurer qu'il ne reparaîtrait point en Flandre du vivant de son père, et qu'il ne tirerait aucune vengeance de ses accusateurs : parmi lesquels figuraient Pierre de Pecquigny et quelques autres gentilshommes. Louis, navré de douleur et plein de ressentiment, se retira en France, et sans nul doute il se serait vengé cruellement de Pecquigny et des autres dénonciateurs s'il avait vécu assez long-temps.

(1) *Arch. de Fl.*, acte du 25 novembre 1319, *la nuit de Sainte-Catherine*.

Que ce prince fût réellement coupable ou seulement imprudent et téméraire, toujours est-il vrai qu'il eut beaucoup à souffrir en France pendant quelques années. S'il faut en croire les historiens flamands, il était odieux aux Français moins comme mauvais fils que pour avoir fait jadis une opposition violente à Philippe-le-Bel et avoir lutté opiniâtrément contre les dispositions iniques du traité de 1305. Les villes flamandes n'ayant point ratifié cette convention, qui leur était si onéreuse, le roi, comme on l'a vu, mit en sa main les possessions propres de Louis, c'est-à-dire les comtés de Nevers et de Rhetel, et les Flamands laissèrent ainsi à sa charge tout le poids de leurs désastres. Ce fut alors que Louis, toujours poussé par ce caractère indomptable qui le dominait, vint hardiment à Poissy sommer le roi de lui faire justice et de lui rendre ses possessions avec leurs fruits et revenus. Il avait envoyé en même temps redemander ses jeunes enfants, qui se trouvaient à Paris, avec leur mère, pour y apprendre la langue française. Or Philippe-le-Bel les avait fait arrêter tout à coup et détenir à la tour du Louvre. On répétait en Flandre que ce guet-apens avait pour but d'éteindre la dynastie de Gui de Dampierre afin de s'emparer plus aisément de cette Flandre, objet d'une perpétuelle convoitise. Louis comparut donc devant le parlement, réclama ses biens, ses enfants, offrit de se justifier des crimes de haute trahison, de violation de la paix, de félonie et enfin de toutes les atrocités dont ses ennemis l'accusaient. On ferma l'oreille à ses plaintes et à ses offres ; on fit plus, on défendit, sous peine d'être considéré comme criminel de lèse-majesté, à tout avocat, procureur et autres suppôts du parlement de prêter la moindre assistance, le moindre conseil à ce prince étranger. Ainsi réduit à lui-même et seul devant cette assemblée qui lui refusait les secours ordinaires de la justice, ce prince indigné demanda les preuves du combat judiciaire contre celui de ses accusateurs qui serait d'un rang égal au sien. Personne ne se présenta. Pour mettre fin à ses plaintes et à ses poursuites, on l'arrêta de nouveau et on le traîna de forteresse en forteresse. Cependant son esprit de ruse et d'intrigues lui fournit les moyens de s'échapper et de se réfugier en l'abbaye du Lieu-St-Bernard en Brabant, au diocèse de Cambrai. Là, faisant un retour sur sa vie passée, il s'occupa des moyens de se réconcilier avec son père et sa famille. En conséquence, il rédigea, le 16 avril 1321, une déclaration dans laquelle, après avoir demandé pardon au comte de Flandre de tous les déplaisirs et chagrins qu'il avait pu lui causer par sa mauvaise conduite et ses déportements, il se soumettait pleinement et sans réserve à tous les arrangements relatifs à la succession du comté de Flandre (1). Robert de Béthune le fit d'abord enfermer au château de Rupelmonde, puis, au bout de quelques mois, pardonna de grand cœur à ce fils si long-temps rebelle, lui permit de venir à Courtrai et voulut même, par une solennelle manifestation, le laver des soupçons abominables dont il avait été l'objet. Le 11 avril, jour de Pâques de l'année 1322, toutes les portes du château de Courtrai furent ouvertes à deux battants, on en fit retirer les gardes; et des hérauts publièrent par la ville que tous ceux qui voudraient entrer dans la salle où le seigneur comte allait tenir sa cour le pouvaient sans contrainte. Robert de Béthune était assis sur son trône. A ses côtés se tenaient son frère Jean de Namur,

---

(1) *Arch. de Flandre, acte du 16 avril 1321, or. parch. scellé.*

Louis de Nevers, Robert de Flandre, et les autres membres de la famille. Grand nombre de nobles et de gens de toute condition remplissaient la salle. Le comte de Namur prit le premier la parole. Il déclara hautement que Louis, comte de Nevers et de Rhetel, fils aîné et héritier de très-puissant et très-illustre prince Robert, comte de Flandre, était innocent des crimes et atrocités dont on l'avait accusé; déclarant au nom dudit comte de Flandre qu'il n'avait jamais commis d'attentat contre son père qui pût lui mériter la haine et l'indignation de ce dernier; qu'il s'était seulement rendu blâmable par une conduite peu régulière; et que le comte ne l'avait fait arrêter et détenir en prison que sous forme de correction paternelle, pour engager ledit Louis à se gouverner plus honorablement, suivre de meilleurs conseils, et rendre à son père l'obéissance qu'il lui devait. Louis de Nevers, s'approchant alors du trône, se mit à genoux et adressa au comte un discours dans lequel il se justifiait de toute imputation criminelle, reconnaissait avoir souvent et de plusieurs manières fait de mauvaises choses dont son père avait dû être courroucé; il terminait en disant que de tout cela il était fort repentant et contristé, qu'il en demandait pardon à Dieu et au comte, et qu'il suppliait son père de lui faire grâce et miséricorde. Robert de Flandre, frère de Louis, prit alors vivement la parole, et tenant son gant dans la main s'écria : « Tout ce que mon frère a dit est la vérité, quiconque oserait affirmer le contraire en aurait menti par sa gorge ! » Louis était toujours à genoux devant son père triste et silencieux. « Seigneur, lui dit-il, si vous n'étiez pas pleinement convaincu de mon innocence, veuillez faire procéder contre moi; non-seulement par voie d'autorité paternelle, mais en vous servant de toute votre puissance temporelle. Les tortures de la question elles-mêmes ne sauraient m'effrayer. » — « Relevez-vous, mon fils, lui dit le vieux comte d'une voix émue, je vous reconnais comme innocent et vous pardonne (1). »

Louis de Nevers retourna à Paris, où se trouvait sa femme et ses enfants ; et le 24 juillet suivant il y termina ses jours par une mort dont les causes ne sont pas bien connues. On l'enterra dans le chœur de l'église des Franciscains de Paris. Le comte fit de son côté célébrer un service magnifique à Courtrai, où trois mois auparavant son cœur paternel avait absous et réhabilité cet enfant prodigue.

La clause du traité relative à la succession du comté de Flandre, et qui appelait le fils de Louis de Nevers à succéder à son grand-père, si son père mourait avant celui-ci, recevait donc son effet. Elle fut complétement consacrée peu de temps après ; car Robert de Béthune acheva, le 17 septembre de la même année, à Ypres, sa laborieuse et longue carrière. Il était âgé de 82 ans et avait traversé une des plus tristes périodes de l'histoire flamande.

Après avoir partagé les malheurs que la faiblesse et l'irrésolution de Gui de Dampierre accumula sur la Flandre et sur sa propre famille, Robert était arrivé au pouvoir dans des circonstances fort difficiles. Il y avait beaucoup à réparer et beaucoup à prévenir. Si d'un côté les guerres laissaient dans le pays des traces profondes qu'il fallait cicatriser, d'un autre l'épée du roi de France se tenait toujours menaçante contre un peuple que le sentiment national exaltait quelquefois à l'excès. Que ce soit par habileté politique ou seulement par

---

(1) *Archives de Flandre; acte notarial du 11 avril 1322, contenant tous les détails de la soumission du comte Louis: orig. en parchemin sous la signature de Willaume dit de Halluin, tabellion.*

la seule force des choses et comme résultat d'une lassitude réciproque, toujours est-il que durant son règne on ne vit plus de ces grandes invasions qui bouleversent les États et compromettent leur existence. Il est juste de dire que le courage et l'énergie des Flamands avaient plus fait pour la liberté que le génie des princes qui les gouvernaient : les fils de Gui de Dampierre furent des instruments et des drapeaux, plutôt que des chefs. Mais Robert, investi de la dignité comtale, sut tenir pendant près de vingt ans, entre les velléités d'indépendance absolue des villes flamandes et les envahissements de la domination française, une conduite assez prudente et assez ferme pour ne pas laisser échapper le sceptre dont se serait emparée volontiers ou la puissance royale ou la puissance populaire. Ce fut du reste le dernier des comtes de Flandre qui ne succomba point sous l'une ou l'autre de ces influences; et nous ne tarderons pas à voir ses descendants s'abaisser au rang de lieutenants du roi de France, impuissants qu'ils étaient à diriger une nation dont la vigueur et la fierté souffraient impatiemment un despotisme mesquin et sans gloire.

IX

LOUIS DE NEVERS OU DE CRÉCI.

1322 — 1335

Débats relatifs à la succession du comte défunt. — Soulèvement des Brugeois. — Ils saccagent l'Écluse, et font Jean de Namur prisonnier. — Évasion de ce prince. — Les Brugeois se soumettent. — Désordres dans le gouvernement du comté. — Nouveaux troubles. — Guerre des gens du peuple contre les nobles. — Lambert Boonen, Zegher Janssone et Nicolas Zanekin chefs des mécontents. — Alliance de la commune de Courtrai avec celle de Bruges. — Le comte Louis se rend à Courtrai. — Incendie allumé par ordre de ce prince. — On massacre les gentilshommes sous ses yeux. — Le comte saisi par les révoltés est remis aux mains des Brugeois, qui le retiennent captif. — Zanekin s'empare de la ville d'Ypres. — Robert de Cassel, oncle du comte, favorise en secret les révoltés. — Intervention du roi Charles-le-Bel. — Les gens des communes refusent de se rendre aux conférences indiquées par le roi. — Excommunication des Flamands. — Gand et Audenarde fidèles au comte. — Défaite des révoltés près d'Assenède. — Les Brugeois mettent le comte en liberté et rentrent sous son obéissance. — Paix d'Arques. — Les troubles recommencent. — Le comte assiste au sacre de Philippe de Valois et réclame son appui contre les Flamands. — Apprêts de guerre. — L'armée du roi en Flandre. — Bataille de Cassel. — Punitions et amendes imposées aux villes. — Tentative de Zegher Janssone sur Ostende. — Supplice de ce tribun. — Le comte Louis se rapproche de la comtesse Marguerite, sa femme, dont il vivait séparé depuis long-temps. — La comtesse vient en Flandre pour la première fois. — Elle met au monde un fils appelé plus tard Louis de Mâle. — Incidents divers. — Discussions et procès du comte avec la dame de Cassel. — Conflit au sujet de la juridiction de l'Escaut entre le Brabant et la Flandre. — Prise de possession par le jet de la hache. — Le comte achète la seigneurie de Malines. — Guerre avec le duc de Brabant. — Trêve et paix. — Émeute à Gand causée par Guillaume van Artevelde.

La mort de Robert de Béthune devait amener de sérieux débats pour la succession au comté de Flandre. On sait que Louis, petit-fils du comte défunt et fils de Louis Ier, comte de Nevers et de Rhetel, avait, aux termes de son contrat de mariage avec Marguerite de France, été déclaré habile à recueillir l'héritage de son aïeul, dans le cas où son père mourrait avant ce dernier. Cependant Robert de Cassel, son oncle, quoiqu'il eût consenti à cette clause, et Mathilde, sa tante, femme de Matthieu de Lorraine, lui contestèrent, chacun de son côté, cette succession, prétextant que la représentation n'avait pas lieu en Flandre et fondant leurs droits sur la proximité du degré; Robert, en effet, était fils et Mathilde fille du dernier possesseur. Mathilde prétendait exclure Robert aussi bien que Louis, attendu que le premier avait renoncé à son droit en ratifiant jadis la substitution stipulée en faveur du second. Charles-le-Bel, qui venait de succéder au roi Philippe-le-Long, évoqua l'affaire à sa cour et défendit aux prétendants de se porter pour comtes de Flandre, jusqu'à ce que les pairs de France eussent statué. Mais les villes du comté, toujours jalouses de montrer leur indépendance en faisant acte d'autorité, se déclarèrent pour le jeune Louis et menacèrent de repousser tout autre souverain qu'on leur voudrait imposer. Fort de cet assentiment, Louis se rendit au sein de la Flandre et, sans attendre l'agrément du roi, reçut les hommages de la noblesse et du peuple. Le roi s'irrita vivement de cette démarche audacieuse et manda Louis à Paris. Le prince, à son arrivée, fut appréhendé au corps et enfermé à la tour du Louvre. Cette détention ne dura pas long-temps; car, le 29 janvier, le parlement rendit un arrêt qui adjugeait le comté de Flandre à Louis; et celui-ci fut admis à faire hommage entre les mains du roi pour les trois seigneuries de Flandre, de Nevers et de Rhetel, à la seule condition de constituer à sa mère un douaire sur le Rhetelois. S'il faut en croire quelques historiens, il ne serait sorti de prison qu'en promettant de ne jamais réclamer les villes de Lille, Douai et Orchies. Quant à Robert, oncle du comte, il se contenta des domaines de Cassel, Bourbourg, Bergues, Gravelines, Warneton et autres, qui lui furent adjugés à perpétuité. Le comte cependant enjoignit auxdites villes de ne rendre hommage, féauté, obéissance ni redevance à son oncle, tant que ce dernier n'aurait pas fait sa soumission pleine et entière au souverain (1). Cet acte fut accompli solennellement, le 11 juin 1327, devant le comte de Hainaut, Jean de Namur; Jean de Hainaut, seigneur de Beaumont; Gauthier de Châtillon et autres grands personnages assemblés à Ypres par invitation du comte de Flandre. On s'efforça dès lors de donner à Robert de Cassel toutes les satisfactions qu'il désirait, de peur qu'il ne suscitât des troubles en Flandre ou ne fît alliance avec le roi d'Angleterre; ce que Charles-le-Bel craignait beaucoup. « C'est ainsi, dit Meyer, que, suivant le vieux proverbe, *on caresse toujours celui que l'on redoute* (2). »

Les commencements du règne de Louis de Nevers furent encore troublés par de nouvelles dissensions entre lui et le comte de Hainaut. Il ne fallut rien moins que l'intervention royale pour y mettre fin. Le comte de Flandre céda les îles de Zélande et fit la remise des arrérages qui pouvaient lui être dus à ce sujet. De son côté, Guillaume d'Avesnes se désista de ses prétentions sur les terres impériales d'Alost, de Waes, des Quatre-Métiers et de Grammont; il fit en outre le sacrifice de ce fameux droit de gavène qui se per-

(1) *Archives de Flandre*, actes du 2 avril 1323, originaux en parchemin scellés.

(2) « Tritum est iis suum tribui qui timentur. » — *Ad ann.* M CCC XXII.

cevait dans le Cambrésis et qui était si productif, et enfin il consentit à ce que Jean de Flandre obtînt les seigneuries de Crèvecœur et d'Arleux avec la châtellenie de Cambrai. Les biens séquestrés des exilés de Hollande et de Zélande qui avaient jadis embrassé le parti flamand furent cédés au comte de Hainaut, moyennant une somme de 30,000 livres à titre d'indemnité. Les villes de Flandre, celles de Hainaut et de Hollande ratifièrent réciproquement le traité, qui fut conclu à Paris à la mi-carême de l'an 1322 (1).

Ainsi la paix extérieure était encore une fois assurée. Mais une nouvelle cause de trouble intérieur se manifesta bientôt. Jean de Namur, grand-oncle du comte de Flandre, qui possédait le port de l'Écluse, par où se faisaient les arrivages à la ville de Bruges, s'avisa d'y établir un marché que les Brugeois regardèrent comme désastreux pour leur commerce et contraire à leurs priviléges et immunités. Il faut remarquer que cet envahissement de la part de Jean de Namur était favorisé par une concession arrachée à l'inexpérience du jeune comte de Flandre, lequel avait donné à son oncle la ville de l'Écluse avec la grande-maîtrise des eaux jusque-là réservée au magistrat de Dam. Les Brugeois demandaient avec énergie que ce privilége fût retiré au comte de Namur et que l'institution du marché de l'Écluse fût regardée comme non avenue. Leurs plaintes ne furent pas écoutées; car ils avaient affaire à un adversaire habile et qui était disposé à défendre ses droits au prix même de son sang (2). Ils prirent les armes et se portèrent en masse sur l'Écluse, qui

---

(1) *Archives de Flandre*, passim.

(2) ... Possideret et defenderet etiam cum corpore suo, si oporteret, usque ad effusionem sanguinis.—*Chronicon comitum Flandrensium*, ap. *Corpus chron. Fl.*, I, 185.

n'est séparée de leur ville que par un espace de trois lieues environ. Le comte Louis, qui se trouvait à Courtrai, se rend à Bruges en toute hâte pour essayer d'étouffer ce mouvement séditieux. On ne l'écoute pas : on jure d'exterminer tous les habitants de l'Écluse, si le comte ne révoque en bonne et due forme les priviléges dont se targue Jean de Namur; et, pour donner à leur insurrection un caractère plus solennel, les Brugeois entraînent avec eux le comte lui-même sous les murs de l'Écluse. Jean de Namur n'avait rien négligé pour faire une vigoureuse résistance ; mais il ne sut que penser, quand il aperçut le comte son neveu en tête des assiégeants. N'importe, il reçoit intrépidement le choc de l'ennemi, lui tue bon nombre d'hommes dans une sortie, et le force d'abord à rétrograder. Néanmoins les Brugeois ne tardent pas à reprendre l'offensive. Jean de Namur, accablé par le nombre, est mis en déroute; on parvient même à se saisir de sa personne. On l'amena prisonnier à Bruges et on l'enferma à la maison nommée la *Pierre-du-Comte*. Plusieurs grands personnages périrent dans ce combat. On cite entre autres parmi les morts Florent de Borseele, Simon de Brugdam et Jean de Bernaige. Quant à la garnison, elle disparut presque tout entière soit par la fuite, soit par le fer, soit dans les flots. La populace brugeoise voulait écharper le malheureux Jean de Namur, et il ne dut son salut qu'aux supplications du comte. Le fort de l'Écluse fut pillé, brûlé, démoli de fond en comble. Un grand nombre de seigneurs vinrent solliciter la délivrance de Jean de Namur; mais les Brugeois déclarèrent constamment qu'il ne serait relâché qu'aux trois conditions suivantes : 1° Abolition complète du privilége de la maîtrise des eaux qui lui avait été concédé; 2° rémission pleine et entière pour le meurtre des barons et seigneurs nommés plus haut; 3° pardon absolu pour le sac et l'incendie du port de l'Écluse. La noblesse ne se montrant pas disposée à faire des concessions aussi étendues, les Brugeois s'allièrent avec ceux du Franc, leurs voisins, et se portèrent à de nouveaux excès. Ils se répandirent dans les campagnes, brûlant les villages et les châteaux des nobles; sans se soucier le moins du monde de s'en rapporter à justice, comme Jean de Namur le demandait. Enfin, sur les instances de la femme de Jean de Namur, fille de Philipped'Artois, tué à la bataille de Furnes, on convint de se réunir à Saint-Omer pour y traiter de la paix. Ce congrès était à peine rassemblé qu'on y apprit l'évasion de Jean de Namur. Aidé par un seigneur, nommé Jean Boorne, dont la maison était contiguë à la Pierre-du-Comte, il avait trouvé moyen de s'échapper par les lieux d'aisance. A la faveur de la nuit et d'un déguisement il parvint à sortir de la ville et alla droit à Boulogne; de là il se rendit auprès de Louis de Nevers à la cour de France, où le roi Charles-le-Bel lui confirma la donation de l'Écluse. Cet incident détermina les Brugeois à entrer en arrangement; toutefois ils gardaient rancune au comte, qui les avait empêchés de se défaire de leur ennemi. Ce fut alors que Louis de Nevers, dont la position devenait de plus en plus critique, conçut la pensée d'aller demander à Paris des secours au roi de France contre ses propres sujets. Il revint bientôt à Gand; et le peuple vit bien alors qu'il allait avoir pour ennemis le roi, le comte, la noblesse tout entière, et que de cette mésintelligence générale résulterait pour Bruges la perte de ce précieux marché qui avait causé tout le soulèvement. Les Brugeois firent donc leur soumission au comte, que dirigeait alors de ses conseils l'abbé de Vezelay fils de ce même Pierre

Flotte qui jadis avait opprimé la Flandre de concert avec Jacques de Châtillon. Un arrangement fut conclu: non sans d'onéreux sacrifices de la part des Brugeois, qui payèrent une somme de 66,000 écus, outre les présents qu'ils durent faire à l'abbé de Vezelay. Du reste on stipula l'oubli de toutes les offenses, et la remise de l'amende exigée d'abord par Jean de Namur. Les immunités de la ville furent confirmées, et le comte y ajouta même quelques nouveaux priviléges relatifs au marché dont il a été question.

Le jeune comte de Flandre avait hérité un peu des goûts de son père pour les prodigalités et les folles dépenses, son trésor se trouva bientôt épuisé; et il dut congédier cette multitude de chanteurs, de mimes, de bouffons, d'histrions qu'il traînait toujours à sa suite. Il régnait un tel désordre dans ses finances qu'il se vit un jour poursuivi pour dettes par des marchands de chevaux (1). Il résolut de mener désormais une vie plus grave et demanda aux Flamands un subside volontaire, qui lui fut accordé sans peine. Cependant ceux-ci n'avaient point encore soldé au roi de France toutes les sommes qui lui étaient dues en vertu du traité de paix. Les agents du fisc se livraient, dans la perception de ces redevances, aux exactions les plus odieuses; nul compte n'était rendu, nul contrôle n'était exercé. De là recrudescence de murmures et de haine (2). Louis, qui préférait les bords de la Loire et le Nivernais, son pays natal, à cette Flandre toujours agitée, était allé vivre à Nevers avec l'abbé de Vezelay devenu son ami le plus intime. Le gouvernement de la

---

(1) *Arch. de Fl.*, 8ᵉ cart. de Fl., pièce 107.
(2) Et cùm hæc credebantur murmura, eo quòd inæqualiter imponebantur eis, non pro quantitate divitiarum, sed pro voluntate imponentium. — *Chron. com. Fl.*, 187.

Flandre restait abandonné au seigneur d'Apremont, gentilhomme étranger qui ne connaissait ni la langue, ni les mœurs du pays et dont l'autorité n'imposait à personne. Les amis du désordre et du pillage eurent alors beau jeu. Les troubles se renouvelèrent ; rien n'était plus commun que les assassinats et les brigandages de toutes sortes : on emprisonnait, on mettait à mort des magistrats, des receveurs d'impôts ; on démolissait, on brûlait sans pitié les habitations privées et surtout celles des nobles. Le désordre devint si grand que le comte se vit forcé de revenir, toujours accompagné de son inséparable conseiller. Il fut assailli de plaintes et de récriminations. Il écouta tout le monde et ne sévit contre personne. Les troubles alors s'apaisèrent un peu. Louis rendit une ordonnance qui portait que le magistrat du Franc tiendrait toujours son siége à Bruges ; qu'aucun citoyen de l'Écluse ne pourrait exercer les fonctions de maître des eaux et de receveur de l'impôt. Il régla les droits respectifs des marchés de l'Écluse, de Dam, de Houcke et de Meunickreede. Ces deux dernières villes étaient situées près de la mer et habitées par un grand nombre de pêcheurs. Il s'y faisait un commerce assez considérable de goudron, de sel, de blé, de mâts et de voilures. L'industrie des draps fut interdite à la ville de l'Écluse. Le comte confirma la charte donnée jadis au Franc de Bruges par Philippe d'Alsace, se réservant seulement la connaissance des attentats envers le prince et sa famille. Au mois de septembre de cette année 1323, des vaisseaux vénitiens chargés de marchandises sortaient des ports de Flandre, lorsqu'ils furent attaqués par des corsaires anglais. La défense fut si énergique que la petite flotte anglaise, qui se composait de dix bâtiments, fut capturée et emmenée à Venise.

La tranquillité ne dura guère en Flandre. Le comte Louis, croyant avoir tout pacifié, s'était retiré de nouveau dans ses terres du Rhetelois au grand regret des gens sages. Le peuple, toujours inquiet, toujours soupçonneux, s'imagina que la noblesse méditait des projets sinistres. Nouvelle insurrection, nomination tumultueuse de magistrats choisis dans la dernière classe de citoyens. Le comte fut donc contraint de revenir, de pardonner encore une fois. Il destitua tous ces tribuns improvisés, défendit de sonner le tocsin et de s'armer sans le consentement du prince ou de son délégué. A peine ce nouveau traité fut-il conclu vers la fin de juin que Louis, cédant à son penchant fatal, abandonna encore ce pays, dont il laissa l'administration à Philippe d'Axele. Ce choix d'un étranger, à l'exclusion de Robert de Cassel, propre frère du comte défunt, excita un secret et profond dépit dans l'âme de celui-ci. Prévoyant que le jeune comte finirait par commettre de grandes imprudences, il se prépara à en profiter et se retira dans son château de Terwael, situé au milieu de la forêt de Nieppe, avec la jeune et belle Jeanne de Bretagne qu'il venait d'épouser récemment. Il y vécut indifférent en apparence aux affaires politiques, mais on le soupçonnait de favoriser secrètement le parti nombreux des mécontents et d'applaudir au fond du cœur aux progrès de l'insurrection (1). Une guerre terrible s'engagea bientôt contre la noblesse.

Toutes les forteresses que les gentilshommes possédaient sur le territoire flamand, étaient considérées par le peuple comme des lieux funestes qui menaçaient sans cesse ses libertés. Aussi des troupes furieuses parcouraient les cam-

---

(1) ... «'Len disoit qu'il estoit assez content de la meute et du trouble quy ainsi s'eslevoit, quelque semblant qu'il en féist.— *Chr. de Flandre*, f° *CLXIX*.

pagnes, dévastant châteaux, maisons de plaisance, tout ce qui semblait insulter à leurs misères : elles se livraient à d'horribles excès. Le pauvre comte, consterné de ces désastres, prit encore une fois le parti de revenir en Flandre; mais il n'y ramena plus l'abbé de Vezelay : personnage que la noblesse voyait de mauvais œil régir les affaires de l'État, dont elle convoitait la direction pour elle-même. Le comte arrivé à Courtrai y tint conseil. Là se trouvaient son frère Robert de Flandre, Jean de Namur et Jean de Neelle. Louis de Nevers se laissa persuader qu'il fallait enfin frapper de grands coups et user de sévérité envers les infracteurs de la paix. L'évêque de Cambrai, Guillaume d'Auxonne, cherchait à faire prévaloir des idées de conciliation; mais ses efforts et ceux de quelques-uns de ses amis n'aboutirent à rien. Les nobles, que la destruction de leurs châteaux animait d'un profond ressentiment, s'opposèrent à toute mesure de clémence. Munis d'un ordre du comte, ils firent saisir et mettre à mort les principaux fauteurs du complot populaire. Pour mieux résister aux habitants du Franc, le comte fortifia ses villes de Rodenbourg, Ardembourg et Ghistelles. Durant ces préparatifs de défense, les factieux ne restèrent point oisifs. Lambert Boonen et Zegher Janssone, qu'ils avaient choisis pour chefs, attaquèrent, l'un Ghistelles, et l'autre Ardembourg. On était au fort de l'hiver, dans les premiers jours de janvier. La populace de Ghistelles, qui avait des intelligences avec Janssone, lui livra la forteresse ainsi que tous les nobles qui s'y trouvaient; ils furent emmenés, chargés de fers, à Bruges, où le gouverneur de Ghistelles, Jacques de Bergues, ne tarda pas à mourir des suites de ses blessures. Lambert Boonen cerna Ardembourg pendant six semaines. Entre-temps, Janssone, qui voulait se rendre maître de toute la Flandre maritime, s'associa l'un des hommes les plus audacieux qu'ait produits ce pays si fécond en ce genre ; c'était Nicolas Zanekin. Banni de Furnes à la suite d'une émeute populaire, Zanekin s'était réfugié à Bruges et s'y était fait inscrire sur les registres de la bourgeoisie. Il y avait acquis sur les mécontents une grande influence; car, outre qu'il s'était signalé dans les précédentes révoltes, il savait émouvoir les masses par l'énergique indignation avec laquelle il retraçait les attentats portés aux libertés publiques (1). Ces deux chefs intrépides se mirent à la tête d'une bande nombreuse; et, marchant eux-mêmes à pied comme le reste de la troupe, ils se présentent devant Nieuport, qui appartenait à Robert de Flandre. On les y reçoit sans la moindre difficulté. Il en fut de même à Furnes, où Nicolas Zanekin avait laissé de nombreux amis et où il était plus considéré que le comte de Flandre lui-même ou son oncle Robert. Chassé autrefois par la faction des riches, il n'en était que plus cher au bas peuple, qui voyait en lui, dit un historien, le véritable envoyé du ciel (2).

Robert de Flandre se trouvait dans la position la plus singulière. D'une part, il avait à défendre ses seigneuries contre les agressions populaires ; de l'autre, il devait prendre garde que la noblesse ne le crût affilié à ces associations plébéiennes pour lesquelles il semblait avoir montré d'abord quelque penchant. Zanekin et Janssone s'avançaient toujours sur le littoral pour gagner Dunkerque. Lorsqu'ils fu-

---

(1) Si metoit en avant et maintenoit que les gouverneurs en Flandres ne gouvernoient point le pays aux usages anchiens. — *Chron. de Flandre*, f° CLXVIII v°.

(2) Tanquàm angelum Domini receperunt. — *Chron. com. Fl.*, 190.

rent en vue de cette place importante, ils divisèrent leurs troupes en trois corps. Janssone commandait le premier avec les Flamands orientaux; les seuls habitants de Furnes formèrent le second corps, en tête duquel Zanekin marchait triomphant; les gens de Nieuport composaient la troisième aile de cette armée tumultueuse, dirigée par un chef appelé Gautier Ratger. Robert de Cassel était accouru se jeter dans la ville de Dunkerque; quelques seigneurs l'avaient suivi avec une poignée d'hommes d'armes: mais tout cela était bien chétif, bien indolent, bien peu aguerri en comparaison de ces hommes formidables et déterminés qu'avaient amenés les deux tribuns. Robert personnellement était un prince courageux et magnanime. Il voulait tout d'abord se présenter presque sans armes devant les conjurés: déjà il avait fait une sortie, et, malgré le nombre immense des assiégeants qui s'offrirent à sa vue, il persistait à marcher au devant d'eux; mais les nobles, qui affectaient un superbe dédain pour cette tourbe sauvage, s'efforçaient de retenir le prince. Enfin l'un d'eux, saisissant la bride de son cheval, le ramena de force dans l'intérieur de la ville, où il fut suivi de tous les cavaliers charmés de se soustraire avec lui au danger qui les menaçait. Le reste de la garnison, que la valeur de Robert avait vivement encouragé, voyant cette lâche retraite des seigneurs, passa complétement du côté des révoltés et leur prêta serment. Cette fois, chose rare! le peuple triompha sans répandre de sang. Robert, la nuit venue, fit monter sa femme en croupe derrière lui, et regagna son château de Terwael (1). A la nouvelle d'un tel succès les gens de Bruges, de Cassel, de

---

(1) *Chron. de Fl.*, f° *CLXIX*.

Bailleul, de Thourout, de Roulers, de Courtrai firent cause commune avec Zanekin, qui dès lors s'arrogea comme la souveraine puissance, établit partout des chefs, des magistrats pour défendre les villes et villages contre la noblesse. La ville d'Ypres et son territoire étaient restés fidèles au comte. Zanekin se porta de ce côté et attendit à Poperingue les ordres du peuple brugeois, sans le bon plaisir duquel il n'eût osé rien entreprendre.

Et toujours les déprédations, les massacres, les incendies continuaient. Tous les domaines de la noblesse étaient en proie à la fureur révolutionnaire (1). On n'épargna ni Cassel, ni Dunkerque, principales seigneuries de Robert de Flandre. Le peuple vengea ainsi la mort de six députés du Franc de Bruges que l'on avait envoyés naguère vers ce prince à Zudscoote pour négocier de la paix, et que Robert, outré de colère, avait fait décapiter. La noblesse, il faut le dire, avait provoqué toutes ces atrocités; elle avait poussé le peuple à bout par ses exigences cupides, par son ardeur impitoyable dans l'exercice des droits seigneuriaux. Le comte lui-même, malgré la douceur de son caractère et peut-être même à cause de cette douceur, n'était guère propre à gouverner un peuple si fier et si turbulent : il eût fallu à cette nation agitée un souverain plein d'expérience, plein d'énergie, et toujours présent au milieu d'elle; ces séjours continuels en France amenaient de déplorables résultats.

On devait à tout prix mettre fin à des troubles sans cesse renaissants. Le comte prit enfin le parti de se rendre à Gand, où se tinrent des conférences qui avaient pour ob-

---

(1) Comburebantur mansiones nobilium et eis adhærentium et deprædabantur possessiones eorum. — *Chron. com. Fl*, 191.

jet le rétablissement de la tranquillité publique. Robert de Flandre d'une part, les Gantois et les gens d'Ypres de l'autre, ayant été choisis pour arbitres, le pays se calma pour un moment en attendant l'issue de ces délibérations, c'est-à-dire depuis le dimanche de la Passion, 24 mars, jusqu'à la fête de Saint-Barnabé en juin 1325. Les arbitres travaillaient activement à la pacification du comté ; mais l'effervescence populaire souffrait impatiemment tant de contrainte : la populace armée et guidée par Zanekin et Janssone prit tout à coup une attitude menaçante. Elle renouvela avec amertume ses anciennes plaintes contre la noblesse, qui, disait-on, avait fait massacrer à Zudscoote et ailleurs plusieurs hommes du peuple. Les arbitres réunis à l'abbaye des Dunes le jour de Saint-Barnabé s'occupaient paisiblement de la tâche difficile qui leur était imposée, lorsque Zanekin et Janssone, suivis de la multitude furieuse, se présentèrent aux portes du monastère et inspirèrent aux arbitres une telle terreur qu'ils n'osèrent pas prononcer la décision convenue entre eux. La guerre civile était donc plus imminente que jamais. Les gens de Furnes et ceux de Courtrai se mirent de nouveau en campagne. Vainement le comte Louis, qui se trouvait à Ypres, fit-il punir du dernier supplice quelques coupables saisis par ses troupes ; vainement appela-t-il auprès de lui les gentilshommes ses vassaux, au nombre de quatre cents. La ville de Courtrai, qu'il voulait retenir dans le devoir, fit alliance avec les Brugeois, dont l'audace et l'indépendance croissaient de jour en jour. Le comte, pour mettre obstacle à cette alliance redoutable, fit brûler la partie des faubourgs de Courtrai qui communiquait à la route de Bruges. Fatale pensée ! Le vent du nord, qui soufflait alors fortement, reporta les flammes de l'incendie sur la ville même, franchissant et les remparts et la rivière de la Lys; les principaux quartiers furent dévorés par le feu. Cet événement ne fit qu'accroître l'antipathie du peuple à l'égard de la noblesse et du souverain. Elle se transformait en une sorte de rage que rien, si ce n'est le sang et le feu, ne pouvait apaiser. Désormais c'était une guerre à mort entre le pays et ceux qu'il regardait comme ses tyrans les plus exécrables.

Lorsque le comte de Flandre, logé au sein même de Courtrai, aperçut les déplorables conséquences de l'expédient ordonné par lui, il songea, la mort dans l'âme, à s'échapper de cette ville embrasée, et voulut se retirer à Lille avec les délégués brugeois qu'il conservait toujours en otage. Il se tenait tout armé à cheval, considérant les progrès de l'incendie et ceux de la tempête populaire. A ses côtés les captifs de Bruges étaient déjà liés sur une charrette (1); on allait partir. Mais le peuple informé de ce projet d'évasion, le peuple, errant encore sur les débris fumants de ses habitations, se hâta de fermer les portes et se rua furieux sur cette noblesse qu'il accusait de félonie et de trahison. Le combat fut horrible. Les gentilshommes se défendirent avec une valeur héroïque; mais le nombre les accablait: on les massacra sans pitié, les uns par le glaive, les autres sous le bâton, sous le marteau des artisans. Il y eut un moment où l'exaspération et la soif du sang furent telles que les vainqueurs ne distinguaient plus les nobles d'avec les roturiers; ils tuaient tout, amis et ennemis. Le tocsin sonnait sans cesse et à grandes volées. Au bruit lu-

(1) Comes... armatus in equis et considerans tumultum populi et ignis vehementiam approximantem, fecit captivos suos de Brugis in curru poni, proponens eos abducere... — *Chronicon com. Fl.*, 194.

gubre, les femmes échevelées parcouraient les rues en poussant d'atroces clameurs comme des lionnes. Peu soucieuses d'éteindre l'incendie ou de sauver le reste de leur avoir, elles jetaient leurs meubles par les fenêtres pour empêcher la cavalerie de se mouvoir ; ou bien elles ne cherchaient, n'aspiraient qu'à plonger leurs mains dans le sang des nobles, dont les cadavres gisaient à terre (1). Vingt-quatre chevaliers des plus illustres perdirent la vie dans cette triste journée. On nomme entre autres : Jean de Neelle, fils de Guillaume de Dampierre ; Jean de Nivelle, Jean de Vrières, gouverneur de Rupelmonde ; Bauduin de Zegher-Cappel, Gui de Craene, Wido de Wicht, et Robert de Samslacht, ancien précepteur du comte, que son disciple pleura amèrement en présence même de ses assassins. La place du marché resta jonchée de morts. Quant à Louis, on s'empara aussi de sa personne ; et, sans lui faire aucun mal, on le garda à vue jusqu'au lendemain avec six gentilshommes de sa suite qui avaient été épargnés on ne sait par quel hasard. — Jean de Namur, blessé, parvint avec quelques-uns des siens à s'évader par la porte de Lille. Le lendemain les Brugeois faisaient leur entrée à Courtrai, et recevaient des mains de leurs alliés le malheureux comte toujours captif ; ce jeune prince, moins inquiet de son propre sort que de celui de ses compagnons, conjura les vainqueurs, en versant des larmes, de permettre qu'ils partageassent sa captivité (2). On ne tint nul compte de ses supplications. Les six gentilshommes furent torturés, déchirés, massacrés sous les yeux

---

(1) *Ibid.*

(2) Rogavit eos voce lacrymosâ ut illos, qui cum ipso capti fuerant, secum duci facerent, et morti non exponerent. — *Ibid.*

de leur maître (1). Ce fut là, répétait-il toujours dans la suite, le plus douloureux moment de sa vie ; toutes ses autres infortunes lui semblaient plus supportables que le souvenir de cette affreuse boucherie. « Il semble, dit l'historien Meyer, que la noblesse à cette époque était sous le poids du courroux céleste. Tout ce qui se faisait par elle ou avec elle était frappé de réprobation et de malheur (2) ». — On fit monter le comte de Flandre sur un cheval petit et chétif ; et ses sujets rebelles le conduisirent ainsi jusqu'à Bruges et le déposèrent dans la prison des halles, où il demeura pendant près de six mois.

On était alors au 20 juin. Durant ces événements si calamiteux, que faisait Robert de Flandre ? Il se tenait paisible dans sa belle retraite de Terwael, restant étranger aux affaires, n'osant même se montrer au comte son neveu, dont il craignait les ressentiments. Les désastres de Courtrai amenèrent bientôt la réduction d'Ypres, dont Zanekin s'empara. Le magistrat et les citoyens les plus honorables avaient d'avance quitté la ville. Zanekin fit abattre les portes primitives de l'enceinte et entoura les faubourgs de fossés et de remparts, monuments odieux que les successeurs du comte Louis firent disparaître par la suite.

Le roi de France ne pouvait adhérer à des actes aussi énormes. Il envoya des députés à Bruges pour demander la délivrance du comte et la pacification des troubles. On leur répondit avec fermeté que le comte ne sortirait de prison qu'après la soumission des habitants de Gand et d'Audenarde. Ayant ainsi renvoyé les députés du roi, ils

---

(1) Et continuo per populares expectantes de foris frustatim lacerati et membratim divisi. — Ibil., 195.

(2) Ann. rer. Fl., ad ann. MCCCXXV.

vont chercher dans sa retraite Robert de Cassel, l'invitent à se faire chef de leur insurrection, et lui délèguent le titre de régent de Flandre. Robert, qui entrevoyait dans cette dignité un acheminement vers la puissance souveraine, accepte avec empressement. Une armée est mise sur pied; on marche vers Gand : arrivée à Deynze, la troupe se divise en deux corps. Les gens de Bruges et du Franc sont réservés pour l'attaque de Gand ; les Flamands maritimes et occidentaux, conduits par Robert, se dirigent sur Audenarde, et pour premier exploit mettent le feu au château de Peteghem, l'une des résidences ordinaires du comte : les Gantois informés des projets de l'ennemi se tenaient sur la défensive. Ils avaient pour chef Guillaume Wenemaer, homme d'une stature colossale et d'un grand courage (1). Leur troupe, qui s'était avancée jusqu'à Nevele, devait fondre le lendemain avant l'aurore sur les Brugeois rebelles et traîtres à la patrie. Ce dessein d'attaque fut éventé par une femme qui s'empressa d'aller en faire part aux Brugeois; ceux-ci, profitant de l'avis, lèvent leur camp, font revenir en toute hâte les troupes qui assiégeaient Audenarde, et tombent pendant la nuit à l'improviste sur l'armée gantoise. Le choc fut terrible : beaucoup de Brugeois succombèrent dans la mêlée, mais enfin les Gantois eurent le dessous; ils perdirent même dans cette affaire le brave Wenemaer. Cette action eut lieu au mois de juillet, près de Deynze, au pont Requelin. Robert de Cassel, abandonnant le siége d'Audenarde, vint renforcer la troupe brugeoise qui devait cerner et attaquer la ville de Gand. Le roi de France voulut mettre fin à cette guérre civile; il envoya en

---

(1) Homo fortis ut gigas et animosus valde. — *Chronicon com. Fl.*, 196.

Flandre de nouveaux députés qui parvinrent enfin à concilier les deux partis et à obtenir que sous quinzaine le comte Louis serait mis en liberté. On croyait tout pacifié ; mais à peine les députés étaient-ils partis que les Brugeois manquèrent de parole : de là rixes nouvelles, nouvelles inimitiés. L'agitation était à son comble dans la ville de Gand, qui réclamait à grands cris la liberté du comte. Un certain nombre de tisserands qu'on soupçonnait d'avoir des relations avec Bruges furent égorgés. Ainsi, ce traité que l'intervention du roi semblait avoir cimenté demeura sans exécution ; et les deux factions se redressèrent plus hostiles que jamais.

Tandis que Robert de Cassel continuait d'être l'ami et le chef du parti brugeois, Jean de Namur, son propre parent, avait pris le commandement des troupes gantoises ; et par opposition au titre de régent que s'arrogeait Robert, on décerna à Jean celui de gouverneur-général de Flandre au nom du comte Louis. Audenarde, Courtrai et tous les châteaux situés entre l'Escaut et la Lys furent occupés et fortifiés. Tout cela se fit sans obstacle. Mais Jean de Namur ne fut pas aussi heureux à Grammont. Il lui importait beaucoup d'être maître de cette place, par où devaient arriver les vivres venant du Brabant ou du Hainaut. Les bourgeois de Grammont accueillirent sans difficulté la garnison qu'on leur envoyait ; mais, secrètement d'accord avec la faction de Bruges, ils devaient faire main basse sur cette garnison aussitôt que Jean de Namur se serait présenté lui-même au milieu d'eux. Ils épiaient son arrivée du haut des portes de la ville, lorsque le seigneur de Gavre se montra à la tête d'un nouveau renfort. Les gens de Grammont, éblouis de la noble physionomie et du faste de ce seigneur, le prirent pour Jean de Namur lui-même. A l'instant les portes de la ville sont fermées, on tombe sur la garnison et l'on massacre le seigneur de Gavre et trois cents hommes de sa troupe ; le reste se sauva comme il put, partie dans la campagne, partie dans le monastère de Saint-Adrien, asile inviolable. Quand ce nouveau massacre fut connu à Gand, on l'attribua à la trahison des tisserands ; dont le corps était déjà vivement soupçonné, comme nous venons de le dire. Ces tisserands formaient une corporation d'environ 3,000 hommes. Il n'en resta pas un seul dans la ville. Ceux qu'on n'égorgea point furent chassés ignominieusement et allèrent grossir les partisans de Zanekin à Bruges.

Ces déplorables exécutions n'étaient pas de nature à fortifier le parti gantois ; aussi pensa-t-on à Bruges que c'était le moment favorable pour attaquer la ville rivale. Ratger alla avec sa troupe asseoir son camp au Long-Pont, et de là il porta le fer et la flamme dans tout le pays. Pendant qu'il désolait ainsi la contrée, Robert de Cassel était revenu sous les murs d'Audenarde pour en faire le siége. Siger Janssone, Lambert Boonen et Blawrel Bockel se répandirent aux environs de Courtrai, y entrèrent, donnèrent la chasse à toutes les petites garnisons que Jean de Namur avait établies le long de la Lys et de l'Escaut, et brûlèrent au loin et au large toutes les possessions des Gantois. On était au mois d'août. En septembre, un nouveau mandement du roi Charles-le-Bel essaya encore une fois de calmer ces affreux désordres. Ce mandement, adressé au bailli d'Amiens, était conçu en ces termes : « Charles, par la grâce de Dieu roi de France et de Navarre, au bailli d'Amiens, salut. — Comme il est venu à notre connaissance, par commune renommée, que des malfaiteurs de la ville de Bruges et autres avec eux ont pris par force d'armes, en la ville de Courtrai, leur seigneur, c'est à savoir notre amé et féal neveu Louis, comte de Flandre et de Nevers, et l'ont comme prisonnier amené à Bruges et baillé aux gouverneurs d'icelle ville, qui l'ont tenu longuement et encore le tiennent en chartre privée; auxquelles choses faire, Robert de Flandre, oncle dudit comte, leur donne hardiment aide, conseil, faveur et autorité, au grand préjudice, grief et dommage de notre neveu et à l'offense de la majesté royale, puisque le comte est notre homme lige, pair de France et conjoint à nous par grande affinité. Nous, qui les choses dessus dites ne devons dissimuler, enjoignons que vous, en personne et en temps utile, ordonniez à ceux de Bruges et audit Robert de vous rendre et délivrer le comte sans délai pour qu'il soit amené par devers nous. Vous ajournerez et ferez ajourner aussi ledit Robert et ceux de Bruges à Paris, aux octaves de la Saint-André; afin qu'ils aient à répondre sur les choses dessus dites comme de raison sera. A cette journée nous les entendrons volontiers en leurs dires et défenses. Et faites leur intimation de par nous que s'ils n'obéissent pas à cet ordre, nous procéderons contre eux par voie convenable. De tout ce qu'aurez fait et de leur réponse écrivez-nous bien au long. Donné au bois de Vincennes, le vingt-neuvième jour de septembre, l'an mil trois cent vingt-cinq (1). » Ce fut encore là une vaine tentative. On ne daigna pas même se rendre aux conférences indiquées. Ce mépris de la volonté royale obligea de recourir aux censures ecclésiastiques. Un cardinal délégué du Saint-Siége et assisté de Jean, évêque de Tournai, et d'Enguerran, évêque de Térouane,

---

(1) *Chron. de Fl.*, msc. du Roi, n° 8380, f° *CLXXIX*, et aliàs.

fulmina l'interdit sur toute la Flandre à l'exception de Gand et d'Audenarde. La sentence portait qu'on ne sonnerait plus les cloches, qu'on s'abstiendrait de tout office divin, et que l'administration des sacrements serait interrompue. Cette mesure jeta la consternation parmi tous les hommes paisibles et étrangers à la fureur des partis ; mais les conjurés n'en persistaient pas moins à vouloir s'emparer de Gand et d'Audenarde. Le siége de ces deux villes dura pendant une grande partie de l'hiver. Le froid était rigoureux, les vivres manquaient souvent ; la mort faisait des ravages parmi les assiégeants. Il fallut à la fin abandonner cette double entreprise. Robert de Cassel, tout le premier, s'éloigna d'Audenarde et alla prendre ses quartiers d'hiver à Bruges. Ratger, qui ne voulait pas avoir la honte d'une retraite entière, se replia seulement sur Eecloo. Une fois délivrés des embarras du siége, les Gantois ne tardèrent pas à reprendre l'offensive. Commandés par Hector Vilain et Siger le Courtraisien, ils s'avancèrent dans la plaine qui sépare Courtrai et Audenarde. Là un corps de huit cents hommes se met en mesure de les arrêter. Hector Vilain leur fait dire par deux cordeliers qu'ils ont à choisir entre la soumission au comte et le combat contre les Gantois. Les révoltés firent réponse qu'ils ne demandaient pas mieux que de se battre sans délai contre des ivrognes, vils buveurs de mauvaise bierre (1). Et en effet ils soutinrent vaillamment le premier choc ; mais l'habileté guerrière d'Hector Vilain devait l'emporter. Ces huit cents hommes, à l'exception de quelques prisonniers, restèrent tous sur le carreau ; et les Gan-

---

(1) Qui, contumeliosè dictos repellentes fratres, dixerunt quod cum potatoribus medonis audacter confligerent, et eis nullo modo subjici vellent. — *Chr. com. Fl.*, 198.

tois, sans perdre de temps, se rendirent maîtres du pays de Waes, des Quatre-Métiers et des terres outre-Escaut. Leurs affaires prenaient donc une tournure favorable, et l'on commençait à les redouter, si ce n'est pour eux-mêmes, du moins pour les deux chefs valeureux qu'ils s'étaient donnés : Hector Vilain et Siger de Courtrai.

Ratger, qui se tenait toujours à Eecloo, tenta néanmoins de recouvrer le pays des Quatre-Métiers. Arrivé auprès d'Assenede, il mit le feu à ce bourg et se disposa à une action générale contre l'ennemi. Sa troupe était de beaucoup plus nombreuse que celle des Gantois; mais quand il sut qu'Hector Vilain était à leur tête, il commença à perdre confiance. Une circonstance frivole acheva de l'abattre : un lièvre vint à passer tout à coup dans les rangs de ses soldats; il n'en fallut pas davantage pour compléter l'effroi de cet homme ordinairement si intrépide. Toute son armée put voir la pâleur de son visage, le tremblement convulsif de ses membres, et finit par partager les craintes que lui inspirait ce lièvre de mauvais augure (1). Le combat fut engagé. Les Brugeois, si nombreux d'ailleurs, n'y apportèrent que faiblesse et découragement; presque tous cédèrent bientôt, et, pour fuir plus promptement, ils jetaient bas leurs armes, se débarrassaient d'une portion de leurs vêtements et se sauvaient demi-nus. Ratger lui-même et son collègue Bauduin Bocle furent trouvés parmi les morts. Quant à Siger Janssonc et Lambert Boonen, réservés à une mort plus honteuse, ils trouvèrent alors leur salut dans la fuite. Les Gantois firent bon nombre de prisonniers.

(1) Statim concidit vultus ejus et tabefactum est cor illius, ità ut nihil appeteret nisi fugam. Aliique de Franco viderunt leporem per medium eorum currentem, quod fuit adversæ fortunæ grave præsagium... — *Ibid.*, 199.

Cet échec rabaissa un peu l'orgueilleuse présomption des Brugeois. La plupart des villes de Flandre demandaient à grands cris la paix et la délivrance du comte. Il n'y avait plus qu'une plainte contre la tyrannique oppression des Brugeois : ceux-ci comprirent enfin qu'ils allaient avoir affaire au pays tout entier, et se déterminèrent à demander la paix. Humbles et suppliants, ils allèrent se jeter aux pieds du comte, implorèrent leur pardon, et promirent d'être désormais des sujets soumis. Louis n'hésita point à se rendre à leurs prières et promit l'oubli du passé, car il lui tardait de sortir de cette prison où il languissait depuis si long-temps. Rendu à la liberté deux jours avant les fêtes de Noël, il courut à Gand en toute hâte; et de là à Paris, où le roi l'attendait. Les paroles suppliantes des Brugeois n'avaient pas suffi pour inspirer une confiance entière au comte et à ses adhérents. Le roi Charles-le-Bel, voulant fortifier par la terreur de ses armes les dispositions pacifiques que ce peuple rebelle manifestait enfin, envoya, sous la conduite d'Alphonse d'Espagne, de Mathieu de Trye et de Miles de Noyers, des troupes nombreuses occuper Saint-Omer, Térouane, Tournai, Lille, Douai et autres places. Du reste, tout le monde en Flandre voulait maintenant la paix ; et, d'un autre côté, comme la guerre menaçait d'éclater avec l'Angleterre, le roi désirait qu'auparavant le calme fût rétabli chez les Flamands. Il fallait bien aussi faire cesser ce terrible interdit qui avait fermé les églises et suspendu tout exercice de la religion; il fallait en outre rendre ses débouchés au commerce désolé et ruiné par les troubles.

Ce fut à Arques, auprès de Saint-Omer, que, par ordre du roi, les parties s'assemblèrent pour traiter de la paix.

Charles-le-Bel y députa son conseiller André de Florence, qui plus tard devint évêque de Tournai, et Pierre de Congières, avec une suite nombreuse. On y vit aussi le comte de Flandre, le comte de Namur, Robert de Cassel, la dame de Coucy sa sœur et les délégués des villes de Flandre. Il fut stipulé, la veille de Noël 1326, que ceux de Bruges, du Franc, d'Ypres, de Courtrai et autres, qui avaient participé aux dernières rébellions et violé la paix, fonderaient à leurs frais et dépens, près de Courtrai, un couvent de chartreux et y entretiendraient douze moines à perpétuité; qu'ils répareraient tous les dommages par eux causés aux églises et aux monastères du pays; que trois cents hommes de Bruges et de Courtrai seraient envoyés en pèlerinage, savoir : cent à Saint-Jacques en Galice, cent à Saint-Gilles en Provence, cent à Notre-Dame-de-Roquemadour en Aquitaine; que les Brugeois et leurs adhérents prêteraient un nouveau serment de fidélité au comte et lui payeraient une amende de 100,000 livres tournois; que tous ceux qui avaient été justement exilés de la Flandre n'y pourraient jamais rentrer; que toute espèce de gouverneurs ou magistrats institués par le peuple seraient renvoyés, et que le comte rétablirait ses officiers à lui en leur lieu et place; que les prisonniers de part et d'autre seraient échangés sans rançon et réintégrés dans tous leurs biens. On convint encore que le roi de France pourrait tous les dix ans envoyer en Flandre des commissaires chargés de renouveler la paix et d'en faire jurer les conditions. La ville de Grammont seule fut exceptée du traité, à cause de ses méfaits à l'égard de Jean de Namur; mais bientôt après elle y fut comprise à la condition de payer une forte somme au comte de Namur, d'abattre ses portes et de démolir ses remparts.

Cette paix d'Arques, solennellement jurée par les princes et les députés des villes, et confirmée par le pape, ne fut pas acceptée de tous les Flamands avec une sincérité parfaite. Les personnages obscurs qui, durant ces troubles, s'étaient vus porter si merveilleusement à la tête des affaires, eurent beaucoup de peine à descendre du rang où la fortune les avait élevés. Il eût fallu employer la force pour les y contraindre. La vie privée leur était désormais odieuse. Ces esprits ardents et ambitieux réclamaient de nouveaux troubles; ils ne manquèrent pas d'en exciter. Vainement le comte essaya de les maintenir dans le devoir. Parmi ces hommes turbulents on distinguait le farouche Jacques Peyte : il allait parcourant les rues et se livrant à d'atroces violences contre les habitants paisibles, auxquels il reprochait d'être en secret les ennemis du peuple et les amis de la noblesse. Il en mit plusieurs à mort sous le seul poids de cette accusation. Il poussait le raffinement de sa rage jusqu'à chercher dans la même famille la victime et le bourreau ; ainsi plus d'une fois il fit mourir le frère par les mains du frère, le beau-père par les mains de son gendre. « Si tu ne le tues pas, disait-il à celui qu'il avait choisi pour l'exécuteur de ses hautes œuvres, tu vas être toi-même égorgé sur l'heure (1). » Il en voulait surtout aux membres du clergé et s'écriait souvent : « Je voudrais qu'il n'y eût plus qu'un seul prêtre au monde, et qu'il fût suspendu en l'air (2). » Telles étaient les atrocités de ce Brugeois lorsque heureusement il trouva la mort près de Hondschoote, où il fut as-

---

(1) « Tu occides eum, vel tu incontinenti morieris. » — *Chronicon com. Fl.*, 202.

(2) « Non esse nisi unum sacerdotem in mundo, et illum in acre suspensum. » — *Ibid.*

sailli par quelques habitants de Furnes. Enseveli d'abord dans l'église de Houtkerque, son corps fut exhumé peu de temps après par ordre d'Enguerran évêque de Térouane. On le livra aux flammes comme hérétique et insigne criminel. Les Brugeois osèrent regretter leur affreux concitoyen ; ils firent plus, ils vengèrent cruellement sa mort en se livrant aux plus grands excès envers des personnages notables et respectés.

Rien n'était donc changé au comté de Flandre ; et il se trouvait dans une situation non moins déplorable qu'auparavant. Charles-le-Bel avait bien l'intention de porter remède à ce triste état de choses et de maintenir par la force des armes le traité d'Arques, dont il avait été le principal négociateur ; mais il mourut sur ces entrefaites.

Le jour de la Trinité de l'an 1328, Philippe-de-Valois, successeur de Charles-le-Bel, fut solennellement sacré dans l'église métropolitaine de Reims devant tous les grands vassaux de la couronne. Le comte de Flandre assistait à cette cérémonie avec quatre-vingt-six chevaliers, tous revêtus de magnifiques costumes de couleur uniforme. Suivant l'antique privilége des souverains flamands, Louis devait porter l'épée royale devant le monarque. Lorsqu'on fut arrivé à ce point du cérémonial, un héraut d'armes dit à haute et intelligible voix : « Comte de Flandre, si vous êtes céans, venez faire votre de voir ! » Louis ne répondit pas ; le héraut répéta deux fois son appel : le prince feignait de ne point comprendre. A la fin, cependant, il s'approcha du roi et s'agenouillant : « Monseigneur, dit-il, si on m'eût appelé Louis de Nevers au lieu de m'appeler comte de Flandre, je serais venu plus tôt. » — « Comment ! dit le roi, n'êtes-vous pas comte de Flandre ? » — « Sire, répondit Louis, j'en porte le nom, mais le nom seulement. Les gens de Bruges, d'Ypres, de Poperingue et de Cassel ne m'ont-ils pas bouté hors de ma seigneurie (1)? » — « Beau cousin, fit le roi, nous vous jurons par l'onction que nous avons reçue aujourd'hui, que jamais ne rentrerons à Paris avant de vous avoir remis en possession de la comté de Flandre. » — « Mon très-cher seigneur, grand merci! dit le comte en baisant les mains du roi (2). »

Lorsque les cérémonies du sacre furent terminées, le roi, fidèle à sa promesse, s'occupa sans délai des préparatifs de son expédition. Il envoya des messagers dans les provinces au delà de la Loire pour mander le ban et l'arrière-ban des nobles avec leurs vassaux, ordonnant à chacun de se tenir prêt à marcher aux octaves de la Madelaine. Il renforça les garnisons des châteaux de Lille et de Courtrai et de la ville de Saint-Omer. Il fit venir Robert de Flandre à Paris, et, après avoir reçu son serment, il lui donna commission de se porter du côté de Saint-Omer vers la frontière flamande pour la garder avec deux cents hommes d'armes. Le comte Louis prit position dans la Flandre wallonne entre la Lys et l'Escaut.

Les communes de Flandre ne restèrent point inactives devant ces redoutables apprêts. Ne sachant point par où le roi opérerait son invasion, elles résolurent de garnir toute la ligne. Les gens de Furnes, de Dixmude, de Bergues, de Cassel se portèrent sur le mont Cassel ; ceux de Bruges et

---

(1) « Sire, dist-il, j'en porte le nom, mais la seigneurie et proufit y ay malvaisement ». Dont voult le roy savoir comment c'estoit. « Monseigneur, dist le comte, ceulx de Bruges, d'Ippre, de Popringhe, de le chastellerie de Cassel m'ont bouté hors. » — *Les Chron. de sire Jean Froissart, rédaction primitive*, éd. Buchon (1840), *III*, 433.

(2) *Ibid.*

du Franc occupèrent le pays aux environs de Courtrai, ceux d'Ypres et de Courtrai allèrent camper du côté de Lille.

Le roi, en tête de toute son armée, arriva vers la fin de juillet au comté d'Artois. Il séjourna à Arras fort peu de temps, chevaucha vers Esquerdes et le lendemain alla loger entre Saint-Omer et Aire ; il y resta trois jours pour attendre sa baronnie. Lorsque tout ce monde fut assemblé, il passa le Fossé-Neuf près de Blaringhem, par un samedi au matin, et l'armée s'en vint camper sous la forêt de Rutholt près du vivier de Scoudebruc. Elle était disposée en neuf grands corps de bataille. Le premier était mené par les deux maréchaux et le maître des arbalétriers ; il n'y avait que six bannières. Les gens de pied et tous les chariots suivaient cette division. Le second corps, où l'on comptait vingt et une bannières, avait pour chef le duc d'Alençon. Le troisième, formé de treize bannières, était dirigé par le grand-maître des Hospitaliers d'outre-mer et le sire de Beaujeu. Le connétable, Gautier de Châtillon, commandait le quatrième, où étaient six bannières. En tête du cinquième corps de bataille, qui ne contenait pas moins de trente-neuf bannières, figurait le roi de France armé de ses pleines armes. Il avait à ses côtés Philippe d'Évreux roi de Navarre, Frédéric III duc de Lorraine, Édouard I comte de Bar, et d'autres nobles hommes. L'oriflamme, portée par le maréchal Miles de Noyers, flottait auprès du roi. Les quatre autres divisions, non moins fortes que les premières, avaient pour généraux en chef le duc de Bourgogne, le dauphin de Viennois, le comte de Hainaut et le duc de Bretagne. Le duc de Bourbon arriva le lendemain avec un nouveau corps de quatorze bannières, et l'armée fut alors au grand complet. Elle s'échelonnait à une distance de deux lieues sous le mont Cassel : et les Flamands avaient encore une fois devant leurs yeux le roi des Français avec tout le pouvoir de son royaume, comme dit une ancienne chronique (1).

Ils ne s'en effrayèrent pas ; mais, sortant de Cassel et réunissant leurs forces, ils dressèrent les tentes sur le haut du mont, afin que l'ennemi vît bien qu'on l'attendait de pied ferme. Trois jours se passèrent sans apparence de combat. Le quatrième, l'armée royale fit un mouvement et se rapprocha, d'une lieue environ, vers une petite rivière qu'on appelle la Pienne. Là Robert de Flandre rejoignit le roi, auquel il amenait quelques troupes. Alors on tint conseil de guerre pour aviser aux moyens de déloger les Flamands de l'excellente position qu'ils occupaient sur la montagne. Il fut convenu que le lendemain, mardi 23 août, les deux maréchaux et Robert de Flandre se porteraient sur le terroir de Bergues et qu'ils mettraient le feu de tous côtés, afin de voir si l'aspect de cet immense incendie ne les émouvrait pas. Ils furent impassibles et ne bougèrent point. Durant toute la journée ils allèrent escarmoucher au pied de la montagne avec les gens du roi et en manière de passe-temps. Les barons, à cheval, mais en simples hoquetons, venaient assister à ces joutes, dont ils s'amusaient beaucoup. Vers le soir les maréchaux et Robert de Flandre rentrèrent de leur expédition dans le camp royal, où rien n'annonçait qu'on fût sur le qui-vive. On n'y faisait point le guet : les grands seigneurs, en robes et sans armes, circulaient d'une tente à l'autre, quelques-uns jouaient aux dés ou aux échecs à l'entrée des pavillons ; le roi se tenait renfermé dans sa tente.

(1) Les Flamens qui sus le mont de Cassel estoient virent le roy à tout le povoir de son royaume... — *Les Grandes Chron. de France*, éd. P. Paris, *V*. 314.

Du mont Cassel, les Flamands pouvaient facilement apercevoir le désordre et l'espèce de nonchalance qui régnaient dans l'armée française ; ils résolurent d'en profiter. A cet effet ils se disposèrent en trois grands corps de bataille; et les chefs, apostrophant leurs hommes, excitèrent tout à la fois leur amour-propre et leur fierté nationale. « Et nous autres, qui avons soumis toute Flandre, et qui d'habitude ne craignons personne, s'écriait Zanekin, ne sommes-nous plus ces braves gens d'autrefois? Tout ce que nous désirions le plus au monde c'était de rencontrer ce roi de France, afin d'abaisser un peu son orgueil. Eh bien ! ce roi, le voilà devant nous avec une poignée d'hommes. Allons donc à lui, accablons-le de toute notre force (1). » Alors du sein de cette multitude impatiente s'éleva un seul cri : « Sus, sus au roi! » Et à l'instant, furieux, bondissant et poussant d'horribles clameurs, tous ces Flamands se précipitent du haut de la montagne vers les tentes royales. Aussitôt que dans le camp l'on entendit ce bruit, et que l'on vit ces masses énormes qui descendaient comme une avalanche, une terreur panique s'empara de beaucoup de gens. La plupart des fantassins et des bidaux, surpris, épouvantés, se sauvèrent du côté de la route de Saint-Omer. Une grande confusion se mit dans le camp. Les Flamands avançaient toujours, espérant saisir le roi dans sa tente et l'enlever (2). Cependant les maréchaux et bon nombre de chevaliers n'étaient pas encore désarmés. Ils sautent sur leurs destriers et courent ventre à terre au-devant de l'ennemi, que cette charge intré-

(1) « Et ecce hic rex ante nos cum paucis, adeamus eum in fortitudine nostrâ. » — *Chronicon com. Fl.*, 205.

(2) Et vindrent avalant le mont à grans pas devers l'ost du roy... pour surprendre le roy en sa tente. — *Les Grandes Chron. de France*, V, 316.

pide étonne et arrête. Ce premier moment d'hésitation sauva le roi et l'armée. Philippe de Valois, après avoir fait la méridienne, conversait paisiblement avec le comte de Hainaut et d'autres seigneurs, lorsqu'on lui annonça l'approche des Flamands. Il saisit son armure, saute à cheval et, pressant son destrier de l'éperon : « Montjoie, Saint-Denis ! s'écrie-t-il. » A l'aspect de l'audacieux monarque, princes, barons et chevaliers tressaillent, l'entourent et brûlent de châtier l'arrogance flamande qui vient de la sorte insulter la majesté du roi jusque dans son asile. Après le roi, le comte de Hainaut fut le premier à cheval. En ce moment même se présenta Robert de Flandre, qui revenait de mettre le feu aux environs de Bergues. Il se joignit à Guillaume de Hainaut : et ensemble ils fondirent sur l'ennemi, qu'ils prirent à dos. Un affreux carnage commença bientôt. Le roi, pour sa part, ne ménageait pas les Flamands. Vêtu d'une tunique aux armes de France, un riche bassinet couvert de velours blanc sur la tête, et le fer en main, il combattait au plus fort de la mêlée. A ses côtés on voyait se déployer l'oriflamme portée par le maréchal Miles de Noyers. Cet étendard fameux était alors d'une étoffe de soie vermeille appelée *samis*. Il avait la forme d'un gonfalon à trois queues entouré de franges et de houppes de soie verte (1).

La résistance des Flamands fut héroïque au milieu de cette chevalerie dont le nombre augmentait à chaque instant ; car l'alarme s'était répandue dans le camp, aussi rapide qu'un éclair. Terrassés sous les pieds des chevaux et frappés à grands coups de lance, ils luttaient avec une fu-

---

(1) L'oriflambe estoit d'un vermeil samit à fachon de gonfanon à trois queues, et si avoit entour fringes et houpe de soye verte. — *Chron. de Flandre*, *msc. du Roi*, n° 8380, f° CIIIIxxIIII.

reur sans égale; quand ils ne pouvaient atteindre les hommes, ils abattaient les chevaux. Beaucoup de barons périrent et les cadavres s'amoncelèrent en ces lieux pêle-mêle avec ceux des braves roturiers de Bruges, d'Ypres ou de Courtrai. Malheureusement pour eux, les Flamands dans leur fougue désordonnée n'avaient conservé aucun ordre de bataille; ce n'était plus une armée, mais une bande confuse, un groupe tumultueux. Cernés, assaillis de toutes parts, ils se pelotonnèrent et s'arrondirent en forme de cercle (1), comme un troupeau de moutons que des loups viennent attaquer; dans cette position, ils se défendirent avec la rage du désespoir. Vaine résistance! Les Français, race de lions, comme dit le chroniqueur flamand, ne cessaient d'enfoncer sur cette masse compacte leurs lances toujours ensanglantées (2); et les Flamands de continuer à égorger les chevaux, à abattre les hommes.

A la fin, quelques barons experts au fait des armes firent remarquer qu'on ne gagnerait rien à continuer cette boucherie contre des hommes qui ne devaient plus avoir d'autre pensée que celle de vendre chèrement leur vie. Les Français alors ouvrirent leurs rangs et laissèrent un passage libre; les Flamands se ruèrent par cette voie vers la montagne: et au même instant la frénésie belliqueuse qui les animait s'apaisa, ils étaient comme frappés de prostration (3).

(1) Qui, cùm viderent se ex omni parte conclusos, et undèque fieri insultum in eos, posuerunt se in quâdam rotunditate ad modum coronæ. — *Chronicon com. Fl.*, 205.

(2) Dùm Francorum leonina progenies ipsos adeò lanceis cruore madentibus confoderet... — *Ibid.*, 203.

(3) Et ecce quòd continuò istorum rebellium furia desiit et omninò prostrata permansit. — *Ibid.*

Le roi Philippe profita de cet abattement pour achever sa victoire : plus de neuf mille Flamands étaient restés sur la place ; Zanekin lui-même, qui avait succombé au commencement de l'action. Du côté des Français, on eut aussi à déplorer des pertes sensibles ; outre une quantité de gens d'armes, plusieurs nobles hommes étaient morts, d'autres gravement blessés. Ainsi le comte Louis de Savoie fut blessé à la main, Bouchard de Montmorency au pied ; Henri de Bourgogne eut un œil crevé ; le duc de Bretagne, le comte de Bar et le comte de Boulogne se ressentirent également de cette journée, et furent long-temps malades à Saint-Omer. Le roi de France, qui venait de se conduire si vaillamment, s'avança triomphant, suivi de sa chevalerie, vers le sommet du Mont-Cassel. Tout était dans le silence et l'obscurité. La ville sans défense fut livrée au pillage ; et les torches incendiaires des vainqueurs formèrent de ses habitations un foyer sinistre dont toute la Flandre wallone put contempler l'effrayant et majestueux spectacle.

La soumission de toutes les villes environnantes fut le résultat immédiat de cette bataille. Les Français voulaient piller Furnes, Bergues, Gravelines et le pays d'alentour ; mais Nicolas, abbé des Dunes, vint se jeter aux pieds du roi et implorer sa miséricorde. Philippe de Valois retint ses hommes d'armes près de lui et enjoignit de ne commettre aucun excès. Après être resté quatre jours sur le théâtre de sa victoire il marcha vers Ypres, qui la première avait fait cause commune avec les révoltés de Bruges. A la nouvelle de son approche, les Yprois vinrent suppliants à sa rencontre ; ils amenaient liés et garrottés les principaux fauteurs de l'insurrection. Le roi les fit étrangler sur-le-champ ;

mais il ne se contenta point de cette satisfaction. Dédaignant d'entrer en personne dans la ville rebelle, il y envoya le comte de Savoie avec deux mille cavaliers. Les citoyens furent contraints d'apporter leurs armes sur le marché, la cloche du beffroi fut enlevée; et un gouverneur français, le sire Jean de Bailleul, resta dans Ypres pour y commander au nom du roi. La défaite de Cassel, connue dans toute la Flandre avec une extrême rapidité, avait consterné le peuple et abattu le courage des plus fiers; on n'avait plus d'armée, plus de chefs: comment en effet résister? Les Brugeois, naguère encore si pleins d'audace et d'énergie, tremblèrent et se rendirent auprès du comte Louis, implorant leur pardon. Ce prince les renvoya au roi, qui en fit décapiter quelques-uns, bannit les autres à perpétuité ou les exila pour trois ans au delà de la Somme, et en condamna cinq cents à payer des amendes plus ou moins fortes. Bruges et Ypres donnèrent des otages; les biens de tous ceux qui avaient succombé à Cassel furent confisqués. Lambert Boonen, un des chefs de l'insurrection; Jean de Dudzeele, qui s'était fait le geôlier du comte à Bruges, et Gossuin van Odeghem, bailli de Deynze pour les insurgés, eurent la tête tranchée. Enfin, l'on s'occupa de régler les amendes dont seraient frappées les villes et bourgades qui avaient pris part à la révolte. Bruges dut payer une somme de cent mille livres et trois mille livres parisis de rente annuelle; les citoyens furent de plus condamnés à venir se prosterner devant le comte, à mi-chemin de Bruges à Male, et à lui faire amende honorable et crier merci; Ypres fut condamnée à payer vingt-quatre mille livres, Courtra cinq mille; Termonde, pour avoir donné refuge à des bannis, trois cents livres; Dixmude, six mille livres de rente annuelle à perpétuité ; Damme, mille livres de rente et trois mille en une fois ; Ardenbourg, cinq cents livres de rente ; Ostende, cent livres de rente et deux cents livres en une fois ; Alost, trois mille livres de rente ; Ysendyke, trente livres de rente ; Grammont, sept cents livres de rente et six mille livres en une fois ; Furnes, cent livres de rente ; le territoire de Furnes ou Furnambacht, deux cent livres de rente. La plupart de ces villes eurent leurs franchises et priviléges modifiés ou renouvelés ; et quantité de bourgeois durent signer des actes de soumission au comte leur souverain seigneur et maître (1).

Lorsque le roi eut ainsi fait rentrer la Flandre sous l'obéissance de Louis de Nevers, il appela ce prince au moment de retourner en France et lui dit : « Beau cousin, je suis venu ici avec mes barons et j'ai travaillé pour vous à leurs dépens et aux miens. Je vous rends votre terre acquise et en paix. Or faites tant que justice y soit gardée, et que par votre faute il ne faille plus que j'y revienne ; car si j'y revenais, ce serait alors à mon profit et à votre dommage (2). »

L'interdit jeté sur la Flandre par ordre du pape avait été levé et la tranquillité publique paraissait complétement assurée, quand, au mois de février, l'on apprit que Zegher Janssone, qui, après la bataille de Cassel, avait trouvé moyen de se réfugier en Zélande, venait de débarquer à Ostende avec deux cents conjurés et s'était avancé jusqu'à Ardenbourg en prêchant la révolte et tuant tous ceux qui ne voulaient pas prendre les armes et se joindre à lui. L'écoutète de Bruges mit aussitôt cette ville en état de défense ; et

---

(1) *Archives de Flandre*, passim.
(2) *Les Grandes Chron. de France*, *V*, 319, à la note.

le bailli du comte se porta au-devant de Janssone avec une troupe nombreuse de cavaliers. L'ancien tribun était plein d'espoir et d'audace, car il comptait que sa présence seule suffirait pour soulever les Brugeois. On vint lui annoncer que le bailli s'approchait pour le combattre. « Tant mieux, dit-il, et plus il aura de monde avec lui, plus nous rencontrerons dans cette troupe d'amis et de compagnons d'armes (1). » Il sortit d'Ardenbourg et se dirigea en toute confiance au-devant des Brugeois. Mais quand il s'aperçut que le bailli n'avait avec lui que des cavaliers et aucun homme du peuple, il perdit courage et au premier choc s'enfuit avec les siens vers Ardenbourg. On le poursuivit et il fut pris, ainsi qu'une vingtaine de ses gens, vers un pont situé près du monastère de Saint-Arnoul. Amené vivant à Bruges, Janssone fut d'abord marqué d'un fer rouge sur tous les membres ; on le traîna ensuite sur une claie par la ville jusqu'au gibet ; là on lui brisa les cuisses et les bras, on lui coupa la tête ensuite, et on suspendit son cadavre à une roue fixée au sommet d'un mât élevé sur la place du marché ; ses vingt complices furent torturés de la même façon. Un autre chef des révoltés flamands, appelé Guillaume Kane, s'était réfugié en Brabant. Il eut l'audace d'exciter le duc à faire la guerre au comte de Flandre : le duc le fit arrêter sur l'heure et conduire à Paris, où se trouvait alors Louis de Nevers. Guillaume Kane périt dans un supplice affreux. A Bruges, les exécutions continuèrent jusqu'au mois d'août ; on décapita surtout beaucoup de bouchers : entre autres Guillaume Van Coukelare et Jacques Breydel, fils du fameux patriote Jean Breydel que le comte Gui de Dampierre avait

(1) « Quantò, inquit, in majori ad nos accedunt numero, tantò plures habebimus amicos et adjutores. » — *Chron. com. Fl.*, 208.

jadis armé chevalier de ses propres mains; mais dont la fin n'est pas bien connue.

Marié, en 1320, à l'âge de seize ans à peine, avec la jeune Marguerite de Flandre, Louis de Nevers avait toujours vécu séparé de sa femme. Il s'était pris pour elle, dès les premiers jours de son union, d'une antipathie singulière à tel point que le mariage n'avait même pas été consommé. Quelles que soient les causes de cette répugnance à partager la couche de la fille du roi de France, il paraît qu'elles avaient cessé en 1327; car le comte manifesta le plus vif désir de se rapprocher de Marguerite, comme le prouve la promesse suivante qu'il adressa à Mahaut, comtesse d'Artois et de Bourgogne, aïeule de la princesse, et à Jeanne, reine de France et de Navarre, mère de ladite princesse.

« Nous, Louis, comte de Flandre et de Nevers, faisons savoir à tous que, comme à notre requête et prière, très-hautes et très-nobles, nos très-chères dames et mères, madame Mahaut, comtesse d'Artois et de Bourgogne, palatine et dame de Salins, et madame Jeanne, par la grâce de Dieu, reine de France et de Navarre, ont consenti et accordé que nous puissions emmener avec nous ou envoyer chercher notre très-chère et très-aimée compagne Marguerite, leur fille, et, pour ce que par quelques vraies conjectures elles craignoient que nous ne la traitassions pas bien et dûment, attendu que, quand nous l'emmenâmes autrefois en notre comté de Nevers, nous lui fîmes plusieurs griefs et duretés par inductions et exhortations mauvaises d'aucuns qui alors nous gouvernoient (1); nous avons promis et promettons par

---

(1) C'est là le motif allégué par Louis; mais des actes reposant aux archives de Flandre attestent une répulsion toute personnelle, sans cependant en expliquer la raison.

notre loyal serment et en bonne foi, à nos très-chères dames et mères dessus dites, que notre très-chère et très-aimée compagne, tant comme elle sera en notre compagnie, nous traiterons amiablement et courtoisement, aimerons de bon cœur et honorerons de tout notre pouvoir, et lui porterons bonne et loyale compagnie, et toutes ses nécessités pour son corps lui donnerons et administrerons, ferons donner et administrer bien honorablement et dûment, selon son état et le nôtre, et pour les gens de son service aussi en la manière que nos devanciers l'ont accoutumé. Item, que, à notre dite compagne nous ne dirons, ferons, ni souffrirons faire ou dire vilenie, injure ou offense, et ni ne ferons commandement, prière ou exhortation qui puisse être contre son honneur ou état, etc... Donné à Poligny, l'an de grâce 1327, le 18ᵉ jour d'octobre (1). »

Marguerite mit pour la première fois le pied en Flandre au mois de septembre de l'année 1327. Elle y fut reçue avec de grandes démonstrations d'allégresse. Il y eut des jeux et divertissements de diverses espèces ; on représenta des mystères et allégories, et l'on joncha de verdure et de fleurs ces places publiques que des milliers de citoyens avaient naguère inondées de leur sang. La jeune comtesse alla résider avec son époux au château de Male, près de Bruges, où elle donna enfin un fils au comte de Flandre. Cet enfant naquit le 25 novembre 1330. Sa naissance fut un grand motif de joie pour le pays. Son baptême se fit avec une grande solennité par Guillaume, évêque de Tournai, assisté de Pierre Roger, évêque d'Arras, qui devait un jour arriver au souverain pontificat sous le nom de Clé-

(1) *Arch. de Fl., copie parch.*

ment VI. On y avait également convié les abbés de Saint-Bertin, de Saint-Bavon, de Bergues, de Saint-Nicolas-de-Furnes, ainsi que l'élite de la noblesse. Les parrains de l'enfant furent Jean duc de Brabant, le comte, de Blois et Gui de Flandre. La comtesse de Namur et Alise de Flandre, dame de Fiennes, furent les marraines.

Louis de Nevers, redoutant toujours cette population séditieuse de Bruges, qui lui avait donné tant de soucis, modifia ses priviléges de manière à augmenter le pouvoir du souverain aux dépens de celui de la ville. Ainsi il se réserva la connaissance et la répression de tous les crimes et délits contre l'Église, contre l'écoutète, les magistrats, les receveurs ; s'attribua le droit exclusif de percevoir les amendes, de punir les émeutes et les crimes des faux monnayeurs ; de réformer les sentences des magistrats, lorsqu'il serait prouvé qu'elles avaient été rendues par corruption, haine ou faveur. Il fit plus : il divisa la ville pour la mieux maîtriser. Il en fit trois communautés différentes, à chacune desquelles il assigna des échevins particuliers et annuels. Cette institution fut appelée par le peuple, le *mauvais privilége*. On n'en trouvait aucune copie ni chez les Brugeois, ni dans les archives du Franc ; mais l'original existait et il existe encore dans les archives des comtes à Lille. Du reste plusieurs villes reçurent, comme nous l'avons dit, des lois nouvelles. Celles de Monikereede et d'Ostende furent soumises à la charte de Dam. Lombardsyde suivit la loi de Furnes. Les habitants de Dixmude obtinrent un échevinage dont le comte se réserva la nomination et qui avait pour chef un *ruwaert*, gardien spécial des droits du comte. L'ancienne charte de Grammont fut confirmée avec des modifications qui réservaient également au conseil du prince la connaissance de certains crimes: tels que les attentats contre le clergé et les gens du comte, le rapt et la fausse monnaie.

Cette année, qui fut marquée par la naissance de l'héritier de Flandre, vit périr l'aïeule et la mère de la comtesse Marguerite. La première, Mahaut, comtesse d'Artois, mourut à Paris et fut inhumée au monastère de Maubuisson près Pontoise; la seconde, veuve du roi Philippe-le-Long, était en route pour venir prendre possession du comté d'Artois, lorsqu'elle fut, dit-on, empoisonnée à Péronne par Hupin son maître-d'hôtel. L'année était mortelle à la famille de Flandre; elle vit succomber encore Jean de Namur, grand-oncle de Louis de Nevers.

L'année suivante, le comte de Flandre adopta des mesures qui contribuèrent beaucoup à la prospérité du commerce. Il rendit une ordonnance qui permettait aux marchands de Saint-Jean-d'Angely et de La Rochelle de négocier avec la Flandre par le port de l'Ecluse, et d'établir à Dam un entrepôt de vins; pour les encourager il déclara les prendre sous sa protection spéciale, leur octroya diversés immunités. Il permit aux Frisons d'amener leurs chevaux et leurs bœufs aux foires flamandes. Enfin il établit un marché hebdomadaire à Rupelmonde, comme il en existait d'ailleurs à cette époque dans toutes les villes et bourgs un peu considérables du comté.

Robert de Cassel s'était réconcilié avec son neveu, et avait tout à fait séparé sa cause d'avec celle des révoltés flamands, même avant la bataille de Cassel, ainsi que le prouve la part prise par lui à cette bataille dans l'armée du roi; mais, vers ces derniers temps, des dissensions s'élevèrent encore entre eux au sujet des villes de Cassel, Bergues, Gravelines, que le comte prétendait racheter, et des redevances que, de son côté, Robert réclamait pour sa renonciation au comté de Flandre. Des querelles assez vives et un long procès s'ensuivirent (1). Robert mourut en 1331. Le procès se continua avec sa veuve Jeanne de Bretagne; et l'on dut recourir à l'intervention du roi, lequel parvint, non sans peine, à arranger cette affaire. D'autre part et à la même époque, le comte de Flandre se trouvait en difficulté avec le duc de Brabant relativement aux limites de leurs juridictions respectives sur l'Escaut. Ce débat fut résolu suivant une ancienne et singulière coutume du droit féodal. Le comte envoya Jacques van Hasselt, châtelain de Rupelmonde, à Anvers, en compagnie de cinq hommes de fief du pays de Waes et de cinq échevins de Rupelmonde. Arrivé au-dessous de la Franchise de ladite ville d'Anvers, entre le monastère de Saint-Michel et la tour appelée en flamand *Cost verloren* (dépense inutile), van Hasselt, tenant dans sa main une hache de fer, proclama à haute voix que les droits du comte de Flandre, sur la rivière de l'Escaut, s'étendaient depuis le lieu nommé Outemude jusqu'à Ekervliet, entre Malines et Rupelmonde, que le comte était seul et souverain seigneur en ces lieux, et, comme marqué de souveraineté, il lança la hache de toute la force de son bras jusqu'au bord du fleuve. Avant de se retirer, van Hasselt déclara que les droits du duc de Brabant ne commençaient qu'au lieu appelé Weerst, où il pourrait lancer une hache de fer du poids de dix-sept livres, dont le jet marquerait également les limites de sa juridiction (2).

Un autre conflit d'une nature plus grave s'éleva bientôt entre le comte et le même duc de Brabant. La ville de Ma-

(1) *Arch. de Flandre*, passim.
(2) *Ibid. Acte du* 11 *janvier* 1331, 2ᵉ *cartulaire de Flandre*, pièce 570.

lines, qui dès le dixième siècle avait eu des comtes particuliers, était, en 1203, passée sous la domination des évêques de Liége, lesquels y instituèrent pour avoués les seigneurs de Berthold dont on a parlé plus haut. Malines depuis lors s'agrandit au delà de la Dyle, et cette rivière forma la séparation de l'ancienne ville, domaine des évêques de Liége, d'avec la nouvelle qui, construite sur des terrains appartenant à la famille de Berthold, devint la propriété de cette maison. Par acte du 3 octobre et 1er décembre 1333, Louis de Nevers acheta d'Adolphe de la Marck, évêque de Liége, pour une somme de cent mille livres tournois la part qu'il possédait dans la seigneurie de Malines, et de Renaud, comte de Gueldre, celle qu'il tenait du chef de Sophie, son épouse, fille unique de Florent Berthold. Malines était enclavée dans le Brabant, dont elle relevait. Lorsque le comte Louis voulut en prendre possession, les habitants de la ville, mécontents de passer sous la domination flamande, refusèrent de le reconnaître comme leur souverain légitime et chassèrent les commissaires envoyés par Renaud de Gueldre pour leur notifier la cession qu'il venait de faire. Ils disaient qu'un vassal ne pouvait disposer de son fief sans l'agrément du suzerain. Ils s'adressèrent au duc de Brabant, qui précisément avait d'anciens griefs contre les nouveaux possesseurs. Le duc Jean se rendit à Malines et fut accueilli avec de grandes démonstrations de joie par le peuple, qui lui prêta serment de fidélité et auquel il promit en échange toute sa protection. Alors Louis de Nevers confisqua les biens des habitants de Malines situés en Flandre, et se disposa à faire la guerre au duc de Brabant. A cet effet, il renoua une confédération naguère formée contre le prince et, le 6 janvier 1333, on vit se réunir à Valenciennes quinze seigneurs souverains qui tous avaient des motifs plus ou moins puissants de prendre les armes. C'étaient, outre le comte de Flandre, Jean roi de Bohême et comte de Luxembourg, qui réclamait une part dans le duché de Brabant, les archevêques de Trèves et de Cologne, l'évêque de Liége, le comte de Hainaut, Gérard comte de Juliers, Renaud de Gueldre, les comtes de Namur, de Clèves, de Looz, et le sire Henri de Falckenberg. Ils conclurent un traité d'alliance offensive et défensive, dont la teneur commençait ainsi : « Considérant, voyant et sentant les grandes invasions, occupations, molestations, injures, griefs, torts et dommages que haut et noble homme Jean, duc de Lothier, de Brabant et de Limbourg, a fait de nouveau et fait de jour en jour continuellement à nous, nos pays, nos terres, nos gens, nos sujets, nos juridictions et nos droitures spirituelles et temporelles, nous nous sommes, par le commun conseil de plusieurs de nos féables conseillers, et de notre volonté et commun accord, alliés et confédérés ensemble tout le cours de notre vie contre ledit duc de Brabant, tant comme il vivra, pour le contrister et pour faire résistance à son tort et à son injure, et pour garder, sauver, conserver et maintenir nos terres, nos gens et nos sujets, nos juridictions et nos droitures en la forme et manière que ci-après s'ensuit, » etc. (1). Quand les quinze alliés eurent apposé leur sceau au bas de cette charte, quinze hérauts partirent sur l'heure pour Tervueren, où se trouvait le duc, et lui déclarèrent séparément la guerre, chacun au nom de son maître respectif. Le duc Jean était soutenu par le duc de Bar et par le roi de France, qui lui avait envoyé des troupes sous la conduite

---

(1) *Arch. de Flandre*, or. parch. scellé et cartulaire de Malines, pièce 57.

du roi de Navarre. Les Flamands commencèrent les hostilités sur les frontières du Brabant du côté de Tenremonde. Ils incendièrent le village de Lippeloo et l'abbaye d'Afflighem, dont les religieux avaient cherché un refuge à Bruxelles. Le duc Jean ne marcha point contre les agresseurs; mais, en représailles, il entra dans la Flandre impériale et ravagea le pays d'Alost, tandis que le duc de Bar, stationné à Vilvorde, gardait le Brabant sur ce point. Cinq cents cavaliers flamands poussèrent jusqu'aux portes de Bruxelles; mais surpris par le duc de Bar dans une embuscade au village de Kelleken, ils furent mis en déroute et on leur fit cent cinquante prisonniers. Sur la frontière de Gueldre et de Juliers, la guerre se poussait avec plus de vigueur encore. Après son expédition au pays d'Alost, Jean de Brabant pénétra dans le comté de Looz, où il mit tout à feu et à sang; du reste il ne se passa aucune action décisive. Les Français, qui étaient venus plutôt comme médiateurs que dans l'intention d'exciter à la guerre, cherchèrent tous les moyens d'amener un arrangement. Philippe de Valois députa l'archevêque d'Aix vers les confédérés; mais l'animosité était si grande de part et d'autre que les préliminaires de la paix furent très-difficiles. Une conférence avait été indiquée pour le 13 mars suivant à Saint-Trond : aucun des princes alliés ne s'y trouva. Le 20 du même mois, sur les instances réitérées de l'archevêque, on consentit enfin à se réunir, et une trêve fut arrêtée. Le roi de France offrit alors son arbitrage et convoqua les parties belligérantes à Amiens; il y rendit son jugement le 27 août 1334. Toutes les difficultés étaient résolues à l'exception de la plus grave, c'est-à-dire les prétentions contradictoires du duc de Brabant et du comte de Flandre sur Malines. Le roi, en attendant qu'il

pût prononcer sur ce conflit, retint l'objet en litige sous sa
garde. Cependant le duc et le comte firent, le 1er avril 1336,
à Tenremonde, un traité de paix et d'alliance qui mit fin à
toute contestation. Il y était stipulé, entre autres choses, que les
deux princes posséderaient en commun la ville et la seigneurie de Malines, comme l'évêque de Liége et le comte de
Gueldre en avaient joui. Marguerite, fille du duc de Brabant,
fut alors fiancée au fils aîné du comte de Flandre, le jeune
Louis, dit de Male, lequel n'avait encore que trois ans.

La ville de Gand s'était toujours montrée assez favorable
au comte, et, seule avec Audenarde, n'avait point participé
à l'insurrection comprimée par la bataille de Cassel et ensuite si sévèrement punie. Cependant elle commençait à
partager le mécontentement général. Elle s'apercevait bien
que Louis de Nevers, trop préoccupé de la conservation de
son autorité personnelle, ne songeait pas assez au bien-être
et à la prospérité de son peuple; et elle ne pouvait voir de
bon œil l'arrière petit-fils de Gui de Dampierre passer presque toute sa vie à cette cour de France, où l'on avait tant
de fois médité la ruine de sa famille et celle de la Flandre.
Et puis, les vengeances combinées du roi et du comte, bien
qu'elles n'eussent pas frappé les Gantois directement, n'en
avaient pas moins blessé leur fierté nationale. Un incident
fortuit vint rompre tout à coup les liens qui unissaient encore à Gand le prince et les sujets. Un citoyen, nommé
Guillaume van Artevelde, avait été, on ne sait dans quelle
circonstance ni pour quel motif, gravement insulté par un
habitant de Fleydinghe. Ce dernier, quelque temps après la
dispute, vint à Gand régler certaines affaires. Van Artevelde
se mit à le chercher afin d'en tirer vengeance. Deux fois il
l'aborda; mais deux fois les sergents du bailli, sire Watier

de Bederwane, l'empêchèrent de se jeter sur lui. Il prit alors une rue détournée, et, chemin faisant, rencontra deux tisserands de ses cousins. Van Artevelde déceignit son épée et, la présentant à l'un de ces hommes : « Cousin, dit-il, prenez cette épée et venez avec moi (1). » Les sergents Walter et Peeters n'avaient point perdu de vue ce mouvement, ils s'approchèrent du bourgeois qui tenait l'épée et le sommèrent de la leur donner; van Artevelde leur défendit de toucher à cette arme, qui était sienne, et, la querelle s'échauffant, beaucoup de monde s'attroupa dans le quartier. Le sang allait couler sans doute, lorsque messire Foukes de la Rose, notable et sage bourgeois, intervint au milieu du groupe où l'on se disputait. « Eh quoi, Guillaume ! dit-il à van Artevelde, voulez-vous tuer ou faire tuer ces pauvres valets ? » Il parla si doucement et si bien qu'on rengaîna les armes déjà tirées hors du fourreau et que l'on s'en alla chacun de son côté sans coup férir. Mais des rassemblements nombreux restèrent formés, et il y circulait de mauvaises rumeurs contre le prince, son bailli, ses sergents et même contre les magistrats municipaux. Alors les échevins firent, probablement à la réquisition du bailli, ordonner à Guillaume van Artevelde, à ses deux cousins et même à maître Foukes de la Rose de se rendre à la prison de la ville. Or il faut savoir que Foukes était mal vu du bailli, parce que, aux dernières élections communales, ce citoyen, désigné par le comte pour, avec d'autres délégués, choisir les éche-

(1) Si en prist autre chemin où il encoutra deus de ses cousins liquel furent tisserant, et li dis Willaumes deschaints se espeye et le baillia à l'un des deus et dist : « Prenés cheste espeye et venez avenques mi. » — *Arch. de Fl.*, lettre autographe du bailli de Gand au comte de Flandre au sujet de la révolte des Gantois.

vins, avait mis en avant plusieurs hommes du métier des foulons, qu'on regardait comme hostiles à l'autorité du prince. Ainsi Foukes, dont la conduite toute pacifique et conciliatrice avait empêché les officiers du comte d'être tués, se voyait traité de la même façon que les perturbateurs. Il attendait avec ceux-ci le résultat de l'enquête ordonnée par le magistrat, lorsqu'une multitude immense, se portant en armes contre la prison, en força l'entrée et le délivra ainsi que van Artevelde et les deux tisserands. Le peuple ne se borna point à cette démonstration, il se rendit au Vieux-bourg, devant la maison des échevins, et réclama à grands cris l'abolition des tailles et des impôts (1). Les échevins répondirent qu'ils en référeraient au comte; mais qu'il fallait qu'on se retirât en paix, et que deux personnes de chaque paroisse revinssent avec les griefs du peuple couchés par écrit. Le bailli, Watier de Bederwane, dépêcha vers son maître un rapport de tout ce qui s'était passé, en le priant de venir au plus vite en sa ville de Gand, afin de juger par lui-même de l'état inquiétant des esprits et de la situation périlleuse où se trouvait le pouvoir souverain. Le temps fixé pour la réélection des échevins approchait, et c'était un embarras de plus. On ne dit pas si Louis de Nevers vint de sa personne à Gand ; mais il pria le seigneur André, évêque de Tournai, de se porter médiateur entre lui et la ville révoltée. Une conférence fut assignée pour le samedi avant la Toussaint, dans l'abbaye d'Eechout à Bruges. Les députés du peuple gantois, savoir : maître Jean de Latour, maître Jean de Louvain, clercs; Henri le Grutere, Evrard son frère, Raes de Varmuck, Guillaume son frère et plusieurs autres bourgeois vinrent

---

(1) Et a chelle heure furent grant pleinteit de gentz armés entour le maison des eschevins... dont sauvagement demanda toutes tailles sus. — *Ibid.*

exposer une longue série de plaintes et de demandes; ce qui rendit l'arrangement très-difficile. On parvint néanmoins à s'entendre ; mais ce ne fut qu'au prix de bien des concessions et en s'affaiblissant beaucoup que l'autorité du comte put alors se maintenir à Gand (1).

(1) *Arch. de Fl.*, acte du 7 novembre 1335.

X

LOUIS DE NEVERS.

1335 — 1340

Motifs de la guerre entre la France et l'Angleterre. — Les deux pays se disputent l'alliance des Flamands. — Impopularité du comte. — Jacques van Artevelde — Ses discours et son influence à Gand. — Assemblée du Paddenhoek. — Van Artevelde est élu capitaine de la paroisse de Saint-Jean. — Son entrevue avec le comte. — Tentatives de ce dernier pour recouvrer en Flandre son autorité. — Négociations des Flamands avec le roi d'Angleterre au sujet du commerce des laines. — Excommunication. — Démonstrations hostiles du roi de France. — Supplice de Siger le Courtraisien. — La commune de Gand prend les armes. — Combat de Biervliet gagné par van Artevelde contre les nobles. — Philippe de Valois permet la neutralité aux Flamands et leur accorde la liberté de commerce. — Van Artevelde envoie chercher le comte de Flandre et rétablit son autorité. — Nouveaux efforts du roi d'Angleterre pour attirer les Flamands à lui. — Van Artevelde l'empêche de débarquer en Flandre. — Remontrances de ce tribun au comte, au sujet de son alliance exclusive avec le roi de France. — Louis de Nevers abandonne de nouveau son comté. — Sage administration de van Artevelde. — Ses entrevues avec le roi d'Angleterre à Anvers. — Édouard, vicaire de l'empereur, s'allie avec le duc de Brabant, le comte de Hainaut et autres princes, et se porte en Cambrésis. — Prise de Thun-l'Évêque. — Siége de Cambrai. — Le roi d'Angleterre lève le siége de Cambrai et se porte en Vermandois au-devant du roi de France. — Incidents divers. — Les deux armées en présence à Buironfosse. — Elles se retirent sans combattre. — Le roi d'Angleterre revient à Bruxelles. — Nouvelles entrevues avec van Artevelde et les plus puissants bourgeois du pays. — Magnifiques promesses du monarque. — Scrupules des Flamands. — Ils conseillent à Édouard de prendre le titre et les armes du roi de France. — Edouard y consent et ils traitent avec lui. — Il retourne en Angleterre et adresse un manifeste aux vassaux et sujets de la couronne de France. — Charte confirmative des dons et promesses qu'Edouard avait faits aux Flamands. — Continuation de la guerre en Hainaut et en Cambrésis. — La garnison de Tournai ravage les environs de Courtrai. — Van Artevelde se porte vers le Tournaisis. — Les comtes de Salisbury et de Suffolck sont surpris et faits prisonniers aux environs de Lille. — Van Artevelde renonce à son projet et revient à Gand. — Thun-l'Évêque assiégé par le duc de Normandie, fils du roi. — Le duc de Brabant, le comte de Hainaut et van Artevelde se portent au secours de cette ville. — Le duc de Brabant ne veut pas livrer de combat aux Français avant l'arrivée du roi d'Angleterre, chef de la guerre. — Edouard s'embarque pour revenir en Flandre. — Bataille navale de L'Écluse gagnée par ce roi. — Van Artevelde harangue l'armée et le peuple sur la place du marché de Valenciennes. — Les princes vont trouver le roi d'Angleterre à Gand : l'on y traite de la guerre contre la France. — La Flandre, le Hainaut et le Brabant s'allient plus intimement à la persuasion de van Artevelde. — Siége de Tournai. — Expédition malheureuse de Robert d'Artois aux environs de Saint-Omer. — Le roi de France s'avance vers Tournai. — Sa sœur Jeanne de Valois, religieuse à Fontenelles près Valenciennes, s'entremet entre les princes pour arrêter l'effusion du sang humain. — Elle réussit et une trêve est conclue. — Levée du siége de Tournai et licenciement des armées.

La situation s'aggravait tous les jours au milieu de conflits dont la solution, quelle qu'elle fût, ne pouvait qu'augmenter les haines et les défiances mutuelles. Il y avait donc maintenant en Flandre deux causes malheureusement trop distinctes : celle du comte, que soutenait l'aristocratie; puis celle des villes et du commun peuple. Les intérêts en lutte devaient finir par s'entrechoquer et produire une révolution ; c'est ce qui arriva plus tôt qu'on ne pensait.

Depuis quelques années, la guerre menaçait d'éclater entre la France et l'Angleterre. A la mort de Charles-le-Bel, son cousin Philippe de Valois avait été déclaré régent du royaume à l'exclusion d'Édouard III, roi d'Angleterre, et en attendant les couches de la reine. Édouard prétendait à la régence comme neveu du monarque défunt; étant petit-fils de Philippe-le-Bel par sa mère Isabelle, sœur du roi Charles. La reine accoucha d'une fille, et Philippe fut reconnu roi sans qu'Édouard songeât alors à former opposition ; car la loi salique se prononçait formellement en faveur du régent, et l'adhésion des grands et du peuple avait été si unanime qu'on ne devait pas espérer de rien faire prévaloir contre elle. En 1329, le roi d'Angleterre, sommé de venir rendre hommage à Philippe pour le duché de Guyenne, s'acquitta de ce devoir dans l'église cathédrale d'Amiens au milieu d'une pompe qui l'humilia, dit-on, profondément et il partit méditant pour l'avenir des projets de vengeance.

A cette époque un procès qui fit grand scandale s'était élevé entre Robert d'Artois, petit-fils de Robert d'Artois tué à la bataille de Courtrai, et sa tante Mahaut épouse d'Othon IV, duc de Bourgogne. Il avait pour objet la possession du comté d'Artois, que Mahaut détenait en vertu du testament de son père. Robert fut convaincu devant la cour des pairs d'avoir fabriqué de faux titres pour soutenir ses prétentions : ses complices furent condamnés à mort et exécutés ; quant à lui, il se réfugia à Bruxelles auprès du duc de Brabant. Alors un arrêt du parlement le condamna au bannissement et à la confiscation de ses biens. Quoique Robert eût été, au dire d'un contemporain, l'homme qui avait le plus aidé Philippe de Valois à parvenir à la couronne (1), il ne put néanmoins trouver grâce devant lui; le roi mit au contraire un acharnement incroyable à le poursuivre. Cette rigueur contre un prince de son propre sang était sans doute puisée dans un louable sentiment de justice, bien que des historiens lui aient donné un motif tout différent. Quoi qu'il en soit, Robert conçut une colère qui se transforma bientôt en actes que l'on qualifierait aujourd'hui d'insensés mais qui s'expliquent par la superstitieuse crédulité avec laquelle on invoquait alors les puissances surnaturelles contre celles

---

(1) L'homme du monde qui plus aida le roi Philippe à parvenir à la couronne de France et à l'héritage, ce fut messire Robert d'Artois. — *Chron. de J. Froissart*, édition Buchon, I, 46.

de la terre. Robert voulut faire périr le roi et ses ennemis en les *envoûtant*, comme on disait en ce temps-là. On faisait fabriquer et baptiser par un magicien des figures de cire à la ressemblance des personnes qu'on prétendait détruire, puis on les piquait au cœur. Le roi fut épouvanté quand il apprit cette manœuvre infernale : il enjoignit au duc de Brabant de chasser Robert; lequel s'enfuit en Angleterre, où il s'étudia à réchauffer la haine d'Édouard et lui persuada de protester par la force des armes contre l'avénement de Philippe de Valois. Dans cet état de choses, il s'agissait encore de se créer des auxiliaires; la Flandre devint de nouveau le point de mire des deux monarques, qui s'en disputèrent l'alliance.

Attachée par le lien féodal à la France, la Flandre était néanmoins instinctivement portée vers l'union anglaise, source de sa prospérité commerciale et industrielle. Et, en effet, comme on l'a vu déjà, c'était de la Grande-Bretagne qu'elle tirait ses laines pour les fabriquer en draperies et les répandre ensuite avec grands bénéfices dans tous les pays. Les rois anglais, comprenant cette connexion d'avantages, avaient toujours cherché à se rattacher une nation si importante par sa position et ses richesses; de là ces traités de toute nature avec les anciens comtes, cet échange de priviléges et d'immunités entre les négociants flamands et anglais. D'un autre côté, l'on connaît les efforts incessants, les violences, les ruses diplomatiques pour enclaver tout ou partie de la Flandre dans le royaume de France. La réunion n'avait jamais réussi; et la nationalité flamande s'était conservée intacte, grâce à la bravoure patriotique des souverains dans le principe et à l'énergique résistance du peuple dans les derniers temps. La politique des rois de France avait dû prendre alors une autre allure ; elle s'était appliquée à protéger le comte de Flandre contre ses propres sujets pour resserrer le lien féodal prêt à se rompre. Louis de Nevers avait subi cet humiliant protectorat. Cependant, depuis que la guerre était imminente avec l'Angleterre, le comte cherchait à se réconcilier tout à fait avec les Gantois et à gagner leurs bonnes grâces (1). Il se tenait dans leur ville, les traitait doucement et leur faisait beau visage. Le roi de France, qui savait les Flamands enclins à l'alliance anglaise, l'avait fortement exhorté à agir de la sorte. Il lui recommandait aussi de veiller à ce que le roi Édouard ne pût tirer profit du pays de Flandre. En conséquence, Louis de Nevers avait équipé des vaisseaux pour garder les côtes et même pour courir sus, le long des marches d'Angleterre, aux bâtiments ennemis. Édouard ne tarda pas à user de représailles : en outre, il fit défendre formellement qu'on n'envoyât des laines en Flandre ; c'est ce qui pouvait arriver de plus désastreux pour le commerce de cette contrée, et l'on ne fut pas long-temps à s'en apercevoir. Le manque de matières premières arrêtant la fabrication des draps, une multitude d'artisans, tels que tondeurs, foulons et tisserands, se trouvèrent sans pain. Beaucoup émigrèrent poussés par la famine, et s'en allèrent mendier en Hainaut, en Brabant, en Artois et dans les provinces voisines. La misère fut terrible dans les grandes villes manufacturières, et l'on commença à y murmurer très-fort, non contre le roi d'Angleterre, mais bien contre le roi de France et le comte. On accusait hautement ce dernier de vouloir ruiner et affa-

---

(1) En ce temps se tenoit le comte Loys de Flandres à Gand et les tenoit à amour ce qu'il pooit, car le roy de France l'en prioit moult.— Froissart, rédaction primitive, éd. Buchon (1840), III, 446.

mer son peuple pour servir la vengeance des Français. Édouard III profita de cette disposition des esprits pour envoyer des émissaires en Flandre, et travailler le peuple dans son intérêt. « Voyez, disaient-ils, si vous étiez encore les amis de l'Angleterre, tous ces malheurs ne vous arriveraient pas ; le commerce et la draperie fleuriraient comme autrefois. Quel avantage tirerez-vous de Philippe de Valois? Il pourra bien vous tondre encore ; mais quant à vous envoyer de la laine, il n'y faut point penser. » Et les gens du peuple de se dire entre eux : « Cela est pourtant la vérité ; le comte nous trahit ; et nous ne le pouvons longuement souffrir, car toute Flandre irait bientôt à perdition. » Chaque jour des groupes se formaient par les places et carrefours, on y parlait de la triste situation des affaires ; les plaintes et les récriminations devenaient de plus en plus acerbes. Le comte n'ignorait pas ces choses, et, dans l'espoir d'y porter remède, il fit assembler les Gantois. « Mes bonnes gens, leur dit-il, la misère est grande, je le sais, mais elle ne peut durer long-temps. J'ai souvent nouvelles et par mes amis que les Anglais sont encore plus mal à l'aise que vous ; ils ne peuvent vendre leurs laines qu'à vous et ils y viendront, car ils éprouvent trop grand dommage à les tenir. Apaisez-vous donc et rapprochez-vous de ce noble pays de France où tant de biens abondent, et qui peut fournir de quoi mener grand état et vivre en joie chez nous (1). »

Sur ces entrefaites, et alors que la guerre devenait de plus en plus imminente, une ambassade anglaise vint à deux reprises sur le continent, à l'effet de chercher des alliés parmi les princes de la Basse-Allemagne et des provin-

---

(1) *Ibid.*, 447.

ces belgiques. Elle s'adressa d'abord à Guillaume, comte de Hainaut, dont Édouard III avait épousé la fille Philippine, et, par l'entremise de ce prince, le duc de Brabant, les comtes de Gueldres, de Juliers et plusieurs autres embrassèrent le parti du roi d'Angleterre. Les députés firent ensuite des tentatives pour attirer les villes flamandes à la même cause, et se mirent en rapport avec les personnages les plus influents du pays. Parmi ceux-ci se trouvait un homme recommandable à plus d'un titre : c'était Zegher ou Siger le Courtraisien, seigneur de Tronchiennes, qu'on a vu jadis partager la captivité du comte Gui et rester fidèle à son pays au milieu de toutes les vicissitudes politiques. Siger n'avait pu voir sans douleur le jeune comte s'alliant aux éternels oppresseurs de sa patrie, ni dissimuler sa prédilection pour les Anglais. Aussi, durant le passage à Gand des ambassadeurs du roi Édouard, les avait-il accueillis dans son hôtel, et s'était-il souvent montré en public dans leur compagnie. Il n'en fallait pas davantage pour exciter le ressentiment du comte. Sans égard pour la vieillesse et les illustres antécédents de Siger, il le fit arrêter en guet-apens à Bruges et enfermer dans la prison de Rupelmonde. Il paraît que le roi de France avait exigé cette satisfaction ; et Louis de Nevers ne savait rien refuser au vainqueur de Cassel. Cette arrestation porta le courroux populaire à son comble, et acheva de ruiner l'autorité comtale en Flandre. C'est alors que s'opéra cette révolution qu'on pouvait depuis long-temps prévoir.

Il existait à Gand un homme qui, par sa mère, était petit-fils du malheureux Siger de Courtrai, et de plus avait pour frère ce Guillaume van Artevelde également jeté naguère en prison par les sergents du comte. Il s'appelait

Jacques van Artevelde, était né vers 1290 et avait passé, en qualité d'officier de la fruiterie, une partie de sa jeunesse à la cour du roi de France, Louis-le-Hutin, qu'il accompagna même, en 1310, dans une expédition contre l'île de Rhodes. Revenu à Gand, sa ville natale, Jacques s'était marié à Christine, fille du sire de Bernaige, l'un des plus illustres chevaliers flamands, et qui, à l'exemple de son ami Siger, avait voulu partager la captivité du comte Gui. Quoique la noblesse en général fût favorable au parti des lis, il se trouvait néanmoins en Flandre quelques familles dont le patriotisme ne s'était point altéré. Telles étaient celle d'où Jacques descendait et celle chez laquelle il avait pris sa femme. Comme beaucoup de gentilshommes et de bourgeois riches n'exerçant aucun métier, le sire d'Artevelde s'était fait agréger à une corporation, celle des brasseurs, et en était devenu par élection le capitaine ou doyen. Bientôt il fut proclamé chef-doyen par les cinquante-et-un autres métiers de la ville; car il avait su se concilier la faveur populaire, tout noble qu'il était, et acquérir parmi ses concitoyens une prépondérance remarquable. Il la devait moins encore à sa grande fortune qu'à son amour éprouvé pour le bien-être et la gloire de sa patrie. On connaissait son expérience dans les affaires; et les gens du commun peuple, qui le nommaient le *sage homme*, aimaient à l'entendre deviser et se plaindre avec eux de la triste situation du pays. On rappelait partout ses discours, et l'on savait qu'une fois il avait dit : « Oh! si l'on voulait m'ouïr et me croire, j'aurais en peu de temps remis la Flandre en bon état et l'on y pourrait gagner sa vie sans pour cela se faire ennemis du roi de France ou du roi d'Angleterre (1). » Un jour de fête

---

(1) Et dirent qu'il avoit dit que, s'il estoit oys et creus, il cuideroit en brief

dans l'après-dîner, des rassemblements se formèrent comme
de coutume pour s'entretenir des malheurs publics. Plus de
mille personnes se trouvaient réunies, et une d'elles au milieu des colloques s'écria : « Allons, allons ouïr le bon conseil du sage homme (1). » Cette parole trouva de l'écho
dans toute l'assemblée, par les rues on se la répétait de
maison en maison ; et une multitude immense se porta
bientôt au quartier de la ville appelé le Paddenkoek (coin
aux crapauds), où Jacques van Artevelde avait son logis.
Le grand-doyen était en ce moment appuyé contre la porte.
Du plus loin que le peuple l'aperçut, il lui fit grand honneur et révérence : « Cher seigneur, lui dit-on, veuillez
nous entendre. Nous venons à vous à conseil ; car on nous
assure que votre sens et vos qualités remettront le pays de
Flandre en bon point. Or dites-nous comment, et vous aurez fait une belle œuvre. » Alors van Artevelde s'avança
et dit : « Seigneurs compagnons, je suis natif et bourgeois
de cette ville, et j'y ai le mien ; sachez que de tout mon
pouvoir je voudrais vous aider et sauver notre patrie. S'il
était un homme qui se sentît capable d'une si grande chose,
j'exposerais mon corps et mes biens pour me joindre à lui. Si
vous autres vouliez m'être frères, amis et compagnons et
vous unir à moi de tout cœur, je l'entreprendrais volontiers,
tout indigne que je suis. » Alors tout d'une voix les Gantois
s'écrièrent : « Nous vous promettons loyalement de vous
soutenir en toutes choses, et d'y aventurer corps et biens ;
car nous savons que, dans tout le comté de Flandre, il n'y a

---

temps avoir remis Flandres en bon estat, et r'aroient tout leur gaignage, sans
estre mal du roy de France ne du roy d'Angleterre. — Froissart, *ibid.*, 453.

(1) *Ibid.*

homme, sinon vous, qui soit digne de ce faire (1). »

Lorsque van Artevelde se vit ainsi accueilli en l'amour de ses concitoyens, il songea à la haute mission dont il venait d'être investi. L'assemblée du Paddenkoek avait eu lieu le 25 décembre lundi de Noël; il convoqua une autre réunion pour le surlendemain, jour des Innocents, à la Biloque, lieu neutre en dehors de la juridiction des échevins. Un immense concours de peuple s'y rendit. Le sage homme y parla d'abord des misères de l'artisan, qu'il dépeignit sous les plus fidèles et plus sombres couleurs; il exposa la décadence des vieilles libertés de la commune, puis il indiqua les moyens de remédier au mauvais état des affaires. « Nous avons besoin d'être amis de l'Angleterre, dit-il, car sans elle nous ne pouvons vivre; ce n'est pas à dire pour cela que nous devions nous mettre en guerre avec le roi de France. Il s'agit seulement de rester neutres. Le roi de France est si occupé en tant de manières, qu'il n'a pas le loisir de nous faire mal; et il sera bien aise de conserver notre amour au même point que les Anglais. Le Hainaut, le Brabant, la Hollande et la Zélande se tiendront avec nous. Ils ont des intérêts semblables aux nôtres, et cette confédération nous rendra plus forts pour nous maintenir sans dommages au milieu des guerres sanglantes qui vont se livrer. » Ces paroles et beaucoup d'autres, empreintes de sagesse et de patriotisme, émurent profondément le peuple et ouvrirent tous les cœurs à l'espoir d'un meilleur avenir. Dès ce moment van Artevelde fut considéré par le peuple comme le libérateur de la Flandre, et jamais homme ne fut entouré de plus ardentes sympathies. On ne pouvait se séparer de sa per-

---

(1) *Ibid.*, 454.

sonne, on s'attachait à ses pas, on ne vivait plus à Gand
que pour lui et par lui. Tous les jours mille à douze cents
personnes dormaient, buvaient et mangeaient dans sa maison et l'escortaient quand il voulait sortir (1). On n'avait jamais vu pareil enthousiasme. Du comte de Flandre, on ne
semblait plus s'en soucier (2). Le samedi 3 janvier, les bourgeois, convoqués dans leurs paroisses respectives pour nommer les chefs-hommes ou *hooft-mans*, élurent Jacques à
l'unanimité capitaine de la paroisse de Saint-Jean ; ce qui
lui donnait le commandement supérieur des forces communales sous la surveillances des échevins. Tout s'était fait
avec la plus stricte légalité : van Artevelde, le premier,
sentait la nécessité d'appuyer son pouvoir naissant sur la
justice et la raison. Lorsqu'il eut été officiellement installé,
il fit rendre par les échevins une ordonnance très-sage pour
le maintien de l'ordre et de la tranquillité dans la grande et
populeuse ville de Gand et s'occupa lui-même d'organiser
la bourgeoisie en corps de milice, par connétablies ou voi-
sinages, chargés de veiller à la police de leurs quartiers respectifs.

Cependant Louis de Nevers, effrayé de la popularité dont
il voyait van Artevelde entouré ; manda ce dernier à son
hôtel, et le doyen s'y rendit escorté comme d'habitude par
une foule considérable de citoyens. Le comte lui adressa
plusieurs représentations et l'engagea à tenir le peuple en
l'amour et obéissance du roi de France; il y ajouta même,

---

(1) Tous les jours dormoient en sa maison, buvoient et mangeoient mille
ou douze cens personnes; et le compaignoient à aler par la ville, où ailleurs
où bon lui sembloit. — *Ibid.*, 454.

(2) Et abandonnèrent de tous poins leur seigneur, sans riens plus convertir,
ne aler devers lui. — *Ibid.*

paraît-il, quelques menaces. Van Artevelde lui répondit ces simples paroles : « Seigneur, je ferai ce que j'ai promis au commun peuple pour son bonheur et celui de tout notre pays. Rien ne saurait me rebuter, et au plaisir de Dieu j'en viendrai à bout. » Puis il salua humblement et quitta la salle (1).

Le comte, plus inquiet que jamais, convoqua ses conseillers intimes et leur demanda le moyen de sortir d'embarras. « Il n'y en a qu'un, lui dit-on, c'est de se défaire de Jacques. » Mais ce moyen n'était pas lui-même d'une exécution aussi facile qu'on pouvait le penser. Les bourgeois, dont la vive sollicitude veillait sans cesse sur le grand-doyen, avaient prévu toute tentative d'homicide. Ils déjouèrent plusieurs embûches, et gardèrent si bien la personne de van Artevelde qu'on finit par se convaincre que pour lui faire le moindre mal il fallait être assez puissant pour combattre la ville de Gand tout entière (2). Louis de Nevers alors, de concert avec le roi de France, résolut de recourir à l'autorité spirituelle pour ressaisir un pouvoir qu'il avait si maladroitement laissé échapper de ses mains. Sur l'invitation du roi de France, Guillaume d'Auxonne, évêque de Cambrai, se rendit à Eecloo; il y convoqua les députés des villes flamandes, afin d'écouter leurs doléances contre leur seigneur et aviser aux moyens de relever le commerce et l'industrie. L'évêque leur parla doucement et leur promit les bonnes grâces du roi. Il partit pour Paris; et quinze jours après il revint accompagné d'un amiral fran-

---

(1) *Ibid.*

(2) Mais rien n'y valoit, car toute le communalté estoit pour luy, tant que on ne lui pooit mal faire, qu'il ne convenist estre puissant de combattre contre toute la ville... — *Ibid.*

çais, et il dit aux députés que le roi consentait à ouvrir les frontières de son pays à leur commerce à condition qu'ils reconnaîtraient l'entière autorité du comte et se détacheraient tout à fait de l'Angleterre. Les députés répondirent : « Il est vrai, seigneur, que de France nous viennent blés ; mais pour acheter il faut avoir de quoi payer. Or nous tirons de l'Angleterre des laines qui nous donnent grands profits et nous permettent de vivre à l'aise et joyeusement. D'ailleurs les gens du Hainaut nous fourniraient assez de blé sans avoir recours à la France, si nous étions d'accord avec eux (1). » Après avoir ainsi repoussé les avances du comte et du roi les Flamands députèrent deux échevins gantois, Jacques Masch et Jean Willade, à Louvain vers le comte de Gueldres, que le roi d'Angleterre avait chargé de ses négociations avec la Flandre. L'importante affaire était toujours d'avoir de la laine pour rendre aux fabriques leur activité et empêcher ainsi le commun peuple de mourir de faim. Le comte leur accorda aussitôt la faculté d'en acheter à l'entrepôt de Dordrecht, et l'administration communale de Gand résolut, sous l'impulsion de van Artevelde, de faire les premières acquisitions à ses risques et périls ; ce qui porta la joie des hommes de métier à son comble, et accrut encore l'autorité déjà si grande du sage bourgeois dont la politique produisait des fruits aussi heureux et aussi prompts. Toutes les villes lui accordèrent leur confiance, et ce ne fut plus seulement à Gand, mais dans la Flandre entière, qu'il se vit puissant et considéré.

De nouvelles tentatives faites par le roi de France de concert avec le comte Louis n'aboutirent à aucun résultat.

(1) Ibid., 457.

Ces princes résolurent alors d'employer la rigueur. Tandis que les villes de la Flandre wallonne au pouvoir du roi se remplissaient de troupes, que l'évêque de Senlis et l'abbé de Saint-Denis lançaient l'interdit sur les Gantois, la hache du bourreau tranchait la tête vénérée de Siger le Courtraisien. On apprit ces tristes nouvelles à Gand le 21 mars, veille de la grande foire annuelle. Le peuple en ressentit beaucoup de douleur et d'indignation, mais il resta calme et impassible; ses magistrats, d'ailleurs, prirent sans délai des mesures énergiques. Les échevins de la Keure réunis en la maison commune chargèrent van Artevelde de veiller à la sûreté de Gand, rédigèrent une protestation contre le supplice de Siger exécuté en violation des priviléges de la cité, puis adressèrent un appel au pape au sujet de l'excommunication. Cependant le roi de France, voulant précipiter les coups par lesquels il prétendait intimider les Flamands, fit avancer le connétable en tête d'un corps d'armée considérable qui entra à Tournai le jeudi saint, 9 avril. Le surlendemain l'approche d'un grand danger est tout à coup annoncée aux Gantois par les coups redoublés de Roland, la fameuse cloche du beffroi. « Je m'appelle Roland, disent deux vers inscrits sur son vaste pourtour : quand je tinte, il y a incendie ; quand je sonne, c'est la guerre qui éclate au pays de Flandre (1). » Aussitôt le peuple sort en foule par les rues ; les capitaines des paroisses, les doyens des métiers rallient leurs hommes sous leurs bannières respectives. Van Artevelde est là qui anime et dirige tout par sa haute influence et ses conseils. Un gros de cavalerie

(1) Ik heete Roelandt; als ik Kleppe dan ist brandt.
 Als ik luye dan is sturm in't Vlaenderland.

est signalé aux environs de la ville ; on sort et il bat en retraite. Les différents corps de milice occupent les portes et interceptent les routes ; des patrouilles circulent autour des remparts. Le dimanche et le lundi de Pâques, les bourgeois restèrent ainsi armés et sur le qui-vive. Rien n'égalait leur zèle ; et van Artevelde avait peine à maîtriser leur bouillante et patriotique ardeur. On savait que la noblesse fidèle au comte et les anciens léliaerts occupaient le château de Biervliet : ces gentilshommes faisaient de fréquentes sorties ; et c'était un de leurs détachements que l'on avait vu apparaître devant les murs de la ville de Gand, comme pour la braver. Le capitaine van Artevelde, après avoir fait ses dispositions afin que l'armée du connétable ne pût approcher de Gand, se porta vers Biervliet avec une grande partie de la milice communale. Un rude combat fut livré non loin de la forteresse entre les nobles et les Gantois. Le champ de bataille resta à ces derniers, et van Artevelde y dressa ses pavillons. C'est là que les députés des villes de la Flandre tudesque vinrent le trouver pour faire alliance avec lui, et lui déclarer que tout le pays était disposé à prendre les armes et à défendre l'indépendance nationale. Dès lors van Artevelde fut investi de la dictature suprême, et le comte ne conserva plus en réalité qu'une ombre de pouvoir ; car dans les cités et même dans les campagnes, ses officiers devaient partout céder devant l'autorité des magistrats choisis par le peuple. Le roi Philippe et Louis de Nevers sentirent alors qu'il était temps d'abandonner un système d'intimidation qui leur avait si mal réussi. Le comte revint dans le pays et fit présenter aux Gantois par un sergent royal, les préliminaires d'un traité par lequel le roi de France reconnaîtrait la neutralité des Flamands et leur permettrait de négocier avec tous les peuples amis ou ennemis de la France. C'était ce qu'avait toujours réclamé van Artevelde ; et sa politique se voyait enfin couronnée d'un plein succès. Il était arrivé sans secousse à la réalisation de son rêve, et l'on pouvait se rappeler alors ce qu'il disait naguère : « Si l'on voulait m'en croire, la Flandre serait bientôt remise en bon état et l'on y pourrait gagner sa vie sans être en guerre avec la France ou l'Angleterre. » On conçoit combien le crédit du sage bourgeois dut s'accroître alors ; mais van Artevelde ne songeait en ce moment qu'au bonheur de son pays, et ne semblait point poussé par l'orgueil et l'ambition qui trop souvent aveuglent ceux que les faveurs populaires entourent de leur prestige. On lui avait ouï dire maintes fois : « Quand vous me verrez bâtir une grande maison ou marier mes filles à de riches seigneurs, ne vous fiez plus à moi, et dites que je suis changé. » Ayant atteint son but, oubliant les cruels traitements dont ses parents les plus chers avaient été victimes, van Artevelde voulut que le seigneur du pays reprît ses droits. Il envoya donc chercher le comte par Maes van Vaernewyc, premier échevin de Gand, et Louis se rendit d'abord à Orscamp, où la paix fut conclue entre lui et ses sujets. Le prince était enchanté et ne pouvait croire à un tel revirement de fortune ; il n'était point méchant et rancuneux de sa nature, mais plutôt facile à se laisser diriger et à subir les impressions du moment. Il se montra généreux et tendre, promit de détruire tous abus, de casser tous priviléges contraires aux vieilles libertés de la Flandre ; puis il alla au camp de Biervliet. Le capitaine de Saint-Jean et les Gantois le reçurent avec acclamations, bientôt après, l'armée rentra à Gand au son des buccines et les bannières déployées. La confirmation du traité de commerce et de neutralité promis par le roi de France, ne se fit pas long-temps attendre; et le dimanche 21 juin l'échevin van Vaernewyc en donna lecture au peuple assemblé sur la grande place du marché. Peu de jours après, un autre traité qui assurait l'existence et la prospérité de l'industrie flamande était conclu avec les plénipotentiaires du roi d'Angleterre.

Mais, tandis que les affaires semblaient prendre en Flandre une tournure favorable à tout le monde, la discorde n'en continuait pas moins à armer l'une contre l'autre la France et l'Angleterre; par la force des choses, la Flandre devait tôt ou tard se trouver entraînée dans ce grand et malheureux conflit. Le roi Édouard avait toujours compté, sinon sur l'appui du comte de Flandre, du moins sur celui des sujets de ce prince, car il tenait entre ses mains les éléments de leur existence et de leur bien-être matériels. Aussi dans l'alliance dernièrement conclue avec eux avait-il inséré un article qu'on serait en droit de trouver fort singulier, si l'on ne savait déjà combien étaient alors distincts les intérêts du comte et ceux de la nation flamande. « Le comte de Flandre, était-il dit dans cet article, n'est pas lié avec le roi d'Angleterre par les clauses précédentes, il peut servir, lui et les gens qui tiennent des fiefs de lui, qui il voudra; mais, dans ce cas, les gens de son pays, bourgeois et habitants, ne serviront point leur seigneur en tant que les villes pourront l'empêcher en vertu de leurs franchises et priviléges (1). » Le monarque anglais s'embarqua le 16 juillet 1338 pour L'Écluse, désirant prendre terre en

---

(1) Rymer, *Fœdera*, nova edit., vol. II, pars II, p. 1043.

Flandre, attirer le peuple à lui et puis joindre ces forces réunies à celles que lui avaient promises ses alliés, tels que le duc de Brabant et le comte de Hainaut, pour envahir ensuite le royaume de France. Le 19, il arriva en vue de L'Écluse avec une flotte considérable; mais van Artevelde, désireux de faire respecter la neutralité, se tenait avec des milices importantes sur les côtes, afin d'empêcher le débarquement. Édouard III désappointé cingla aussitôt vers le port d'Anvers appartenant au duc de Brabant. Du reste, il conservait l'espoir d'attirer les Flamands dans son parti, bon gré, mal gré. Van Artevelde était dans de fort bons rapports avec le comte, depuis qu'il avait rétabli ce dernier dans ses droits seigneuriaux; néanmoins, toujours enclin vers l'alliance anglaise, il exhortait Louis à séparer sa cause de celle du roi de France et à se rapprocher d'un pays dont la Flandre tirait toute sa force et sa richesse. Le comte s'obstinait à ne point vouloir entendre parler des Anglais. « Non, disait-il, je ne m'allierai point aux ennemis du roi Philippe, mon cousin; et je ne puis oublier que sans lui il y a long-temps que j'aurais perdu ma terre. » Van Artevelde ne cessait de le solliciter et, pour se soustraire à ces exhortations importunes, le faible prince ne crut pouvoir mieux faire que de s'échapper la nuit de Flandre, avec la comtesse Marguerite sa femme, et de s'en aller à Paris, où le roi l'accueillit, comme bien l'on pense, avec plus de joie que jamais et lui donna tout l'argent dont il avait besoin pour mener un train somptueux (1).

---

(1) Si se party de nuyt du pays de Flandre, et emmena la comtesse Margerite... Le roy leur fist moult grant feste et leur assena finances pour leur estat maintenir. — Froissart, *ibid.*, 457.

Lorsque les Flamands se virent ainsi abandonnés de nouveau par leur seigneur, c'est-à-dire par celui qui devait les régir et les conseiller, ils se demandèrent s'il ne valait pas mieux suivre leurs propres inspirations et se tourner tout à fait vers le pays qui, de temps immémorial, avait été pour eux la source de beaucoup de biens et qui ne leur avait jamais fait aucun mal. De son côté, le roi Édouard ne ménageait ni les instances ni les promesses. L'heure était arrivée de se prononcer; il fallait être l'ami ou des Français, ou des Anglais. Van Artevelde, en qui le sentiment national se personnifiait si intimement, résolut d'aller trouver Édouard à Anvers; et il y alla en effet accompagné de soixante des plus puissants bourgeois de la Flandre. Il fut reçu par le monarque avec beaucoup de bienveillance et de courtoisie. Le roi confirma la libre entrée des laines et ordonna même qu'on en fît venir à profusion, ce qui lui concilia tout d'abord l'amour des Flamands. Quand il fut assuré de leurs bonnes dispositions à son égard, il leur parla de ses projets d'invasion en France et leur demanda leur concours pour au moins guerroyer aux environs de Tournai et des villes de la Flandre wallonne occupées par des garnisons françaises. Mais il n'entrait pas en la pensée de van Artevelde d'engager les Flamands dans une nouvelle guerre contre la France. Il désirait les maintenir neutres tant qu'il lui serait possible, et il représenta au roi Édouard combien il serait désastreux de voir la Flandre, déjà si épuisée d'argent, exposée à de nouvelles amendes et confiscations par une infraction aux traités qui la liaient à la France. Il lui représenta encore les scrupules du peuple flamand à manquer à la foi jurée et supplia le roi d'Angleterre de ne point exiger pour cette fois qu'on prît les armes en sa faveur (1). Édouard se contenta de ces raisons ; car il ne voulait rien presser, sachant bien que le temps viendrait où la Flandre devrait se déclarer nécessairement pour lui. Tous ses efforts tendirent à gagner la confiance et l'amitié de van Artevelde et de ses compagnons, et il les congédia chargés de riches présents. De retour à Gand, le capitaine de Saint-Jean y fut salué par d'unanimes acclamations. Depuis que le comte de Flandre avait quitté le pays on regardait van Artevelde comme le véritable chef de la nation, et il en exerçait presque tous les droits. Il se faisait craindre et respecter et tenait un honorable état. Jamais il ne sortait qu'escorté par de nombreux archers qui lui formaient une garde du corps, seul moyen de déjouer les projets homicides de ses ennemis et d'imposer à une populace trop souvent remuante et malavisée. Il apporta tous ses soins à faire fleurir la justice et le bon ordre ; établit, dans les villes et les campagnes, des officiers chargés les uns de la police, les autres de la perception des finances. Enfin l'on en vint à dire de lui qu'en aucun pays prince n'avait jamais mené le peuple à sa volonté comme il le faisait (2).

Durant son séjour à Anvers, le roi d'Angleterre eut plusieurs conférences avec van Artevelde ; il s'occupa également de resserrer ses alliances avec le comte de Hainaut, son beau-père, et son cousin le duc de Brabant. Il eut beaucoup de peine à les déterminer à faire la guerre au roi de France et ce ne fut que sous certaines restrictions qu'ils y consentirent. Il se rendit ensuite à Halle, où la plupart des princes qui lui avaient promis leur concours vinrent le trou-

---

(1) *Ibid.*, 457.
(2) On ne treuve que nuls prinches ait pays si à sa voulenté que celui l'eut.— Froissart, *ibid.*, 458.

ver. Après y être resté quelque temps, il partit pour l'Allemagne afin de conclure un traité avec l'empereur et se faire investir de la dignité de vicaire impérial. Le duc de Brabant et le comte de Hainaut lui en avaient donné le conseil. C'était en effet le moyen de légitimer leur agression contre le royaume de France; car Édouard, vicaire ou représentant de l'empereur, pouvait se faire prêter serment de fidélité par les princes de la Basse-Allemagne et les contraindre de marcher avec leurs gens d'armes là où il lui plairait de guerroyer. Les allées et venues du monarque anglais durèrent tout l'automne, et il dut attendre que l'hiver fût passé pour se mettre en campagne. Les préparatifs des princes et diverses négociations prirent encore une partie de l'été; et ce ne fut que le 1er septembre de l'année 1339 que le roi Édouard fit à Malines la jonction de ses troupes avec celles des princes ses alliés. L'armée se dirigea par Bruxelles, Nivelles, Mons et Valenciennes pour aller faire le siège de Cambrai. Cette ville épiscopale, bien que relevant de l'empire, avait pourtant reçu garnison française. Quand les troupes confédérées furent arrivées sous les murs de Valenciennes, elles s'arrêtèrent; et le roi d'Angleterre, pour ne point porter ombrage au comte de Hainaut, entra dans la ville avec une escorte de douze chevaliers seulement. Le comte vint le recevoir à la porte et le conduisit en grand appareil à son palais. Là l'évêque de Lincoln montant sur le perron de la salle éleva la voix devant tout le peuple et dit : « Guillaume d'Auxonne, évêque de Cambrai, je vous admoneste, comme procureur du roi d'Angleterre, vicaire de l'empereur de Rome, que vous vouliez ouvrir la cité de Cambrai ; autrement vous vous forfaites et y entrerons par force (1). »

(1) *Chron. de J. Froissart*, éd. Buchon, I, 74.

Personne ne répondit à cette interpellation. Alors le prélat se tourna vers Guillaume-le-Hardi : « Comte de Hainaut, nous vous admonestons, de par l'empereur de Rome, que vous veniez servir le roi d'Angleterre, son vicaire, devant la cité de Cambrai avec tout ce que vous devez de gens (1). » — Le comte répondit : « Volontiers; » et alors le roi et les princes entrèrent dans les appartements, où un magnifique souper se trouvait préparé.

Le lendemain matin, Édouard quitta Valenciennes et s'en vint à Haspres; il s'y reposa deux jours pour attendre ses troupes, qui, venant d'Angleterre et d'Allemagne, n'étaient point toutes arrivées. D'Haspres, le roi et l'armée allèrent prendre position à Naves et à Iwuy; et la ville de Cambrai fut bientôt investie complétement. Étienne de La Baume, dit le Galois, grand-maître des arbalétriers de France, avait été envoyé par Philippe-de-Valois pour défendre la place de concert avec Thibaut de Mareuil et le seigneur de Roye. Ces trois capitaines n'avaient rien négligé pour fortifier Cambrai et la protéger contre les assauts. Le sixième jour, après que le roi Édouard se fut logé devant la ville épiscopale, le duc de Brabant arriva au camp avec neuf cents lances et de nombreux archers; il se posta sur la rive gauche de l'Escaut, et l'on établit un pont pour qu'il pût communiquer avec le reste de l'armée. Le roi d'Angleterre avait bien autour de Cambrai quarante-mille hommes; cependant ce n'était pas là tout son monde. Sans parler des troupes alliées qu'il attendait encore, il avait laissé un corps nombreux d'Anglais à Gautier de Mauny, brave chevalier du Hainaut, qui s'était chargé de prendre la ville de Mortagne

(1) *Ibid.*

appartenant au roi de France. Il la prit en effet et la réduisit en cendres, mais il ne put s'emparer du château; et, pour ne point perdre un temps précieux, il se joignit aux impériaux et s'en vint attaquer Thun-l'Évêque, domaine de l'évêque de Cambrai. C'était une forteresse importante, un poste avantageux dont il convenait de se rendre maître; car la garnison, se trouvant à portée de l'Ostrevant et du Hainaut, pouvait facilement y commettre des déprédations. Le sire de Mauny l'enleva de vive force, y prit le châtelain et sa femme, et y établit pour gouverneur son frère Gilles, surnommé Grignart, qui depuis causa de grands maux et dommages à ceux de Cambrai. D'un autre côté Jean de Hainaut, fils du comte Guillaume, courait le Cambrésis, en compagnie du sire de Falckenberg, et y exerçait beaucoup de ravages. Ils essayèrent, mais sans succès, de prendre le château d'Oisy, appartenant au sire Enguerrand de Coucy. La saison avançait, le roi d'Angleterre fit presser les opérations du siége de Cambrai. Par un samedi, le comte de Hainaut livra un grand assaut vers la porte qu'on appelle du Saint-Sépulcre ou de Saint-Quentin. Il avait pris le meilleur de ses troupes; et Jean Chandos, un des plus braves écuyers d'Angleterre, se tenait à ses côtés. Le signal de l'attaque n'était pas donné que Jean Chandos, la lame au poing, se précipita entre les barrières et la porte pour répondre au défi d'un écuyer de Vermandois qu'on appelait Jean de Saint-Dizier, et qui était parent du comte de Flandre. Ils firent l'un sur l'autre plusieurs belles appertises d'armes; et les Hainuyers, que le courage de Chandos animait, se jetèrent à l'envi contre la barrière, qu'ils enlevèrent de vive force. A une autre porte, nommée la Porte-Robert, les sires de Beaumont, de Falckenberg, d'Enghien et Gautier de Mauny avec leurs gens livraient un assaut tout aussi rude. Mais si les assiégeants déployaient un grand courage, ceux de Cambrai et les soudoyers du roi de France ne se défendaient pas moins valeureusement. Tant et si bien que les murs d'enceinte restèrent intacts et que les assiégeants, après bien du sang répandu, furent enfin forcés de retourner sans avoir rien opéré de décisif.

Sur ces entrefaites on apprit que le roi Philippe de Valois rassemblait une armée considérable autour de Péronne, dans le but de combattre les Anglais et leurs alliés et de débloquer Cambrai. Édouard réunit son conseil de guerre pour savoir quel parti on devrait prendre : il s'adressa surtout à Robert d'Artois, que nous avons vu naguère se réfugier en Angleterre pour échapper à de nombreux méfaits et qui depuis lors était devenu l'intime ami du roi. Toute la question était de savoir si l'on resterait au siége ou si on l'abandonnerait pour se porter au-devant de Philippe de Valois. Robert se rangea fortement à ce dernier avis, qui plus qu'aucun autre favorisait ses projets de vengeance : il avait été le principal instigateur de la guerre, il ne désirait rien tant que de la voir portée au cœur même de la France. Il remontra que la ville de Cambrai était si bien fortifiée, si amplement pourvue de gens d'armes et d'artillerie, qu'on risquait d'y perdre beaucoup de temps et d'argent, en supposant même que l'on parvînt un jour à s'en emparer ; qu'il valait mieux entrer au royaume, où l'on trouverait largement de quoi entretenir l'armée. Cette opinion, que partageaient aussi la plupart des seigneurs anglais, prévalut ; on leva le camp et le roi Édouard se porta vers les terres de Picardie, au mont Saint-Martin, où la rivière de l'Escaut prend sa source et où se trouvait une riche abbaye de l'ordre des Prémontrés. Le prince s'y logea et le duc de Brabant alla s'héberger en l'abbaye de Vaucelles, fondée à deux lieues de là par Hugues d'Oisy à l'instigation de Saint-Bernard. Plusieurs chevaliers flamands, qui ne voulaient point suivre le parti de leur seigneur et servir pour le roi de France, s'étaient rangés sous la bannière du duc. On y voyait entre autres le sire d'Halluin, messire Hector Vilain de Gand, le sire de Gruthuse, Walfart de Ghistelle et Guillaume van der Straten (1).

Avec le roi d'Angleterre se trouvait Henri de Flandre, comte de Lodi au duché de Milan, seigneur de Nienhove, et petit-fils de l'illustre Philippe de Chiéti. Quand on fut arrivé aux frontières de France, Édouard arma ce jeune prince chevalier; et Henri, pour consacrer ce nouveau titre et accroître son honneur, se mit en la compagnie de plusieurs autres chevaliers commandés par Jean de Hainaut, et qui avaient résolu un coup de main contre la ville et l'abbaye d'Honnecourt en Cambrésis. Il existait alors à Honnecourt un abbé de grand sens et très-expert au fait des armes. À l'approche de l'ennemi, il fit en toute hâte charpenter une forte barrière devant la ville, arma ses vassaux; dressa des guérites pourvues d'artillerie, de pierres et de chaux; puis, en tête de tout son monde, il attendit l'attaque de pied ferme. Bientôt Jean de Hainaut, Henri de Flandre, les sires de Falckenberg, de Bergues et leurs compagnons arrivèrent près de la barrière, et, voyant qu'on ne pouvait pénétrer dans la ville sans la franchir, ils descendirent de leurs chevaux et s'élancèrent l'épée au poing pour briser tout obstacle. Mais la barrière était très solide, et ceux qui là défendaient

(1) Froissart, I, 82.

hardis et courageux. L'abbé les animait par ses discours et son exemple. On y donnait et recevait de rudes coups d'épée, tandis que les gens placés dans les guérites faisaient pleuvoir sur les assaillants des pierres, des poutres et des pots remplis de chaux vive. Au plus fort du péril, Henri de Flandre, agitant son glaive, cherchait à travers les ouvertures de la barrière à frapper l'abbé. Vigoureux et fort, celui-ci empoigne l'épée du jeune chevalier et l'attire vers lui à toutes secousses. Henri, ne voulant point se laisser désarmer, tenait ferme; mais damp abbé tirait de son côté si rudement que le bras se trouva engagé à l'intérieur des palissades jusqu'à l'épaule, l'abbé saisit alors ce bras à deux mains. Le corps y eût passé peut-être tout entier, si les chevaliers n'eussent accouru à la rescousse. Henri fut dégagé non sans être grièvement meurtri de cette lutte et sans y avoir perdu son épée, que l'on vit par la suite appendue triomphalement dans l'église abbatiale d'Honnecourt. L'agression dura jusqu'au soir; et les assiégés se défendirent si énergiquement, que les chevaliers, qui s'étaient flattés d'emporter la ville d'un coup de main, durent abandonner l'entreprise et gagner le camp avec leurs blessés (1).

Tandis que le roi d'Angleterre se tenait ainsi aux frontières, menaçant d'envahir la France, le roi Philippe de Valois, qui était alors à Compiègne, dépêcha Raoul d'Eu, son connétable, avec une forte troupe à Saint-Quentin pour garder la ville; il envoya le seigneur de Coucy en sa terre et le seigneur de Ham en la sienne, renforça les garnisons de Guise, Ribemont, Bohain et autres forteresses à l'entrée du royaume, pour la protéger contre l'ennemi, puis descendit

(1) *Ibid.*, 78.

lui-même vers Péronne, où était déjà le gros de son armée,
qu'il augmenta d'une multitude d'hommes de guerre venus
avec lui. Le roi avait en sa compagnie le roi de Bohême, le
roi de Navarre, le roi David d'Écosse, ses alliés, et les
grands vassaux de la couronne, tels que les ducs de Normandie, de Bourgogne, de Bretagne, de Lorraine, le comte
de Flandre, et une foule d'autres princes et barons. C'était
une des plus belles chevaleries qu'on eût jamais mises sur
pied. L'armée fut disposée en trois corps de bataille compo-
sés chacun de quinze mille hommes d'armes et vingt mille
hommes de pied (1). Cependant le roi d'Angleterre avait
quitté le Mont-Saint-Martin et était entré en Vermandois :
Philippe de Valois et l'armée française se portèrent vers
Saint-Quentin et allèrent ensuite prendre position au village
de Buironfosse, près duquel Édouard venait d'établir son
camp. Le monarque anglais envoya aussitôt un héraut d'armes pour provoquer Philippe au combat et lui demander
jour. Le héraut fut accueilli avec beaucoup de joie par le
roi et les seigneurs de son armée : on lui donna en présents
de riches manteaux de fourrure pour les bonnes nouvelles qu'il
apportait et il retourna vers son maître. Le jour de la bataille
avait été assigné au vendredi 22 octobre. Donc le vendredi
matin les deux armées entendirent la messe, et se prépa-
rèrent à en venir aux mains. De part et d'autre toutes les dispositions avaient été faites : on se trouvait en présence et
il semblait qu'une lutte terrible allait s'engager. Cependant
le conseil du roi de France était en ce moment-là même
agité par de graves discordes. Tandis que les uns voulaient
qu'on livrât de suite la bataille, prétendant que ce serait

---

(1) *Ibid.*, 1, 83.

une grande honte et une grande faute au roi de ne point combattre et profiter de l'occasion pour anéantir la puissance de son ennemi, d'autres objectaient des raisons sérieuses dans un sens contraire. « Au fait, disaient-ils, à quoi servirait maintenant une bataille? Si on la gagne, on n'acquiert pas un pouce de terre sur le roi Édouard ; si on la perd, la France est envahie et ruinée. Il vaut bien mieux se tenir sur la défensive et garder l'entrée du royaume. » Ces pourparlers durèrent jusqu'à midi ; on fit encore remarquer que le vendredi était un jour néfaste ; que la plupart des chevaux de l'armée avaient fait cinq grandes lieues sans boire ni manger ; enfin, qu'on ne se trouvait pas dans une disposition de terrain aussi favorable que le roi d'Angleterre (1). Philippe de Valois n'écoutait pas très-favorablement ces avis et il était dans une vive impatience d'en finir. Sur ces entrefaites arriva au camp une lettre du roi Robert de Sicile, qui passait pour le plus fameux astrologue de l'époque. Robert disait qu'il avait consulté les astres et tous les secrets de la magie et qu'il augurait mal pour la France de cette guerre. Cet incident augmenta la perplexité des seigneurs et toute la journée se passa de la sorte. Il paraît que du côté des Anglais l'ardeur s'était également refroidie. Au milieu de la nuit le roi d'Angleterre partit, disant qu'il ne voulait plus attendre davantage. « Il lui faudra beaucoup de chevauchées comme celle-là pour conquérir le royaume (2), » dit Philippe de Valois en apprenant la retraite du roi d'Angleterre. Philippe attendit deux jours et, voyant qu'il n'avait plus personne à combattre, il renvoya une partie de son armée et distribua l'autre sur les marches du royaume, ren-

(1) *Les Grandes Chron. de France*, éd. P. Paris, *V*, 378.
(2) Froissart, *éd. primitive*, éd. Buchon, *III*, 470.

forçant les garnisons de la Flandre wallonne, de Cambrai
et de Tournai.

Édouard s'était dirigé du côté d'Avesnes : de là il regagna le Brabant et s'en vint droit à Bruxelles. Le comte de Gueldres, le marquis de Juliers, Jean de Hainaut, le sire de Falckenberg et tous les princes de l'empire ses alliés le rejoignirent en cette ville et il s'y tint un grand parlement où l'on convoqua Jacques van Artevelde, qui avait, comme on l'a vu, maintenu le pays de Flandre dans la plus stricte neutralité durant toute la guerre. Ce n'est pas que le roi d'Angleterre ne l'eût sollicité vivement et à plusieurs reprises de se déclarer; mais van Artevelde avait sans cesse répondu que le lien féodal et les traités qui unissaient le comté de Flandre au royaume de France ne pourraient se briser sans de graves inconvénients. A Bruxelles, Édouard renouvela ses instances et fit les plus magnifiques promesses ; entre autres celle d'aider les Flamands à recouvrer non-seulement les villes de Lille, Douai et d'Orchies, mais aussi le comté d'Artois tout entier, et à conquérir la cité de Tournai. C'était là une forte tentation; car la perte des villes de la Flandre wallonne et le démembrement de l'Artois, province si riche et si fertile, avaient toujours été en Flandre un grand sujet de deuil et de regret. Van Artevelde demanda le temps de réfléchir : il prit conseil de ses amis et des principaux bourgeois que les villes avaient députés au parlement. Après bien des conférences et bien des hésitations, il fit de commun accord cette réponse au roi d'Angleterre : « Cher sire, autrefois vous nous avez déjà adressé semblables requêtes; sachez pour vrai que, si nous y pouvions consentir en gardant notre honneur et notre foi, nous le ferions. Mais nous avons juré par serment au roi de

France, sous peine d'excommunication et de fortes amendes, de ne point émouvoir de guerre contre lui ; chacun le sait et il ne nous est pas permis d'enfreindre ce serment. Néanmoins il y aurait moyen d'arranger les choses, si vous y vouliez consentir : ce serait de prendre le titre de roi de France et de mettre les armes de France dans votre écusson à côté des armes d'Angleterre ; alors nous vous tiendrons pour légitime roi de France et comme tel vous nous donnerez quittance de notre foi ; par ainsi nous serons absous et dispensés, et ferons tout ce que vous voudrez et ordonnerez (1). » Il déclara en outre qu'il voulait que les droits du comte de Flandre fussent scrupuleusement réservés, et que les réintégrations promises par le roi fussent faites, en faveur des souverains légitimes du pays, à leurs hoirs et successeurs. Ces propositions de van Artevelde mirent le roi d'Angleterre dans un assez grand embarras ; il avait déjà pris le titre de roi de France en tête de certains diplômes, mais il n'avait point encore osé s'emparer des armes d'un royaume où il n'avait rien conquis. D'autre part le concours des Flamands lui semblait d'un bien haut prix et de nature à favoriser puissamment ses projets de guerre. Il en conféra avec le duc de Brabant, le comte de Gueldres, le marquis de Juliers, et surtout avec son intime ami et conseiller messire Robert d'Artois. Chacun lui dit qu'il n'y avait point à balancer et que, s'il se croyait bien et dûment véritable roi de France, en vertu de ses droits héréditaires, il ne devait conserver aucun scrupule sur le fait du titre, des armes et des prérogatives. A quelques jours de là, et le 4 janvier, Édouard donna pouvoir à Guillaume de Montagu, comte de Salisbu-

---

(1) *Chron. de J. Froissart*, I, 85.

ry, à Henri de Ferers, son chambellan, et à Geoffroi de
Scrop, chevalier, pour conclure en son nom une alliance
offensive et défensive avec les Flamands. Bientôt après il prit
définitivement le titre et les armes du roi de France; et à ce
sujet il publia un manifeste à tous les Français pour les engager à suivre l'exemple des Flamands, et à le reconnaître
pour leur souverain seigneur et maître. Il y exposait les motifs qui l'avaient déterminé à revendiquer le royaume sur
Philippe de Valois, puis il ajoutait : « Nous sommes en
ferme propos d'agir gracieusement et débonnairement avec
tous ceux qui viendront à nous pour accomplir leur devoir.
Notre intention n'est pas de vous enlever vos priviléges et
juridictions ; nous voulons au contraire faire droit à tout le
monde et rétablir les bonnes lois et coutumes qui existaient
au temps de notre prédécesseur et aïeul le roi saint
Louis (1). »

Édouard ne pouvait pas espérer que le royaume allait
se soulever sous la foi de semblables promesses; mais il
avait toujours atteint le but qu'il poursuivait si ardemment;
et la Flandre avec ses ports nombreux, ses populations fortes et aguerries, ses ressources de toute nature, lui était
désormais acquise comme alliée. C'était là un immense
avantage, surtout si l'on remarque que déjà les provinces
contiguës de Brabant et de Hainaut se trouvaient ouvertes
aux armées anglaises. La guerre ne pouvait néanmoins se
rallumer en ce moment, car on était au fort de l'hiver. On
résolut de la reprendre au mois de juin, et le roi d'Angleterre retourna dans ses états. Il laissa sa jeune femme à
Gand, en gage de la bonne amitié qui unissait l'Angleterre

---

(1) Rymer, *Fœdera*, nova ed., vol. II, pars. II, p. IIII.

à la Flandre. Cette princesse, logée à l'abbaye de Saint-Pierre avec toute sa maison, y menait grand état et recevait souvent la visite des seigneurs, dames et damoiselles de Gand. Le capitaine van Artevelde était un des hôtes les plus assidus de la reine, qui lui faisait beaucoup d'accueil et d'honneur.

Arrivé en Angleterre, le roi Édouard réalisa une partie des promesses qu'il avait faites aux Flamands, en leur accordant des priviléges commerciaux très-étendus (1), et confirma les autres par une charte remarquable, donnée à Westminster le mercredi 21 mars. En voici le préambule et les principaux articles : « Édouard, par la grace de Dieu, roi de France et d'Angleterre et seigneur d'Irlande, à tous ceux qui ces présentes lettres verront ou entendront, salut en notre Seigneur. — En connaissance de vérité, sachent tous que nous, en bonne délibération, avis, provision et mûr conseil sur les choses ci-dessous exprimées, considérant la grande et évidente utilité et le profit de nous, de nos hoirs et successeurs rois de France, et pour les très-grandes loyauté, bonté, obéissance et le très-grand service que nous avons déjà trouvé dans les habitants des bonnes villes de Gand, Bruges, Ypres et du commun pays de Flandre, et espérons trouver au temps à venir, et pour certaines promesses que lesdits habitants nous ont faites comme roi de France et leur droit seigneur souverain, dont nous avons leurs lettres scellées par devers nous, avons, du commun avis et assentiment de tout notre conseil, octroyé, donné et consenti, octroyons, donnons et consentons à perpétuité pour nous, nos hoirs et successeurs rois de France, au comte de Flan-

---

(1) *Archives de Flandre*, ann. 1340, passim.

dre, aux habitants de ses dites bonnes villes et commun pays de Flandre et à chacun d'eux, ainsi que à lui appartient, ou touche, ou peut, ou doit appartenir ou toucher toutes les terres, villes, seigneuries, priviléges, libertés, franchises et articles ci-dessous écrits en la forme et manière que ci-après sont déclarés. — Premièrement, avons voulu, octroyé et consenti, voulons, octroyons et consentons que tous les liens, soumissions et obligations de l'autorité papale ou ordinaire, sentences, excommunications, suspensions sur les personnes, interdits sur les villes, terres, lieux, châtellenies et communes de Flandre et tous autres lieux, peines, servitudes, soumissions et obligations... en quelque manière et pour quelque cause que ce soit... soient cassés à toujours et mises à néant; et voulons que ledit comte, ses hoirs et successeurs, les nobles, les habitants, villes, terres, châtellenies, lieux et communes d'icellui pays de Flandre, en soient désormais quittes et affranchis. Et aussi voulons et consentons que toutes les forteresses faites ou commencées à faire jusqu'aujourd'hui dans ledit pays de Flandre demeurent en leur force à toujours, sans qu'on les puisse abattre ou empirer; il sera permis au contraire de les élargir, approfondir, exhausser, augmenter toutes les fois et en telle manière qu'il plaira aux habitants des villes où lesdites forteresses sont encloses. — *Item*, les villes de Lille, de Douai, de Béthune, d'Orchies et les châtellenies avec les appartenances et dépendances d'icelles, qui jadis furent et doivent être du domaine propre et comté de Flandre, nous les avons rendues et acquittées, rendons et acquittons audit comte de Flandre et à ses hoirs et successeurs, et renonçons à tout le droit et à la possession que nous et nos prédécesseurs rois de France avions; les transportant aux mains et au domaine propre des comtes de Flandre, voulant qu'ils les tiennent et en jouissent paisiblement à toujours, ainsi que leurs prédécesseurs l'ont fait, etc. —*Item*, pour ce que la comté d'Artois fut et avait coutume d'être depuis les anciens temps au comte de Flandre, et que indûment elle a été aliénée, et pour certaines autres causes à ce nous mouvant.... avons donné et donnons au comte de Flandre, à ses hoirs et successeurs comtes de Flandre, les villes, les châtellenies et toute la comté d'Artois entièrement, avec les seigneuries, rentes, profits, émoluments, appartenances et appendances d'icelle comté à tenir et posséder en la forme et manière que les comtes d'Artois les ont tenus et possédés ; et donnons en outre la cité de Tournai, la châtellenie d'icelle avec les seigneuries, etc., audit comte de Flandre, pour les tenir en fief, loi et hommage de nous et de nos successeurs rois de France, etc.— *Item*, nous voulons, ordonnons et consentons que toutes manières de priviléges, de franchises et de libertés, donnés ou octroyés aux villes, châtellenies et pays de Flandre communément ou divisément.... que ce soit de papes, d'empereurs, de rois, de ducs, comtes, princes, prélats ou autres, et toutes les coutumes et usages desdites villes et châtellenies, dont on jouissait au temps Robert de bonne mémoire, jadis comte de Flandre, soient pleinement de valeur et demeurent à toujours valables et en leur vertu, lesquels tous et chacun louons, gréons, confirmons et ratifions comme roi de France par la teneur de ces présentes, etc. — En témoignage desquelles choses, nous, Édouard, roi dessus dit, comme droit roi de France, pour nous, nos hoirs et successeurs rois de France, pour tous nos sujets et sous-manants de ladite couronne de France, avons donné ces présentes lettres aux dessusdits habitants de Flandre,

scellées de notre grand scel en connaissance de vérité de
toutes les choses dessus écrites et de chacune d'elles, lesquelles furent faites et données par le commun assentiment,
consentement, octroi et accord de tout notre conseil, l'an de
l'incarnation Notre-Seigneur, mil trois cent et quarante,
l'an quatorzième de notre règne en Angleterre, et en
France le premier (1). »

Il est bien souvent question du comte de Flandre dans
la charte du roi d'Angleterre. Louis de Nevers ne s'en doutait peut-être pas ; quoi qu'il en soit, ce prince inoffensif et
nul disparaissait au milieu de tous ces événements, auxquels
il semblait étranger. Après avoir suivi l'armée du roi son
suzerain, il était retourné vivre à Paris, et l'on n'entendait
point parler de lui. La Flandre, soumise tout entière aux volontés de van Artevelde, agissait sous l'impulsion de ce tribun fameux, mais avec calme et sans haine contre la personne d'un prince qui lui était devenu tout à fait indifférent.
Le roi de France se préoccupait bien plus de ce qui se passait en Flandre que Louis de Nevers lui-même. L'alliance
de ce pays avec les Anglais le tourmentait fort. Il adressa
des lettres aux villes flamandes, pour leur enjoindre d'abandonner le parti du roi Édouard et de revenir à la foi et à la
couronne de France, assurant qu'à cette condition tous
griefs seraient pardonnés, promettant d'augmenter leurs
priviléges, de les tenir quittes de toutes sommes et redevances, de favoriser leur commerce et de maintenir une parfaite neutralité. Ces propositions furent repoussées ; et les
Flamands répondirent que tout ce que le roi Philippe leur
promettait, le roi Édouard le leur avait déjà donné. Phi-

---

(1) Ibid. Cop. authent. sur parchemin.

lippe n'eut plus d'autre recours que de se plaindre au pape de la rébellion des Flamands. Benoît XII fit jeter l'excommunication et l'interdit sur toute la Flandre. Cette mesure produisait toujours un grand effet sur les peuples ; mais elle se renouvelait si souvent qu'elle avait déjà perdu de sa force. Les Flamands en conçurent autant decolère que de peur. Ils s'adressèrent au roi d'Angleterre, qui leur répondit de ne point s'inquiéter : « La première fois que je repasserai la mer, disait-il, je vous mènerai des prêtres de mon pays, qui vous chanteront la messe bon gré mal gré le pape (1). » Les esprits se calmèrent et l'on ne songea plus à l'interdit. D'un autre côté, Philippe de Valois travaillait à rompre la liaison qui s'était formée entre Édouard et l'empereur Louis de Bavière. Edouard avait donné 80,000 réaux à l'empereur en lui promettant le double de cette somme. Philippe offrit de faire lever l'excommunication que le pape avait naguère fulminée contre Louis de Bavière.

Durant les derniers mois de l'hiver et le printemps de l'année 1340, les hostilités se continuèrent avec assez de vigueur entre le comté de Hainaut et les gens d'armes que le roi de France avait répartis dans la Flandre wallonne, en Cambrésis, au pays de Tournai, et qui portaient leurs déprédations en Hainaut et en Ostrevant. Il se fit même des incursions en Flandre. Un soir, après souper, Matthieu de Trye, maréchal de France, Matthieu de Roye et Godemar du Fayt, capitaines de Tournai pour le roi, mirent en campagne une chevauchée de mille armures de fer et trois

---

(1) ... Car la première fois qu'il repasseroit la mer, il leur mèneroit des prêtres de son pays, qui leur chanteroient des messes, voulût le pape ou non... — *Chr. de J. Froissart*, I, 94.

cents arbalétriers des garnisons de Tournai, Lille et Douai, et se dirigèrent vers Courtrai, aux environs duquel ils arrivèrent avant le jour. Les coureurs pénétrèrent même dans les faubourgs où ils blessèrent et tuèrent plusieurs personnes. Au lever du soleil, le gros de la troupe se répandit dans la campagne le long de la Lys, du côté de Warneton, et enleva toutes les proies qu'il put rencontrer. Il ramena à Courtrai plus de dix mille moutons et autant de porcs, de veaux, de bœufs et de vaches, de sorte que la ville se trouva ravitaillée pour long-temps. Les nouvelles de ce ravage émurent tout le pays et vinrent à la connaissance de van Artevelde qui se tenait alors à Gand. Il en fut vivement courroucé et jura qu'il ne tarderait guère à se venger sur le Tournaisis. A cet effet il manda à toutes les milices des villes flamandes de se tenir prêtes à marcher et leur assigna un jour pour le venir joindre. Il écrivit aux comtes de Salisbury et de Suffolck que le roi Édouard avait laissés en Flandre; et qui, pour lors, séjournaient à Ypres, afin que ces seigneurs lui amenassent leurs gens de guerre. Il partit de Gand en tête de forces considérables et alla s'établir entre Audenarde et Tournai, en un endroit appelé le Pont-de-fer, attendant l'arrivée des barons anglais. Mais dans l'intervalle il survint à ceux-ci un grand méchef. Comme ils se disposaient à gagner l'armée flamande, les gens d'Ypres les supplièrent d'aller attaquer dans Armentières une troupe de Genevois à la solde de France qui les gênait beaucoup. Les chevaliers objectèrent qu'ils avaient très-peu de monde avec eux pour cette entreprise ; à quoi les bourgeois d'Ypres répondirent qu'ils les accompagneraient armés, en aussi grand nombre qu'on le pouvait désirer. Les Anglais acceptèrent et l'on se porta sur Armentières qui fut bientôt enlevée, saccagée et brûlée (1). Les Yprois retournèrent chez eux et les deux comtes et leur suite songèrent à rejoindre van Artevelde. Pour aller d'Armentières à Tournai, il convient de passer près de Lille. La garnison de cette ville avait eu connaissance de la prise d'Armentières et savait que les seigneurs d'Angleterre devaient longer les routes aux environs. On y établit de fortes embuscades; et les comtes de Salisbury et de Suffolck furent surpris, traversant près de Marquette un chemin profond, étroit, bordé de haies vives et de fossés. On les envoya prisonniers au roi de France. Ce fut pour Artevelde un sujet de vive affliction : il renonça à son projet contre le Tournaisis, licencia ses troupes et retourna à Gand dans l'espoir d'être plus heureux une autre fois (2).

Vers les fêtes de Pâques qui, cette année là, tombaient le 19 avril, le roi de France fit partir son fils, le duc de Normandie, avec une nombreuse chevalerie et beaucoup de gens d'armes pour retourner en Hainaut. Le duc pénétra par le Cambrésis, attaqua et prit le château d'Ecaudœuvres près Cambrai, puis alla faire le siége de Thun-l'Évêque dont Gautier de Mauny s'était emparé naguère et que le comte de Hainaut avait solidement fortifié; car c'était, comme nous l'avons dit, une excellente position. On fit venir pour ce siége, de Cambrai et de Douai, des machines d'une grandeur et d'une force extraordinaires qui lançaient en l'air d'énormes pierres. En retombant, ces projectiles effondraient les toits et les planchers, de sorte que les habitants étaient obligés de s'abriter dans les caves voûtées. Ces en-

(1) *Chron. de Flandre, msc. du roi*, n° 8380, f° C IIIIxxXVI.
(2) *Froissart*, I, 96.

gins fonctionnaient jour et nuit : on s'en servait encore pour jeter dans la place les chevaux et les autres bêtes qui mouraient au camp, et Thun-l'Évêque devint bientôt le foyer d'une infection insupportable. La peste et les maladies y faisaient d'affreux ravages, de sorte que les chefs de la garnison se virent contraints de capituler. Il fut donc arrêté qu'il y aurait une suspension d'armes pendant quinze jours, et que si, avant ce terme, le comte de Hainaut n'amenait pas de secours on se rendrait. Guillaume-le-Hardi, depuis qu'il connaissait les dispositions du roi contre le Hainaut, n'était point resté inactif. Il était allé trouver ses alliés le duc de Brabant, les comtes de Gueldre et de Juliers et Jacques van Artevelde qui était devenu son grand ami (1). Il avait même poussé jusqu'en Allemagne et il arrivait de ce pays lorsqu'il apprit la détresse des gens de Thun-l'Évêque. Il se rendit en toute hâte de Mons à Valenciennes, semonçant tous ses hommes de guerre et alla camper vis-à-vis l'armée du duc de Normandie, l'Escaut entre eux. Le duc de Brabant et le comte de Namur ne tardèrent point à le venir joindre; Artevelde rassemblait ses milices. Cependant, malgré ces renforts, le comte de Hainaut était encore inférieur par le nombre de ses troupes au duc de Normandie; il n'était pas en position de forcer ce prince dans son camp et de débloquer la ville. Comme la trêve allait expirer, le comte usa de stratagème pour sauver la garnison assiégée. Il chargea un corps de troupes d'escarmoucher avec l'armée française; et tandis que l'attention était tournée de ce côté, les gens de Thun se jetèrent dans des barques toutes préparées. Ils avaient eu soin auparavant de mettre le feu à la ville que

---

(1) Et aussi en Flandre devers son bon ami Artevelle. — *Froissart, I,* 102.

les Français devaient occuper. Van Artevelde arriva peu de temps après au secours du comte avec une armée où l'on ne comptait pas moins de soixante mille hommes (1). On pouvait alors se mesurer avec le duc de Normandie et détruire sa puissance. Toutefois, le roi de France, ayant été informé de la venue des Flamands, était accouru de Péronne avec douze cents cavaliers. Il ne voulait servir en Cambrésis que comme simple soudoyer; car aux termes de certains traités avec les empereurs, les rois de France ne devaient point faire la guerre sur les terres d'Empire. Il laissa donc le commandement à son fils et ce fut lui que Guillaume de Hainaut envoya défier au combat par un héraut. Le duc répondit une première fois qu'il aviserait à donner réponse. Au bout de trois jours, comme il ne faisait point connaître sa volonté, le comte voulait faire jeter un pont sur l'Escaut afin de pouvoir engager la bataille. Le duc de Brabant s'y opposa fortement : « Le roi d'Angleterre, dit-il, doit prochainement passer la mer et venir avec nous assiéger Tournai. Il convient de l'attendre. Si nous combattions et que la fortune fût contre nous, il perdrait le fruit de son voyage; si nous remportions une victoire, il ne nous en saurait gré, car il est le chef de cette guerre. Partons d'ici où nous ne pouvons séjourner sans grands frais et retournons chez nous. Avant dix jours on aura des nouvelles du roi d'Angleterre (2). »

Le duc ne se trompait point. Édouard en effet s'était embarqué le 22 juin avec une grande et belle flotte. Le monarque anglais ignorait que Philippe de Valois avait pris ses mesures pour l'empêcher d'aborder en Flandre. Il cin-

(1) *Ibid.*, 104.
(2) *Ibid.*

glait donc vers ce pays en toute confiance, lorsqu'arrivé dans les eaux de l'Écluse il aperçut (1), échelonnée près des côtes, une si grande quantité de navires que leurs mâts semblaient former une épaisse forêt. Et, en effet, c'était la flotte française composée de cent quarante gros vaisseaux et d'une multitude de petits bâtiments ; elle était montée par plus de quarante mille Normands, Picards, Génois et Espagnols appelés *Bidaux*. L'amiral Hugues Quieret, Pierre Bahuchet, et le Génois Barbavera la commandaient. Le roi Édouard appela le patron de son navire et lui demanda ce que cette grande assemblée de nefs pouvait être. « Sire, lui répondit le patron, il m'est avis que ce sont les Normands que le roi de France tient sur mer, et qui ont dernièrement brûlé votre ville de Southampton et pris votre beau vaisseau le *Christophe*. » — « Tant mieux, reprit le roi, j'ai depuis longtemps désir de les combattre, et s'il plaît à Dieu et à saint George, nous en prendrons vengeance aujourd'hui (2) » D'un autre côté, Barbavera disait à l'amiral et à Bahuchet : « Voici venir le roi d'Angleterre, si vous en croyez mon conseil nous nous tirerons en haute mer, car si nous demeurons ici, l'ennemi qui a pour lui le vent, le soleil et la marée, nous serrera tellement que nous ne pourrons plus remuer. » — « Honni soit qui se partira d'ici, repartit Bahuchet, lequel s'entendait mieux à débrouiller un compte qu'à guerroyer sur mer, dit un chroniqueur (3), il vaut mieux les attendre tout à notre aise en ces lieux. » — « Comme il vous plaira, fit le Génois, mais moi qui ne veux pas me perdre, je sors

---

(1) *Ibid.*, 106.

(2) *Ibid.*

(3) ... Que mieux se savoit meller d'un compte faire que de guerroier en mer. — *Les grandes Chron. de France*, *V*, 386.

de ce trou avec mes galères (1); » et il gagna la pleine mer. Sur la flotte anglaise, toutes les dispositions de combat et d'abordage avaient été subitement faites. De grands crocs attachés avec des chaînes et des cordes étaient préparés. Les archers et les arbalétriers, postés dans les haubans, se tenaient prêts à décocher leurs traits ; les chevaliers, armés de pied en cap, la hache ou l'épée en main, étaient sur les ponts. Le vent poussait les Anglais à grande vitesse; et en un instant la flotte du roi de France, serrée dans le havre de l'Écluse, fut investie de toutes parts. Alors commença une terrible bataille ; mais c'était plutôt un combat de terre qu'un combat naval ; car l'abordage eut lieu tout aussitôt, et les navires de la côte, ne pouvant se mouvoir et se prêter secours, s'embarrassant les uns les autres, furent envahis par les gens d'armes anglais. On se défendit avec un grand acharnement, et Hugues Quieret montra beaucoup de courage : mais il fallait succomber, d'autant plus que du côté de la terre, les Flamands étaient accourus de Bruges et des environs pour empêcher toute évasion. Le massacre dura depuis six heures du matin jusqu'après midi, et il périt bien trente mille hommes, dont plus des trois quarts étaient Français. Hugues Quieret fut égorgé de sang-froid après avoir été fait prisonnier, et maître Bahuchet, auteur de ce désastre, fut pendu au mât de son vaisseau. Le roi Édouard paya vaillamment de sa personne, et au plus fort de la mêlée il reçut une blessure à la cuisse en combattant avec sa chevalerie, parmi laquelle on remarquait Henri de Flandre, Robert d'Artois qui s'appelait alors comte de Richemond, Gautier de Mauny, Jean Chandos et plusieurs autres per-

---

(1) *Ibid.*

sonnages que l'on a vus déjà figurer dans les guerres précédentes. Pour remercier Dieu de la grande victoire qu'il venait de remporter sur ses ennemis, le prince anglais alla faire un pèlerinage à Notre-Dame-d'Ardembourg, après quoi il se rendit à Gand, où la reine sa femme le reçut avec beaucoup de joie. Les bourgeois lui firent aussi une réception d'autant plus belle qu'il avait eu soin de leur envoyer, durant tout l'hiver, des laines à foison.

Édouard avait écrit et signifié son arrivée aux seigneurs qui se trouvaient encore avec l'armée devant Thun-l'Évêque, et leur avait appris la destruction de la flotte française. Le camp fut aussitôt levé, les soudoyers renvoyés chez eux; mais les barons et chevaliers restèrent sur le pied de guerre, et le comte de Hainaut les mena dans sa ville de Valenciennes pour les festoyer et les honorer. Le duc de Brabant et van Artevelde furent pendant le séjour à Valenciennes l'objet des attentions particulières du comte (1). C'étaient en effet les deux plus puissants hommes qu'il y eût là parmi tant de puissants seigneurs. On savait quelle magique influence la parole du sage Gantois exerçait sur les masses; on le pria de haranguer le peuple et les barons de l'armée. Un échafaud fut dressé sur la place du marché. Van Artevelde y monta, et au milieu d'une foule immense, attentive et recueillie, il retraça les causes de la guerre, rappelant les droits que le roi Édouard avait à la couronne de France, puis il fit un magnifique tableau de la puissance où pouvaient atteindre les trois pays de Flandre, de Hainaut et de Brabant en restant unis et confédérés. « Il fit tant par ses paroles et son grand sens, dit un contemporain, que toutes manières

---

(1) ... Et les festa et honora grandement, par especial, le duc de Brabant et Jacquemart d'Artevelle.— Froissart, I, 108.

de gens qui l'ouïrent et l'entendirent, dirent qu'il avait grandement bien parlé et par grande expérience; et en fut de tous moult loué et prisé; et dirent qu'il était bien digne de gouverner et exercer le comté de Flandre (1). »

Les seigneurs ne firent pas long séjour à Valenciennes. Ils se séparèrent se donnant rendez-vous pour la semaine suivante à Gand. Le roi d'Angleterre les reçut en bel accueil et fort honorablement : outre la victoire qu'il venait de remporter, il avait un autre sujet d'être joyeux; la reine était heureusement accouchée d'un fils appelé Jean, qui depuis fut duc de Lancastre. On s'occupa immédiatement des préparifs de guerre contre la France et un parlement fut assigné à Vilvorde où se devaient réunir tous les princes alliés et les députés des villes flamandes. Chacun s'y rendit exactement et il y fut pris plusieurs résolutions importantes. Les provinces de Flandre, de Hainaut et de Brabant resserrèrent leur alliance qui devint alors offensive et défensive dans toute l'acception du mot. Van Artevelde tenait beaucoup à cette fédération, et c'était-là une des bases de sa politique. Il lui semblait avec raison qu'un grand bien devait résulter de la solide union établie entre pays voisins, ayant presque les mêmes mœurs, et les mêmes intérêts en politique comme en négoce. Entre autres choses, il fit décider qu'on battrait une monnaie commune aux trois pays, et dont les pièces porteraient le nom de *compagnons* ou *alliés* (2). Une chose fort avantageuse pour les Flamands fut encore arrêtée au parlement de Vilvorde: c'est que l'on commencerait les opérations de la campagne par le siége de Tournai. Or l'on sait que cette ville et son territoire, depuis long-temps objets d'inquiétude et de con-

(1) *Ibid.*
(2) *Froissart*, I, 109.

voitise pour les Flamands, avaient été formellement promis à ces derniers par le roi d'Angleterre.

Philippe de Valois, qui recevait avis des projets de l'ennemi, se mettait en mesure de les déjouer. Sachant bien que Tournai deviendrait le point de mire des premières attaques, il y envoya la fleur de sa chevalerie. Tournai avait été le berceau de la monarchie française et n'avait jamais menti à sa noble origine. Bien que formant, avec son territoire, un petit état indépendant, elle s'était toujours montrée pleine de sympathie pour la France, et de leur côté les monarques français l'aimaient et la protégeaient comme leur fille d'adoption. Le connétable Raoul d'Eu et le jeune comte de Guisnes son fils, le comte de Foix et ses frères, le comte Aymeri de Narbonne, messire Aymars de Poitiers, messire Geoffroi de Charny, messire Girard de Montfaucon, les deux maréchaux Robert Bertrand et Matthieu de Trye, le seigneur de Cayeux, le sénéchal de Poitou, le seigneur de Châtillon et messire Jean de Landas, en grande compagnie de chevaliers, écuyers et gens-d'armes d'élite, vinrent s'y enfermer avec la garnison commandée par Godemar du Fayt. Le roi les avait conjurés de soigner et garder Tournai de tout dommage, et de la défendre jusqu'à la mort. La ville fut aussi pourvue de vivres, de munitions, d'artillerie et mise sur un pied de défense formidable.

Le dimanche 23 juillet, Édouard établit son quartier général à Chin-lez-Tournai, et le 27 du même mois il adressa le défi suivant au roi de France : « De par Édouard, roi de France et d'Angleterre, seigneur d'Irlande. — Sire Philippe de Valois, depuis long-temps nous vous avons requis par messages et en plusieurs autres manières raisonnables de nous faire raison et de nous rendre le royaume de

France, notre légitime héritage, que vous occupez à grand tort; et pour ce que nous voyons bien que vous entendez persévérer dans cette injurieuse détention, sans obtempérer à notre juste demande, nous sommes entrés en la terre de Flandre comme souverain seigneur d'icelle et avons traversé le pays. Or, nous vous signifions qu'avec l'aide de notre seigner Jésus-Christ et avec la puissance dudit pays de Flandre et de nos autres alliés, considérant le droit que nous avons à l'héritage que vous détenez si mal à propos, nous nous tirons vers vous pour mener nos droites prétentions à bonne et prompte fin. » Il terminait en proposant à Philippe, pour éviter l'effusion du sang humain, de vider la querelle par un combat singulier entre eux deux seulement, ou entre cent chevaliers, ou enfin par une bataille des deux armées sous dix jours (1). Philippe de Valois lui répondit en substance qu'un suzerain n'accepte point le défi de son vassal, et qu'il espérait le jeter bientôt hors de son royaume. « Et pour ce que vous pensez avoir les Flamands en aide, ajoutait le roi, nous croyons être certains que les bonnes gens et les communes du pays se conduiront envers le comte de Flandre, leur seigneur et notre cousin, de manière à garder leur honneur et loyauté. S'ils ont fait autrement jusqu'à cette heure, ça été par mauvais conseil de gens qui ne regardaient pas au profit commun, mais seulement à leur avantage personnel (2). »

La ville de Tournai fut investie le 30 juillet par toutes les troupes alliées à la fois. Le roi d'Angleterre s'en vint loger à la Porte-Saint-Martin, au chemin de Lille et de Douai. Il avait avec lui, outre un grand nombre de seigneurs ban-

(1) Rymer, Fœdera, nova edit., vol. II, pars II, p. 1131.
(2) Ibid.

rets, quatre mille hommes d'armes et neuf mille archers sans la piétaille. Le duc de Brabant, en compagnie de plus de vingt mille combattants, prit position au Pont-à-Rieux vers le Bas-Escaut. Près de lui se plaça le comte de Hainaut avec la belle chevalerie de son pays et quantité de Hollandais et Zélandais. Jacques van Artevelde campa ses quarante mille Flamands près de la porte des Sept-Fontaines, depuis le Haut-Escaut jusqu'au quartier du roi d'Angleterre. Le capitaine de Saint-Jean n'avait point tout son monde ; car les milices d'Ypres, de Poperingue, de Cassel, de la châtellenie de Bergues et de la Flandre maritime avaient reçu une autre destination, comme on le verra tout à l'heure. Enfin le duc de Gueldre, le marquis de Juliers et les princes allemands serraient la place du côté du Hainaut. Il n'y avait pas moins de cent vingt mille hommes autour des murailles de Tournai (1); jamais on n'avait vu de ville assiégée par une si puissante armée. Les travaux commencèrent aussitôt, et les attaques furent poussées avec une vigueur extrême. Les Flamands y apportaient un zèle et une ardeur qu'expliquent et leur animosité contre les Tournaisiens et l'appât d'une conquête dont tout le fruit devait leur appartenir. Ils avaient dressé sur bateaux, dans l'Escaut, d'immenses machines qui battaient les murailles sans relâche. Parmi les assauts qu'ils tentèrent il y en eut un qui dura un jour entier; et il s'y passa de beaux faits d'armes, car les seigneurs et les chevaliers qui défendaient la ville s'y portèrent en foule. Ils combattirent avec tant de valeur et d'impétuosité que les Flamands furent enfin repoussés et qu'un de leurs bateaux chargé de monde fut détruit et coulé bas. Plus de cent vingt hommes périrent noyés d'un seul coup.

(1) Froissart, *I*, 114.

Il avait été décidé au parlement de Vilvorde qu'en même temps qu'on se porterait sur Tournai, un corps d'armée composé, partie d'Anglais, partie de milices de la Flandre maritime et aux ordres de Robert d'Artois, envahirait le comté d'Artois pour contraindre le roi de France à laisser une portion de ses forces en ce pays. Robert ne fut pas heureux dans cette expédition. Une troupe flamande s'étant aventurée inconsidérément aux environs de Saint-Omer, le duc Eudes de Bourgogne à qui appartenait le comté et qui s'était chargé de le défendre, tomba sur elle et lui massacra dix-huit cents hommes. Le reste accourut à la débandade vers le gros de l'armée et y jeta l'épouvante. « Or, il advint cette même nuit à tout le monde généralement, dit Froissart, une merveilleuse aventure, ni oncques on n'ouït, je crois, parler ni recorder de si sauvage ; car, environ heure de minuit que ces Flamands gissoient en leurs tentes et dormoient, un si grand effroi et telle peur et hideur les prit généralement en dormant, que tous se levèrent en si grande hâte et en telle peine qu'ils ne pensoient jamais à temps être délogés ; et abbattirent tentes et pavillons ; et troussèrent tout sur leurs chariots en si grand'hâte que l'un n'attendoit point l'autre, et fuirent tous sans tenir voie, ni sentier, ni conroy. Et fut ainsi dit à messire Robert d'Artois et messire Henry de Flandre qui dormoient en leurs logis : « Chers seigneurs, levez-vous bientôt et hâtivement et vous » appareillez ; car vos gens s'enfuient, et nul ne les chasse, » et ne savent à dire quelle chose ils ont ni qui les meut à » fuir. » Adonc se levèrent les deux seigneurs en grand'hâte et firent allumer feux et grandes torches, et montèrent sur leurs chevaux, et s'en vinrent au devant d'eux, et leur dirent : « Beaux seigneurs, dites-nous quelle chose il vous faut qui ainsi fuyez ; n'êtes-vous mie bien assurés? retournez, retournez, au nom de Dieu : vous avez grand tort quand ainsi fuyez et nul ne vous chasse. » Mais quoiqu'ils fussent ainsi priés et requis d'arrêter et de retourner, ils n'en firent compte, mais toujours fuirent, et prirent chacun le chemin vers sa maison, au plus droit qu'il put. Et quand messire Robert d'Artois et messire Henry de Flandre virent qu'ils n'en auroient autre chose, si firent trousser tout leur harnois et mettre à voiture, et s'en vinrent au siége devant Tournai; et recordèrent aux seigneurs l'aventure des Flamands, dont on fut durement émerveillé ; et dirent les plusieurs qu'ils avoient été enfantosmés (1). »

Le comte de Hainaut se comportait mieux dans le Tournaisis et la Flandre wallonne où il ravageait la campagne, prenant bourgs, châteaux, abbayes et renvoyant au siége d'immenses convois de butin, sans lesquels on aurait eu bien de la peine à nourrir et entretenir une aussi grande multitude de gens.

On travaillait toujours à réduire les Tournaisiens, et néanmoins le siége n'avançait guère, tant la ville était forte et vaillamment défendue. Cependant les nombreuses provisions dont on l'avait munie commençaient à s'épuiser et la famine s'y faisait déjà sentir. Pour y remédier l'on résolut de renvoyer dix mille bouches inutiles, vieillards, femmes et enfants, et on les fit sortir par la porte que tenait investie le duc de Brabant. Ce prince eut l'humanité de ne point s'y opposer, et donna même une escorte à ces malheureux pour les conduire et protéger jusqu'à Douai. Tournai fut un moment soulagée; mais la cherté des vivres y était énorme :

---

(1) *Edit. Buchon*, I, 124.

la livre de beurre se vendait jusqu'à douze livres d'argent; une oie coûtait dix livres : le reste était à l'avenant. En supposant que la ville eût résisté aux rudes attaques que l'armée ennemie lui livrait chaque jour, elle n'aurait pu endurer long-temps encore une disette qui s'accroissait à toute heure. Le roi de France était averti de cette dure extrémité. Il se tenait alors à Arras avec une partie de sa noblesse. Le comte de Flandre, qui suivait toujours son suzerain, s'y trouvait aussi. On délibéra si l'on entrerait en Flandre, ou si l'on se porterait vers Tournai. L'intention du roi n'était pas de livrer bataille; mais il comptait que les confédérés abandonneraient le siége pour la lui offrir, et il espérait pouvoir alors ravitailler Tournai et se replier sur les frontières de France, afin de se tenir sur la défensive. Louis de Nevers fit prévaloir le projet de s'avancer droit vers Tournai plutôt que de pénétrer au sein de la Flandre, car il pressentait bien qu'il en résulterait de grands dommages pour sa terre (1). Le roi s'avança donc jusqu'au lieu célèbre de Pont-à-Bouvines à trois lieues de Tournai, et y campa. Mais en même temps qu'il tentait cette démonstration, sur laquelle il ne fondait peut-être pas grande espérance, on essayait, d'autre part, la voie des négociations.

Il y avait en ce temps-là à l'abbaye de Fontenelle, près Valenciennes, une sainte et noble religieuse qui voyait avec douleur les inimitiés des princes et les maux de la guerre, et qui priait Dieu de lui donner la force de les faire cesser. C'était Jeanne de Valois, propre sœur du roi,

---

(1) Mais à ce conseil avoit le conte de Flandres amis qui virent bien que, se le roy fust entré en Flandres, tout le pays eust esté essilié et pour ce lui loèrent d'aler vers Tournai. — *Les grandes Chron. de France*, V, 402.

et qui, après la mort de son mari, Guillaume d'Avesnes comte de Hainaut, s'était retirée du monde pour passer le reste de ses jours dans le recueillement et la méditation. S'arrachant à sa douce retraite, et oubliant le dégoût qu'elle avait voué aux choses de la terre, elle alla trouver à Gand sa fille, la reine d'Angleterre, et l'exhorta de travailler, de concert avec elle, à arrêter l'effusion du sang humain. Elle employa également l'entremise du sage roi de Bohême, Jean de Luxembourg et d'un brave et pieux chevalier appelé messire Louis d'Augimont. Elle vint tour à tour se jeter aux pieds de son frère, le roi Philippe, et de son gendre le roi Édouard ; enfin elle agit avec tant de zèle, usa de tant de supplications et répandit tant de larmes, que les princes se décidèrent à nommer des plénipotentiaires pour traiter d'une trêve. Le roi d'Angleterre et les Flamands n'auraient point sans doute consenti aussi facilement à abandonner une entreprise qu'avec de la persévérance on devait mener à bonne fin, sans la désorganisation qui déjà s'était mise dans l'armée confédérée. Ainsi le duc de Brabant, soit qu'il fût réellement fatigué de la longueur du siége, soit qu'il ait été séduit par les présents du roi de France, parlait déjà de retourner chez lui avec tout son monde. Bref, les chargés d'affaires du roi de France furent Charles d'Alençon, frère du monarque, Jean roi de Bohême, Adolphe évêque de Liége, Amé comte de Savoie et Jean comte d'Armagnac ; ceux de la partie d'Angleterre, le duc de Brabant, le duc de Gueldre, le marquis de Juliers et Jean de Hainaut, sire de Beaumont. « Seigneur, leur dit van Artevelde, prenez garde à la paix que vous allez faire ; si nous n'y sommes pas compris en tout et pour tout, nous ne bougeons point d'ici (1). » Ils

---

(1) « Seigneurs, prenez garde quelle paix vous faites, car se nous n'y som-

s'assemblèrent le 25 septembre dans la chapelle du village d'Éplechin; et au bout de trois jours de conférences on arrêta une trêve générale jusqu'au jour de la Nativité de saint Jean-Baptiste, 24 juin 1341 (1). Alors fut levé ce siége de Tournai, qui avait duré près de onze semaines, et l'on congédia les deux armées.

mes comprins et tous nos articles pardonnés jà ne nous départirons de ci... » — *Les grandes Chron. de France, V*, 403.

(1) Rymer, *Fœdera, vol. II, pars II, pp.* 1135 et 1136, et *Arch. de Flandre*, ann. 1340.

XI

LOUIS DE NEVERS.

1340 — 1346

Entrevue du comte de Flandre et du roi d'Angleterre. — Prolongation des trêves. — Conférence d'Arras. — Guerre de Bretagne. — Héroïsme de Jeanne de Flandre, comtesse de Montfort et sœur de Louis. — Rivalité séditieuse des villes flamandes au sujet de l'industrie des draps. — Van Artevelde réprime les désordres et tue de sa main Pierre Lammens à Ardembourg. — Conjuration de van Steenbeke à Gand contre van Artevelde. — Émeute. — Bannissement des conjurés. — Van Artevelde divise la Flandre en trois gouvernements. — Soulèvement des tisserands contre les foulons. — Massacre des foulons. — La ville de Tenremonde protégée contre les Gantois par le comte Louis. — L'influence de van Artevelde diminue. — Le tribun se rapproche de plus en plus de l'Angleterre. — Tentative pour déposséder Louis de Nevers, et faire le prince de Galles comte de Flandre. — Mécontentement du peuple. — Conspiration contre van Artevelde. — La maison du tribun est envahie par une multitude furieuse. — Il harangue la populace. — Il cherche à fuir dans une église et tombe frappé à mort. — Colère du roi d'Angleterre à cette nouvelle. — Les villes lui envoient des députés pour le fléchir. — Le comte Louis, ami du duc de Brabant. — Siége de Tenremonde par les Gantois. — Le comte vend la seigneurie de Malines. — Expiration des trêves. — Continuation de la guerre entre la France et l'Angleterre. — Le roi Édouard débarque en Normandie et ravage cette province. — Le comte de Flandre se rend à l'armée du roi de France avec son jeune fils Louis de Male. — Le monarque anglais se replie vers le Vermandois. — Démonstrations des Flamands sur l'Artois en faveur de ce prince. — Bataille de Crécy en Ponthieu. — Louis de Nevers y est tué. — Son fils échappe avec le roi de France. — Il est armé chevalier et proclamé comte de Flandre.

Van Artevelde poursuivait avec un rare bonheur la réalisation de son système politique. Il avait obtenu pour la Flandre la liberté du commerce, l'alliance intime avec les princes voisins et la promesse d'un notable accroissement de territoire, en cas de conquête. La force des événements, la volonté du peuple et ses intérêts matériels n'avaient pas permis, il est vrai, de conserver la neutralité; mais jusquelà l'intervention des Flamands dans la guerre entre la France et l'Angleterre n'avait rien produit de fâcheux, et le tribun ne devait pas la regretter. Il en retira même des avantages assez grands en se faisant comprendre dans la trêve. Ainsi l'interdit lancé sur la Flandre fut levé; le roi de France accorda aux Flamands un pardon général et la remise de toutes dettes et obligations. Philippe de Valois et Louis de Nevers n'abandonnaient pas l'espoir de recouvrer un jour leur autorité sur le comté; mais c'était moins par amour que par crainte et prévoyance qu'ils usaient de ménagements. Il n'est pas jusqu'au roi d'Angleterre dont le comte de Flandre ne cherchât à gagner l'amitié. Après la levée du siége de Tournai, Édouard était revenu à Gand où se trouvait toujours la reine son épouse. Louis de Nevers s'y rendit de son côté, et les deux princes, dit un historien du temps, « s'entrefêtèrent l'un l'autre de grands mangers et de beaux dons (1). » Le roi essaya dans ces entrevues d'attirer le comte à son parti, lui rappelant les promesses qu'il avait faites aux vassaux de la Flandre, promesses dont leur souverain devait tirer le parti le plus réel, puisque tout avait été stipulé en son nom. Ni les instances d'Édouard, ni celles que van Artevelde y joignit sans doute, ne parvinrent point à émouvoir le comte dont le dévouement à la France était plus inébranlable que jamais (2).

(1) *Les grandes Chron. de France, V*, 405.
(2) Mais oncques ne le pot le roy d'Angleterre attraire qu'il venist à son serement, coment que ledit conte en eust esté assez requis. — *Ibid.*

La trêve d'abord limitée à un délai assez rapproché fut prorogée d'un an. Le roi et la reine d'Angleterre allèrent s'embarquer à Bruges; Louis demeura à Gand où son titre de comte et les liens qui l'attachaient à la race antique des seigneurs du pays le faisaient encore respecter; mais toute l'affection du peuple était pour van Artevelde, et le tribun conservait l'entier gouvernement du comté sous les yeux mêmes du prince. Louis ne pouvait demeurer en Flandre dans une aussi fausse situation; il s'en alla derechef vivre à la cour du roi Philippe, et l'on disait, non sans justice, qu'il était beaucoup plus Français que Flamand (1).

Quelque temps après, des conférences furent tenues à Arras dans l'espoir de convertir la trêve en traité de paix ou d'alliance. Le pape Clément VI y avait envoyé en légation deux cardinaux, Annibal Ceccano, archevêque de Naples, et Pierre Desprez, archevêque d'Aix. Les plénipotentiaires du roi de France étaient le comte d'Alençon, le duc de Bourbon, le comte de Flandre, le comte de Blois, l'archevêque de Sens, et les évêques de Beauvais et d'Auxerre. Le roi d'Angleterre avait député le comte de Warwick, Robert d'Artois, Jean de Hainaut, Henri de Flandre avec les prélats de Lincoln et de Durham. Le parlement dura plus de quinze jours, et l'on y discuta beaucoup et vivement. Le roi Édouard élevait de grandes prétentions; les Français ne voulaient rien accorder, sinon le comté de Ponthieu qui jadis avait été donné en douaire à Isabelle de France, quand elle avait épousé le roi Édouard II. Enfin l'on se sépara sans avoir décidé autre chose qu'une prolongation de trêve pour deux ans. Les deux expéditions du roi

---

(1) Is amabilior ac jucundior Gallis erat, fuisseque dicitur totus francicola. — J. Meyer, *ad ann.* MCCCXLI.

d'Angleterre et la victoire de l'Écluse n'avaient en définitive produit aucun résultat, et il ne possédait même pas une seule ville de ce royaume dont il s'arrogeait les armes et se prétendait le souverain.

A cette époque, Charles de Blois et Jean de Montfort se disputaient le duché de Bretagne après la mort de Jean III, qui venait de succomber à son retour de la guerre de Flandre, où il avait accompagné Philippe de Valois. Le roi de France prit parti en faveur de Charles, et Montfort dut aller implorer les secours d'Édouard auquel il rendit hommage et qu'il reconnut en qualité de roi de France, comme van Artevelde et les Flamands l'avaient fait naguère. Jean de Montfort avait épousé Jeanne de Flandre, propre sœur du comte Louis, femme héroïque, comme on le verra bientôt, et qui semblait avoir dérobé tout le courage, toute l'énergie politique qui manquait à son frère. La lutte ne tarda pas à s'engager. Le duc de Normandie, envoyé par son père pour soutenir le comte de Blois, assiégea le comte de Montfort dans la ville de Nantes et le fit prisonnier. On devait croire la querelle terminée : il n'en fut rien cependant, et Jeanne de Flandre, comprenant ses devoirs d'épouse, de mère et de souveraine, poursuivit la guerre avec un admirable dévouement. « La comtesse de Montfort avoit courage d'homme et cœur de lion, dit Froissart, et étoit en la cité de Rennes quand elle entendit que son sire étoit pris en la manière que vous avez ouï. Si elle en fut dolente et courroucée, ce peut chacun et doit savoir et penser ; car elle pensa mieux que on dut mettre son seigneur à mort que en prison. Et combien qu'elle eut grand deuil au cœur, si ne fit-elle pas comme femme déconfortée, mais comme homme fier et hardi, en reconfortant vaillamment ses amis et ses soudoyers ; et leur montroit un petit fils qu'elle avoit, qu'on appeloit Jean, ainsi que le père, et leur disoit : « Ha! seigneurs, ne vous déconfortez mie, ni ébahissez pour monseigneur que nous avons perdu ; ce n'étoit qu'un seul homme : voici mon petit enfant qui sera, si Dieu plaît, son vengeur, et vous fera des biens assez (1). » Jeanne de Flandre, revêtue de l'armure des chevaliers et tenant son fils dans ses bras, parcourut la Bretagne ; et, à la vue de cette femme si belle et si courageuse, les peuples se soulevaient saisis d'admiration. Cependant Charles de Blois, puissamment aidé par le duc de Normandie et les Français, poursuivait la guerre avec activité. La comtesse alla s'enfermer au port d'Hennebon pour y attendre les secours que le roi d'Angleterre lui avait promis. Hennebon fut assiégé avant que ces renforts arrivassent. Une formidable armée se pressait autour de ses remparts. La ville, une fois prise, la comtesse de Montfort et son fils tombaient au pouvoir de Charles de Blois ; la guerre était finie : le duché de Bretagne appartenait au vainqueur. Jeanne de Flandre le savait bien, et cette pensée l'enflamma d'une nouvelle ardeur. Tandis que les assiégeants serraient vivement la place, que leurs machines battaient les murailles ou lançaient par milliers les projectiles destructeurs, on vit la comtesse, assise sur un vigoureux coursier, chevauchant de rue en rue, appelant tout le monde à la défense. A sa voix, toutes les femmes, nobles dames, damoiselles et autres s'empressaient de leurs mains délicates à déchausser les pavés pour les porter aux créneaux, à tirer les bombardes sur les remparts, à lancer contre les assaillants les pots remplis de chaux

---

(1) *Édition Buchon* (1840), *I*, 138.

vive. Un jour, montée sur une tour élevée pour observer les opérations du siége, elle s'aperçut que l'ennemi, occupé à donner l'assaut à une extrémité de la ville, avait laissé son camp presque dégarni. Aussitôt elle s'arme, saute à cheval, et, suivie de trois cents hommes, sort de la ville et se précipite vers le camp. Les garçons et varlets qui le gardaient s'enfuient épouvantés; et en un instant les riches pavillons des seigneurs français sont la proie des flammes. A l'aspect de cet incendie, les assiégeants crient à la trahison, abandonnent l'assaut et courent tous à l'envi vers le camp. La comtesse avait rassemblé tout son monde autour d'elle ; il n'y avait plus moyen de rentrer en ville : attaquer une telle multitude de gens eût été folie. Elle galope intrépidement à travers la campagne du côté d'Auray. Messire Louis d'Espagne et de nombreux chevaliers se mettent à sa poursuite. Ils atteignent et tuent quelques hommes de son escorte ; mais Jeanne arrive saine et sauve au château d'Auray, où on l'accueille avec grande joie. Cependant à Hennebon l'on ne savait ce qu'était devenue la comtesse, et l'on était dans la plus vive inquiétude sur son compte. Les Français criaient aux assiégés : « Allez, seigneurs, allez chercher votre dame : elle est perdue, et on ne la retrouvera plus (1). » Jeanne se doutait de l'inquiétude des braves habitants d'Hennebon : elle craignait que son absence et le bruit de sa mort ne compromît la défense. Elle part d'Auray vers minuit avec cinq cents compagnons bien armés, bien montés. Au soleil levant, ayant tourné le camp avec prudence et habileté, elle se fait ouvrir la porte du château, et rentre à Hennebon au son des trompettes et

(1) *Ibid.*, 150.

des buccines, qui portent l'éveil au camp et y annoncent la nouvelle prouesse de l'héroïne. Cependant les secours attendus d'Angleterre n'arrivaient pas. Messire Amaury de Clisson, qui devait les ramener, avait été retardé en mer durant soixante jours par des vents contraires. Hennebon ne pouvait plus tenir long-temps. Les habitants, les seigneurs et les hommes d'armes qui défendaient la place, exténués de fatigue, réduits à une grande misère, faiblissaient malgré les encouragements et les nobles exemples de la dame de Montfort. On parlait déjà d'accepter les propositions faites de la part des assiégeants par l'évêque Gui, de Léon, lorsque Jeanne de Flandre, qui presque tout le jour portait alors sur la mer des regards d'espérance et d'anxiété, aperçut des navires au loin. Elle courut par la ville annonçant cette heureuse nouvelle et ranimant les courages abattus. C'était, en effet, le sire de Clisson et des troupes anglaises commandées par Gautier de Mauny, ce vaillant chevalier du Hainaut que nous avons vu se signaler d'une manière si éclatante au siége de Cambrai et à la prise de Thun-l'Évêque, lors de la première expédition du roi Édouard. La résistance prit à leur arrivée une nouvelle énergie, et les assiégeants renoncèrent enfin à une entreprise que la valeur et la constance de la princesse flamande rendaient impossible.

Quelque temps après, la comtesse de Montfort se rendit en Angleterre pour solliciter une intervention plus complète et plus efficace. Sa bravoure et ses aventures romanesques excitaient partout alors l'enthousiasme des chevaliers. Le roi Édouard lui fit un brillant accueil, et lui promit de l'aider de tout son pouvoir. En effet, il envoya bientôt Robert d'Artois en Bretagne avec une flotte de quarante-six vaisseaux sur laquelle était Jeanne de Flandre. Philippe de

Valois, de son côté, avait armé trente-deux gros navires castillans avec lesquels Louis d'Espagne, l'un des amiraux les plus habiles de ce temps, s'était chargé de barrer le passage aux Anglais. Les deux flottes se rencontrèrent près de Guernesey, et un combat terrible s'engagea. « Là, dit encore Froissart, étoit la comtesse de Montfort armée, qui bien valoit un homme, car elle avoit cœur de lion et tenoit un glaive moult roide et bien tranchant, et trop bien se combattoit et de grand courage (1). »

Une violente tempête s'éleva durant la bataille et sépara les deux flottes. Jetés sur la côte de Bretagne après avoir été fort maltraités sur mer, Robert d'Artois et Jeanne de Flandre s'emparèrent de Vannes ; mais Robert blessé au siége de cette ville alla mourir en Angleterre, et la comtesse continua seule la guerre avec ses amis et le peu de soldats étrangers qui lui restaient. L'année suivante, le roi Édouard débarqua en personne avec une nombreuse armée et vint concentrer ses forces devant Nantes, capitale du duché, où Charles de Blois se tenait renfermé. Le duc de Normandie amena quarante mille hommes au secours de Nantes. L'on s'attendait à une bataille décisive, lorsque l'intervention du pape Clément VI suspendit les hostilités. Le 19 janvier 1343, un traité fut conclu à Malestroit par lequel une trêve devait exister jusqu'à la fête de Saint-Michel, 1346, entre les deux rois de France et d'Angleterre, celui d'Écosse, le comte de Hainaut et les Flamands. Charles de Blois et la comtesse de Montfort, abandonnés à leurs propres forces, se disputèrent pendant long-temps encore le duché de Bretagne avec un acharnement auquel Jeanne ne

---

(1) *Ibid.*, 167.

prenait pas la moins grande part. Les merveilleux efforts de cette princesse furent plus tard couronnés de succès; car son fils Jean, à la mort de Charles de Blois tué devant Auray, fut investi de ce duché de Bretagne que l'héroïsme de sa mère lui avait conservé.

Tandis que la Bretagne était ainsi le théâtre de la guerre, la Flandre, sous une administration sage et libérale, voyait se développer sans contrainte tous ses éléments de force et de grandeur. Le négoce et l'industrie prirent alors un nouvel essor; mais de cette prospérité même devaient naître pour van Artevelde des difficultés et des embarras qu'il n'avait pas connus, lorsque le pays, exposé à de graves circonstances, avait dû se confier sans réserve à la direction du libérateur et s'attacher à sa fortune. Depuis un certain temps, le commerce et la fabrication des draps excitaient une rivalité séditieuse entre les principales villes du comté et celles d'un second ordre. Gand, Bruges et Ypres, ne voulant point de concurrence, prétendaient au monopole, et cette exigence répandait l'alarme dans les petites villes et les bourgs où le commun peuple vivait avec la draperie. Sur ces entrefaites, le comte reparut en Flandre et sa présence ne fit qu'accroître la discorde. Les trois grandes villes, comptant que le prince serait trop honoré qu'on voulût bien encore recourir à son autorité, s'adressèrent à lui pour obtenir la consécration du privilége exclusif dont elles se targuaient. Peut-être van Artevelde n'avait-il pas entendu prêter les mains à cette injustice. Quoi qu'il en soit, la révolte éclata aussitôt dans plusieurs châtellenies et elle menaçait d'être fort sérieuse. Le tribun avait jusque-là maintenu le pays en paix; il voulut continuer son œuvre et réprimer vivement la sédition sans se préoccuper d'autre chose. Il se rendit d'abord à Eccloo, puis à Ardembourg où était le foyer de l'insurrection. Un des citoyens les plus considérables de cette dernière ville, appelé Pierre Lammens, lui avait été signalé comme un des chefs du complot. Van Artevelde, l'apercevant sur sa porte, courut vers lui l'épée à la main et l'étendit mort à terre sous les yeux de la foule étonnée. Comme on lui demandait le motif de ce meurtre : « Entrez, dit-il, dans la maison de Pierre Lammens et vous y trouverez tout prêt l'étendard avec lequel ce factieux voulait exciter en Flandre la guerre civile (1). » On pénétra chez Lammens et l'on y trouva en effet l'étendard révolutionnaire. Van Artevelde agit avec non moins de rigueur contre plusieurs autres séditieux. Il le faisait en vue du bien public ; mais cette sévérité ne lui suscitait pas moins des ennemis secrets qui cherchaient à le perdre dans l'esprit du peuple : son crédit et sa grande fortune lui créaient également beaucoup d'envieux. Bientôt il y eut à Gand un homme puissant qui osa publiquement l'accuser de trahison. C'était Jean van Steenbecke, lequel avait eu soin de se ménager de nombreux partisans, car il n'ignorait pas combien sa provocation allait exciter de colère. Et, en effet, le peuple s'en émut, et van Artevelde ne put contenir sa propre indignation. Pour la première fois il se voyait attaquer ouvertement et face à face, sur le piédestal élevé où l'amour du peuple l'avait placé. Les amis de Steenbecke s'étaient rendus sur la place du Vendredi et dans plusieurs lieux publics, criant qu'ils ne voulaient plus avoir d'autre maître que le seigneur comte, et qu'il fallait mettre de côté le capitaine de Saint-Jean avec ses gardes, ses centu-

---

(1) « Introite, inquit, domum et invenietis paratum vexillum quo homo seditiosus motum excitare statuit. » — *Ibid.*

rions et tous les symboles de sa tyrannie (1). Van Artevelde fit un appel aux Gantois et à l'instant vingt-six bannières vinrent se ranger sous ses ordres. Steenbecke s'était réfugié dans sa maison fortifiée et crénelée comme la plupart de celles des riches bourgeois en Flandre. On alla l'y assaillir; mais les échevins accoururent et, interposant leur autorité, défendirent de toucher sans jugement au logis d'un bourgeois. Le tribun, s'inclinant devant la voix des magistrats et voulant montrer son respect pour les priviléges de la commune, se retira et demanda même à se constituer prisonnier jusqu'à ce que l'émeute fût assoupie et la querelle jugée (2). De son côté, Steenbecke en fit autant. L'un fut enfermé à la Pierre-du-Comte, l'autre au donjon appelé de Gérard-le-Diable. A la nouvelle de ce qui se passait à Gand une multitude de gens de Bruges, d'Ypres, de Courtrai, d'Audenarde, d'Alost, du pays de Waes et de Dixmude arrivent en cette ville pour prêter secours à van Artevelde; les Gantois les reçoivent à bras ouverts; on va chercher le capitaine de Saint-Jean; on lui prête publiquement et avec acclamations un nouveau serment de fidélité, et son pouvoir est rétabli dans toute sa force première. Jacques institue aussitôt quatre nouveaux hoftmanns chargés de veiller à la sûreté de la ville. Pour avoir outragé le libérateur, Steenbecke, cinquante-deux de ses adhérents et plusieurs dames de qualité sont bannis de la Flandre pendant cinquante ans, et le calme renaît à Gand.

(1) Magnis conclamabant vocibus se præter principem nolle ampliùs ullum rectorem : Arteveldum cum cohortibus ac centurionibus amovendum, etc. — *Ibid.*

(2) Quod quidem ut motus sopiretur factum est, ductusque uterque ceu in voluntariam custodiam. — *Ibid.*

Ces événements s'étaient passés en 1342. L'année suivante, Artevelde, du consentement des grandes villes, divisa la Flandre en trois circonscriptions politiques, pour rendre l'administration plus régulière et le maintien de la tranquillité plus facile. Toute la Flandre inférieure jusqu'à la Lys fut placée sous la dépendance de la commune d'Ypres. Le Franc resta sous celle de Bruges; les Quatre-Métiers, la terre de Waes, Tenremonde, Alost, Audenarde et Courtrai relevèrent de Gand. Van Artevelde prit le gouvernement dans cette dernière ville. Il envoya à Bruges Gilles van Condenbrouck et à Ypres Jean van Holtkerke; en les investissant de l'autorité que lui-même avait à Gand. C'était là une fort bonne mesure, et qui mettait des bornes à tout pouvoir absolu, à toute tyrannie dictatoriale (1). Malheureusement la rivalité industrielle entre les villes existait toujours et causait de fâcheux débats. Les gens d'Ypres voulaient empêcher ceux de Langemarck, de Poperingue et des lieux voisins de fabriquer du drap. Ils montraient un privilége du comte qui leur donnait la faculté de se livrer seuls à cette fabrication, ce que l'on n'entendait pas reconnaître, surtout à Poperingue. Il s'ensuivit de violentes discussions; les Yprois se portèrent même en armes contre Poperingue pour l'assiéger. Cette pauvre ville eut beaucoup à souffrir : son commerce fut ruiné; Jacques Bets, chef de la résistance, et plusieurs habitants riches et industrieux, saisis par les Yprois, furent égorgés sans pitié. Le comte revenait de temps à autre en Flandre; mais son intervention, loin de calmer ces déplorables discordes, ne faisait que leur fournir un nou-

---

(1) Refrenabant tyrannidem tria Flandriæ oppida, quæ summum sibi in omnibus imperium auctoritatemque reservabant. — Meyer, ad ann. MCCCXXXVII.

vel aliment, car, afin de contenter les villes qui s'adressaient à lui, il leur octroyait des immunités dont elles se prévalaient pour opprimer leurs rivales.

L'année suivante, au mois de mai, une grande émeute s'éleva au sein de la ville de Gand elle-même, sans que van Artevelde pût la prévenir ou l'empêcher. Les foulons exigeaient quatre deniers de plus qu'à l'ordinaire par chaque pièce de drap. Les tisserands ne prétendirent point accéder à une telle augmentation de salaire. Ces deux corps de métiers, les plus puissants et les plus nombreux de la ville de Gand, descendirent sur la place du Vendredi avec leurs bannières et s'y livrèrent un affreux combat. Gérard Denis, doyen des tisserands, était à la tête de son métier; Jean Baka commandait les foulons. On s'égorgea avec une telle rage que les prêtres accoururent sur la place et y élevèrent le Saint-Sacrement. Mais la vue du corps de Jésus-Christ ne put arrêter l'effusion du sang. L'avantage resta aux tisserands. Jean Baka, ses fils et près de cinq cents foulons furent massacrés.

Au même temps, la ville de Tenremonde était en opposition violente avec Gand, Bruges et Ypres qui voulaient lui imposer la nouvelle obligation de fabriquer des draps moins larges que de coutume et d'une moindre qualité. Le comte Louis intervint cette fois en faveur des gens de Tenremonde. Il s'était depuis peu rapproché du duc de Brabant, ancien allié du roi Édouard, et l'avait mis dans ses intérêts, on ne sait au prix de quelles conditions ou de quelles promesses. Peut-être était-il déjà question d'un mariage qu'on verra plus tard s'effectuer; toujours est-il que le duc soutenait le comte et désirait le voir rétabli dans toute son autorité. Grâce à la présence de Louis de Nevers et à celle des gens d'armes brabançons, les habitants de Tenremonde ne furent pas maltraités comme l'avaient été ceux de Poperingue l'année précédente. Les députés des villes que la sévérité de van Artevelde mécontentait vinrent bientôt trouver Louis à Bruxelles et lui prêtèrent serment de fidélité, l'engageant à demeurer en Flandre et lui promettant leur concours énergique, s'il essayait de prendre en main le gouvernement. L'influence de van Artevelde diminuait sensiblement dans certaines parties du comté et au sein même de la ville de Gand où naguères des sympathies unanimes le rendaient si fort et si considéré qu'on n'eût point osé contredire une seule de ses paroles, enfreindre la moindre de ses volontés. L'affaire de Steenbecke, le massacre des foulons et plusieurs autres circonstances secondaires prouvaient qu'un changement s'était opéré dans les esprits, que le prestige s'évanouissait, que l'inconstance naturelle à tous les peuples avides d'indépendance reprenait le dessus. Le tribun s'en apercevait et il n'était pas non plus sans connaître les desseins de ses ennemis, et les menées du comte et du duc de Brabant. S'il faut en croire quelques historiens, van Artevelde conçut alors, pour conserver son pouvoir et poursuivre l'œuvre de réformation qu'il avait si habilement commencée, une pensée hardie mais coupable et qui devait être le signal de sa perte. Il avait conservé des relations suivies avec le roi d'Angleterre : Édouard se l'était attaché de plus en plus ; et van Artevelde au fur et à mesure qu'il sentait son pouvoir affaibli jetait les yeux sur l'alliance anglaise, qu'il considérait comme une ancre de salut pour lui. Il songea donc à soustraire tout à fait le comté de Flandre à la suzeraineté du roi de France pour le placer sous la dépendance absolue d'Édouard. Il avait, assure-t-on, formé le projet de contraindre Louis de Nevers à prêter serment au roi d'An-

gleterre en qualité de vassal, et, s'il s'y refusait, d'investir le
prince de Galles du comté de Flandre, que l'on aurait érigé
en duché. A cet effet il s'entendit avec Édouard, qui, le dimanche 3 juillet 1345, s'embarqua dans le port de Sandwich pour la Flandre. Le monarque amenait avec lui son
jeune fils et les plus hauts barons d'Angleterre. Il resta sur
sa flotte en vue de l'Écluse pour suivre la négociation importante dont van Artevelde s'était chargé. Plusieurs conférences s'engagèrent aussitôt entre Édouard et van Artevelde d'une part, et les conseils des bonnes villes de l'autre.
Mais quand on eut fait connaître à ceux-ci qu'il ne s'agissait
plus seulement de resserrer les alliances relatives au commerce, mais de déposséder le comte et sa race, ils se mirent à
réfléchir sérieusement : « Cher sire, dirent-ils au roi d'Angleterre, vous nous requérez d'une chose bien grave et qui au
temps à venir pourrait compromettre le pays de Flandre et
nos descendants. Il est vrai qu'aujourd'hui nous ne savons seigneur au monde de qui nous aimerions tant le profit et l'avancement comme nous ferions de vous : mais nous ne pouvons accéder à vos désirs, si toute la communauté de Flandre
ne s'y accorde entièrement. Nous allons nous retirer chacun
dans notre ville respective et remontrer cette besogne à nos
concitoyens. Si la plus saine partie du peuple accueille votre
requête, nous nous rangerons du même côté (1). » Édouard
et van Artevelde ne purent rien obtenir de plus que cette
vague promesse. Sans perdre de temps, le tribun courut à
Bruges et à Ypres, y assembla le peuple, le harangua et ses
paroles produisirent beaucoup d'émotion. Il n'avait pas jugé
nécessaire de se rendre d'abord à Gand, ne pouvant pas

---

(1) « Et où la plus saine partie se voudra accorder, nous l'accorderons
aussi. » — Froissart, *I*, 204.

présumer que cette ville fît une opposition sérieuse à ses desseins.

Cependant les députés gantois à leur retour avaient convoqué tous les habitants grands et petits sur la place du Marché. Ils exposèrent ce qui s'était passé au parlement de l'Écluse, les demandes qu'avait faites le roi Édouard, les raisons données par Artevelde pour appuyer ces demandes. Ils parlaient encore, que déjà de sombres murmures circulaient dans la foule. « Nous voulons bien, disait-on, être amis et alliés de l'Angleterre, mais, s'il plaît à Dieu, on ne nous trouvera jamais en telle déloyauté que de vouloir déshériter nos seigneurs naturels pour nous donner à un étranger. » Il s'y tint beaucoup de discours semblables; les partisans du comte et les ennemis du tribun entretenaient ces dispositions parmi la multitude, accusant van Artevelde d'avoir vendu sa patrie, dirigeant contre lui mille soupçons odieux.

Lorsqu'il eut parcouru le pays, le capitaine de Saint-Jean revint à Gand, ignorant ce qui s'y était passé ; mais le dimanche 17 juillet 1345, en traversant à midi les rues sur son cheval pour gagner son logis, il eut la douleur de voir, pour la première fois, la malveillance populaire éclater contre lui. Les Gantois, informés de sa venue, se tenaient sur leurs portes, afin de le regarder passer. Au lieu de ces marques de respect qu'il avait l'habitude de recevoir en pareille circonstance, c'étaient des gestes menaçants qui s'offraient à sa vue, des paroles injurieuses qui retentissaient à ses oreilles. « Le voilà, disait-on, celui qui est trop grand maître et veut ordonner de la comté de Flandre à sa volonté ; il ne le faut pas souffrir (1). » En même temps une de ces insinua-

(1) *Ibid.*, 205

tions qui trouvent toujours grand crédit chez le menu peuple et ne manquent jamais de l'émouvoir, se propageait dans la ville. On disait que van Artevelde, depuis neuf ans qu'il gouvernait la Flandre, avait amassé d'immenses sommes d'argent pour les faire secrètement passer en Angleterre (1).

Le tribun prévit la tempête. Descendu en son hôtel, il fit fermer et barricader les portes et les fenêtres. A peine ses valets s'étaient-ils acquittés de ce soin, qu'une foule immense entourait le logis, poussant des clameurs furieuses : « A la mort ! à la mort, le traître qui veut déshériter nos princes après avoir volé leur trésor, et nous vendre à l'étranger (2) ! » On se rue contre les portes; les valets se défendent vigoureusement, tuent et blessent plusieurs assaillants; mais à la fin tout obstacle cède, et quatre cents personnes se précipitent dans l'hôtel. Alors van Artevelde, la tête découverte, paraît à une fenêtre sur la rue. « Bonnes gens, que vous faut-il ? Qui vous meut ? Pourquoi êtes-vous si troublés sur moi ? En quelle manière vous puis-je avoir courroucés ? Dites-le moi, et je l'amenderai pleinement à votre volonté (3). » — « Où est le grand trésor de Flandre que vous avez dérobé ? » lui cria-t-on. — « Seigneurs, répondit doucement Artevelde, je n'ai point pris un denier au trésor de Flandre. Retirez-vous bellement en vos maisons, je vous en prie, et revenez demain au matin; je serai alors en mesure de vous rendre si bon compte que par raison il vous devra suffire. » — « Non, non, reprit la foule tout

---

(1) Ce fut une chose qui moult engrigny et enflamma ceux de Gand. — Ibid.

(2) « Occidatur, occidatur falsus ille sigillifer, qui illustrem exhæredat princi-pem, postquam ejus furatus est thesaurum. — Meyer, ad ann. MCCCXLV.

(3) Froissart, I, 2)5.

d'une voix, il nous le faut à l'instant ; vous ne nous échapperez pas ainsi ; nous savons de vérité que vous l'avez envoyé en Angleterre, et pour cela il vous faut mourir. » A cette parole Artevelde joignit les mains, et les larmes aux yeux : « Seigneurs, dit-il, je suis ce que vous m'avez fait ; vous me jurâtes jadis que vous me défendriez envers et contre tous, et maintenant vous prétendez me tuer sans raison. Vous le pouvez si vous le voulez ; car je suis seul contre vous tous et sans défense. Mais pour Dieu ! avisez et rappelez-vous le temps passé ! Considérez les grâces et courtoisies que naguère je vous ai faites. Ne savez-vous pas comment toute marchandise était perdue en ce pays ? Je vous la recouvrai. Je vous ai gouvernés en si grande paix que vous avez eu toutes choses à souhait, blé, laines, richesses de toute nature (1) ? » — « Allons, descendez, et ne nous sermonnez plus de si haut, fit une voix brutale. Le malheureux tribun a entendu son arrêt. Il ferme sa fenêtre et songe à échapper par une porte de derrière pour s'aller réfugier dans l'église voisine ; mais l'hôtel était rempli d'une troupe avide de sang. Il tombe au milieu d'elle et expire déchiré par des mains qui naguère le portaient en triomphe.

Cette mort causa autant de colère que de douleur au roi Édouard. Elle déjouait ses desseins et compromettait une alliance sur laquelle il fondait son plus ferme espoir. Il fit incontinent mettre à la voile, et retourna en Angleterre, jurant de venger cruellement son grand ami et son cher compère, comme il appelait Artevelde. Le brusque départ et les menaces du roi ajoutèrent encore à l'impression pénible causée en Flandre par le meurtre du libérateur. Quoiqu'il

---

(1) *Ibid.*

eût froissé le sentiment national par une proposition qu'il
était toujours loisible aux Flamands de ne point accepter,
van Artevelde n'était pas tombé sous le coup de l'animadversion générale du peuple, mais seulement victime d'une
faction dont l'audace eût sans doute été réprimée, si elle
n'avait éclaté d'une manière subite et imprévue. Tout ce
que la Flandre avait gagné sous l'administration du sage
bourgeois ne pouvait être oublié en un instant. Les gens sensés d'ailleurs, tout en considérant le projet mis en avant par
Artevelde comme fort téméraire, ne pouvaient s'empêcher
de croire qu'il prenait sa source dans une pensée de bien public. Du reste la faute avait subi son expiation ; et en déplorant l'injuste cruauté du châtiment, il fallait songer aux conséquences probables de cette catastrophe : les vengeances
d'Édouard, la rupture de l'alliance anglaise, la ruine du
commerce et de l'industrie. Les conseils des bonnes villes
s'assemblèrent et prirent la résolution d'envoyer en Angleterre une ambassade chargée de porter au roi des excuses
pour la mort de van Artevelde. On fit à cet effet demander
un sauf-conduit, et des députés de Bruges, Ypres, Courtrai,
Audenarde, et le Franc de Bruges (Gand s'était abstenu),
vinrent à la fin de septembre trouver Édouard, au palais de
Westminster près Londres. « Là, dit Froissart, s'excusè-
rent-ils si bel de la mort d'Artevelde, et jurèrent solennellement que nulle chose n'en savoient, et si ils l'eussent séu,
c'étoient ceux qui défendu et gardé l'en eussent à leur pouvoir ; mais étoient de la mort de lui durement courroucés et
désolés, et le plaignoient et regrettoient grandement ; car ils
reconnoissoient bien qu'il leur avoit été moult propice et nécessaire à tous leurs besoins, et avoit régné et gouverné le
pays de Flandre bellement et sagement ; et si ceux de

Gand, par leur outrage, l'avoient tué, on leur feroit amender si grossement qu'il devroit bien suffire. Et remontrèrent encore au roi et à son conseil que, si Artevelde étoit mort, pour ce n'étoit-il pas éloigné de la grâce et de l'amour des Flamands ; sauf et excepté qu'il n'avoit que faire de tendre à l'héritage de Flandre, que ils le dussent enlever au comte Louis de Flandre leur naturel seigneur, combien qu'il fût françois, ni à son fils son droit hoir, pour lui en hériter, ni son fils le prince de Galles ; car ceux de Flandre ne l'y consentiroient jamais. « Mais, cher sire, vous avez » de beaux enfants, fils et filles. Le prince votre aisné » fils ne peut manquer qu'il ne soit encore très-grand » sire sans l'héritage de Flandre, et vous avez une fille » puisnée, et nous avons un jeune damoisel que nous » nourrissons et gardons, qui est héritier de Flandre. Il se » pourroit bien encore faire un mariage d'eux deux. Ainsi » demeureroit toujours la comté de Flandre à l'un de vos en- » fants. » Ces paroles et autres ramollirent et adoucirent grandement le courage et le maltalent du roi d'Angleterre ; et se tint finablement assez bien content des Flamands et les Flamands de lui. Ainsi fut oubliée petit à petit la mort de Jacques Artevelde (1). »

Le chroniqueur ne dit pas que le roi d'Angleterre, pour prix de son pardon, avait fait promettre aux Flamands de ne point recevoir leur comte, tant que celui-ci n'eût adhéré à l'alliance anglaise en rompant avec Philippe de Valois. Louis de Nevers s'y refusait constamment, disant avec ironie qu'il ferait hommage à Édouard quand ce monarque aurait pris possession de la France (2). Il se tenait alors à

(1) *Édition Buchon*, I, 207.
(2) Dicebat enim, quòd quandòcumque ipsum esse contingeret possessorem

Bruxelles, près du duc de Brabant, car l'amitié des deux princes était devenue plus étroite que jamais. Tous les gens bannis de Flandre par van Artevelde lui formaient une cour assez nombreuse. La mort du tribun et la rivalité commerciale des villes lui semblaient propices pour ressaisir la souveraine autorité. Il se rendit à Tenremonde et de là envoya Florent de Brugdam et François Vilain recruter des gens d'armes au pays d'Alost. Mais dans la route les deux chevaliers, voyageant en petite escorte, furent surpris et massacrés par un parti de Gantois qui les guettaient. Cette perte fut vivement regrettée, car c'étaient deux hommes non moins recommandables par leurs belles qualités que par l'illustration de leur naissance. Peu de jours après, les milices de Gand, sous la conduite du capitaine Guillaume van Vaernewyc, allèrent assiéger Tenremonde où l'on continuait à fabriquer des draps de toute espèce, en concurrence des grandes villes manufacturières, et où le comte avait établi son quartier-général avec ses chevaliers, les bannis flamands et des archers du duc de Brabant. A l'approche de cette grande multitude, Louis de Nevers qui ne se sentait pas en force se replia sur Bruxelles. Les gens de Tenremonde se défendirent vigoureusement et donnèrent le temps au duc de Brabant de venir s'interposer comme médiateur entre la ville et les Gantois. Ceux-ci consentirent à se retirer à certaines conditions. Ils permettaient bien aux habitants de Tenremonde de fabriquer du drap de cinq quarts de large, pourvu néanmoins qu'il y eût un envers (1). Les assiégés furent

regni Franciæ, tunc sibi tanquam domino suo faceret hommagium. — *Chron. comitum Flandriæ ap. Corpus Chr. Flandriæ*, I, 217.

(1) ... Ut pannos conficerent veteri consuetudine, sed quinque duntaxat quartis latos cum aspectu reverso. — Meyer, *ad ann. MCCCXLV*.

tenus d'ouvrir, dans leurs murailles, trois tranchées de quarante pieds chacune et toutes du côté de Gand. Trente-deux otages pris parmi les plus notables bourgeois de Tenremonde devaient être livrés : huit à Gand, huit à Bruges, huit à Ypres, huit au duc de Brabant. La paix fut alors rétablie pour quelque temps et le comte s'étudia pendant cet intervalle à se concilier les Gantois parmi lesquels il savait avoir de nombreux amis. Malheureusement l'alliance anglaise était toujours un point sur lequel on ne pouvait s'entendre et qui mettait obstacle à tout rapprochement solide. Le comte eût cependant bien désiré reprendre en ce moment-là les rênes de l'administration et toucher les revenus du comté; chose qui lui importait beaucoup, car il manquait d'argent. Quand il vit qu'il ne fallait pas songer à séduire les Flamands par des promesses ou à les dompter par la force, il vendit au duc de Brabant la seigneurie de Malines pour quatre-vingt-sept mille cinq cents réaux d'or, et retourna en France, emmenant avec lui son fils Louis de Male, qui avait alors près de seize ans et s'initiait déjà aux travaux et aux nobles usages de la chevalerie.

Les trêves entre la France et l'Angleterre étaient expirées. Édouard n'avait pas attendu ce terme pour commencer la guerre. Dès l'année précédente, il avait préparé trois expéditions contre la France. La première, débarquée en Guyenne, ravagea le Périgord, battit les Français près d'Auberoche et s'empara d'Angoulême. La seconde, sous la conduite de Jean de Montfort, récemment échappé de prison, descendit en Bretagne; mais le comte avait à peine rejoint sa courageuse épouse qu'il mourut, et Jeanne de Flandre continua la guerre au nom de son fils. Enfin, le roi d'Angleterre était lui-même, comme on sait, venu à l'Écluse, décidé à reprendre les opérations au nord de la France, si la mort de van Artevelde n'eût renversé toutes ses espérances à l'égard du comté de Flandre, en lui ravissant un appui sur lequel il fondait la réussite de son entreprise. Depuis lors le roi de France avait fait d'immenses apprêts et une grande armée se rassemblait au delà de la Loire. Elle reprit Angoulême et vint assiéger Aiguillon, petite ville très-bien fortifiée, au confluent du Lot et de la Garonne. Elle avait une garnison de quinze cents Anglais qui la défendirent avec une incroyable énergie pendant quatre mois. Cette résistance donna au roi Édouard le désir de délivrer Aiguillon et il prit la mer avec une belle armée où l'on comptait, outre la foule des hauts barons et des chevaliers, quatre mille hommes d'armes, dix mille archers et dix-huit mille fantassins. Le mauvais temps l'empêcha d'aborder en Gascogne et il revint vers la Normandie où il débarqua sans obstacle dans la presqu'île de Cotentin, le 12 juillet 1346. La Normandie se trouvait sans défense; car presque toute la chevalerie française était dans le Midi. Édouard la parcourut en tous sens le long des côtes, dévasta Harfleur, Cherbourg, Valognes, Carentan, Saint-Malo, puis alla mettre le siége devant la ville de Caen, dont il s'empara et qu'il abandonna au pillage de ses soldats. Toute la Normandie avec ses fertiles campagnes, ses manufactures, ses richesses de toute nature devint la proie des Anglais avant que Philippe de Valois eût pu réunir des forces suffisantes pour combattre l'invasion. Il s'en occupait pourtant; et à son appel on vit accourir à Paris tous les barons et les vassaux qui n'étaient point occupés en Guyenne. Le roi de Bohême, le duc de Lorraine, les comtes de Savoie, de Namur, avec le comte de Flandre, son jeune fils, plus une multitude d'autres seigneurs, vinrent former le noyau de l'armée royale qui se monta bientôt à huit mille cavaliers, six mille archers génois et trente à quarante mille fantassins. C'était beaucoup plus de monde que le roi d'Angleterre n'en n'avait avec lui. Édouard jugea prudent de rétrograder vers la Flandre d'autant plus qu'il venait d'apprendre que les milices flamandes s'étaient mises en mouvement et avaient fait une démonstration sur l'Artois. En effet, profitant du moment où toute l'attention du roi de France était occupée ailleurs, les Gantois s'étaient déjà emparés d'une vingtaine de villages aux environs de La Gorgue et de Saint-Venant et assiégeaient Béthune. Par d'adroites manœuvres, le prince anglais passa la Seine à Poissy, traversa à marches forcées l'Ile-de-France, le Beauvoisis, la Picardie, ne laissant que des ruines sur ses traces, et après avoir franchi la Somme, au gué de Blanchetaque, arriva dans le Ponthieu, qui appartenait à sa mère. Le roi de France l'avait toujours poursuivi sans jamais l'atteindre; car Édouard ne cessait d'observer la plus habile tactique dans son mouvement de retraite. Cependant les troupes anglaises étaient harassées par une marche continue de quarante-cinq jours. Édouard résolut de s'arrêter et prit une excellente position sur la colline à l'est du bourg de Crécy. Philippe de Valois approchait, il fallait se préparer à une grande bataille. Après un jour de repos, Édouard fit ses dispositions de combat avec prudence et sagacité; puis, il attendit.

C'était le 25 août 1346. Le roi de France partit d'Abbeville le matin, et fit faire cinq grandes lieues à ses troupes par la pluie et la chaleur. Quand on arriva près de Crécy, le plus déplorable désordre régnait dans l'armée française;

les gens d'armes, les archers, les piétons marchaient pêle-mêle et à l'aventure. Les maréchaux ne pouvaient se faire obéir; on eût dit que, poussé par un esprit de vertige, tout ce monde avait perdu le sens. Cela formait un étrange contraste avec l'attitude silencieuse des Anglais assis sur le sol, leurs armes près d'eux et achevant leur repas, aussi calmes, aussi impassibles que des moissonneurs qui vont faucher leurs blés.

Quand le roi vit les Anglais, « le sang lui mua, dit Froissart, car il les haïssoit et dit à ses maréchaux : « Faites » passer nos Génois devant et commencer la bataille au » nom de Dieu et de monseigneur saint Denis (1). » Cette fatale parole est entendue, et les Génois reçoivent l'ordre d'engager l'action. Ces étrangers, mourant de faim et de soif, mouillés, mécontents, demandent un instant de repos; il ne leur est pas accordé. Ils marchent en avant, mais à contre-cœur. Accueillis par une grêle de traits, ils reculent ou restent stationnaires. Le comte d'Alençon, indigné, se retourne alors sur ses gens d'armes en s'écriant : « Or tot, tuez toute cette ribaudaille, car elle nous empêche la voie sans raison (2). » Fidèle à cet ordre, la cavalerie, comme aux champs de Courtrai, se précipite sur les archers, les foule aux pieds, les écrase, les tue sans pitié. Ces malheureux, se roulant pêle-mêle en fureur, plongeaient leurs dagues dans le ventre des chevaux qui les broyaient. Bientôt une lamentable scène se déploie. Presque toute la chevalerie française, lancée avec la plus vaillante impétuosité, mais

---

(1) *Édition Buchon*, I, 237.
(2) *Froissart*, I, 237.

aussi avec la confusion la plus téméraire au milieu des trois corps de bataille ennemis, est enveloppée, assaillie et massacrée de sang-froid. Le comte de Flandre, au plus fort du danger, se battait avec un noble courage. On dit qu'il avait fait le prince de Galles prisonnier. Une lutte opiniâtre s'engagea pour recouvrer le fils du roi d'Angleterre. Il fut sauvé par Richard de Beaumont, porteur de la bannière galloise ; et Louis de Nevers, enfoncé dans un ravin où déjà le comte d'Alençon et une foule de barons se démenaient en désespérés, expira criblé de coups.

Le roi de France, à l'aspect de ces affreux désastres, s'élança contre les Anglais au cri de Montjoie Saint-Denis ! Le roi de Bohême, vieux et aveugle, supplie ses écuyers de le mener si avant qu'il puisse au moins férir un coup d'épée (1). On attache les rênes de son cheval aux rênes des chevaux de ses deux écuyers, et le valeureux vieillard s'enfonce dans l'épaisseur des bataillons : il y succomba. Philippe de Valois, brave chevalier, mais général inhabile, se battait avec acharnement. Deux destriers sont tués sous lui. Blessé à la gorge, il va subir le sort de ses compagnons d'armes. Jean de Hainaut saisit la bride de son cheval et l'entraîne malgré lui.

En ce moment le jour baissait. Du haut de la butte d'un moulin, le roi Édouard suivait et dirigeait les opérations de la bataille. Il s'avança rapidement avec sa réserve sur l'angle de la colline à l'extrémité de son aile droite. L'artillerie, employée depuis quelques années déjà dans les siéges, n'avait point encore paru en rase campagne. Édouard en fit à Crécy le premier usage. Quatre bombardes, chargées

---

(1) *Ibid.*, 238.

de mitraille et habilement dirigées, achevèrent de porter l'épouvante et le carnage au milieu des débris de la chevalerie française.

Ainsi une armée de cent vingt mille hommes, remplie de valeur, mais sans ordre et sans discipline, fut détruite ou dispersée par l'impassible tactique et le courageux sang-froid du roi d'Angleterre. Les ducs de Bourbon et de Lorraine, les comtes de Flandre, d'Alençon, de Nevers, de Savoie, six autres princes, deux archevêques, quatre-vingts barons à bannière, douze cents chevaliers et trente mille soldats restèrent sur le champ de bataille. A la faveur d'une nuit sombre et orageuse, Philippe de Valois, suivi de Jean de Hainaut et de quelques autres barons, s'enfuit la mort dans l'âme et vint frapper à la porte du château de La Broie, où, s'étant fait reconnaître, il reçut l'hospitalité. Il n'y resta qu'une heure, et continua sa course vers Amiens. Échappé au massacre on ne sait comment, le jeune Louis de Male arriva à Amiens peu d'instants après le roi. Le fils du malheureux comte de Flandre fut accueilli avec tous les égards dus à sa triste position. Il avait vu son père égorgé sous ses yeux : lui-même était blessé (1). On le fit soigner ; on le consola; et, lorsque les premiers moments de la consternation générale furent passés, Philippe de Valois l'arma chevalier et le proclama comte de Flandre, comme unique héritier et successeur de Louis de Nevers, qui venait de mourir victime de son dévouement à la France. Le cadavre de l'infortuné prince, trouvé le lendemain de la bataille au milieu d'un monceau d'hommes et de chevaux tués et mutilés, fut, par les soins du roi Édouard, transporté avec

---

(1) Meyer, *ad ann. MCCCXLVI*.

d'autres morts illustres à l'abbaye de Saint-Riquier, où on lui fit d'honorables obsèques. Plus tard, Louis de Male envoya chercher les restes de son père, et leur éleva un mausolée dans la nef de Saint-Donat à Bruges.

XII

LOUIS DE MALE.

1346 — 1383

Conclusion (1). — Avènement de la maison de Bourgogne. — La Flandre et les Flamands a la fin du quatorzième siècle.

Les Flamands ne regrettèrent pas Louis de Nevers, qui depuis tant d'années avait séparé sa cause d'avec celle du peuple. Néanmoins, malgré leur amour de l'indépendance, malgré les propensions démocratiques des villes et les sujets de mécontentement plus ou moins fondés que les derniers comtes leur avaient donnés, ils restaient attachés à la vieille dynastie de leurs seigneurs. Dans ces soulèvements populaires, si fréquents et quelquefois si terribles, les Flamands en voulurent toujours plus à l'homme qu'à l'institution. Ils auraient peut-être tué le comte dans un moment de fureur; mais à coup sûr ils ne l'eussent pas dépossédé. Une seule tentative fut faite pour renverser la dynastie, et l'on sait comme elle fut cruellement déjouée.

Le peuple espérait d'ailleurs beaucoup de la jeunesse du prince appelé à le gouverner et comptait le plier plus facilement à ses volontés; aussi se montra-t-il très-impatient de le voir en Flandre. Louis de Male y vint en effet vers le mois

---

(1) Les principaux événements du règne de Louis de Male ayant été racontés au début de l'*Histoire des ducs de Bourgogne* par M. de Barante, nous n'avons pas cru devoir en reproduire le récit détaillé.

de novembre, et reçut partout de nombreux témoignages d'amour et de respect. Il promit de conserver religieusement les lois, priviléges et coutumes anciennement établis, reçut le serment de la noblesse et des villes, créa des magistrats ou officiers, et publia, comme les seigneurs en avaient l'habitude à leur avénement, plusieurs statuts et règlements relatifs à l'administration générale du pays. On était fatigué de guerres et de troubles; on désirait ardemment en voir la fin, et tout semblait présager le bonheur du nouveau règne. Vaine espérance! La division ne tarda pas à renaître sous l'empire des mêmes causes et avec les mêmes résultats. La politique du roi de France à l'égard de la Flandre n'avait rien perdu de son active sollicitude; d'un autre côté, Édouard s'était étudié avec non moins de zèle à conserver l'amitié des populations flamandes en continuant à leur fournir les éléments indispensables de leur prospérité commerciale. Le mariage du jeune comte devenait une affaire importante, et qui allait décider laquelle des deux alliances, anglaise ou française, devait prévaloir. Dès qu'il avait su l'arrivée de Louis de Male en Flandre, le roi d'Angleterre, qui alors assiégait Calais, s'était hâté d'envoyer auprès des grandes villes le comte de Northampton, le comte d'Arundel et le sire de Cobham, chargés de négocier le mariage du prince avec sa fille Isabelle. Les Flamands inclinaient beaucoup vers cette union. Louis avait jadis été fiancé à Marguerite, fille du duc de Brabant. Le roi de France et le duc, qui s'étaient rapprochés, mettaient un grand prix à ce que ce mariage se conclût, tant pour conserver le comte en leur amitié que pour le soustraire à la domination anglaise. Ils avaient eu soin d'entretenir Louis dans cette idée durant son séjour à la cour de France. Marguerite était belle;

Louis l'aimait, dit-on, déjà d'une vive affection (1). A toutes les sollicitations des Flamands, il répondait franchement que jamais il n'épouserait la fille de celui qui avait tué son père (2). Lorsqu'on vit que rien ne pourrait changer son opinion, on résolut d'user avec lui de contrainte. Louis habitait alors le château des comtes à Gand. On l'y surveilla très-attentivement, et on le tint, comme on disait, en prison courtoise, lui signifiant qu'il n'en sortirait pas tant qu'il n'eût promis d'épouser la fille du roi Édouard. Tout jeune qu'il était, Louis, conseillé sans doute par quelques-uns de ses gentilshommes, usa fort adroitement de dissimulation pour sortir d'une captivité qui l'ennuyait beaucoup. Il feignit de se rendre aux raisons des Gantois et se laissa conduire à Bergues-Saint-Winoc, où le roi d'Angleterre s'était rendu de Calais avec la reine son épouse et sa fille Isabelle. Les fiançailles furent célébrées à la grande satisfaction du roi et des Flamands, et, en attendant le jour fixé pour la conclusion du mariage, le comte revint à Gand. Il n'était plus si étroitement gardé : on lui avait permis de prendre ses ébats dans la campagne et de se livrer à sa distraction favorite, la chasse des oiseaux d'eau sur le bord des rivières. Un jour donc qu'il était ainsi à courir les marais aux environs de Gand, son fauconnier, apercevant un héron, lança le faucon; le prince fit de même, et tandis que les deux oiseaux de proie chassaient la bête en l'air, le prince suivait à cheval leurs évolutions, paraissant y prendre un vif plaisir et excitant les faucons par des cris répétés. Quand il fut à quelque distance de Gand, il prit tout d'un coup le galop à

(1) Creditum est captum Brabantinæ amore ob formæ præcipuam commendationem. — Meyer, ad ann. MCCCXLVI.

(2) Froissart, I, 257.

travers champs et on ne le revit plus. Cette évasion, et le mariage que Louis contracta bientôt après avec Marguerite de Brabant, replongea la Flandre dans l'anarchie et le désordre; et il y eut entre le prince et ses sujets une scission non moins profonde que celle qui existait sous le règne précédent.

Les Gantois prirent les armes; les magistrats récemment institués par le comte furent chassés, les dévastations et les pillages recommencèrent de même que les excursions en Artois et sur le territoire français. En tout et partout les Flamands montrèrent leurs prédilections pour le roi d'Angleterre et leur antipathie pour la France. A l'intérieur c'étaient les mêmes hommes qu'autrefois, les mêmes scènes de violence et de tumulte. Van Artevelde n'était plus là pour donner au mouvement national une impulsion calme et régulière : le pouvoir restait aux trois grandes villes, mais sans unité, sans force. Au milieu de ces troubles, les Gantois se montraient toujours les plus ardents. Ils voulaient tout envahir et tout soumettre à leur domination : de là des rivalités avec Ypres et Bruges où le comte avait encore de nombreux partisans et où il cherchait à faire revivre son autorité. Dans le sein même de la vaste et populeuse cité gantoise, les corporations étaient divisées et des luttes sanglantes s'engagèrent souvent entre les foulons et les tisserands. Louis de Male venait quelquefois en Flandre où les villes secondaires et les campagnes lui restaient fidèles. Ne sachant quel parti prendre pour ramener le peuple à la raison, tantôt il employait la douceur et les belles promesses, tantôt il se montrait sévère et implacable. Cependant on l'accueillait où il se rendait, excepté à Gand qui non-seulement ne voulait pas le recevoir, mais ne souffrait point qu'il se tint aux environs. Le roi d'Angleterre entretenait soigneusement ces dispositions et avait même envoyé des gens d'armes pour les seconder. Le comte vint un jour à Alost. Aussitôt que les Gantois l'apprirent, ils se portèrent en armes contre cette ville. Louis leur envoya demander s'ils voulaient bien l'entendre. Ils y consentirent et il alla les trouver. « Bonnes gens, leur dit-il, vous êtes mes sujets et moi je suis votre seigneur selon droit et justice et en toute raison, attendu que la terre de Flandre m'est dévolue par voie d'hérédité et que je ne l'ai point acquise par argent, par violence ou de toute autre manière. Je n'ai jamais forfait à mon serment comme souverain, et je suis prêt à jurer de nouveau la conservation de vos bonnes et antiques franchises, telles qu'elles existaient au temps de mon aïeul le comte Robert et de mes autres prédécesseurs. Je veux me conduire par le conseil des gens de mon pays, pardonner et oublier toutes les offenses passées et faire tout ce que doit un bon seigneur pour rétablir la paix et la concorde parmi son peuple. Je ne vous demande qu'une chose: c'est de reconnaître mes droits, et vous pouvez compter que je reconnaîtrai les vôtres. Enfin je vous supplie tous et chacun de réfléchir à mes paroles et de songer au bonheur de notre patrie, qui est aussi le vôtre et le mien (1). » A ce discours il se fit un grand tumulte dans l'armée gantoise. Le comte l'apaisa d'un signe et dit qu'il fallait se tirer à part selon la coutume, délibérer avec ordre et lui faire ensuite connaître ce qui aurait été résolu. L'on s'assembla donc en conseil. Les bouchers, les poissonniers, les bateliers étaient d'avis qu'il fallait s'accorder et recevoir le comte à Gand en

---

(1) *Chron. Aegidii li Muisis*, ap. *Corpus chron. Fland.*, I, 282,

sa qualité de seigneur légitime ; mais les tisserands et les foulons s'y opposèrent fortement, s'écriant qu'on ne devait avoir affaire qu'au roi d'Angleterre, avec lequel on avait traité. La dispute s'échauffa ; le sang allait couler. Le comte intervint et s'adressant à tout le monde : « Bonnes gens, dit-il, ne voulez-vous point me recevoir chez vous ? je ne veux pas que vous vous battiez pour moi ; car en vous faisant du mal, vous m'en feriez aussi (1). » Il se retira ; et aussitôt qu'il fut éloigné, les deux partis en vinrent aux mains : plusieurs hommes furent tués ou blessés dans le combat.

Il n'y avait plus que les Gantois et les gens d'Ypres qui ne voulussent point se soumettre. Les habitants des autres villes, les Brugeois surtout, fatigués de l'anarchie, ne demandaient pas mieux que de recevoir leur seigneur ; et c'était à à la sollicitation de ces derniers qu'il était rentré en Flandre. Pour ôter tout prétexte aux rebelles qui disaient ne vouloir traiter sans la participation du roi d'Angleterre, le comte députa son cousin Henri de Flandre auprès d'Édouard, afin de demander une conférence et d'entrer en arrangement. Édouard envoya le duc de Lancastre à Dunkerque ; des pourparlers s'engagèrent ; et, le 25 novembre, fut conclu un traité où il était dit entre autres choses : — que le comte de Flandre ne porterait pas les armes contre l'Angleterre pendant toute la durée de la guerre ; qu'il serait permis aux Flamands de maintenir leur alliance avec l'Angleterre ; que ceux de Gand, Bruges et Ypres seraient reçus en grâce, que leurs offenses seraient pardonnées et leurs priviléges confirmés (2). « Cet accord opéra pour un temps la réconcilia-

---

(1) « Nolo quod propter me insimul decertetis ; quia si perditio sit de vobis, mea esset perditio. » — *Ibid.*

(2) Meyer, *ad ann.* MCCCXLVIII.

tion du comte avec les villes flamandes et rétablit la tranquillité dans le pays. C'est en vain que les tisserands essayèrent encore de se soulever à Gand lorsque Louis de Nevers s'y présenta. Les autres métiers se jetèrent sur eux et ils furent tous exterminés avec leurs chefs Gérard Denis et Jean van de Velde (1).

Enfin le comte avait ouvert les yeux sur les fautes de son père. La neutralité qu'il voulait désormais garder était le signal d'un changement politique complet. Il adhérait au système dont van Artevelde avait été le promoteur, mais que ce tribun n'avait pas su maintenir dans de justes limites. A la mort de Philippe de Valois, en 1351, Louis de Male refusa de rendre hommage au roi Jean, son successeur, si les villes de Lille, Douai et Orchies devaient rester en la possession de la France. Cette démonstration plut aux Flamands ; car elle leur prouvait que leur seigneur embrassait la cause nationale dans toute son étendue et qu'il préférait l'amour de ses sujets à l'affection stérile du monarque français. Mais la guerre allait être la conséquence infaillible d'un refus de serment. Louis le prêta ; afin d'éviter de plus grands maux, les bonnes villes ne s'y étaient point opposées. Néanmoins on lui sut gré de ses intentions, et son autorité se fortifiait de plus en plus. A Gand, le parti des tisserands tenta de se rebeller encore ; il fut comprimé et les auteurs de l'insurrection reçurent un châtiment exemplaire.

Sur ces entrefaites la guerre continuait entre la France et l'Angleterre. Les Flamands, qui, après la journée de Crécy, avaient secondé les entreprises du roi Édouard en

_____
(1) Interfecti sunt ad unum omnes. — *Ibid.*

Artois et lui avaient même envoyé des renforts au siége de Calais, observaient la neutralité à laquelle le comte s'était soumis. Pendant cet intervalle de paix, Louis de Male s'occupa du mariage de sa fille Marguerite, alors âgée de quatre ans. C'était le seul enfant que sa femme, Marguerite de Brabant, lui eût donné depuis leur union et le comte n'espérait plus en avoir d'autres. Il voulait lui procurer un puissant parti, et la chose lui était d'autant plus facile que la jeune princesse avait la perspective d'être un jour l'unique héritière du comté de Flandre. Il jeta les yeux sur Philippe de Rouvre, duc de Bourgogne. Philippe était né en 1347, au château de Rouvre près de Dijon, de Philippe de Bourgogne tué au siége d'Aiguillon, où il combattait dans l'armée française, et de Jeanne de Boulogne. En 1349, il avait succédé à Othon IV, son aïeul, et sa mère lui avait apporté les comtés de Boulogne et d'Auvergne. Il tenait en outre de Jeanne de France, sa grand'mère, les comtés de Bourgogne et d'Artois. Son patrimoine comprenait donc la majeure partie de son royaume, et il n'existait peut-être pas à cette époque un plus riche héritage. Le roi de France favorisait cette union par raison politique d'abord, car elle était de nature à resserrer les liens féodaux qui unissaient la Flandre au royaume; en outre il avait épousé en secondes noces Jeanne de Boulogne, mère du jeune duc, et la reine voyait de fort bon œil que son fils obtînt pour femme l'héritière de Flandre. Marguerite de France, veuve de Louis de Nevers, inclinait aussi beaucoup vers un pacte de famille. Bref, le contrat fut passé et l'on stipula que, si Philippe mourait avant sa femme, celle-ci retiendrait pour douaire quatorze mille livres tournois de rente annuelle dont quatre mille seraient levées sur le duché de Bourgogne, quatre mille sur le comté de Bourgogne, quatre mille sur le comté d'Artois et deux mille sur le Boulonnais (1). Le 14 mai 1357, le mariage s'accomplit solennellement à Arras, où Marguerite avait été conduite par sa mère et sa grand'mère. Les magistrats présentèrent à la princesse, en l'abbaye de Saint-Vaast, un hanap d'argent, un trempoir doré et un magnifique drageoir orné de pierreries. M. le duc de Bourgogne et sa femme, tous les deux enfants, furent portés à l'autel, tant était grande l'affluence de seigneurs, de bourgeois et de gens du commun peuple qui remplissaient l'église. Ce fut l'évêque de Tournai qui donna la bénédiction nuptiale (2).

Un événement d'une autre nature, mais qui devait avoir encore pour résultat en faveur du comte une augmentation de puissance, eut lieu peu de temps après. Jean III, duc de Brabant, était mort le 5 décembre 1355, laissant trois filles : Jeanne mariée à Wenceslas, duc de Luxembourg et frère de l'empereur Charles IV; Marguerite épouse de Louis de Male, comte de Flandre; Marie femme de Renaud III, duc de Gueldre. Par ordre de primogéniture et en vertu du testament de Jean III, le duché de Brabant était dévolu à Jeanne et à Wenceslas. Il ne pouvait y avoir de contestation sur ce point; mais un article du même testament assignait à la comtesse de Flandre une pension annuelle de 10,000 florins. Wenceslas éleva des difficultés pour le payement de ladite pension; et Louis de Male, voyant la mauvaise volonté de son beau-frère, éleva des réclamations au sujet des 86,500 réaux d'or, moyennant lesquels il avait jadis cédé la ville de Malines au duc Jean,

---

(1) *Arch. de Flandre, acte du 6 août 1354. — Or. parch. scellé.*
(2) *Mémoriaux de l'Hôtel-de-Ville d'Arras, ann. 1357.*

et qui ne lui avaient pas encore été payés en entier. La querelle s'envenima : Louis de Male prit les armes, gagna sur les Brabançons, le 17 avril 1356, la bataille de Scheut, près de Bruxelles ; et la conquête de presque tout le Brabant fut la suite de cette victoire. Mais en peu de temps, grâce à l'héroïsme d'Évrard T'Serclaes, qui, avec une poignée d'hommes, alla au milieu de Bruxelles planter l'étendard brabançon et pousser le vieux cri de guerre : *Brabant au grand-duc !* Wenceslas vint à bout de réparer ses pertes. Malines seule restait au comte de Flandre. Louis se préparait à reprendre l'offensive ; mais les horreurs sanglantes et inutiles auxquelles le pays était livré engagèrent le comte et le duc à entrer en arrangement. Le comte de Hainaut fut choisi pour arbitre ; et il rendit une sentence par laquelle, entre autres avantages, les villes de Malines et d'Anvers étaient cédées au comte de Flandre, qui pouvait en outre, sa vie durant, porter le titre de duc de Brabant.

Cependant la lutte entre les deux puissances rivales, lutte dont nous avons retracé l'origine et les débuts, avait eu dans les derniers temps pour la France les plus malheureux résultats. La chevalerie française s'était vue une seconde fois anéantie aux champs de Poitiers, et la Tour de Londres gardait le roi Jean prisonnier. Les Anglais, maîtres d'une grande partie du royaume, avaient même envahi la Bourgogne. La reine Jeanne, mère du duc Philippe de Rouvre, parvint, moyennant d'énormes sacrifices, à délivrer le patrimoine de son fils de ces hôtes dangereux. L'année suivante, ils moururent l'un et l'autre. Les domaines et la veuve du jeune duc furent alors en butte à la rivalité des prétendants. Par la mort de la reine, fille et héritière d'Othon IV, comte de Bourgogne et d'Artois, ces deux provinces revenaient à Marguerite, comtesse douairière de Flandre, veuve de Louis de Nevers; mais le duché appartenait à Charles de Navarre en vertu du droit de représentation, car il descendait de la fille de Robert II, treizième duc de Bourgogne. Le roi Jean y prétendit par droit de proximité, s'en empara malgré les réclamations de Charles, et le joignit à la couronne. Néanmoins il s'aperçut bientôt qu'un pays depuis si long-temps indépendant ne pouvait demeurer sous la domination immédiate de la France. C'est alors qu'il résolut de le donner à son quatrième fils Philippe, surnommé le Hardi, à cause de la belle conduite qu'il avait tenue à la bataille de Poitiers, où, bien qu'âgé de seize ans à peine, il avait combattu jusqu'à la dernière extrémité à côté de son père.

L'union de Philippe-le-Hardi avec la veuve de son prédécesseur était vivement désirée par le roi de France, ainsi que par la comtesse Marguerite de Flandre. Louis de Male ne la voyait pas d'aussi bon œil; il craignait d'exciter encore l'animadversion des Flamands, dont l'antipathie pour l'alliance française n'avait rien perdu de sa vivacité. Le roi Édouard ne cessait d'entretenir des intelligences en Flandre : ses partisans y étaient nombreux, surtout dans les grandes villes. Il demanda la princesse en mariage pour son fils Edmond duc de Cambridge, et le comte se trouva dans une situation pleine de difficultés. Tout son zèle, tous ses soins depuis plusieurs années s'appliquaient à conserver la neutralité. Il y avait réussi et se louait beaucoup des fruits heureux de ce système dont le sage bourgeois de Gand avait le premier conçu la pensée judicieuse. Tout prospérait en Flandre : le peuple n'y avait jamais vécu dans une telle abondance, au point que les gens sensés allaient jusqu'à se plaindre d'un excès de bien-être et d'opulence qui ne devait selon eux manquer de produire un jour beaucoup de mal; car le luxe, disaient-ils, engendre l'orgueil et l'insolence (1). Bref, les instances étaient de part et d'autre si obstinées que les négociations commencées en 1361 ne se terminèrent que huit ans après. Le comte avait, paraît-il, à force de sollicitations et de promesses, obtenu le désistement du roi d'Angleterre, et le roi de France calma les scrupules de Louis de Male et de ses sujets en leur rendant les villes de la Flandre wallone (2), objet de tant de regrets et de récriminations si violentes. Les noces de Philippe-le-Hardi et de Marguerite furent, au mois de juillet 1369, célébrées en l'église St-Bavon à Gand, au milieu d'une foule de grands seigneurs et d'un immense concours de peuple. Ainsi fut consacré l'avénement de la maison de Bourgogne au comté de Flandre. La domination flamande, démembrée tant de fois depuis Bauduin Bras-de-Fer, allait recouvrer une partie de son ancienne puissance. Une ère nouvelle s'ouvrait, mais une grande secousse la devait encore précéder.

Avec un peu de sagesse et de prudence, Louis de Male, qui ne manquait pas d'une certaine habileté politique, aurait pu être le prince le plus heureux et le plus considéré de l'Europe et finir ses jours en paix. Malheureusement, habitué à voir ses désirs accomplis en tout, favorisé dans ses entreprises diverses, il avait contracté au sein de la prospérité un genre de vie peu digne et des habitudes ruineuses. Il aimait le plaisir et rien ne lui coûtait pour satisfaire ses passions. Quoique marié à une belle et vertueuse princesse, il avait souvent outragé la fidélité conjugale, et on ne lui connais-

(1) Butkens, *Trophées de Brabant*.
(2) *Arch. de Flandre*, acte du 12 juillet 1369.

sait pas moins de onze bâtards, garçons ou filles, élevés, nourris et dotés sur son trésor. Il aimait à se voir entouré d'astrologues, de jongleurs et de baladins de toute sorte. Il faisait venir à grands frais, des pays lointains, des bêtes rares et curieuses, surtout des singes et des perroquets qu'il affectionnait beaucoup. Il entretenait trois fous et un nain, une multitude de chiens et de faucons; ses valets n'étaient occupés qu'à composer des mascarades et des divertissements plus ou moins déshonnêtes. On conçoit tout ce qu'une telle cour et un tel prince devaient dépenser d'argent. Bien que les revenus de ses domaines fussent considérables, Louis était toujours obéré, toujours aux expédients; et les villes de Gand, Bruges et Ypres se virent souvent obligées de lui venir en aide.

Aux fêtes de Pentecôte de l'année 1379, il prit fantaisie au comte de donner un grand tournoi sur le Marché-aux-Grains à Gand et il convia à cette solennité toute la noblesse de Flandre, de Brabant, de Hainaut et d'Artois. On ne vit jamais plus d'éclat et de magnificence, mais aussi les finances de Louis étaient épuisées. Il s'adressa aux Gantois et pour la première fois il en essuya un refus. Au milieu de l'assemblée des bourgeois, un homme appelé Gossuin Mulaert s'était levé criant : « Plus une obole ! les plaisirs du comte nous ont déjà trop coûté; on ne peut nous contraindre à de tels impôts ! » et le peuple avait répondu : « Plus une obole (1) ! » Cette parole suscita une insurrection terrible qui dura sept ans, coûta la vie à des milliers de citoyens et fut enfin comprimée par la fameuse bataille de Roosebeke que le roi de France, le duc de Bourgogne et le comte de

(1) Meyer ad ann. MCCCLXXIX.

Flandre gagnèrent sur le peuple flamand. La force de la nation ne fut point anéantie dans cette lutte acharnée. On l'a vue s'accroître au milieu des tempêtes : elle devait grandir encore à travers des vicissitudes tour à tour pénibles ou glorieuses.

Louis de Male mourut le 30 janvier 1383, et le comté de Flandre fut dévolu à Philippe-le-Hardi et à la duchesse sa femme, chefs de cette illustre maison de Bourgogne dont les destinées se confondirent plus tard avec celles du monde entier.

L'intervalle écoulé depuis Bauduin Bras-de-Fer jusqu'à l'avénement de la dynastie bourguignonne constitue une période de cinq siècles. Pressé par les événements qui, durant cet espace, se sont succédé avec tant de rapidité, nous les avons narrés sans en détourner notre attention. Le mouvement politique suffisait bien pour occuper l'historien tout entier. Parfois, nous regrettions de ne pouvoir faire une pause afin de contempler à l'aise les autres mouvements qui s'opéraient autour de nous ; mais nous ne pouvions suspendre notre marche, sous peine de disparaître dans le torrent qui débordait toujours. Maintenant que le narrateur a fini sa tâche, qu'il lui soit permis de jeter un regard en arrière pour voir s'accomplir des révolutions plus pacifiques, plus consolantes pour l'humanité.

La Flandre n'a pas été seulement un théâtre de guerre, de dissensions intestines, de soulèvements populaires. Sa prospérité matérielle, ses progrès intellectuels et moraux pourraient fournir à une plume moins inhabile le sujet d'un tableau magnifique. Bornons-nous à une esquisse, en prenant pour cadre ce quatorzième siècle, limite assignée à notre récit.

Au début de cette histoire nous avons dit quels étaient dans les temps primitifs l'aspect général de la contrée, sa constitution naturelle, sa physionomie enfin. Certes, les principaux linéaments sont restés les mêmes. La Flandre était encore au quatorzième siècle une grande plaine hérissée çà et là de quelques mamelons peu saillants, sillonnée de tous côtés par des rivières et des ruisseaux qui se perdaient, les uns dans l'Escaut, cette grande artère du pays, les autres dans l'Océan qui souvent menace d'envahir le sol, mais qui contribue aussi à l'enrichir. Dix grandes forêts occupaient une portion notable du comté, dont la superficie était désormais acquise presqu'en totalité aux produits de l'agriculture, aux travaux de l'industrie, aux actes permanents d'une civilisation avancée. Les pauvres bourgades de l'époque des Bauduin étaient devenues de vastes et populeuses cités. Les rivières navigables ne suffisaient plus depuis long-temps à l'activité des transactions commerciales ; des canaux s'étaient creusés et portaient dans tous les sens les marchandises que façonnait l'industrie flamande pour les livrer aux nations lointaines, ou bien celles que l'opulence bourgeoise et féodale faisait venir d'outre-mer, d'outre-Rhin et d'outre-Seine. Le peuple, émancipé par le travail, par la guerre, par l'institution des communes, avait secoué ses antiques entraves, et, soit à la charrue, soit aux chantiers, soit dans les manufactures, il se réveillait partout joyeux, laborieux, énergique. Il était nourri, vêtu, chauffé. Rien de plus animé que les rues et les places publiques à Gand, à Bruges, à Ypres, à Lille, à Douai. Ce n'est pas à dire que la misère fût inconnue de ces populations si agglomérées, mais le travail et les fêtes la rendaient supportable. De toutes parts s'élevaient de grands édifices religieux ou civils qui donnaient à la multitude une haute idée d'elle-même et lui inspiraient cet orgueil national dont les églises, les hôtels de ville, les halles et les beffrois formaient le majestueux symbole. La terre mieux cultivée fournissait non pas de quoi prévenir toujours les disettes, mais du moins une subsistance assurée pour les années communes. Les riches abbayes, les seigneurs ne faisaient plus cultiver exclusivement eurs terres par des serfs; ils en louaient une portion aux paysans libres et encourageaient ainsi l'agriculture, encore bien arriérée alors, il faut en convenir. La fabrication de la toile, surtout celle des tissus de laine, avait pris un immense développement; et il était tel marchand de Gand ou de Bruges qui aurait pu prêter de l'argent à l'empereur et au roi de France.

La statistique, science toute nouvelle, nous apprend fort peu de choses sur le chiffre des populations urbaines ou rurales dans le moyen âge; et l'on serait exposé à de grands mécomptes si l'on adoptait sans contrôle les données éparses à cet égard dans les chroniques. Mais nous pouvons dire qu'au siècle dont nous parlons, comme dans les temps antérieurs, la Flandre wallone comptait bien moins d'habitants, toutes choses égales d'ailleurs, que les cantons tudesques, où le génie commercial, la prospérité agricole et même les dispositions belliqueuses ont dû imprimer toujours un mouvement favorable à la population. Du temps de Louis de Male il y avait à Gand trente-cinq mille maisons au moins, sans y comprendre les hospices et les communautés religieuses. Dès lors les Gantois prétendaient que leur ville avait un circuit plus vaste que celui de Paris. A Bruges, vingt-quatre mille édifices renfermaient, outre les enfants, les prêtres, les religieux des deux sexes et les étudiants, trente-huit mille personnes en âge de recevoir la communion. La ville de Bruges, dont l'aspect architectural est encore aujourd'hui si caractérisé, ne peut donner qu'une faible idée de ce qu'étaient alors les cités flamandes. Du sein de ces massifs de maisons couvertes en chaume, dont chaque toit allongé et rabattu abritait une dizaine d'habitations basses et étroites, s'élevaient dans chaque rue une, deux, trois maisons bourgeoises bien crénelées, bien fortifiées, bien munies de tours et tourelles. On voyait que les possesseurs de ces manoirs semi-féodaux étaient toujours sur la défensive, et qu'ils n'avaient pas grande confiance dans les habitants des masures qui rampaient à leurs pieds. Au milieu de chaque ville, le comte avait son château entouré de fossés, défendu par des herses, des ponts-levis, de fortes murailles, et séparé de toute autre maison par une esplanade où les gens de guerre et les familiers du prince circulaient pêle-mêle comme pour empêcher le peuple d'approcher de trop près. C'est là le type primitif de nos forts et citadelles d'aujourd'hui. Tel était le défaut de police et d'organisation, telle était la crainte des agressions intérieures et étrangères que les maisons religieuses elles-mêmes et parfois les églises étaient comme autant de bastilles toujours disposées à subir un assaut. Si dans l'enceinte des villes on devait user de tant de précautions, quelle devait être la terreur dans les campagnes, où l'on n'était protégé ni par des clôtures, ni par des gens d'armes! Là surtout l'habitation du seigneur, soit temporel, soit ecclésiastique, était mise sur un formidable pied de défense. Les paysans ou vilains, en leur qualité de vassaux, trouvaient un refuge dans le château dont ils étaient tout à la fois les protégés et les soutiens naturels.

Si de cette revue rapide des choses purement matérielles

nous passons à l'examen de la situation civile et morale, que trouvons-nous? D'abord, pour l'état des personnes, les mêmes distinctions que consacre le droit germanique en général. D'une part, liberté; de l'autre, servitude plus ou moins modifiée. Dans les villes, la liberté était le partage commun : nul bourgeois qui fût serf. Dans les campagnes, une multitude de laboureurs, nommés *laeten* ou manants, étaient libres aussi, bien que très-pauvres et assujettis à certaines redevances. Du reste, il ne faut pas croire que, dans ce quatorzième siècle, les gens non libres fussent réduits à la misérable condition des esclaves de l'antiquité ou des nègres de nos colonies. Les serfs de corps eux-mêmes ne pouvaient plus être vendus ou donnés individuellement; ils ne se transmettaient qu'avec le fonds ou village auquel ils appartenaient. Quant à l'autre classe des non libres qu'on nommait aussi *censitaires*, ceux-là jouissaient de la liberté, à la charge d'un cens annuel qui leur assurait en outre protection de la part du seigneur.

Un caractère particulier de la civilisation flamande, ce sont ces métiers dont nous eûmes si souvent occasion de parler dans le cours de notre histoire. Chaque corps d'artisans s'était associé pour se constituer à l'instar du corps de la cité. Il s'était donné des statuts, un chef, et avait pris son rang parmi les institutions municipales. C'étaient autant de milices tour à tour utiles ou redoutables suivant l'occurrence. De son côté, la haute bourgeoisie, que le commerce avait enrichie, ne restait point isolée; elle s'affiliait toujours à ces corps de métiers, qui en réalité étaient les véritables électeurs de la commune. Au demeurant, les métiers les plus plus relevés, brasseurs, bouchers, armuriers, ouvriers en fer, fabricants de tissus, c'est-à-dire ceux en qui le peuple

trouvait le vivre, le vêtement et l'armure, appartenaient de
droit à la haute bourgeoisie et venaient s'y donner la main
avec les gentilshommes. On sait quels étaient les droits
honorifiques et financiers du bourgeois : titre glorieux qui,
sous certaines conditions, conférait la noblesse, et qui,
dans tous les cas, permettait fort bien de s'en passer. Je ne
crois pas faire tort à l'aristocratie flamande de nos jours en
déclarant qu'à peu d'exceptions près, elle tire son origine
de ces illustres et opulents bourgeois qui ont tant de fois
sauvé l'honneur et la nationalité du pays.

Ce merveilleux instinct du négoce, qui fut le principe de
la prospérité des Flamands, n'avait point étouffé l'amour des
travaux intellectuels, ni fait haïr les lettres et les beaux-arts.
Le bien-être et le luxe qu'il amène à sa suite donnèrent au
contraire un plus grand essor à ces plaisirs de l'esprit, qui
sont l'ornement de la bonne fortune. La Flandre réalisait
dans son territoire si restreint la grande division littéraire
que présentait la France au moyen âge. Elle avait, si on
peut le dire, ses troubadours et ses trouvères, ses poètes
d'origine romane et ses bardes d'origine tudesque. On sait
quel éclat ont jeté les chansons de gestes ou poèmes épiques,
les chants d'amour, les fabliaux qui retentirent dans la
Flandre wallone depuis le temps poétique de Philippe d'Alsace, jusqu'à l'époque non moins inspiratrice des troubles de
Flandre et du grand combat de Roosebeke. Mais, d'une autre part, la poésie flamande ne resta pas silencieuse devant
sa voisine et sa rivale; elle eut ses *Romans du Renard*
aussi, ses chants de guerre et d'amour, ses rondes populaires, ses mystères dramatiques; le *Jeu d'Esmorée* n'est pas
moins célèbre que le *Jeu de Robin et Marion*. Seulement
chaque lyre a des sons qui lui appartiennent. Les bardes

tudesques, qui ont quelque parenté avec ceux de l'Écosse et de la Scandinavie, sont plus graves, plus portés à la rêverie, plus sévères même dans les caprices de leur imagination. Les autres retiennent quelque chose de la légèreté française; ils sont narquois comme des Picards, naïfs comme des Champenois. Un genre de poésie tout à fait spécial, selon nous, au moyen âge, c'est la poésie historique, ou, si on l'aime mieux, l'histoire versifiée. Les anciens ne nous ont rien laissé de semblable, à moins qu'on ne veuille placer dans cette catégorie les poëmes cycliques dont il est fait mention dans Horace. Cette forme singulière, donnée à l'histoire pour la rendre populaire et peut-être pour la faire chanter, se retrouve consacrée dans l'idiome flamand aussi bien que dans le dialecte wallon. Si ce dernier a eu son Philippe Mouskes, l'autre se glorifie de son van Heelu. Chose remarquable! l'enthousiasme poétique dans leurs écrits n'étouffe jamais la véracité historique. Il est vrai que cet enthousiasme est d'ordinaire très-calme et très-froid. Notre quatorzième siècle n'a pas vu fleurir des poëtes chroniqueurs aussi renommés que ceux qu'on vient de citer. A peine offre-t-il quelques versificateurs obscurs pour raconter les troubles du règne de Louis de Male. Mais en revanche, les chroniqueurs en prose et en langue vulgaire vont s'emparer des événements; et leur langage plus libre, plus dégagé, mieux assorti aux mœurs et aux besoins de l'époque, racontera l'histoire avec un charme inconnu jusqu'alors ou plutôt oublié depuis les temps de Joinville et de Ville-Harduin. Si ce n'est pas précisément en Flandre que le Valenciennois Froissart a écrit ses immortels récits, on peut dire que c'est là qu'il a puisé ses premières inspirations, et que c'est à la Flandre qu'il a consacré ses plus belles pages. En attendant que le génie de Comines s'éveillât, on préludait à son apparition dans tous les grands monastères par la composition de ces légendes, de ces mémoriaux où la vie politique et sociale du pays est retracée souvent avec une fidélité si minutieuse. La philosophie scolastique, qui en Flandre s'était jadis enorgueillie des Henri de Gand et des Alain de Lille, allait retrouver dans un évêque de Cambrai, Pierre d'Ailly, un adepte non moins illustre que le docteur universel et le docteur solennel.

A côté du mouvement littéraire encore si gêné et si timide, le mouvement artistique se présente plus ferme, plus décisif. L'architecture ogivale, cette magnifique expression de la pensée chrétienne et germanique, se développe, se transforme, s'embellit sans rien perdre de son caractère primitif et fondamental. C'est l'époque du style ogival secondaire ou rayonnant, dont l'hôtel de ville et les halles de Bruges, la chapelle des comtes à Courtrai et d'autres monuments offrent de précieux spécimens. L'art du sculpteur et du statuaire se confond fréquemment et s'identifie avec celui de l'architecte. Leurs œuvres font corps ensemble, et ne sont que le produit d'une même pensée. On a dit que c'était Flandre que la peinture à l'huile avait pris naissance. Quoi qu'il en soit, déjà riche et exubérante de coloris, mais roide encore dans la forme et incorrecte dans le dessin, elle commence avec van Eyck et Memling cette école qui disputera bientôt de célébrité avec les écoles de Venise, de Florence et de Rome, et livrera ses chefs-d'œuvre à toutes les églises, à tous les musées de l'Europe.

De l'aspect matériel d'un pays, de son histoire et de la manière dont il accueille et cultive les lettres et les arts, on peut déduire les principaux traits de son caractère moral.

Ainsi, nous pouvons prononcer que le Flamand est par dessus tout attaché à ses foyers, à la cité, à la patrie. Le sentiment national semble s'être fortifié chez lui en raison directe des efforts que l'on a faits pour le priver de sa nationalité. Nulle part on n'a soutenu des luttes plus acharnées dans l'intérêt de ce grand principe. Actes d'héroïsme, actes de férocité s'expliquent également à l'aide de ce patriotisme toujours ardent, souvent aveugle et déréglé. A cet amour du sol et de l'indépendance se rattache tout naturellement l'amour du lucre, autre qualité vivace, tenace, permanente du peuple flamand. C'est parce qu'on chérit sa maison qu'on veut l'enrichir, l'embellir, la consolider. Tout en faisant les affaires du pays, on entend bien aussi faire ses propres affaires ; point capital, essentiel, qui prévaut sur toute autre considération. Les laines anglaises, cette matière première de la première industrie flamande, ont fait répandre plus de sang que les questions purement politiques et sociales. La recherche du gain et la poursuite des richesses rendent défiant et soupçonneux, aussi les Flamands du quatorzième siècle l'étaient-ils beaucoup ; comme on peut le reconnaître dans une foule de traits, dont l'assassinat de van Artevelde n'est pas le moins significatif.

Mais pour repousser ces ombres, que de nobles et belles qualités n'aurions-nous pas à faire valoir ! Quelle valeur militaire en tout temps, depuis la prise de Constantinople jusqu'à la bataille des Éperons ! Quelle indignation généreuse contre le crime et l'oppression, lorsqu'il fallut venger le meurtre de Charles-le-Bon ! Probe et intègre dans les transactions, affable et hospitalier malgré sa froideur native, charitable et libéral nonobstant son désir d'accumuler, le Flamand n'épargne rien, ni son sang, ni sa fortune, lorsqu'il s'agit d'accroître le bien-être de son pays, ou d'exhausser sa gloire et sa puissance. Chez lui, partout et toujours, le patriote efface le marchand.

Telle était la Flandre, tels étaient les Flamands à la fin de la période que nous avions à décrire. Il fallait donc que ce peuple eût en lui-même et dans ses institutions une grande force de vitalité pour occuper et conserver si long-temps, en dépit de l'exiguïté de son territoire, un rang si distingué parmi les nations de l'Europe. En achevant la lecture des annales flamandes, on est autorisé à dire avec un illustre écrivain : « L'enfance de ces siècles fut barbare, leur virilité » pleine de passion et d'énergie, et ils ont laissé leur riche » héritage aux âges civilisés qu'ils portèrent dans leur sein » fécond (1). »

(1) Châteaubriand, *Disc. hist.*, III, 464.

FIN DU TOME SECOND ET DERNIER.

TABLE DES CHAPITRES.

I. Jeanne de Constantinople et Fernand de Portugal. (1214-1233). — Nouvelle conspiration du comte de Boulogne. — Colère du roi. — Retour triomphal de Philippe-Auguste en France. — Fernand de Portugal entre à Paris garrotté sur une litière. — Il est enfermé dans la tour du Louvre. — Profonde consternation en Flandre. — Situation désastreuse du pays. — Démarche infructueuse de la comtesse Jeanne auprès du roi. — Douleur de Jeanne. — Courage et fermeté de cette princesse. — Son gouvernement. — Nouvelles tentatives de Jeanne auprès de Philippe-Auguste. — Obstination du roi à ne pas délivrer le comte de Flandre. — Habileté politique de la comtesse. — Elle affaiblit le pouvoir des châtelains et augmente les priviléges du peuple. — La langue française employée en Flandre dans les actes publics. — Histoire merveilleuse du faux Bauduin. — La comtesse de Flandre a recours au pape pour faire cesser la captivité de Fernand. — Bulle du pontife à ce sujet. — Traité de Melún. — Les villes de Flandre refusent leur ratification. — La reine Blanche consent à modifier le traité. — Délivrance de Fernand. — Son dévouement à la reine. — Ses expéditions dans le Boulonnais et en Bretagne. — Succession au comté de Namur. — Démêlés à ce sujet. — Jeanne et Fernand augmentent le pouvoir municipal en Flandre. — Les *Trente-Neuf* de Gand. — Fernand malade de la pierre meurt à Noyon. 1

II. Jeanne de Constantinople et Thomas de Savoie. (1233-1244). — Croisade contre les *Stadinghen*. — La comtesse Jeanne y envoie des hommes d'armes. — Sollicitude de la princesse pour la mémoire de son époux Fernand. — Ses actes nombreux de bienfaisance. — Sa visite aux

frères mineurs de Valenciennes. — Incidents divers. — Mariage de
Jeanne avec Thomas de Savoie. — Portrait de ce prince. — Le comte et
la comtesse de Flandre prêtent hommage au roi Louis IX. — Discussion
à ce sujet. — Progrès des institutions politiques en Flandre. — Keure
octroyée par Jeanne et Thomas à la châtellenie de Bourbourg, à celle
de Furnes et à la terre de Berghes-Saint-Winoc. — Dispositions curieuses de cette charte. — Guerre en Brabant. — Le comte Thomas
prend la ville de Bruxelles et fait prisonnier le duc de Brabant. —
Guerre au comté de Namur. — Maladie de la comtesse Jeanne. — Elle
se retire à l'abbaye de Marquette. — Sa résignation et sa piété. — Son
testament. — Sa mort édifiante. — Avénement de Marguerite de Constantinople aux comtés de Flandre et de Hainaut. 52

III. MARGUERITE DE CONSTANTINOPLE. (1244-1251). — Histoire de Bouchard d'Avesnes, premier époux de Marguerite. — Prédilection de
la comtesse pour les enfants issus de Guillaume de Dampierre son second mari. — Elle veut faire agréer au roi de France l'aîné de ces enfants comme son seul et unique héritier au préjudice des fils de Bouchard d'Avesnes. — Querelles entre les d'Avesnes et les Dampierre devant le roi. — Haines des princes. — La division se met également dans
le pays. — Guerre civile imminente. — Saint Louis la prévient en se
portant médiateur. — Jugement arbitral du roi qui adjuge la Flandre
aux Dampierre, et le Hainaut aux d'Avesnes. — Persévérance de la
comtesse dans son aversion pour les enfants de son premier lit. — Elle
efface de son écu les armes du Hainaut. — L'animosité éclate de nouveau. — Jean d'Avesnes porte la guerre en Flandre. — Marguerite réclame l'intervention du roi de France. — Louis IX la repousse. — Guillaume de Dampierre part pour la croisade et la paix est momentanément rétablie. — Guillaume, roi des Romains, adjuge à son beau-frère
Jean d'Avesnes la Flandre impériale, confisquée sur Marguerite. —
Réclamations de cette princesse. — Enquête sur la légitimité des d'Avesnes. — Elle est prononcée par le pape. — Guillaume de Dampierre, au
retour de la croisade, est tué dans un tournoi à Trazegnies. — Douleur
de la comtesse sa mère. — Ses plaintes et ses imprécations. 70

IV. MARGUERITE DE CONSTANTINOPLE. (1251-1279). — Vengeances et tyrannie de la comtesse envers le Hainaut, qui avait pris le parti de Jean
d'Avesnes. — Elle destitue tous les officiers de ce comté et les remplace
par des Flamands. — Odieuse conduite de ceux-ci. — Conspiration des
Ronds. — Grand nombre de Flamands sont égorgés en Hainaut par les
Ronds. — Lettre des conjurés au grand-bailli du Hainaut. — Leur nombre augmente. — Colère de la comtesse de Flandre. — Sympathie qu'ils

excitent. — L'évêque de Liége les prend sous sa protection. — Guerre contre l'empereur comte de Hollande et contre Jean d'Avesnes. — Les Flamands descendent dans l'île de Walcheren. — Florent de Hollande leur fait éprouver un sanglant échec à West-Kappel. — Gui et Jean de Dampierre sont retenus prisonniers. — Désespoir de la comtesse de Flandre en apprenant la captivité de ses fils. — Elle tente leur délivrance. — L'empereur dédaigne ses offres. — Nouvelle intervention du roi de France. — Conditions exorbitantes imposées par l'empereur. — Dépit de Marguerite. — Elle fait reconnaître Gui de Dampierre en qualité de comte de Flandre et, à son défaut, le jeune Robert, fils de ce prince. — Ses projets de vengeance. — Louis IX refuse l'offre qu'elle lui fait du comté de Hainaut. — Elle l'abandonne, sa vie durant, au comte Charles d'Anjou afin qu'il l'aide à combattre l'empereur et à délivrer ses fils. — Marguerite et Charles d'Anjou envahissent le Hainaut à main armée. — Siége de Valenciennes et du château d'Enghien. — Résistance des bourgeois et du sire d'Enghien. — Plusieurs villes du Hainaut se soumettent. — Reprise du siége de Valenciennes. — Courage et fierté des habitants. — Le prévôt Éloi Minave. — Ses énergiques remontrances à la comtesse. — Accord. — L'empereur entre en Hainaut. — Charles quitte précipitamment Valenciennes et se tient sur la défensive aux environs de Douai. — Trêve entre les parties belligérantes. — Mort tragique et inopinée de l'empereur. — Charles d'Anjou renonce au Hainaut. — Guillaume et Gui sortent de prison. — La paix se rétablit entre les Dampierre et les d'Avesnes. — Jean d'Avesnes languit et meurt. — Son fils lui succède au comté de Hainaut. — Habileté politique de la comtesse de Flandre. — Ses institutions et son gouvernement. — Précautions qu'elle prend pour éviter dans l'avenir de nouvelles dissensions avec sa famille. — Les dernières années de sa vie se passent en œuvres de bienfaisance. — Elle s'éteint à l'âge de 80 ans. — Gui de Dampierre est proclamé comte de Flandre, et Jean II d'Avesnes comte de Hainaut. — Piété filiale de ce dernier. — Il fait exhumer son père et le présente à toutes les villes du Hainaut comme leur seigneur et comte. 101

V. Gui de Dampierre. (1280-1299). — Difficultés du comte avec les principales villes flamandes. — Émeutes à Gand, à Bruges et à Ypres. — Nouvelle discorde au sujet de la Flandre impériale. — Le comte de Hainaut est investi de ce fief par le roi de Germanie, qui met Gui de Dampierre *hors la paix.* — Les Trente-Neuf de Gand essaient de se soustraire à la juridiction du comte de Flandre et s'adressent à la cour du roi de France. — Philippe-le-Hardi s'immisce dans les affaires intérieures du comté. — Avènement de Philippe-le-Bel et prétentions de ce prince sur la Flandre. — Il mine le pouvoir du comte et cherche à capter la bienveillance des Flamands. — Guerre au sujet de la succession du duché de Luxembourg. — Bataille de Wœringen. — Troubles en Flandre. — Les Valenciennois se déclarent indépendants du comté de Hainaut et se mettent sous la protection du comte Gui. — Hostilités entre la France et l'Angleterre. — Le roi Édouard recherche l'alliance de Gui. — Il lui envoie une ambassade pour lui demander la main de sa fille Philippine en faveur du prince de Galles. — Traité de mariage. — Colère du roi de France en l'apprenant. — Il fait venir par ruse le comte de Flandre et sa fille à Paris, et les retient prisonniers. — Réclamations des seigneurs flamands et des fils du comte. — La cour des pairs absout Gui de Dampierre du chef de haute trahison. — Il est mis en liberté, mais sa fille reste prisonnière au Louvre. — Le comte exaspéré des violences de Philippe-le-Bel prend la résolution de se venger et fait alliance avec le roi d'Angleterre. — Ligue de Grammont. — Le roi de France somme Gui de Dampierre à comparaître devant lui. — Réponse digne et fière de ce dernier. — Préparatifs pour la guerre. — Envahissement de la Flandre par le roi. — Siége de Lille. — Batailles de Furnes et de Bulscamp. — Les séductions de Philippe-le-Bel lui suscitent dans la Flandre des partisans connus sous le nom de *léliaerts*, ou gens du lis. — Trahisons de ces derniers. — Soumission des villes de la Flandre maritime. — Reprise du siége de Lille. Incidents divers. — Prouesses du sire de Falckenberg. — Le roi d'Angleterre débarque en Flandre. — Il prête sa vaisselle et ses joyaux au comte Gui. — Le comte Robert de Flandre défend Lille courageusement. — Il est forcé par la famine et les trahisons de capituler. — Philippe-le-Bel s'avance au sein de la Flandre tudesque. — Les bourgeois lui portent les clefs de leurs villes. — Charles de Valois, frère du roi, s'empare de Dam. — Les Flamands et les Anglais reprennent la ville. — Ypres reste fidèle au comte de Flandre. — Détresse de celui-ci. — On conclut une trêve de deux ans. — Philippe-le-Bel quitte la Flandre après avoir établi de bonnes garnisons dans les villes conquises. — Les différends des princes sont soumis à la sentence du pape Boniface VIII. — Robert de Béthune et Jean de Namur, fils de Gui, vont à Rome pour soutenir la cause de leur père. — Exactions et violences des Français durant la trêve. — Le comte Gui écrit à ses enfants la triste situation dans laquelle il se trouve. — Sentence du pape favorable au comte. — Le roi la repousse et le comte d'Artois jette au feu les lettres pontificales. — Gui de Dampierre est abandonné par le roi d'Angleterre et l'empereur ses alliés. — Tentatives infructueuses pour obte-

nir la paix du roi de France. — Mort de la comtesse de Flandre Isabelle.
— Expiration de la trêve. 147

VI. Gui de Dampierre. (1299-1303). — *Nouveaux apprêts de guerre.*
— Ordonnance du comte Robert de Béthune. — Premières hostilités
aux environs de Bruges. — Avantages remportés par les Français. —
Défection des Gantois. — Conférence de Rodenbourg. — Gui de Dampierre, à l'instigation de Charles de Valois, se livre au roi de France
avec ses deux fils Robert et Guillaume, et environ quarante chevaliers
flamands. — Arrivée des princes à Paris. — Le roi de France les déclare ses prisonniers. — Le connétable Raoul de Nesle gouverne la Flandre au nom du roi. — Philippe-le-Bel refuse la liberté au comte et à
ses fils. — Il visite la Flandre en compagnie de la reine. — Réception
brillante que leur font les villes de Gand et de Bruges. — Étonnement
et jalousie de la reine en voyant le luxe et la splendeur des dames de
Bruges. — Jacques de Châtillon succède au connétable dans le gouvernement de la Flandre. — Troubles à Bruges. — Tyrannie du gouverneur. — Le doyen des tisserands de draps, Pierre Konynck. — Il est
emprisonné par ordre de Jacques de Châtillon. — Le peuple le délivre
et il devient le chef des mécontents. — Il s'exile avec les principaux
agitateurs. — Tentatives de Châtillon pour punir les révoltés. — Impôts excessifs. — Popularité de Pierre Konynck. — Il entre en relation
avec les fils du comte. — Émeute à Gand. — Jean Breydel, doyen des
bouchers de Bruges, second tribun du peuple. — Arrivée de Guillaume
de Juliers, petit-fils du comte, à Bruges. — Il se met en rapport avec
Konynck et Breydel. — Le gouverneur vient à Bruges avec des forces
imposantes. — Retour des exilés, soulèvement général des Brugeois,
et massacre des Français. — Le gouverneur et le chancelier de France,
Pierre Flotte, se sauvent comme par miracle. — Gui de Namur et
Guillaume de Juliers reviennent au sein de la Flandre et soulèvent
les populations. — Détresse des Français et des gens du lis. — Colère
du roi de France. — Il lève une formidable armée, qui s'avance contre les Flamands sous la conduite du comte d'Artois. — Bataille de
Courtrai ou des Éperons. 205

VII. Gui de Dampierre. (1303-1304). — Réjouissances en Flandre à
cause de la bataille de Courtrai. — Reprise des hostilités. — Siége de
Lille. — Reddition de Lille et de Douai. — Courses et pillages en Artois. — Capitulation des châteaux de Cassel et de Tenremonde. — Dispositions du roi de France pour recommencer la guerre. — Il marche
de nouveau contre la Flandre. — Son départ subit et imprévu. — Cause
singulière de cette retraite. — Incidents divers. — Prise de Lessines

par les Flamands. — Guillaume de Juliers provoque Gauthier de Châtillon, connétable de France. — Tentative malheureuse de Guillaume
contre Saint-Omer. — Scandaleuse conduite de ce prince. — Expédition en Zélande. — Siége de Ziricksée. — Arrivée en Flandre de Philippe de Chieti. — Réorganisation de l'armée. — Échec des Flamands
près de Saint-Omer. — Prise et sac de Térouane. — Nouvelles dévastations en Artois. — Siége de Tournai. — Dévouement de François de
Staples. — Trêve entre le roi de France et les Flamands. — Délivrance
momentanée du comte Gui de Dampierre. — Il revient en Flandre et
se retire au château de Winendale. — Sa *dernière devise*. — Seconde
expédition de Gui de Namur en Zélande. — Avantages remportés par
les Flamands. — Reprise du siége de Ziricksée. — Conquête de la Hollande méridionale. — Expiration de la trêve avec la France. — Le
comte de Flandre retourne en prison. — Philippe-le-Bel s'avance
pour la cinquième fois à main armée contre la Flandre. — Escarmouches aux frontières d'Artois. — Le roi marche vers Tournai. — Philippe de Chieti et l'armée flamande se portent dans la même direction.
— La flotte française aux ordres de l'amiral Reynier Grimaldi cingle
vers la Zélande. — Ardeur intempestive de Gui de Namur. — Il se fait
vaincre sur mer par l'amiral, et tombe en son pouvoir. — Bataille de
Mons-en-Pevèle. — Mort du comte Gui. 255

VIII. ROBERT DE BÉTHUNE. (1304-1322). — Nouvelles exigences du roi.
— Traité d'Athies-sur-Orge. — Robert de Béthune sort de prison et
prête hommage à Philippe-le-Bel. — Les Flamands refusent de ratifier
le traité. — Leur mécontentement contre Robert. — Mort de Philippine
de Flandre. — Tentatives infructueuses pour renouer la paix. — Troubles à Bruges. — Modifications au traité de paix. — Il est enfin accepté,
et la tranquillité se rétablit en Flandre. — Tableau de la situation
commerciale et industrielle de la Flandre au commencement du quatorzième siècle. — La Hanse de Londres. — Chambre d'assurances à Bruges pour les marchandises. — Traité de commerce avec la Norvége.
— Expiration de la trêve avec le Hainaut. — Appréhensions de guerre.
— Entrevue de Tournai. — Accommodement entre les deux comtes. —
Guillaume de Hainaut prête serment de vassalité au comte de Flandre pour la Zélande. — Intrigues d'Enguerrand de Marigny au sujet
des villes de Lille, Douai et Orchies, engagées au roi. — Il surprend par
une ruse la renonciation définitive desdites villes à Robert de Béthune.
— Colère de ce dernier. — Il prétend la convention nulle et s'emporte
contre le roi. — Le parlement de Paris confisque les domaines du comte.
— Préparatifs de guerre. — Manifeste du roi adressé aux Flamands. —

Excommunication lancée sur la Flandre. — Révolte de Louis de Nevers, fils aîné de Robert de Béthune, contre le roi. — Mort de Philippe-le-Bel. — Louis X porte la guerre en Flandre. — Désastre de l'armée française inondée et embourbée aux environs de Courtrai. — Philippe-le-Long, régent de France, adoucit les conditions imposées aux Flamands pour la paix. — Obstination de ceux-ci et du comte à ne les pas vouloir agréer. — Reprise des hostilités. — Trêve. — Le pape Jean XXII intervient entre les Flamands et le roi. — Les Flamands repoussent cet arbitrage. — Mécontentement du pape. — Il jette l'interdit sur la Flandre. — Impression que cette mesure produit dans le pays. — Robert de Béthune s'efforce de la détruire. — Mariage de Louis, fils de Louis de Nevers, avec la fille de Philippe-le-Long. — Nouvel armistice. — Les villes de Lille, Douai et Orchies sont enfin abandonnées au roi. — Règlement relatif à la succession au comté de Flandre. — Discorde dans la famille du comte. — Mauvaise conduite de Louis de Nevers. — On l'accuse d'avoir voulu empoisonner son père. — Il se justifie et demande pardon au comte, qui lui fait grâce et le réhabilite solennellement. — Mort de Louis de Nevers et de Robert de Béthune.   318

IX. Louis de Nevers ou de Créci. (1322-1335). — Débats relatifs à la succession du comte défunt. — Soulèvement des Brugeois. — Ils saccagent l'Écluse, et font Jean de Namur prisonnier. — Évasion de ce prince. — Les Brugeois se soumettent. — Désordres dans le gouvernement du comté. — Nouveaux troubles. — Guerre des gens du peuple contre les nobles. — Lambert Boonen, Zegher Janssone et Nicolas Zanekin chefs des mécontents. — Alliance de la commune de Courtrai avec celle de Bruges. — Le comte Louis se rend à Courtrai. — Incendie allumé par ordre de ce prince. — On massacre les gentilshommes sous ses yeux. — Le comte saisi par les révoltés est remis aux mains des Brugeois qui le retiennent captif. — Zanekin s'empare de la ville d'Ypres. — Robert de Cassel, oncle du comte, favorise en secret les révoltés. — Intervention du roi Charles-le-Bel. — Les gens des communes refusent de se rendre aux conférences indiquées par le roi. — Excommunication des Flamands. — Gand et Audenarde fidèles au comte. — Défaite des révoltés près d'Assenède. — Les Brugeois mettent le comte en liberté et rentrent sous son obéissance. — Paix d'Arques. — Les troubles recommencent. — Le comte assiste au sacre de Philippe de Valois et réclame son appui contre les Flamands. — Apprêts de guerre. — L'armée du roi en Flandre. — Bataille de Cassel. — Punitions et amendes imposées aux villes. — Tentative de Zengher Janssone sur Ostende. — Supplice de ce tribun. — Le comte Louis se rapproche de la comtesse Marguerite, sa femme, dont il vivait séparé depuis longtemps. — La comtesse vient en Flandre pour la première fois. — Elle met au monde un fils appelé plus tard Louis de Male. — Incidents divers. — Discussions et procès du comte avec la dame de Cassel. — Conflit au sujet de la juridiction de l'Escaut entre le Brabant et la Flandre. — Prise de possession par le jet de la hache. — Le comte achète la seigneurie de Malines. — Guerre avec le duc de Brabant. — Trêve et paix. — Émeute à Gand causée par Guillaume van Artevelde. 354

X. Louis de Nevers. (1335-1340). — Motifs de la guerre entre la France et l'Angleterre. — Les deux pays se disputent l'alliance des Flamands. — Impopularité du comte. — Jacques van Artevelde. — Ses discours et son influence à Gand. — Assemblée du Paddenhoek. — Van Artevelde est élu capitaine de la paroisse de Saint-Jean. — Son entrevue avec le comte. — Tentatives de ce dernier pour recouvrer en Flandre son autorité. — Négociations des Flamands avec le roi d'Angleterre au sujet du commerce des laines. — Excommunication. — Démonstrations hostiles du roi de France. — Supplice de Siger le Courtraisien. — La commune de Gand prend les armes. — Combat de Biervliet gagné par van Artevelde contre les nobles. — Philippe de Valois permet la neutralité aux Flamands et leur accorde la liberté de commerce. — Van Artevelde envoie chercher le comte de Flandre et rétablit son autorité. — Nouveaux efforts du roi d'Angleterre pour attirer les Flamands à lui. — Van Artevelde l'empêche de débarquer en Flandre. — Remontrances de ce tribun au comte, au sujet de son alliance exclusive avec le roi de France. — Louis de Nevers abandonne de nouveau son comté. — Sage administration de van Artevelde. — Ses entrevues avec le roi d'Angleterre à Anvers. — Édouard, vicaire de l'empereur, s'allie avec le duc de Brabant, le comte de Hainaut et autres princes, et se porte en Cambrésis. — Prise de Thun-l'Évêque. — Siége de Cambrai. — Le roi d'Angleterre lève le siége de Cambrai et se porte en Vermandois au-devant du roi de France. — Incidents divers. — Les deux armées en présence à Buironfosse. — Elles se retirent sans combattre. — Le roi d'Angleterre revient à Bruxelles. — Nouvelles entrevues avec van Artevelde et les plus puissants bourgeois du pays. — Magnifiques promesses du monarque. — Scrupules des Flamands. — Ils conseillent à Édouard de prendre le titre et les armes du roi de France. — Édouard y consent et ils traitent avec lui. — Il retourne en Angleterre et adresse un manifeste aux vassaux et sujets de la couronne de France. — Charte confirmative des dons et promesses qu'Édouard avait faits aux Flamands. — Continuation de la guerre en Hainaut et en Cambrésis. — La garnison de Tournai rav ae les environs de Courtrai. — Van Artevelde se porte vers le Tournaisis. — Les comtes de Salisbury et de Suffolck sont surpris et faits prisonniers aux environs de Lille. — Van Artevelde renonce à son projet et revient à Gand. — Thun-l'Évêque assiégé par le duc de Normandie, fils du roi. — Le duc de Brabant, le comte de Hainaut et van Artevelde se portent au secours de cette ville. — Le duc de Brabant ne veut pas livrer de combat aux Français avant l'arrivée du roi d'Angleterre, chef de la guerre. — Édouard s'embarque pour revenir en Flandre. — Bataille navale de L'Écluse gagnée par ce roi. — Van Artevelde harangue l'armée et le peuple sur la place du marché de Valenciennes. — Les princes vont trouver le roi d'Angleterre à Gand : l'on y traite de la guerre contre la France. — La Flandre, le Hainaut et le Brabant s'allient plus intimement à la persuasion de van Artevelde. — Siége de Tournai. — Expédition malheureuse de Robert d'Artois aux environs de Saint-Omer. — Le roi de France s'avance vers Tournai. — Sa sœur Jeanne de Valois, religieuse à Fontenelles près Valenciennes, s'entremet entre les princes pour arrêter l'effusion du sang humain. — Elle réussit et une trêve est conclue. — Levée du siége de Tournai et licenciement des armées. 403

XI. Louis de Nevers. (1340-1346). — Entrevue du comte de Flandre et du roi d'Angleterre. — Prolongation des trêves. — Conférence d'Arras. — Guerre de Bretagne. — Héroïsme de Jeanne de Flandre, comtesse de Montfort et sœur de Louis. — Rivalité séditieuse des villes flamandes au sujet de l'industrie des draps. — Van Artevelde réprime les désordres et tue de sa main Pierre Lammens à Ardembourg. — Conjuration de van Steenbeke à Gand contre van Artevelde. — Émeute. — Bannissement des conjurés. — Van Artevelde divise la Flandre en trois gouvernements. — Soulèvement des tisserands contre les foulons. — Massacre des foulons. — La ville de Tenremonde protégée contre les Gantois par le comte Louis. — L'influence de van Artevelde diminue. — Le tribun se rapproche de plus en plus de l'Angleterre. — Tentative pour déposséder Louis de Nevers, et faire le prince de Galles comte de Flandre. — Mécontentement du peuple. — Conspiration contre van Artevelde. — La maison du tribun est envahie par une multitude furieuse. — Il harangue la populace. — Il cherche à fuir dans une église et tombe frappé à mort. — Colère du roi d'Angleterre à cette nouvelle. — Les villes lui envoient des députés pour le fléchir. — Le comte Louis, ami du duc de Brabant. — Siége de Tenremonde par les Gantois. — Le comte vend la seigneurie de Malines. — Expiration des trêves. — Continuation de la guerre entre la France et l'Angleterre. — Le roi

Édouard débarque en Normandie et ravage cette province. — Le comte de Flandre se rend à l'armée du roi de France avec son jeune fils Louis de Male. — Le monarque anglais se replie vers le Vermandois. — Démonstrations des Flamands sur l'Artois en faveur de ce prince. — Bataille de Crécy en Ponthieu. — Louis de Nevers y est tué. — Son fils échappe avec le roi de France. — Il est armé chevalier et proclamé comte de Flandre. 455

XII. Louis de Male. — Conclusion. — Avénement de la maison de Bourgogne. — La Flandre et les Flamands à la fin du quatorzième siècle. 483

FIN DE LA TABLE.

rester, et l'influence française reprit en Orient son ancien prestige! Dites après cela que nous avons tort de rester royalistes et de persister dans nos convictions ; avant de les abandonner il faudrait avoir renoncé à la plus noble faculté de l'intelligence humaine, celle de comparer et de juger.

Le pouvoir politique a aujourd'hui définitivement donné sa démission. Le gouvernement du roi, M. Guizot en tête, et la chambre des députés des départemens, au nom de la nation, en abusant du mandat qui leur a été confié, ont remis la direction supérieure de l'état entre les mains des banquiers européens, et à l'heure qu'il est, M. de Rothschild, leur chef, est le roi de France...

HISTOIRE DES COMTES DE FLANDRE,
JUSQU'A L'AVÈNEMENT DE LA MAISON DE BOURGOGNE.

Par EDWARD LE GLAY, ancien élève de l'Ecole des Chartes, conservateur adjoint des Archives de Flandre, à Lille. (1)

Dans son second volume, M. Le Glay a tenu les promesses du premier. Même agrément dans la narration, même enchaînement dans les faits, même emploi sobre et judicieux des chroniques. L'intérêt du récit s'accroît encore. L'auteur nous avait dit les rudes commencemens de la Flandre, puis les développemens progressifs de ce peuple énergique et industrieux, qu'arrêta tout-à-coup le désastre de Bouvines (1214). Ici, il nous le montre se relevant de peu près sous le gouvernement doux et prudent de la pieuse comtesse Jeanne, et sous la protection de saint Louis qui n'eut point à son égard la politique hostile et convoiteuse de Louis le-Gros et de Philippe-Auguste. La comtesse Marguerite, ferme et intelligente, achève l'œuvre réparatrice de sa sœur ; et dès la fin du XIIIᵉ siècle, malgré les fautes de Guy de Dampierre et de Robert de Béthune, la Flandre était en état de subir, sans en être abattue, le double fléau de l'invasion et de la guerre civile, de suffire aux efforts d'une lutte désespérée contre le puissant et astucieux Philippe-le-Bel.

Avec le XIVᵉ siècle s'ouvre cette ère des grandes agitations communales, si sanglante mais si grandiose. Privées de leur comte prisonnier, de leurs principaux chevaliers retenus avec lui dans les fers ou ralliés à la bannière de France, les villes avaient défendu avec une heureuse obstination l'intégrité et les franchises du pays. Le sentiment de ce service national, celui de leur vaillance et de leurs richesses les enorgueillirent. De là, les turbulentes annales de Louis de Crécy et de Louis de Male.

Louis de Crécy, gendre du roi Philippe-le-Long, possédant en France le Nivernais et le Rhetelois, s'était attaché à la politique française. Mais léger et peu capable, il ne put entraîner dans cette voie un peuple qui avait reçu tant de maux de la France: Ressentimens, défiances, intérêts s'accordant pour faire rechercher aux Flamands l'amitié de l'Angleterre. Leur immense commerce était principalement fondé sur la filature et le tissage des laines ; or, ce temps, les laines venaient de l'autre rive du détroit. Le fameux Artevelde fut l'homme de cette situation, qu'il domina pendant sept ans par un rare mélange d'habileté et d'énergie, maintenant la Flandre neutre entre la France

(1) Tome 2 A Paris, quai Malaquais, n° 15 ; à Lille, chez Vanackere. (Voir notre numéro du 27 juillet 1843.)

et l'Angleterre. Mais dans l'enivrement de la fortune, il conçut la pensée de porter une main sacrilège sur le principe social de son pays, en transférant à l'Anglais la suzeraineté de la Flandre, et appelant au comté une autre dynastie : à l'instant, le talisman tomba ; le régent redescendit au rang de tribun, et Artevelde, abandonné, périt. Ce fut, certes, un mémorable exemple. Mal affectionnés envers la personne de leur prince, le jugeant engagé dans des intérêts contraires aux leurs, prompts à s'insurger contre lui, les Flamands n'en conservaient pas moins la religion de la légitimité ; et au plus fort de leurs troubles, l'usurpation leur fit horreur.

M. Le Glay fait ressortir avec force et justesse ces considérations ; on général, son appréciation des évènemens de ce siècle, souvent défigurés par la partialité des historiens français, est saine. Il s'étend peu sur le règne de Louis de Male (1346-1383), qu'a traité M. de Barante, et termine par une esquisse de la Flandre à l'époque de l'avènement de la dynastie bourguignonne, esquisse bien tracée, mais trop rapide. Là à laquelle sa plume facile pouvait ajouter d'instructifs développemens.

Les épisodes dramatiques ne manquent point dans ce second volume. C'est d'abord le mariage de Marguerite avec Bouchard d'Avesnes, brillant chevalier sous le heaume duquel on retrouve une tonsure de sous-diacre ; c'est la grande tromperie de faux Bauduin ; ce sont les guerres entre les enfans des deux lits de Marguerite, guerres atroces qui rappellent Etéocle et Polynice, et quelquefois Médée ; c'est l'étrange conspiration des Ronds en Hainaut ; c'est, en 1297, le siège de Lille si vaillamment soutenu ; en 1302, le massacre de Bruges, la bataille de Courtrai, non moins lamentable pour la France que celles de Crécy et d'Azincourt: c'est la captivité du vieux Guy de Dampierre incarcéré contre la foi donnée, et retournant, comme Régulus, mourir en sa geôle ; c'est Louis de Nevers, accusé de vouloir empoisonner son père octogénaire ; ce sont les sanglantes journées de Mons-en-Puelle et de Cassel ; ce sont les luttes des grandes cités, les orages populaires de Bruges, de Courtrai, d'Ypres, de Gand ; c'est la régence d'Artevelde et sa chûte soudaine, etc. Que de tableaux émouvans, tragiques, de péripéties terribles ! que de traits d'héroïsme, de patriotisme, de férocité ! Nulle de ces histoires anciennes, dont l'admiration desquelles nous sommes élevés, n'en offre davantage.

Outre les sources historiques familières aujourd'hui à tout le monde, M. Le Glay a eu l'avantage d'en exploiter qui ne le sont guères, notamment le riche dépôt des archives départementales de Lille, si bien confié à la garde savante de son père. Ses récits, appuyés fréquemment de pièces authentiques, y ont gagné en intérêt comme en exactitude. Il a trouvé là entr'autres un mariage de Marguerite et de Bouchard d'Avesnes, des documens oubliés, et qui éclaircissent plusieurs circonstances de ce drame mystérieux.

En rendant compte du premier volume, nous avons signalé quelques négligences de style, dues sans doute à la rapidité de la composition. Celui-ci n'en est point non plus entièrement exempt. Nous croyons peu élégant de dire que les partisans du faux Bauduin *dirigèrent leur coup contre* la comtesse Jeanne (p. 27) ; que les confédérés *se rencontrèrent avec* le duc de Brabant à Woeringen (pour exprimer qu'il y eut en ce lieu un bataille)—(p. 161) ; que les dispositions du comte d'Artois *avaient été* (p. 239) ; qu'un pays *est exposé à de graves circonstances* (p. 463), etc. *Entretemps*, employé comme adverbe, une locution assez goûtée de nos voisins belges ; mais ils ont négligé de la faire naturaliser dans le dictionnaire de l'Académie.

Voici encore quelques critiques minutieuses qui témoignent notre attention de lecteur :

En citant la charte accordée à Bourbourg l'an 1240, M. Le Glay traduit le mot flamand *keurhers* ; ceux qui participent aux bénéfices de la keure. Ce sens est celui du mot flamand *keurbroeders* ; *keurher* veut dire juré, échevin, conseiller. Les mots l'expriment d'eux-mêmes.

P. 378, Pierre de *Congières* est nommé comme l'un des plénipotentiaires français à la paix d'Arques, en 1326. L'imprimeur probablement substitué ce nom à celui de *Cugnières*. Comme il s'agit d'un personnage qui a joué un rôle dans les célèbres disputes du XIVᵉ siècle sur les limites des puissances ecclésiastique civile, la désignation exacte de son nom n'est pas sans importance.

P. 93, on lit que par aversion pour ses fils du premier mariage, la comtesse Marguerite ôta de son écusson les armoiries de Hainaut. M. Le Glay reproduit en cela une assertion du chroniqueur Jacques de Guyse. Toutefois, il est bon de remarquer qu'dès 1198 , Bauduin de Constantinople, père de Marguerite, avait agi ainsi ; et, certes, il n'avait point de motifs analogues. Aucun des sceaux publiés par Vredius n'offre les bandes de Hainaut réunies au Lion de Flandre.

Un roman, s'il plaît, se lit d'un bout à l'autre, et l'on n'y revient guères ; mais un bon ouvrage historique (et celui-ci est le est repris, feuilleté, interrogé. On a besoin, pour s'y retrouver d'un fil conducteur, c'est-à-dire d'une bonne table des matières M. Le Glay la doit à ses lecteurs, ainsi que des sommaires en marginaux, et le millésimat aux pages. Si ces petits soins de *ménage* ne sont pas l'essentiel, ils ajoutent à la lecture un confort qui a son mérite , et dont, pour notre part, nous lui saurons gré, comptant avoir souvent son livre entre les mains. Y.

FLANDRE.

CAISSE D'ÉPARGNE DE ROUBAIX.
Bulletin de la séance du 16 juin 1844.

Sommes versées par 24 déposans, dont 4 nouveaux, 3,294 f. 27 c.—2 demandes en remboursement, 59 f.

Les opérations du mois de juin sont dirigées par MM. Paul Defrenne et Ernoult-Bayart, directeurs.

PARIS, 17 juin.

M. Mauguin, membre de la chambre des députés vient d'être nommé consul-général en Espagne, aux appointemens de 40,000 fr.

—La chambre des députés ne compte plus dans son sein que trois membres du corps législatif, du consulat ou de l'empire, ce sont MM. Sapey, Dupont (de l'Eure) Clément.

Les membres de la chambre des représentans des Cent-Jours, qui siègent dans la chambre actuelle, sont MM. Sapey, Dupont (de l'Eure), Clément, général Thiard, Georges Lafayette, Vergnes, Leyraud, le baron

www.ingramcontent.com/pod-product-compliance
Lightning Source LLC
Chambersburg PA
CBHW051127230426
43670CB00007B/712